Karl M. Herrligkoffer, 1916 in Schweinfurt geboren. 1940 Promotion zum Dr. med. 1944 Habilitation. Nach dem Krieg als prakt. Arzt in München tätig. Seit 1979 Professor für Geo- und Klimapsychologie an der Universität Salzburg.
Beginnend mit seiner ersten erfolgreichen Nanga-Parbat-Expedition im Jahre 1953, hat er bisher 21 Expeditionen geleitet, ärztlich betreut sowie als Amateur-Kameramann Filmdokumente geschaffen.

25-6-87

Originalausgabe

Sämtliche Abbildungen, mit Ausnahme der extra bezeichneten:
Deutsches Institut für Auslandsforschung, München
Karten Huber und Oberländer, München
Reproduktion Krammer, Linz
Satz Appl, Wemding
Druck und Bindung Ebner Ulm
Printed in Germany · 1 · 9 · 1283
ISBN 3-426-03716-5

1. Auflage

Karl Herrligkoffer:
Sieg am Kanchenjunga

Die deutsche Erstbesteigung

Mit 85 zum Teil farbigen Abbildungen

Knaur

ISBN 3-426-03716-5 980

Inhalt

Josef Ertl

Bundesminister für Ernährung, Landwirtschaft und Forsten

Vorwort

Als ich Professor Dr. Herrligkoffer auf der ISPO kennenlernte, fragte er mich, ob ich die Schirmherrschaft über seine vierzehnte Himalaya-Expedition übernehmen wolle. Es handelte sich dabei um den Versuch einer Besteigung des 8 598 Meter hohen Kanchenjunga. Meine Zusage erfolgte spontan. Es ergab sich, daß ich in der Vorbereitungszeit der Expedition noch manchen Beitrag für das Zustandekommen dieses Unternehmens leisten konnte. Gerne hätte ich mich von der Mannschaft vor ihrer Abreise noch verabschiedet – aber meine Dienstgeschäfte ließen mir damals keine freie Minute. So blieb es dann lediglich bei einem Grußtelegramm an die ausreisende Mannschaft. Wie mir Expeditionsleiter Herrligkoffer später erzählte, war wohl meine wichtigste Aktion als Schirmherr die erfolgreiche Befürwortung eines Urlaubsgesuchs von Schorsch Ritter. Kurz vor der Ausreise der Expedition hatte Schorsch Ritter von seiner Dienststelle noch keinen ausreichenden Urlaub erhalten können. Meine Fürsprache bewirkte, daß ihm dann doch noch in letzter Minute sein Urlaub in voller Länge bewilligt wurde – und dies war für Erfolg und Mißerfolg der Expedition entscheidend. Bekanntlich gelang es Schorsch Ritter zusammen mit Sherpa-Freunden in den allerletzten Tagen der Expedition, noch bis zur Spitze des Kanchenjunga-Hauptgipfels vorzustoßen und somit dem Unternehmen zu einem erfolgreichen Abschluß zu verhelfen.

Das vorliegende Buch behandelt die jetzt schon historisch gewordene Geschichte der ersten erfolgreichen deutschen Kanchenjunga-Expedition und gibt zudem einen Überblick über alle bisherigen Versuche, diesen Himalaya-Berg zu besteigen. Natürlich werden vor allem auch die britischen Erstbezwinger von 1955 darin zu Wort kommen. Außerdem hat Herrligkoffer in das Buch einen wissenschaftlichen Anhang eingebracht, indem er die psychologischen Tests von Professor Dr. Ernst Sandvoss und die botanischen und ethnologischen Studien von Schorsch Ritter dem Buch beifügte. So ist zu hoffen, daß dieses erste umfassende Werk, das den dritthöchsten Berg der Erde zum Thema hat, aufgrund seines breit angelegten informatorischen Wertes einen großen Leserkreis finden wird.

J. Ertl

Michl Anderl

Raimund Bitterling

Krystyna Palmowska

Sepp Walter

Ernst Sandvoss

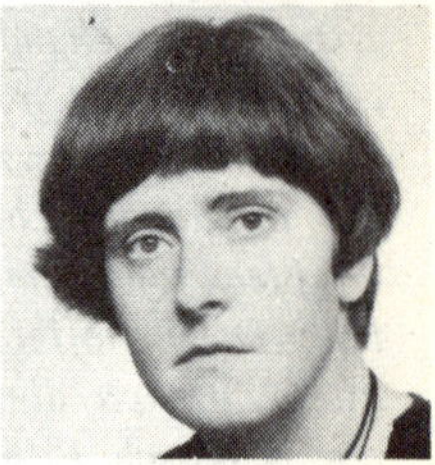

Anna Czerwinska

Karl M. Herrligkoffer

Heinz Zembsch

Doris Kustermann

Franz Oppurg Sepp Stiller Giri Göbl Roland Descloux Hansueli Marti

Sieg am Kanchenjunga (8598 m)*

Herrligkoffer-Kanchenjunga-Expedition 1980

Der Kanchenjunga war in Bergsteigerkreisen seit den Expeditionen von Paul Bauer und Günther Oskar Dyhrenfurth wohlbekannt. Die in den Jahren 1929 bis 1931 durchgeführten Unternehmungen waren die ersten großen deutschen Himalaya-Expeditionen. Über sie wurde seinerzeit von ihren Expeditionsteilnehmern viel veröffentlicht, wenngleich alle Versuche ohne Gipfelerfolg geblieben waren. Aber es galt Ende der zwanziger Jahre eben schon als Großtat, daß überhaupt eine deutsche Himalaya-Expedition zustande kam. Zu diesem Zeitpunkt hatten sich eigentlich nur die Engländer um eine Achttausenderbesteigung, und zwar des Mount Everest, bemüht.
Der Kanchenjunga wurde achtmal mehr oder weniger ernsthaft angegriffen, bis dann 1955 den Engländern über seine Südwest-Flanke der erste Gipfelerfolg gelang.
Ich beschäftigte mich mit einer Kanchenjunga-Expedition eigentlich erst von jenem Zeitpunkt an, als es hieß, daß sein 8 490 Meter hoher Südgipfel für eine Besteigung freigegeben werde. Es war im Jahre 1972, als ich dann ein Gesuch für ein Permit einreichte. Aber es wurde abgelehnt.
Dann erhielt ich aber 1978 die Erlaubnis für eine Expedition zum Hauptgipfel des Kanchenjunga über seine Südwest-Flanke. Ich erhielt aber nicht die ursprünglich gewünschte Genehmigung für eine Besteigung des Südgipfels. Dieser wurde inzwischen ohne ministerielle Genehmigung im Jahre 1979 von den Polen erstmals bestiegen. Dabei kletterten sie auch noch auf den 8 496 Meter hohen Mittelgipfel. Uns blieb als Novum also nur die Besteigung des Kanchenjunga-Hauptgipfels erstmals durch eine deutsche Expedition. Aber auch sein Vorgipfel (etwas über 8 500 Meter hoch) ist bis heute noch unbestiegen. Da ich darin eine echte Aufgabe sah, bereitete ich eine große Expedition vor.
Ein weiteres kam hinzu: Ich wollte erstmals auf meiner Expedition einer Bergsteigerin die Chance geben, als erste Frau auf dem dritthöchsten Berg der Erde stehen zu können, und nahm daher neben einer

* Die neueste Vermessung ergab 8 586 m

Deutschen auch zwei qualifizierte Polinnen in das Expeditionsteam auf. Die Polinnen Anna Czerwinska und Krystyna Palmowska hatten kurze Zeit vorher zusammen mit einer polnischen Mannschaft den 7788 Meter hohen Rakaposhi bestiegen; ich hielt sie daher für unser Unternehmen für qualifiziert*).

Da wir erst Ende Oktober 1978 vom Everest zurückgekommen waren, hatte ich lange Zeit keine Lust, mich sofort mit dem neuen Plan zu befassen, und begann meine Vorbereitungsarbeiten daher erst im Sommer 1979. Vorher hatte ich allerdings das Glück, während der Frühjahr-ISPO, der Internationalen Sportmesse in München, am LOWA-Stand unseren damaligen Bundesernährungsminister Josef Ertl zu treffen. Ich kannte ihn bis zu diesem Zeitpunkt persönlich noch nicht, aber er begrüßte mich so freundlich, daß ich mir ein Herz nahm und ihn fragte, ob er für meine Kanchenjunga-Expedition die Schirmherrschaft übernehmen würde. Er sagte zu. Dies bedeutete für meine Unternehmung eine sehr große Hilfe, denn dadurch erhielten wir wichtige teure Lebensmittel, wie Speck, Wurst, Fleischkonserven, Butter, Käse, spezielle Mehlerzeugnisse usw. als Spende. Es fiel mir auf, daß alle Lebensmittelspender, die wir mit dem Briefkopf des Ministers anschrieben, großzügigst unseren Wünschen entsprachen – daß uns Firmen plötzlich zusätzlich die leckersten Dinge anboten, um uns damit auszustatten. Darunter waren auch Firmen, von denen ich jahrzehntelang nur Absagen gewöhnt war. So ist es halt: Beziehungen sollte man haben, dann ginge manches im Leben viel besser und wohl auch leichter.

Nach meinem Angriffsplan war vorgesehen, unser Hauptlager auf jenen Hügel zu setzen, wo sich Paches Grab in etwa 5500 Meter Höhe befindet. Wir mußten unser Vorhaben aber dann kurz vor dem Eintreffen im Hauptlager ändern und stellten unsere Basis auf jenen Platz, den auch die Polen 1979 benutzten. Der Grund dafür war, daß der Lagerhügel am 20. April, als wir dort ankamen, bereits von einer kleinen mexikanischen Expedition besetzt war. Das Hauptgepäck und die großen Zelte blieben daher alle im sogenannten Polen Camp in 5200 Meter Höhe liegen, während wir im Mexikaner Camp auf dem Pache-Hügel lediglich einige unserer Zelte aufstellten, um den Aufstieg zum Lager 1 auf diese Weise zu verkürzen.

---

*) 1983 bestiegen beide als erste Frauen den Broad Peak (8097 m) im Karakorum in nur zwei Tagen

Im Gegensatz zu den Briten, den Erstbesteigern 1955, die bekanntlich sechs Hochlager errichtet hatten, plante ich, nur mit vier Hochlagern auszukommen. Es war weiterhin vorgesehen, das vierte Hochlager an die Rampe der ›Sichel‹ – auch ›Hufeisen‹ genannt – zu setzen und von dort aus den Aufstieg über eine Eisrinne zu führen, die sich zu einem kleinen Schneefeld emporzieht, das sich zwischen dem großen Turm auf dem Westgrat und dem Gipfel befindet. Diesen Plan mußte ich jedoch später fallenlassen, weil wir unter allzu großem Zeitdruck standen und uns auf keine Experimente mehr einlassen wollten. Der Versuch, eine neue Aufstiegsroute zu probieren, hätte ein Risiko bedeutet, das uns gegebenenfalls um den Gipfelerfolg gebracht hätte.
Fallengelassen wurde auch der Aufstieg ohne Sauerstoff, weil die Mannschaft durch eine Influenza-Epidemie ziemlich geschwächt war und wir bei den gegebenen schlechten Verhältnissen am Berg während unseres Gipfelvorstoßes einen solchen Versuch als Vabanquespiel angesehen hätten. – Unerfüllt blieb leider auch mein Wunsch nach einer ersten Frauen-Besteigung des Kanchenjunga.
Der Finanzierungsplan der Expedition sah eine Bargeldausgabe von DM 255 324 vor. Diese Summe sollte aus folgenden Posten zusammengebracht werden: Grußkarten- und Bücherverkauf DM 19 408, Spenden- und Teilnehmerbeiträge DM 191 249, Vorträge von Prof. Dr. Herrligkoffer DM 12 950, Beihilfe des DAV-Auslandsbergfahrten-Ausschusses DM 20 000, Beihilfe der DAV-Sektion München DM 4 000 und Beihilfe der Stadt München DM 2 000. Zur Ausreise war also noch ein Posten von rund DM 6 000 offen.
Den Grundstock der Gesamtfinanzierung bildete auch diesmal der persönliche Teilnehmerbeitrag. Im Hinblick auf den langen mehrwöchigen Anmarsch zum Kanchenjunga mußte ich diesen Beitrag auf DM 7 000 erhöhen. Die Teilnehmerbeiträge früherer Expeditionen lagen zwischen DM 3 000 – wie 1970 zum Nanga Parbat – und DM 6 000 – wie 1978 bei meiner Mount-Everest-Expedition.
Darüber hinaus wurde aber von einigen Mitgliedern freiwillig ein wesentlich höherer Beitrag geleistet, zumal wir berücksichtigen mußten, daß die drei Polinnen keinen finanziellen Zuschuß zur Expedition aufbringen konnten. Dafür wurde von den Polinnen aber die gesamte Daunenbekleidung eingebracht.
Erstmals wurde diese meine achtzehnte Auslandsbergfahrt vom Deutschen Alpenverein durch einen Beitrag von DM 20 000 unterstützt. Dies verdankte ich einem Wechsel in der Führungsspitze des Auslandsbergfahrten-Ausschusses des DAV. Der bereitgestellte Betrag er-

möglichte mir den Ankauf von Sauerstoffgeräten und Sauerstoff-Flaschen, die unser Gesamtbudget mit DM 25 000 belasteten. Dies war ein relativ geringer Betrag, wenn man bedenkt, daß die Yalung-Kang-Expedition des deutschen und österreichischen Alpenvereins im Jahre 1975 seinerzeit die ungeheure Summe von DM 70 000 dafür ausgegeben hatte.

Es gelang mir nicht – wohl aufgrund des allgemeinen »run« auf die vierzehn Achttausender –, eine deutsche Illustrierte für unser Unternehmen zu interessieren. Ebenso konnte ich keine Fernsehanstalt finden, die uns einen Filmauftrag übertrug, obwohl meine Expedition die erste große deutsche Kanchenjunga-Unternehmung nach dem Zweiten Weltkrieg war. Unsere schwierige Finanzlage machte es mir auch unmöglich, einen eigenen Kameramann zu engagieren. Ich wollte aber unbedingt einen Dokumentarfilm mit nach Hause bringen, und so übernahm ich zusätzlich zu meinen übrigen Aufgaben noch die Filmarbeit von Kathmandu bis zum unteren Eisfall, während Sepp Walter einige Filmstreifen bis Lager 2 anfertigte. Auf diese Weise kam schließlich doch noch ein Dokumentarstreifen vom Geschehen der ersten erfolgreichen deutschen Kanchenjunga-Expedition zusammen. Etwas betroffen vom Verhalten der Zeitschriftenverlage und Fernsehanstalten, machte ich natürlich erst gar keinen Versuch, einen Buchverleger für unsere Expedition zu interessieren. Mir erschien dies von vorneherein als aussichtslos.

Wie eh und je wurden weitere Finanzlücken durch unsere Grußkarten-Aktion, durch Spenden, durch Werbeaufnahmen und wissenschaftliche Tests geschlossen. Die Grußkarten fanden diesmal besonderes Interesse, weil wir, neben den Unterschriften aller Expeditionsmitglieder und der Frankierung mit Sondermarken aus Nepal, erstmals von der Königlich-Nepalesischen Post einen Sonderstempel erhielten, mit einer Kanchenjunga-Graphik und der Bezeichnung »German-Kanchenjunga-Expedition 1980«. Die Karten wurden am 1. April 1980 in Kathmandu entwertet. Diese philatelistische Besonderheit verdankte ich einem pensionierten Postbeamten aus Kathmandu, dem liebenswerten Herrn Shestra.

Bei der Beschaffung der Expeditionsausrüstung konnte ich vor allem mit der Unterstützung jener Firmen rechnen, die mir im Laufe meiner

Übersichtskarte über das gesamte Kanchenjunga-Gebiet

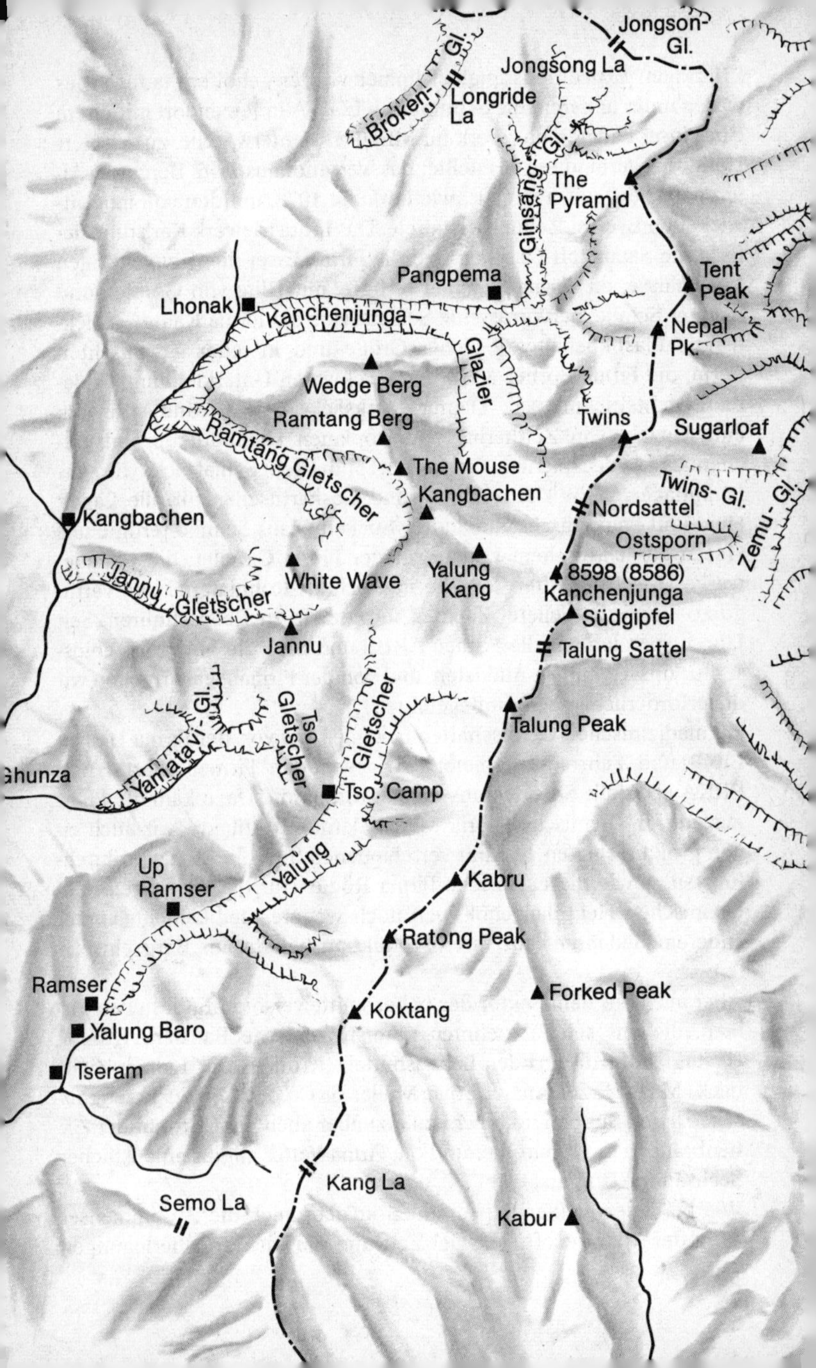

Jongson-Gl.
Jongsong La
Broken-Gl.
Longride La
Ginsang-Gl.
The Pyramid
Tent Peak
Pangpema
Lhonak
Kanchenjunga-Glazier
Nepal Pk.
Wedge Berg
Ramtang Berg
Twins
Sugarloaf
Ramtang Gletscher
The Mouse
Kangbachen
Twins-Gl.
Kangbachen
Nordsattel
Ostsporn
Zemu-Gl.
White Wave
Yalung Kang
8598 (8586)
Kanchenjunga
Jannu Gletscher
Südgipfel
Jannu
Talung Sattel
Yamatavi-Gl.
Tso Gletscher
Gletscher
Talung Peak
Ghunza
Tso. Camp
Yalung
Up Ramser
Kabru
Ratong Peak
Ramser
Forked Peak
Koktang
Yalung Baro
Tseram
Kang La
Semo La
Kabur

27jährigen Expeditionstätigkeit immer wieder geholfen hatten. Dies waren unter anderem die Schuhfabrik LOWA in Jetzendorf mit ihrem Chef Josef Lederer; das Werk für MEDIMA-Unterwäsche, zu der Herr Hanß die Verbindung herstellte; das Versandhaus Fritz Berger in Altenmarkt, das uns abermals, wie im Jahre 1978, mit den von mir entwickelten Everest-Zelten ausstattete. Das Industriewerk Karlsruhe lieferte die Sauerstoff-Flaschen und die Firma Esser die dazugehörigen Verschlüsse; die Firma Hammer fertigte, mit Hilfe von Goretex und Kolb & Schüle, hervorragende Schlafsäcke; die Firma Kautex schickte uns Plastikbehälter jeglicher Größe und in jeder gewünschten Form; die Firma Börner & Weber Strickwaren-Unterkleidung; Codeba Leuchtstrickmützen; Deuter Rucksäcke; das EA-Industriewerk eine Unzahl von Zeltheringen; Europlanen Hamburg die entsprechenden Abdeckplanen; Garanta-Steppdecken Schlafsäcke für das Hauptlager; GAWA Kochgeräte und Gaskartuschen für alle Lager; Held und Palo Plüsch- und andere Socken; Hans Schmid fertigte uns Hosen aus elastischem Lodenstoff der Firma C. Feller; die Chemiewerke Hoechst stellten uns Trevira-hochfest-Rohmaterial zur Verfügung – und die Seilerei Edelried fertigte sie zu Reepschnüren. Seit Jahren spenden uns die Firmen ABUS und BKS die Vorhängeschlösser für unsere Zarges-Alukisten, und von der Firma Agal erhielten wir die erforderlichen Schuhpflegemittel.

An medizinischen Gerätschaften bekamen wir von der Firma Hellige EKG- und Fahrrad-Ergometer sowie von den Firmen Martin und ERKA ebenfalls Spenden aus deren Produktion. Dazu kam die Pharmazeutisch-chemische Fabrik Merck-Darmstadt, für die wir auch einen großangelegten Test mit verschiedenen Sportlife-Artikeln durchführten, sowie die chemische Firma Rödler, für die wir neben dem japanischen Heilpflanzenöl auch noch weitere Medikamente, unter anderem Sedaphin, aus ihrer Produktionspalette am Berg einsetzten.

Aber auch auf dem Sektor der Lebensmittelversorgung bestehen Firmen, die uns seit Jahrzehnten unterstützen, wie Bahlsen, Trumpf, Champignon-Käse, Eden-Lebensmittel, Krone-Brot, Leimer-Zwieback, Maggi-Erzeugnisse, Ernst Müller & Co. mit seinen Erzeugnissen, Zamek-Suppen und nicht zuletzt aber auch die Dortmunder Aktienbrauerei mit ihrem Bier und die Firma Vetter mit ihrem köstlichen Sechsämter-Tropfen.

Wie bei jeder meiner Expeditionen kostete mich die Zusammensetzung der Mannschaft sehr viel Zeit und eingehende Überlegungen.

Vor allem hatte ich immer eine gewisse Vorstellung davon, welchem Aufgabenbereich die einzelnen Gruppen vor allen Dingen zu dienen haben. So wollte ich zum Kanchenjunga natürlich ein starkes Bergsteigerteam, dem allerdings auch einige Alpinistinnen angehören sollten. Ich wollte außerdem erstmals drei Ehepaare mitnehmen, um prüfen zu können, wie sich dieselben in eine Expeditionsgemeinschaft eingliedern. Außerdem sollte ein qualifizierter Kameramann dabeisein, um mit mir und einem eigens dafür eingesetzten Psychologen einen von der Substanz her neuartigen Film zu schaffen – einen Film, der nicht nur den Expeditionsablauf chronologisch schildert, sondern in dem sich die einzelnen Bergsteigerpersönlichkeiten durch geeignete, gezielte Gespräche dem Filmbetrachter ungezwungen und ehrlich offenbaren. So jedenfalls hatte ich es geplant. Aber als die Expedition schließlich im März 1980 ausreiste, war von meinen ursprünglichen Vorstellungen nur ein Teil realisierbar geworden. Der für die Expedition vorgesehene Kameramann, Bernd Mosblech, ließ nach mehreren eingehenden Gesprächen später überhaupt nichts mehr von sich hören, und ich konnte ihn auch nicht erreichen, weil er im Ausland drehte.

Inzwischen aber hatte ich Professor Ernst Sandvoss, der sich schon früher um eine Expeditionsteilnahme beworben hatte – und zwar seinerzeit für den Mount-Everest –, zur Teilnahme an der jetzigen Expedition eingeladen, aber wie gesagt, eigentlich nur im Hinblick auf seine gemeinschaftliche Arbeit mit dem Kameramann. Die Arbeit des Kameramanns übernahm ich nun persönlich. Zusammen mit Sepp Walter und Michl Anderl schafften wir dann schließlich doch noch einen 45-Minuten-Film.

Da ich an einer Frauen-Erstbesteigung besonders interessiert war, lud ich Frau Christl Zembsch zur Expedition ein. Da früher bereits Heinz Zembsch, ihr Ehemann, sich um die Teilnahme an einer Expedition beworben hatte und ich nach eingehenden Gesprächen mit maßgebenden Teilnehmern der seinerzeitigen Everest-Expedition ihm leider absagen mußte, sah er nun seine Chance, als Ehepartner an unserer Kanchenjunga-Expedition teilnehmen zu können. Auch in diesem Falle wurde mir schließlich eine Posse gespielt, denn Frau Christl Zembsch bekam keinen Urlaub, ihr Ehemann aber war nun Mitglied der Expedition. Eines aber verdanke ich dennoch Heinz Zembsch, nämlich daß er Giri Göbl in die Expedition eingebracht hatte – einen Kameraden, den ich damals wie auch heute noch aufgrund seines Charakters und seiner bergsteigerischen Qualitäten sehr schätze.

Das mit den Ehepaaren klappte also überhaupt nur sehr bedingt, denn Frau Inge Ritter-Dietz erhielt nicht genügend Urlaub. Sie konnte schließlich nur den Anmarsch bis Ramser mitmachen; dabei hätte sie sich sehr gut in die Gemeinschaft eingegliedert. Was mir bei ihr als besonders angenehm auffiel, war, daß sie sich selbständig und frei in der Expeditionsgemeinschaft bewegte, ohne ihren Mann von wichtigen, täglichen Expeditionsarbeiten abzuhalten.
Anders das Ehepaar Walter: Sepp und Marianne klebten förmlich aneinander. So erschienen sie – wie schon am Everest zwei Jahre vorher – wie auf einer einsamen Insel im Gewoge des allgemeinen Expeditionsgeschehens. Dies bedeutete auch diesmal, daß zwischen ihnen und der übrigen Mannschaft kein zwangloser Kontakt aufkam. Rückblickend halte ich diese Absonderung der Eheleute innerhalb der Mannschaft damals wie jetzt für recht unglücklich.
Die Mannschaft setzte sich aus vier Nationalitäten zusammen. Aus Deutschland waren neben mir: Michl Anderl (64), der stellvertretende Expeditionsleiter aus Bad Tölz, bisher Teilnehmer an vielen Himalaya-Expeditionen, ein sehr versierter Bergführer mit großen alpinen Erfahrungen und Expeditionskenntnissen; Schorsch Ritter (30) aus Freising, Alleinbegeher des Mount Everest 1978, und seine Frau als Expeditionsgast; das Ehepaar Sepp (47) und Marianne (41) Walter, ebenfalls aus Freising, Teilnehmer an meiner Mount-Everest-Expedition 1978; Heinz Zembsch (37), Berchtesgaden, und seine Kameradin Vera Grüneis (23); Giri Göbl (32) aus Erlstätt bei Traunstein; Raimund Bitterling (28) vom Watzmannhaus bei Berchtesgaden, der Sohn von Albert Bitterling (Nanga Parbat 1953) und Bruder von Wolf Bitterling (Nanga Parbat 1970 und Rakaposhi 1971); aus München Doris Kustermann (48), die nach der Grönland-Expedition 1977 sich auch 1978 im Hauptlager am Everest bewährte; Sepp Stiller (25) und Renate Lau (32), deren Aufgabe es gewesen wäre, sich um die zeitraubenden Kontakte und Verpflichtungen in Kathmandu zu kümmern. Hinzu kommt noch Prof. Dr. Ernst R. Sandvoss (52) aus Saarbrücken als Wissenschaftler.
Aus Österreich kam Franz Oppurg (31), Innsbruck, zur Expedition. Er hatte im Frühjahr 1978 in der Vormonsunzeit als erster den Mount-Everest im Alleingang bestiegen. – Aus der Schweiz kam Roland Descloux (26) aus Sigriswil zur Expedition. Er war bereits 1975 mit mir am Nanga Parbat und überlebte seinerzeit einen glücklich verlaufenden Lawinenabsturz. Sein Kamerad war Hansueli Marti (29) aus Gstaad, ein qualifizierter Bergsteiger, der aufgrund seiner Englisch-Kenntnis-

se und seiner Aktivität in vielen schwierigen Situationen während der Expedition eingesetzt werden konnte. – Schließlich stießen in Kathmandu noch die Polinnen Dr. Anna Czerwinska (32) und Krystyna Palmowska (23) zu uns. Beide Star-Bergsteigerinnen wurden mir von Wanda Rutkiewicz zur Teilnahme empfohlen. Wanda drängte mich seinerzeit, zu meiner persönlichen Entlastung die Ärztin Yolanda Maciuch (30) noch mitzunehmen. Yola war aber für die Expedition kein Gewinn. Sie hatte zu geringe medizinische Kenntnisse und keine Erfahrung mit Höhenkrankheiten und Frostschäden.

In Kathmandu stießen durch Vermittlung des Reisebüros »Mountain Travel«, für das auch die in Kathmandu bekannte Amerikanerin Miß Hawley, Besitzerin von »Tiger Tops«, arbeitet, folgende Sherpas zur Expedition: Sirdar Gyalzen Sherpa, Ang Dzongbu, Nima Dorje, Lhakbar Gyalbu, Lhakbar Tsering, Pasang Pemba, Pasang Gyalzen, Lobsang Sherpa, Nurbu Sherpa.

Dzongbu war jener Sherpa, der im Herbst 1979 mit Frau Schmatz (34) den Everest-Gipfel erreichte, sie dann während des Abstiegs nicht davon überzeugen konnte, daß es ein großes Risiko sei, 400 Meter über dem Südsattel im Freien zu biwakieren. Bekanntlich starb Frau Schmatz seinerzeit, zusammen mit dem Amerikaner Ray Genet (48), an Erschöpfung und an ihren Erfrierungen.

Mit Mountain Travel hatte ich lange vor der Expedition einen regen Briefwechsel. Aus dem Brief vom 2. Februar 1980 möchte ich einiges zitieren, weil der Text daraus Probleme und Schwierigkeiten einer Expedition beleuchtet.

Herr Bobby Chettri, Manager Operations vom Mountain Travel in Nepal, schrieb mir seinerzeit in Beantwortung meines Schreibens vom 18. Januar 1980 Folgendes:

»Die Straße von Dharan nach Dhankuta ist noch im Bau, und es ist nicht möglich, mit dem Bus von Dharan nach Dhankuta zu fahren. Die Straße wird voraussichtlich Anfang 1982 fertiggestellt sein. – Es gibt in Dhankuta keinen Landeplatz für Pilatus-Porter-Maschinen. Der zu Dhankuta nächstgelegene Landeplatz ist entweder Bhojpur östlich von Dhankuta oder Tublingtar im Norden. – Die Maximum-Nutzlast, d. h. Passagiere incl. Gepäck, für eine Pilatus Porter beträgt 400 kg. – Es wäre möglich, Ihren Anmarsch in Ilam zu beginnen. Es gibt einen Landeplatz in Bhadrapur, südlich von Ilam, der von Twin Otters angeflogen wird und auf dem auch Pilatus-Porter-Maschinen landen können. Sie würden allerdings Schwierigkeiten haben, die Lasten auf dem Straßenweg von Bhadrapur nach Ilam zu befördern. Daher wäre es besser und problemloser, die Lasten per LKW von Kathmandu direkt nach Ilam zu bringen. – Ich lege eine Karte bei, auf der Sie die Straße von Kathmandu zur östlichen Grenze Nepals eingezeichnet finden. Auf dieser Karte ist sowohl die Lage von Dharan wie auch von Ilam zu erkennen. – Beachten Sie bitte, daß es sehr unwahrscheinlich ist, daß Sie eine Pilatus-Porter-Chartermaschine für Pendelflüge zwischen Taplejung und Dhankuta von dem nächstgelegenen Landeplatz, also entweder Bhojpur oder Tumlingtar, bekommen können. Ich beziehe mich auf mein Schreiben vom 4. Januar, in dem ich die extreme Unzuverlässigkeit jeder Charterflug-Verfügbarkeit erwähnt habe. – Es ist nicht möglich, Propan- oder Butangasflaschen in Kathmandu zu kaufen. Man könnte Gasflaschen auffüllen, aber seit etwa einem Monat gibt es hier kein Gas. Das in Kathmandu erhältliche Gas ist 75% Butan und 25% Propan. Sie werden also Ihre eigenen gefüllten Flaschen mitbringen müssen. – Die Vermittlungsgebühr für Mountain Travel beträgt US-Dollar 750. – Es tut uns leid, daß es uns nicht möglich ist, die Restsumme der Royalty fee zu bezahlen. Das Ministry of Tourism fordert Zahlung in ausländischer Währung, und wir können das von hier aus nicht durchführen. Senden Sie daher bitte einen Bankscheck, zahlbar an ›The Ministry of Tourism, HMG, Nepal‹ zum Ausgleich der Royalty-Zahlung so schnell wie möglich. Beachten Sie bitte, daß der volle Betrag für den Kanchenjunga US-Dollar 1 176,47 beträgt. Senden Sie den Scheck bitte per Einschreiben an Mountain Travel. – Beachten Sie bitte, daß ein Expeditionsmitglied in Kathmandu sein muß, bevor die Ausrüstung an der nepalesisch-indischen Grenze ist. Dieses Mitglied muß die Importlizenzen und andere Zolldokumente mit an die Grenze nehmen, um die Sendung abfertigen zu können. Bestätigen Sie bitte, daß der Grenzort für die Einfuhr der Ausrüstung Birganj sein wird. – Wenn eines Ihrer Mitglieder den Anmarschweg von Ilam gut kennt, würden wir Ihnen sehr anraten, daß die Expedition auf diesem Weg geht. Teilen Sie uns bitte mit, an welchem Tag die Sherpas sich zum Dienst melden sollen. Sie müssen von diesem Tag an bezahlt werden. Wir sehen Ihrer baldigen Rückantwort mit Interesse entgegen und verbleiben mit freundlichen Grüßen

– Bobby Chettri, Manager Operations.«

Soweit eine jener wichtigen Informationsunterlagen, die während der Vorbereitungszeit der Expedition erforderlich waren.
Doch am Sonntag, dem 9. März 1980, abends 20 Uhr 30, ist dann die »Herrligkoffer-Kanchenjunga-Expedition 1980« bereit, in München-Riem abzufliegen. Wir fliegen mit der Syrian Arab Airline. Der Chef unseres Reisebüros, Herr Kawadri, ist entgegen seiner Zusage nicht rechtzeitig am Flughafen. Beim Einchecken unseres Gepäcks werden wir daher veranlaßt, für unser Übergepäck – entgegen den Abmachungen mit dem Reisebüro – zu bezahlen, und zwar 27 DM pro Kilo. Das waren insgesamt 4 300 DM!
Nach einer dreistündigen Zwischenlandung in Damaskus fliegen wir

am Morgen des 10. März um 6 Uhr weiter nach Dubai und erreichen um 16 Uhr Ortszeit unser vorläufiges Ziel: Delhi.
Die Maschine nach Kathmandu ist bis auf zehn Plätze voll ausgebucht, und so müssen vier Expeditionsmitglieder mit dem Gepäck in Delhi zurückbleiben. Es sind dies Schorsch Ritter, Sepp Stiller, Giri Göbl und Professor Sandvoss, die erst am nächsten Tag mit dem Gepäck nachkommen sollen. Anderntags aber können nur drei Mitglieder der Expedition nach Kathmandu weiterfliegen. Schorsch Ritter kommt somit erst am 13. März mit dem restlichen Gepäck in Kathmandu an, wo wir ihn in unserer Herberge, dem Hotel Ambassador, bereits erwarten. Am Abend feiern die meisten noch mit dem Ehepaar Ritter Inges Geburtstag in einem Lokal der Stadt. Der Bierkonsum konnte sich sehen lassen!
Raimund Bitterling liegt mit unserem Gepäcktransport, von Delhi kommend, an der indisch-nepalesischen Grenze in Birganj fest. Er kann keinen Dieselkraftstoff für seine beiden Fahrzeuge bekommen, und auch bei der Zollabfertigung klappt nicht alles so richtig. Bitterling kommt daher unerwartet zu uns nach Kathmandu ins Hotel, und ich gehe mit ihm zum Mountain Travel, damit sie ihn mit den erforderlichen Papieren ausstatten. Dann kehrt Bitterling sofort zur Grenze zurück. – Am 13. März, um 4 Uhr nachmittags, erreichen schließlich zwei hochbepackte Lastwagen die Hauptstadt von Nepal.
Abends im Hotelgarten erzählte uns dann *Raimund Bitterling* von seinen Erlebnissen während des Gepäcktransports von Deutschland nach Nepal:
»Am 24. Februar 1980 verlasse ich als erster unserer Himalaya-Expedition unsere Heimat. Der Haupttrupp soll erst zwei Wochen später nachfolgen. Am 15. dieses Monats war das Packfest zu Ende gegangen und die letzten Gepäckstücke des insgesamt acht Tonnen schweren Expeditionsgutes im Flughafen München-Riem angeliefert worden. So konnte ich also planmäßig am 24. Februar den heimatlichen Boden verlassen, wo mir Karl noch während der letzten Meter vor dem Flughafen die neuesten wichtigsten Instruktionen gab, um mir auf diese Weise eine möglichst reibungslose Abwicklung der Formalitäten in Indien zu ermöglichen.
Wie sich jedoch immer wieder zeigt, ist es nahezu sinnlos, Dinge im Detail vorauszuplanen, welche in einem Land des Fernen Ostens geschehen. Schon sehr bald bekam ich zu spüren, wie man gewissen Situationen einfach hilflos-aggressiv gegenüberstcht und sie nur mit Bedächtigkeit, Ruhe und überlegter Handlungsweise meistern kann.

In einigen Tagen hat man es nämlich gelernt, auch als noch so hektischer Europäer, seine Ungeduld abzulegen. Jetzt hat man das Warten gelernt, und es wird einem klar, daß man nicht alles an einem Tage erledigen kann, und macht sich den Spruch ›Morgen ist auch noch ein Tag‹ zum Leitmotiv.
Durch das monotone Geräusch der Flugzeugturbinen glaube ich, mich auf dem neunstündigen Flug nach Delhi schon jetzt zeitweise in jenen Zustand besagter Gelassenheit eingelullt zu haben. Zwischendurch reißen mich immer wieder unruhige Gedanken hoch und erinnern mich an meine verantwortungsvolle Rolle. Es ist mir klar, wenn ich meine Mission nicht gut und rechtzeitig zu erfüllen vermag, dann sitzt die übrige Expedition in Kathmandu fest, wartet auf das Expeditionsgut, und sollte es nicht rechtzeitig in Kathmandu eintreffen, ist das Vorhaben, den Kanchenjunga zu besteigen, ein Wunschtraum geblieben.
Was mich zunächst beschäftigte, waren folgende Fragen: Werde ich den Spediteur, dessen Adresse ich in der Tasche habe, gleich finden, und wird man mir dann auch einigermaßen behilflich sein? Ist die Bankgarantie bereits per Telex in Delhi? (Ohne sie wären Verhandlungen mit dem indischen Zoll aussichtslos.) Wird die Deutsche Botschaft ihren Teil dazutun, um mich bei auftretenden Schwierigkeiten weiterzubringen?
Solche und ähnliche Blitzgedanken schossen mir durch den Kopf und verloren erst im Morgengrauen so weit an Intensität, daß ich mich gerne von einem Nickerchen besiegen ließ, um so gelassen wie möglich meiner Aufgabe entgegenzusehen.
Meine ersten Bedenken, wo ich nun meine sieben Sachen, die zahlreichen Schecks und mein müdes Haupt unterbringen könnte, wurden mir von einem aufgeschlossenen Taxifahrer abgenommen. Kaum daß ich das Flughafengebäude in Delhi verlassen hatte, setzte er mich in einem Hotel ab, welches sich ganz in der Nähe von Lemuir befindet. Lemuir heißt nämlich die Spedition, mit welcher Karl schon 1978 für seine Everest-Expedition gut zusammengearbeitet hatte.
Noch am Nachmittag dieses Tages nehme ich mit dem Transportunternehmen ersten Kontakt auf und werde gleich freundlich mit einer Tasse Milchtee empfangen, um nach etwa einer Stunde zur Sache kommen zu können. Am 21. Februar kam die erste Luftfracht über Moskau in Delhi an. Insgesamt handelte es sich um 275 Gepäckstücke, 124 waren nun bereits unter Zollverschluß. Es empfahl sich, die Ladung erst zu holen, wenn sie komplett eingetroffen war.

Am nächsten Morgen war ich mit dem Geschäftsführer unserer Spedition beim Wirtschaftsreferenten in der Deutschen Botschaft angemeldet, da bei der Bank of India immer noch keine Garantie aufgetaucht war und wir daher zunächst auf die Botschaft als Bürgen angewiesen waren. Als Herr Kagerer von der Deutschen Botschaft auf jenem Ohr taub war, beriefen wir uns auf den gleichen Fall von 1978, wo auch die Botschaft für den Wert des Expeditionsgutes und dessen reibungslose Durchfuhr über Indien nach Nepal bürgte. Aber ich blieb ohne Erfolg. Der Botschaft sei zwar ein Schreiben von Dr. Herrligkoffer bekannt, ebenso von unserem Schirmherrn Josef Ertl, sie könne jedoch keinesfalls eine Bürgschaft leisten, ohne vom Auswärtigen Amt die Befugnis dazu erhalten zu haben. So vertröstete man uns auf den nächsten Tag.
Jetzt war tatsächlich ein Telex vom Auswärtigen Amt in Delhi eingetroffen. Darin wurde die Zuständigkeit der Botschaft in diesem Falle dringend abgelehnt. Wenn die Bürgschaft 1978 erteilt worden war, so nur auf die alleinige Verantwortung des Herrn Kapellmann, der damals das Papier quasi auf seinen Kopf ausgestellt habe, wofür er auch später zur Rechenschaft gezogen worden sei. So könne die Botschaft also nichts für uns tun, außer uns das Doppel der Bankvollmacht auszuhändigen, welches von der Hypo-Bank München an die Bank of India gerichtet war.
Jetzt galt es für mich, das Original ausfindig zu machen. Aber dies war eine schwierige Arbeit. Das Telex war in keiner der zahlreichen Filialen der Bank of India auffindbar. Nach vielen erfolglosen Gängen setzte schließlich der Manager von Lemuir ein Schreiben an die Bank of India auf, welches mit besonderen Marken versehen wurde, deren Beschaffung einige Schwierigkeiten bereitete. Nach einigem Hin und Her und manchen Umformulierungen war dieser Vorgang endlich abgeschlossen und die Bankbürgschaft fertig.
Es war Freitag, der 29. Februar, als am Abend ein Großteil der wichtigsten Formalitäten erledigt war. Jetzt könnte morgen, wenn die fehlende Ladung bereits eingetroffen war, beim Zoll alles glattgehen, das heißt, ich könnte dann mit dem Lastwagen losfahren. Aber dieser Wunschtraum sollte sich wohl nicht so bald erfüllen. Am Samstag traf das restliche Expeditionsgepäck ein, und man hoffte, am Montag oder Dienstag die gesamte Ladung aus dem Zollverschluß herauszubekommen.
Ich war bereits eine Woche in Delhi. Am 3. März erwartete ich zwei weitere Expeditionsmitglieder am Flughafen, welche die Vorbereitun-

gen in Kathmandu erledigen sollten. So schnell wie Renate Lau und Hansueli Marti nach Kathmandu weiter wollten, so schnell ging dies allerdings nicht. Auch am nächsten Tag kamen sie nicht weiter. – Zurück zu meiner Aufgabe: Um 17 Uhr abends waren meine beiden Lastwagen beladen, es fehlte laut meiner Gepäckliste kein Stück, und es blieb nur zu hoffen, daß alles so heil und komplett, wie es jetzt aufgeladen war, an die richtige Adresse in Kathmandu gelangen würde.

Nach einem ausgiebigen indischen Abendessen, das wir drei bei Familie Meta einnahmen, brachte mich um 22 Uhr ein Taxi zu meinem Lastwagen. Eine zweieinhalbtägige abenteuerliche Fahrt bis zur nepalesischen Grenze stand mir bevor. Die Fahrt verlief ohne größere Zwischenfälle. Dieselöl hatten wir ausreichend dabei, denn unterwegs kann man den begehrten Kraftstoff nur mit eigens ausgestelltem Berechtigungsschein erhalten. Eine besondere Plage in den Nächten waren die Moskitos. Einmal wälzte ich mich um 4 Uhr morgens aus dem Führerhaus des Lastwagens, im Gesicht und an den Händen bucklig gestochen. Auch den anderen – die zwei Wagen hatten inzwischen sieben Mann Besatzung – wurde es zu ungemütlich, und nach allgemeinem Waschen tuckerten die Maschinen hupend, stolpernd und schlingernd durch die morgendlichen Nebelschwaden.

Die Vegetation schien jetzt immer mehr der heimatlichen ähnlich zu werden, und sähe man nicht die vielen fremdartigen Gestalten, Rikschas und Ochsenkarren, könnte man sich in den Schwarzwald oder in die Pfalz versetzt glauben.

Am Freitag, dem 7. März, dem letzten Tag auf indischem Boden, gab es noch Schwierigkeiten mit einem Sicherheitsoffizier, welcher eine Straßenbenutzungsgebühr erhob, die wir anfangs nicht zu zahlen gewillt waren, da man diese ohnehin schon in jedem Dorf, das man passierte, entrichten mußte. Schließlich aber zahlten wir, um keine Zeit zu verlieren. Jetzt ging es weiter, einem prachtvollen Sonnenaufgang entgegen. Das Grenzdorf Raxoul erreichten wir gegen 10 Uhr vormittags, wo man zu meiner Verwunderung plötzlich in eine Seitenstraße abbog. Zum erstenmal erfuhr ich, daß meine indischen LKWs von hier aus nicht weiterfahren würden, sondern nur ein anderes Unternehmen, und zwar Door's Transport, die Lasten nach Kathmandu weiterbefördern sollte. Die Spedition Lemuir hatte keine Übertrittsmöglichkeit nach Nepal.

Das neue Unternehmen verlangte ein Papier von mir, welches einen nahezu zollfreien Grenzübertritt erlauben würde: request for import licence and exemption from Nepal Duties. Ein Mann von Lemuir, welcher mir bei den kommenden Abwicklungen behilflich sein sollte, nahm mit mir Quartier im ›ersten Hotel‹ von Birganj, von wo aus ich gleich telefonisch die brennenden Neuigkeiten nach Kathmandu übermittelte.

Jetzt erfuhr ich, daß Hansueli Marti, wenn alles klappte, Montag zu mir nach Birganj fliegen würde, um mir die wichtigen Zollpapiere zu überbringen. So wurde ich also am Wochenende festgehalten und konnte nichts weiter unternehmen. Man hatte in Kathmandu mit der Beschaffung von Dieselkraftstoff-Gutscheinen noch zu kämpfen, so daß sich mein Zwangsurlaub in diesem verlassenen Dorf noch um einige Tage verlängerte.

Am Montag, dem 10. März, fuhr ich mit dem Bus zur Landepiste hinaus, um Hansueli abzuholen. Dabei kam mir in den Sinn, daß gerade in diesen Minuten der Haupttrupp der Expedition bereits in Delhi das Flugzeug nach Kathmandu besteigen würde. Nach der Landung der Fokker Friendship, die Hansueli nach Birganj brachte, händigte mir mein Kamerad gleich die Papiere für unseren Verbindungsmann aus, damit er nach Raxoul gehe, um die letzten Formalitäten zu erledigen. Einige Stunden später bot sich uns ein mir schon altbekanntes Bild: Unser Inder wanderte seelenruhig mit leeren Händen und achselzukkend auf der staubigen Straße daher, um die Auskunft zu geben: Papiere zwar in Ordnung ... doch kein Diesel!

Man riet uns nun, morgen zum City-Officier von Birganj zu gehen, um ihn um ein Zertifikat für 300 Liter Dieselöl zu bitten, da Door's Transport dazu nicht in der Lage war.

Am nächsten Morgen landeten wir zuerst im falschen Büro, dann über fünf weitere Schreibtische schließlich und endlich im Empfangszimmer des hochgestellten Herrn, der sich als recht freundlicher und hilfsbereiter Mann entpuppte. Wir erzählten ihm von unseren Sorgen. Zehn Tage Delhi, seit fünf Tagen an der Grenze, fertige Papiere und zwanzig Kameraden wartend in Kathmandu – aber kein Diesel! ... was ihm einleuchtete. Er erklärte sich sogleich bereit, uns die nötige Mindestmenge zuzuteilen, aber wir müßten zunächst noch die Nummern der Lastwagen beibringen. Die Freude war groß, wir sahen einer baldigen Weiterfahrt entgegen und schickten sofort unseren Mann über die Grenze, um die Nummern zu beschaffen. Aber schon zwei Stunden später erlebten wir den größten Tiefschlag! Wenn ich mein Tagebuch nachblättere, so hatte ich damals folgende Eintragung: Statt der beiden beladenen Lastwagen an der Grenze, die nun wohl

kein großes Hindernis mehr darstellen würden, erschien nun diese ›Pflaume‹ Lutchman doch wieder mit leeren Händen und berichtete mir mit einer Gelassenheit, man höre und staune: Es gibt keine Lastwagen!
In all diesen Tagen war ich wirklich noch ruhig und konnte warten. Aber diesmal riß mir der Geduldsfaden. Zuerst glaubte ich, nicht richtig zu hören, aber auch Hansueli hatte es die Sprache verschlagen. Da schickten uns diese Galgenvögel doch tatsächlich um Dieselkraftstoff für unsere Lastwagen – Lastwagen, die es noch gar nicht gab!
Es war der 12. März, bereits der 6. Tag, den ich in diesem Nest verbrachte. Mittags wollten wir Lutchman mit dem Expeditionsgut beim nepalesischen Zoll treffen, um die abschließenden Arbeiten zu erledigen, denn ›wie aus heiterem Himmel‹ waren nun doch Lastwagen zur Stelle.
Nachdem uns die Wartezeit etwas lang wurde, entschlossen wir uns kurzerhand, trotz der Schwierigkeiten, die uns an der indischen Grenze festhielten, in Raxoul nach dem Rechten zu sehen. Es ging dann alles Schlag auf Schlag: An der Grenze zahlten wir ein Kopfgeld von 60 Rupien (= ein Wert von etwa 10 DM) und gingen entschlossenen Schrittes und tatendurstig in den Hof von Door's Transport, um dort auf die Pauke zu hauen. Doch siehe da, die LKWs waren schon fast vollständig beladen, und nach zwei Stunden trudelten sie beim Zoll ein. Dort wollten wir unsere Gepäckliste noch einmal nach Waren, die im Land bleiben, und nach denen, welche wieder ausgeführt werden, aufschlüsseln – mit sämtlichen Preisen, versteht sich! Während Hansueli sich damit noch auseinandersetzte, fuhr ich per Rikscha zum City-Officier, um ihm die Nummern der LKWs zu nennen. Schon eine Viertelstunde später hatte ich das Papier, welches uns zum Erwerb von 300 Litern Diesel berechtigte. Inzwischen hatte Hansueli 3 000 Rupien Zoll bezahlt, wovon wir bei der Wiederausfuhr 1 200 Rupien zurückerhalten sollten. Vorerst also erst einmal 500 DM Zollgebühren, womit wir eigentlich recht glimpflich davongekommen waren.
Telefonisch klärten wir nun mit der Expeditionsleitung ab, ob wir uns auf halbem Wege mit dem Vortrupp treffen oder ob wir mit dem gesamten Expeditionsgut zunächst nach Kathmandu fahren sollten. Wir entschlossen uns der Einfachheit halber für die Fahrt nach Kathmandu.
Dies war gut so, denn die in der Hauptstadt angeworbenen Sherpas wollten ihre gesamte Ausrüstung gleich besichtigen und in Besitz

Begegnung auf dem Asien Highway Nr. 2 im Terai

nehmen, da sie anscheinend durch leere Versprechungen vorheriger Expeditionen schlechte Erfahrungen gemacht hatten.
Am Donnerstag, dem 13. März, fuhren wir durch den Terai, welcher von sattem Grün geradezu strotzte, über emsig gewundene, schmalspurige Paßstraßen und schließlich durch ein trockenes, staubiges Tal auf der buckligsten Straße, die mir während der ganzen bisherigen Tour begegnet war, nach Kathmandu. Um 14 Uhr, nach elfstündiger Fahrzeit, trafen wir verstaubt, verschwitzt und reichlich übermüdet in Kathmandu ein. Wir gaben den Fahrern zu verstehen, daß wir zu Mountain Travel wollten, wo wir bereits erwartet wurden. Dieser Wunsch berührte die beiden jedoch herzlich wenig, denn sie landeten im Hof von Door's Transport. Hier fand nun die merkwürdigste Auseinandersetzung statt, die mir auf meinem nunmehr dreizehntägigen Weg widerfuhr: Man wollte uns die Ladung, die ich während dieser ganzen Zeit betreute, partout nicht aushändigen, da die einzige Empfängeradresse in Kathmandu laut Papier nur das Transportunternehmen war und nicht die Sherpa-Vermittlung Mountain Travel oder gar ein Mann namens Herrligkoffer. Nach Stunden war es endlich soweit: Wir erschienen dem Speditionsmanager endlich glaubhaft genug, und

als sich dann der Expeditionsleiter selbst vorstellte, konnte es auch für einen Mr. Khanal keinen Zweifel mehr geben, und man überließ uns schließlich das Expeditionsgut.«
Soweit der Bericht von Raimund Bitterling über den Gepäcktransport von München nach Kathmandu.
In dem großen Hof von Mountain Travel wurden von unseren Sherpas die beiden Lastwagen abgeladen und das Expeditionsgepäck sofort sortiert. Zur Feier des Tages, daß sich nun alles, Gepäck und Mannschaft, und noch dazu fast zur gleichen Zeit in Kathmandu zusammenfanden, lud ich die ganze Mannschaft zum Abendessen bei Yak und Yeti ein. Bei einem feudalen Dinner kamen wir durch die Generalprobe einer englischsprechenden Theatergruppe auch noch zu einem kulturellen Genuß.
Giri Göbl fühlte sich nicht ganz wohl. Er blieb im Hotelzimmer zurück und schrieb Tagebuch. Er macht das immer sehr ausführlich und lieferte auch mir zu diesem Buch viele wichtige Fakten. Nach Rückkunft seiner Zimmergenossen Sepp Stiller und Prof. Sandvoss sprachen die drei noch lange über die Zukunft der Menschheit – typisch für Giri Göbl!
Etwa acht Tage vor unserem Abflug in München – also am 2. März – flog Renate Lau der Expedition voraus, um in Kathmandu alle Formalitäten bereits vor Eintreffen der Hauptgruppe weitgehendst erledigen zu können oder vorzubereiten. Bekanntlich halten diese vielen Gänge zu Ministerien und anderen Dienststellen eine Expedition unnötigerweise auf, und um dieses Herumsitzen in Kathmandu der Expeditionsmannschaft zu ersparen, schickte ich eine Vorausgruppe dorthin. Am Tage unserer Ankunft, dem 11. März, schrieb Renate Lau in ihr Tagebuch, dessen 23 ersten Seiten – also jene Zeit, die sie allein in Kathmandu war – wohlweislich herausgeschnitten waren, zum 10. März 1980: »Später machte ich es mir im Garten gemütlich.« – Von den dreizehn zu erledigenden Punkten, die wir in München notiert hatten, konnten bei unserem Eintreffen in Kathmandu nur vier abgehakt werden. Auch das wichtige Gespräch mit Mr. Shestra – wegen des Sonderstempels für unsere Grußkarten – wurde erst an jenem Abend geführt, als ich bereits in Kathmandu war; er hatte über Mountain Travel erfahren, daß die Expedition bereits eingetroffen war.
Am Abend dieses Tages wurden auch noch die von den Polinnen als Expeditionsbeitrag aus Warschau mitgebrachten Daunenbekleidungen an alle Expeditionsmitglieder verteilt. Bei dieser Gelegenheit verabreichte ich noch jedem Mitglied unserer Expedition eine die Hämo-

poese anregende Injektion von 2000 Gamma Vitamin B_{12}. Dabei verweigerte Krystyna jedoch die Injektion, sie wollte sich dieselbe, wenn überhaupt, nur von ihrer Landsmännin Yola geben lassen. Dies war der Anfang der polnischen Isolation innerhalb der Expeditionsmannschaft, obwohl die drei Frauen zunächst von allen Teilnehmern mit offenen Armen aufgenommen worden waren. Daß das Verhältnis dann später nicht mehr so ausgewogen war, mußten sie sich selbst zuschreiben, und dies war in ihrem eigenen Benehmen begründet.

Am Abend des gleichen Tages kommen einige von uns mit jener polnischen Mannschaft zusammen, die gerade vom Everest zurückgekehrt war und ein Jahr vorher illegal den Kanchenjunga-Südgipfel bestiegen hatte. Da unsere Aufstiegsroute ebenfalls über die Südwest-Flanke des Kanchenjunga läuft, denke ich, daß sie uns wichtige Informationen geben können. Vor allem empfehlen sie uns, den Anmarsch nicht, wie seinerzeit im Jahre 1975 Günter Sturm, von Dharan Basar aus zu beginnen, sondern auf der Jeep-Straße zunächst nach Ilam zu fahren und von dort aus den wesentlich kürzeren Weg zum Hauptlager zu wählen.

Am Abend des 11. März ruft noch Raimund Bitterling aus Birganj an und erklärt uns, daß sie nun die notwendigen 300 Liter Dieselöl aufgetrieben haben, nachdem das ganze Gepäck den Zoll passiert hatte. Sie haben nun zwei wichtige Dinge erledigt, aber inzwischen sind die Lastwagen wieder nach Indien zurückgefahren, und sie müssen versuchen, Lastwagen zum Transport nach Kathmandu zu bekommen. – Seit unserem Eintreffen in Kathmandu bemühen wir uns, eine Chartermaschine nach Taplejung zu bekommen. Aber an einen Flug mit der Pilatus Porter, die von dem Schweizer Kapitän Wick geflogen wird, ist im Augenblick nicht zu denken. Um den Kontakt mit der Gesamtmannschaft nicht zu riskieren, entschließe ich mich bereits nach den ersten Gesprächen mit den zuständigen Stellen der RNAC*) für den gemeinsamen Anmarsch von Ilam aus zum Hauptlager. Aber etwas anderes interessiert mich noch – nämlich ein eventueller Anmarsch über Sikkim, wobei sich unser Weg zum Berg ganz wesentlich verkürzen würde. Bei der indischen Botschaft macht man mir wenig Hoffnung. Sie meinen, ich solle nochmals nach Delhi zurückfliegen, um dort bei der Indian Mountaineering Association vorstellig zu wer-

*) Royal Nepal Air Corporation

den. Dann erst würde mein Ersuchen an das indische Außen- und Innenministerium weitergeleitet. Da mir ein solches Ansuchen viel zu spät erscheint, mache ich den Antrag für unseren Rückmarsch. Dieser wurde später aber jedoch abgelehnt.
Aus meinen Gesprächen mit den zuständigen Beamten im nepalesischen Ministerium ersehe ich, daß auch von dieser Seite Schwierigkeiten hinsichtlich eines Grenzüberganges zu erwarten wären. Der Plan, über Sikkim zum Berg zu kommen, hätte natürlich den Vorteil gehabt, daß wir in Sikkim auf einer Jeep-Straße unser Gepäck bis weit in den Norden hätten transportieren können. Mr. Sherma vom Ministry of Tourism ist von meinem Vorschlag wenig angetan und macht seine Entscheidung von der Genehmigung der indischen Regierung abhängig. Bisher war nämlich noch keiner Expedition ein Anmarsch zur nepalesischen Seite des Kanchenjunga über Sikkim erlaubt worden.
Während die einen unsere Grußkarten fertig machen, das heißt Briefmarken aufkleben und persönlich unterschreiben, sind andere Kameraden damit beschäftigt, unsere mit Solarzellen ausgestattete Batterie aufladen zu lassen. Diese Batterie soll im Hauptlager für den täglichen Kurzwellenfunkverkehr mit Kathmandu eingesetzt werden. Wieder andere sind damit beschäftigt, die Lasten zu überprüfen und die Sherpa-Ausrüstung für den Berg zusammenzustellen. Es ist eine zeitraubende Prozedur, bis Strümpfe, Anoraks, Überanzüge und viele andere Ausrüstungsgegenstände ausgeteilt sind. Vor allen Dingen das Anprobieren der Schuhe nimmt viel Zeit in Anspruch. Die Ausrüstung wird von allen Sherpas mit Kenneraugen beurteilt – nicht nur auf Qualität und Strapazierfähigkeit am Berg, sondern auch auf ihren realen Wert – denn sie wandert ja nach Beendigung des Unternehmens meist in den Sherpa-Verkaufsshop von Kathmandu. – Das Ehepaar Walter nimmt sich unserem Geldwechsel auf der Nationalbank an und bringt im Rucksack 40 000 nepalesische Rupien in kleinen Scheinen ins Hotel, um sie unserem Schatzmeister, Doris Kustermann, zu übergeben.
Nachdem unsere Lastwagen abgeladen sind, verhandele ich zusammen mit dem Manager von Mountain Travel, mit einem gewissen Herrn S. T. Kaemar von der Door's-Transport-Companie. Die Verhandlungen dauern etwa eine Stunde und behandeln den Lastentransport nach Ilam. Am Samstag, dem 15. März, sollen zwei Lastwagen dafür bereitstehen, beladen werden und anderntags in aller Frühe nach Ilam fahren. Außerdem wird festgelegt, daß bereits am 15. März zwei

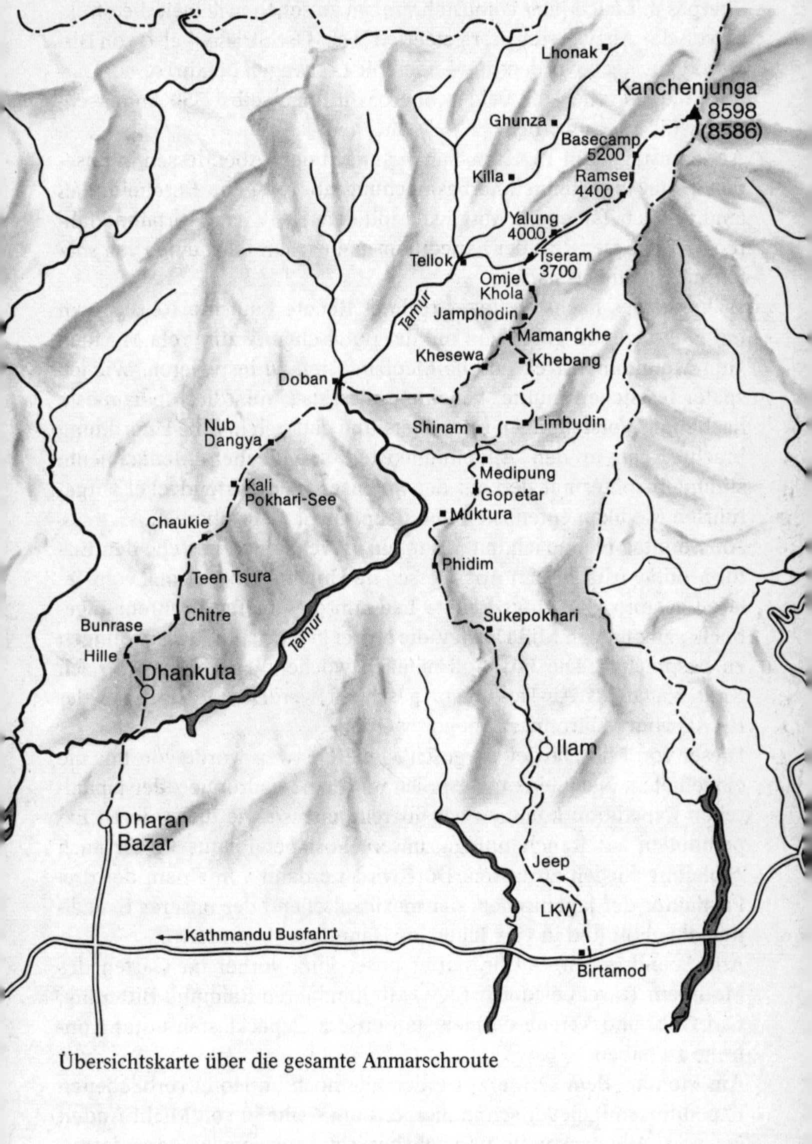

Übersichtskarte über die gesamte Anmarschroute

Sherpas mit nach Ilam vorausfahren, um zu sehen, wie weit die Strekke von der Abzweigung der geteerten West-Ost-Straße – also von Birtamod aus nach Norden hin – noch für Lastwagen befahrbar ist. Darüber hinaus sollen die beiden Sherpas in Ilam selbst 350 Anmarschträger für uns anwerben.

Am Samstag, dem 15. März, halte ich nach dem Abendessen in unserem Hotel eine Teilnehmerbesprechung ab. Ich gebe Bescheid, daß am nächsten Tag einige Mitglieder mit dem LKW nach Birtamod fahren müssen. Der Rest der Expeditionsmannschaft fährt einen Tag später mit einem Bus nach.

Während des nächsten Tages rechnet Renate Lau ihre Reisespesen mit Doris ab und geht dann mit der polnischen Ärztin Yola Maciuch zum Mountain Travel, um die Medizinkisten zu inspizieren. Wie ich später feststellen mußte, bedeutete dies, daß Yola die Medizinkiste nach ihren Vorstellungen umordnete und dadurch in üble Unordnung brachte. Die in den Aluminiumkisten befindlichen Medikamente stimmten später mit den auf der Innenseite der Kistendeckel aufgeführten Medikamentenlisten überhaupt nicht mehr überein. –

Am Sonntag rechne ich mit Mountain Travel ab und bestelle den Bus für Montag früh. »Beim Abendessen im Hotelgarten, dreimal vom Telefon gestört«, berichtet Renate Lau von diesem Tag in ihrem Tagebuch, »zuletzt von Miß Hawley, die später kommt, um Postsendungen zu besprechen. Die Post soll nämlich wöchentlich ab 8. April nach Birat Nagar als Air-Dokument geschickt werden und dort bei der RNAC vom Mailrunner abgeholt werden.«

Dieser von Miß Hawley vorgeschlagene Postweg wurde von uns nie eingehalten. Nach einem Gespräch mit dem ›mailrunner‹ der japanischen Expedition kommen wir überein, ebenso wie die anderen Expeditionen am Kanchenjunga, unsere Post per Pilatus Porter nach Taplejung fliegen zu lassen. Dort wird sie dann von einem der drei Postläufer der japanischen, der mexikanischen oder unserer Expedition abgeholt und in vier Tagen ins Hauptlager befördert.

Am Abend gegen 19 Uhr startet unser kurz vorher im Garten des Mountain Travel beladener LKW. Mit ihm fahren Raimund Bitterling, Giri Göbl und Verena Grüneis, um unsere Gepäcklasten unter Kontrolle zu haben.

Am Montag, dem 17. März, werden alle noch im Hotel verbliebenen Expeditionsmitglieder schon morgens um 4 Uhr 30 von Michl Anderl geweckt. Alle packen ihr persönliches Zeug zusammen, laden dasselbe auf den Bus und fahren zunächst zu Mountain Travel, wo weiteres

2 400 m hoher Paß auf dem Weg von Kathmandu nach Birganj an der indischen Grenze

Gepäck zugeladen werden soll. Dann geht es eine Stunde lang durch Kathmandu, um unseren Liaison-Officer abzuholen. Dabei stoßen wir ganz zufällig auch auf Mingma, jenen Sherpa, den das Ehepaar Walter für sich angeheuert hat.
In einem recht engen Fahrzeug beginnt unsere abenteuerliche Fahrt nach dem Süden Nepals in Richtung Birganj, das an der indischen Grenze liegt. Dabei geht es über einen fast 2 400 Meter hohen Paß. Zwei Stunden nach Kathmandu stoßen wir auf eine große Baustelle. Dies bedeutet natürlich wieder Aufenthalt von einigen Stunden, denn alle hintereinander wartenden Fahrzeuge haben eine lehmige Fahrrinne zu passieren – und dies braucht viel Zeit! Gegen Mittag erreichen wir unseren vorausgeschickten Lastwagen mit unseren drei Kameraden. *Giri Göbl* erzählt: »Wir starteten gestern um 18 Uhr 30. Eine Stunde später – immer noch in Kathmandu – gibt es gespenstische Szenen beim Tanken. Während eines starken Gewitters prasselt der Regen wolkenbruchartig herab. Der Strom fällt aus, und wir tanken bei Kerzenlicht. Nach einer guten Stunde verlassen wir endlich die Hauptstadt auf lehmig aufgeweichter Straße. Ein Fahrzeug vor uns

hängt schräg zur Straße, wir rutschen seitlich dagegen – eine ganze Reihe Scheiben splittert. Drei Fahrzeuge finden sich nun verkeilt auf der Straße. Etwa 200 Menschen sind anwesend, es ist ein Mordslärm, doch die meisten sind nur Zuschauer. Raimund sagt: ›Jetzt ist alles vollständig closed.‹ Mich regt auf, wie er sein gepflegtes Bayerisch mit englischen Brocken durchsetzt. Die Fahrer regen sich nicht auf, sie gehen in ein zehn Minuten entferntes Gasthaus und wir hinterdrein. Nach unserer Rückkunft macht der Fahrer den ersten Versuch, um freizukommen. Nach dem zweiten Versuch gelingt es wirklich. Dann setzen wir unsere Fahrt fort, die beiden anderen noch zusammenhängenden Fahrzeuge kümmern uns nicht mehr.
Mittags machen wir auf der Südseite des Passes Rast. Der Omnibus, in dem sich ein Teil der Mannschaft befindet, holt uns hier ein. Heinz Zembsch nörgelt wegen was weiß ich – mich kümmert's nicht. Mit dem Lastwagen fahren wir später weiter nach Birganj. Dort tanken wir von 14 Uhr 30 bis 19 Uhr! Dann geht es durch die Innenstadt, unser Fahrer wohnt in Birganj. Wir essen, und abwechselnd bewachen wir das Fahrzeug und schlafen auf dessen Dach.
Statt wie versprochen um 4 Uhr morgens fahren wir erst um 6 Uhr los. Es ist drückend heiß. Immer kommen uns Rikschas, Ochsenkarren, bunt bemalte und behängte Wagen entgegen. Wir finden weder Bier noch Limonade hier in den Dörfern im Terai. Ich will endlich wieder essen und trinken, soviel ich will. Wieder tanken wir mit Schlauch und Kanister – es dauert eine Stunde bis Rohöl, das sich in einem 200-Liter-Faß auf dem Dach neben unseren Lebensmitteln befindet, in den Tank gefüllt ist.« –
Wir fahren mit unserem Omnibus von Birganj aus nun im Winkel von 90 Grad nach links, das heißt ostwärts, auf einer schnurgeraden, aber geteerten Straße durch das Terai. Es ist eine der wichtigsten Ost-West-Verbindungen am Rande des Himalaya-Gebirges. Die Wohnbauten der Menschen hier im Terai befinden sich oftmals auf Pfählen – wohl wegen der Dschungeltiere, die hier leben, und vielleicht auch wegen des Wassers, das oft weite Strecken überschwemmt. Rudel von Affen kreuzen des öfteren unseren Weg. Es ist eine lange Fahrt durch tropisches Gebiet, und erst nach acht Stunden erreichen wir jene Straßenkreuzung, wo wir unsere Hauptstraße, die weiter ostwärts Nepal mit Sikkim verbindet, verlassen. Wir befinden uns in Birtamod, einem kleinen dreckigen Dorf. Hier müssen wir den Bus verlassen und wissen zunächst nicht wohin. Gegenüber der Bushaltestelle befindet sich ein sogenanntes Hotel – eine Bretterbude mit verdreckten, leeren

Unser »Hotel« im schmutzigen Birtamod

Räumen. Einige schlafen bei viel Ungeziefer im ersten Stock. Mike, Doris und ich aber bevorzugen einen ganz schmalen, baufälligen Balkon, wo wir eng aneinandergedrückt die Nacht verbringen. Doris liegt zusätzlich als Schatzmeisterin der Expedition auf ihrem Geldrucksack und somit besonders unbequem.
Daß unsere Fahrt nach Ilam so wenig vorbereitet wurde, hat mich sehr geärgert. So war für unsere Bleibe in Birtamod gar nichts arrangiert! Wir stehen um 22 Uhr in einem unmöglichen Kaff, ohne zu wissen wohin. Auch glaubten wir, daß wir bis Ilam durchfahren oder wenigstens im Bus die Nacht verbringen könnten. Mountain Travel hat in dieser Sache nichts organisiert. Die von mir Beauftragte hätte auch besser mit Bobby Chettri von Mountain Travel klare Abmachungen getroffen, statt mit ihm schäkernd oberflächlich zu verhandeln und auf seine – nicht ausreichenden organisatorischen Fähigkeiten zu vertrauen. Ich erinnere mich, daß die Abmachungen mit AMTREK, einer anderen Organisation, die wir 1978 für unsere Everest-Expedition eingeschaltet hatten, zwar teurer kamen, aber es war wenigstens alles vorbereitet. Ich erinnere mich auch, daß alle Verhandlungen mit den

Ministerien, zusammen mit dem Angestellten Raj, innerhalb weniger Tage über die Bühne gingen. –
Trotzdem – auch diese Nacht in Birtamod ging vorüber. Als wir frühmorgens aufwachen, steht der halbe Ort vor unseren Kameraden, die im Freien auf der Straße kampiert haben. Bis 8 Uhr versucht nun Gyalzen, unser Sirdar, einen Transporter für uns zu bekommen. Nach etwa zwei Stunden hat er endlich einen Wagen gefunden. Wir verladen unser Gepäck, und auf der Laderampe stehend beziehungsweise auf dem Gepäck liegend, geht es nun auf einer im Bau befindlichen Forststraße nordwärts. Nach einer längeren Pause in einem Rasthaus am Wege erreichen wir schließlich um 13 Uhr 30 den sauberen großen Marktplatz von Ilam. Ringsherum im Viereck um diesen Platz befinden sich kleine ordentliche Verkaufsläden. In einem der Shops gibt es Bier, und es dauert nur wenige Minuten, bis alle vorhandenen Flaschen von uns aufgekauft sind. In der Zwischenzeit sucht Gyalzen zusammen mit Einheimischen nach einem geeigneten Lagerplatz für unsere Expedition. Er findet ihn in einem kleinen Sportplatz auf einer Anhöhe. Ilam liegt auf 1 200 Meter Höhe und ist von sanften Hügeln umgeben, die alle mit runden Teesträuchern bepflanzt sind. So stelle ich mir auch Darjeeling vor.
Um 18 Uhr kommt der Bus mit unseren Expeditionsfreunden bei uns an. Eine Stunde später bringt der von uns eingesetzte LKW unser Expeditionsgut. Es ist bereits dunkel, als wir abladen. Mit dem Lastwagen kommen auch Raimund Bitterling, Verena Grüneis und Giri Göbl an. Letzterer berichtet uns während des nächtlichen »Dinners« von seinen Erlebnissen: »Dienstag, den 18. Mai, fuhren wir den ganzen Tag durch den drückend heißen Terai. In den Ortschaften, die wir auf der schnurgeraden Straße durchfuhren, bekamen wir keine Getränke gegen unseren Durst. In Birtamod, einem Drecknest im Terai, tranken wir Tee und zweigten dann auf der geteerten Hauptstraße in Richtung Norden ab. Hier wurden wir von unserem dritten Fahrzeug überholt. Der Fahrer war gerade damit beschäftigt, einen Reifen zu wechseln. Dann machten wir uns auf die 75 km lange Strecke in Richtung Ilam – es ging fast ständig aufwärts. Häuser waren in die Steilhänge hineingebaut, und die Felder kletterten terrassenförmig in die Höhe. Alles machte jetzt einen gepflegteren Eindruck als unten im Terai. Ebenso angenehm fürs Auge waren die bunten, blitzsauberen Gewänder der Bewohner. Gegen 19 Uhr erreichten wir schließlich Ilam, und jetzt sind wir da.« –
Wir schlafen entweder in Zelten auf dem Sportplatz oder in einem

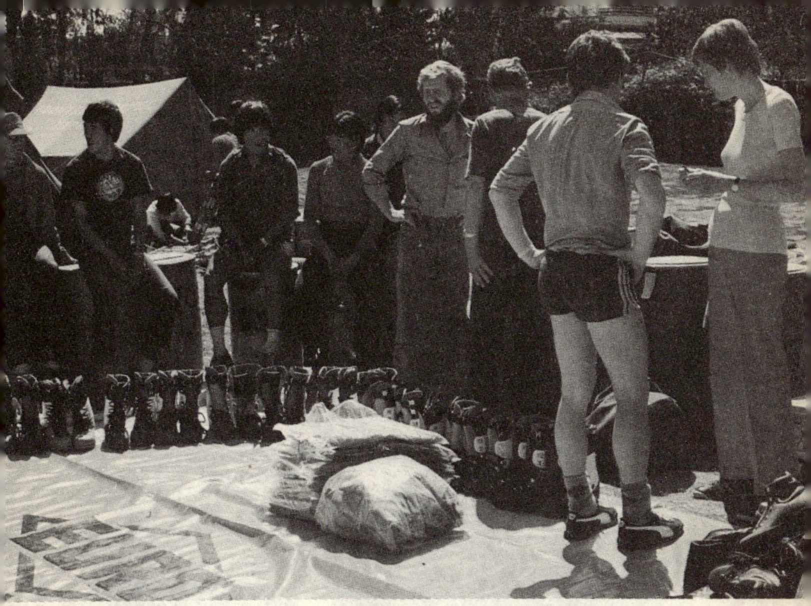

Kritisch betrachten die Sherpas unsere für sie mitgebrachte Ausrüstung im Hof von Mountain Travel

geräumigen, mehrzimmerigen Haus inmitten einer Teeplantage. Dort gibt es fließendes Wasser, und morgens stehen alle an, um sich dort waschen zu können.

Da Giri Göbl seine Eindrücke im Telegrammstil oft so treffend schildert, möchte ich ihn noch einmal zitieren: »Mittwoch, den 19. März 1980: Das Gepäck ist auf einem Fußballplatz gestapelt. Die Lasten für den Vortrupp werden ausgesondert. Raimund, Verena und ich sollen mittags bereits mit Lastenträgern abmarschieren. Der Sirdar verhandelt mit den Trägern, sie wollen Vorschuß. Es ist bereits 13 Uhr. Der erste Trupp wird heute kaum mehr weiterkommen. Mit Mike gibt es etwas Wind, weil einige Schokolade wollen. Der Sherpa-Koch ist sehr gut, wir haben den ganzen Tag Tee, und auf das Essen kann man sich freuen. Wir werden fotografiert, und Karl filmt. Ernst läuft von Mann zu Mann, daß ihm jemand seine Taschenlampe reparieren hilft. Zuschauer haben wir jede Menge, von den Kleinsten bis zu den Ältesten. Überall sind sie hautnah dabei, manches Expeditionsmitglied regt dies auf. – Oft, so glaube ich, wird nicht nur nichts gearbeitet, sondern sogar gegeneinander. Am meisten arbeitet und organisiert

Schorsch, er hat auch den besten Über- und Durchblick. Etwa um 15 Uhr gehen wir ins Gästehaus, Heinz gibt eine Komiker-Vorstellung, die schallendes Gelächter auslöst. Dann essen wir am Lager. Kinder, die herumstehen, wiegt Heinz mit der Federwaage und schreibt das Gewicht auf die Ärmchen. – Das Abendessen ist sehr gut und appetitlich, wir werden bedient wie echte Sahibs. Die Sherpas scherzen und sind ausgelassen. Ebenso verlieren die Kinder immer mehr ihre Scheu. Dann feiern wir den Namenstag aller unserer Seppls – Renate spendiert dazu unter ›Gefahr‹ ergatterte Schokolade . . .«

Anderntags, wir schreiben den 20. März, marschiere ich gegen 10 Uhr früh zusammen mit Doris, Mike, Raimund, Verena, Hansueli, Roland, Franz und Sepp Stiller sowie einer 82 Mann starken Trägerkolonne und zwei Sherpa von Ilam weg. Unser Tagesziel ist Sakhejung (1700 m). Dort treffen wir bereits am Nachmittag ein und übernachten im dortigen Schulhaus.

Über Funk erfahre ich, daß sich anderntags wirklich 142 Träger für unsere zweite Anmarschgruppe in Ilam eingefunden haben. Mit dem zweiten Trupp gehen ebenfalls einige Sherpas – und aus der Mannschaft Heinz, Renate und Ernst. Die Verabschiedung auf dem Sportplatz Ilam sei förmlich und leicht hektisch gewesen. »See you later« ruft Ernst, der Professor, allen umstehenden Expeditionsmitgliedern zu, dann geht's los.

Da die Träger täglich 24 Rupien erhalten und bereits am Tagesziel ausbezahlt und oftmals auch wieder entlassen werden wollen, muß jede Gruppe genügend Geld bei sich haben. So wurde von Doris der zweiten Gruppe in Ilam bereits eine Summe von 60 000 Rupien übergeben. Niemand wollte die Verantwortung für das Geld übernehmen, und so teilten die Expeditionsmitglieder das Geld unter sich auf.

In Ilam befinden sich noch die Ehepaare Ritter und Walter sowie Giri Göbl und die drei Polinnen. Sepp Walter hat Halsschmerzen und Fieber; er will daher erst mit der letzten Gruppe losziehen. Unser Begleitoffizier Mr. Pandy wird ebenfalls erst als letzter Ilam verlassen. Bis es soweit ist, stolziert er im Lager herum wie ein Storch, raucht wie eine Lokomotive und ergibt sich ganz seinem Schicksal, das er sich mit Reisbier, dem Chang, erträglich zu machen versucht.

Am 22. März funkt Heinz Zembsch zu Schorsch Ritter in aller Frühe nach Ilam zurück, daß er mit den Trägern große Schwierigkeiten

Der Anmarsch beginnt auf dem Spielplatz in Ilam

Die Anmarschträger nehmen in den Niederungen meist 60 kg schwere Doppellasten

Die Nepali tragen ihre schweren Lasten mit Stirngurt und setzen bei einer Rast zum Absetzen immer ihren Stock ein, wenn sich nicht zufällig eine Mauer oder ein Fels anbietet

habe. Daraufhin geht Giri Göbl zusammen mit einem Sherpa dieser zweiten Gruppe nach, um sie zu unterstützen. Das Wetter ist schwül und heiß. Um 12 Uhr bekommt Giri mit Heinz Funkkontakt und erfährt, daß der zweiten Gruppe drei Träger davongelaufen sind. Halb so wild, denn die Sherpas haben sofort für Ersatz gesorgt. Um 13 Uhr 30 erreicht Giri schließlich Sakhejung, und bald darauf trifft er auf die letzten Träger der Zembsch-Gruppe, jene Kulis, die nun die Lasten der ausgefallenen Träger ebenfalls aufgenommen haben und nun mit Doppellasten, das heißt 60 Kilo auf dem Buckel, weiterziehen. Das Wetter ist neblig-kalt, und es regnet leicht, als Giri gegen 17 Uhr Sukepokhari erreicht. Einer der Anwesenden hält sich, unterstützt von Renate Lau, als der »Große Führer«, aber dennoch klappte nicht alles, so daß Hilfe angefordert werden mußte.
Als die Lasten eintreffen und sortiert sind, macht sich ein englisch radebrechender Träger selbst zum Naike, das heißt Obmann, und fordert Auszahlung. Man gibt ihm einen Vorschuß, dann verkriechen sich alle in die Almhütten. Nachts kommt ein heftiges Gewitter auf, der Regen dringt bis in die Lagerräume ein. Düstere Stimmung herrscht auch innerhalb der Gruppe, es besteht eine Hochspannung wie vor einem Gewittersturm, denn Göbl toleriert Heinz nicht als Führer, und Renate und Ernst sind fast wie Hund und Katze zueinander.
Das Wetter war während des Anmarsches meist schön. Von Sukepokhari führt der Steig über schöne Almwiesen und zwischen hohen Bäumen zunächst nach Karka und von dort aus steil hinab nach Phidim. Der auf rund 1000 Meter Höhe gelegene Ort mit Kaserne und Hubschrauberlandeplatz sieht von oben recht vielversprechend aus – aber dies täuscht! Es gibt nur schmutziges Wasser und in den winzig kleinen Buden weder Bier noch Limonade. Wir übernachten im Zelt neben einem Rohbau, in dem wir alle unsere Lasten untergebracht haben.
Den ganzen Vormittag des 23. März sind wir damit beschäftigt, die Träger auszuzahlen. Viele der Kulis sind sich noch nicht darüber einig, ob sie von hier aus noch weiter für uns tragen wollen. Daher müssen wir Alu-Leitern und einige Verpflegungslasten zurücklassen, denn die volle Anzahl an Trägern ist keinesfalls zu erwarten. Da die Sherpas versuchen, in den Dörfern noch weitere Kulis anzuwerben, wird es schließlich 12 Uhr, bis wir weiterkommen.
Inzwischen ist es recht warm geworden. Wir steigen zunächst zum Fluß Phemi Khola hinab und kreuzen ihn über eine wackelige Holz-

brücke. Dann folgt ein heißer Aufstieg über einen Südhang bis zum 1390 Meter hoch gelegenen Dorf Barpa hinauf. Während des ganzen Aufstiegs begleitet uns ein Rudel Affen. Am Abend, als wir es uns gemütlich machen wollen, kommt, wie so oft, ein starkes Gewitter auf. Ohne Frühstück verlassen wir das Dorf und begeben uns auf eine sechsstündige Wanderung – mit hungrigem Magen, aber bei strahlendem Sonnenschein und durch eine herrliche Gegend! Wir haben nichts zu essen dabei, weil unsere Proviantlasten zum Zeitpunkt unseres Abmarsches immer noch nicht zur Stelle waren.
Nach einer Wegbiegung sehen wir plötzlich zum erstenmal unser Ziel, die gewaltigste Gebirgskette der Erde, den 7710 Meter hohen Jannu und die fünf Gipfel des Kanchenjunga. Das Bergmassiv ist wuchtig und von unten bis oben voll Schnee und Eis.
Unser nächster Lagerplatz heißt Gopetar und liegt 1950 Meter hoch. Bei Dämmerung kommen fünfzehn Träger an und wollen nun statt 24 plötzlich 26 Rupien pro Tag an Lohn erhalten. Renate Lau soll in Phidim diese Summe bezahlt haben, wahrscheinlich jedoch nur deshalb, um baldmöglichst dieses üble Nest hinter sich lassen zu können. Wir trösten die Träger mit einer Prämie, die da heißt: Wenn sie bis Yamphodin tragen – und damit also bis zum letzten Dorf auf unserem Anmarsch zum Kanchenjunga –, erhalten sie dann statt 24 Rupien eine Rupie mehr.
Am 25. Mai nehmen unsere Kulis zum Teil Doppellasten, dabei geht es den ganzen Tag über durch eine subtropische heiße Gegend – und bis zum nächsten Lagerplatz ist es weit. Meist erreicht man ihn erst am Abend, und dort erst können sie dann für eine Nacht lang wieder ihre Bürde loswerden.
Unser Pfad führt zunächst über Tharpu steil zum Flußufer hinab, wo wir noch die Ruinen einer fortgerissenen Brücke vorfinden. Wir durchwaten also den Dewa Khola an einer Stelle, wo er etwa 25 Meter breit und bis zu ein Meter tief ist. Für uns ist es eine angenehme, kühle Abwechslung. Für unsere Träger mit ihren schweren Lasten ist dies nicht so einfach – auf den runden, glitschigen Steinen am Grund des Flusses –, zur anderen Seite hinüber zu gelangen. Dabei werden sie allerdings von ihren Landsleuten tatkräftig unterstützt.
Wir sitzen nun für einige Stunden hier am Wasser in einer Höhe von 600 Metern über dem Meeresspiegel. Schließlich müssen wir aber doch wieder Abschied nehmen von diesem herrlichen Rastplätzchen auf heißem Sand am kühlen Wasser. Der Aufstieg nach Shinam steht uns noch bevor. Es sollte dies ein schrecklich langgezogener Weg

Die Brücke befindet sich 2 Stunden flußaufwärts. Wir ziehen es vor, den Dewa Khola zu durchwaten

werden. Erst bei Einbruch der Dunkelheit erreichen wir das Schulhaus am oberen Ende der Ortschaft.
Am frühen Morgen des 26. März verlassen wir unsere Unterkunft und gehen zunächst bis Telok. Während unserer Mittagsrast kommen einige Dorfmusikanten mit Trommeln und Flöten. Sie spielen unseren Kulis auf, die es sich nicht nehmen lassen – nach Abwerfen der Last – vor uns zu tanzen. Wo sie nur die Kraft hernehmen? Die hier stationierten Soldaten bringen für uns Stühle herbei und kontrollieren unsere Trekking-Papiere. Punkt 12 Uhr haben wir Funkkontakt mit unseren anderen Gruppen, die sich einen oder mehrere Tage hinter uns befinden.
Am Nachmittag marschieren wir weiter hinab zum Fluß Phawa Khola und steigen schließlich den steilen Gegenhang hinauf nach Phundrua. Es ist erst 16 Uhr. Wir blasen unsere Luftmatratzen auf und schlafen im Freien. Um 18 Uhr habe ich mit Göbl wieder Funkkontakt, und ich empfehle ihm dringend, mit der letzten Gruppe – jener von Schorsch Ritter – Kontakt zu halten.
Die Quelle des Ortes befindet sich 20 Minuten entfernt von unserem

Lagerplatz, und so dauert es eine Zeitlang, bis sich alle gewaschen und ihre Trinkflaschen gefüllt haben. Auch am 27. März steht uns wieder ein heißer, langer Weg bevor. Um 8 Uhr gehen wir weg und erreichen bereits um 14 Uhr unser Tagesziel. Der Weg nach Mamangkhe führt durch eine herrliche Gegend. Ab Mittag wird der Himmel bedeckt, es ist nicht mehr so heiß und daher angenehmer zu gehen. Während des Anmarsches findet Doris einen mittelgroßen Granatstein und freut sich riesig darüber. Im Dorf angekommen, sitzen wir zunächst auf einer niedrigen Mauer herum und warten auf die Lastenträger mit unseren Sachen.
Mamangkhe liegt 1730 Meter hoch. Auf dem kleinen Dorfplatz scherzen unsere Sherpas mit jungen Trägern, und die Sahibs trinken von den Bäuerinnen herbeigebrachten Chang aus wohlgeformten Messingschalen. Einige von uns schlafen in den schmutzigen Schulräumen, die meisten aber vor dem Schulhaus auf ihren Iso-Matten.
Die Tagesetappe am 28. März ist kurz. Auf ausgebautem Weg erreichen wir bereits gegen Mittag das letzte Dorf auf unserem Anmarsch – wir sind in Yamphodin. Fünfzehn Meter über den wildschäumenden Wassern des Kobeli Khola stellen wir unsere Zelte auf, da uns die Lehrerin des Dorfes die Unterkunft in der Schule verweigert. Hier treffen wir mit zwei holländischen Ehepaaren zusammen, die auf ihrer Trekking-Tour von Yamphodin aus nicht nordwärts wie wir, sondern südwestwärts weiterziehen. Da sie in zehn Tagen bereits Kathmandu erreichen, geben wir ihnen unsere Post mit.
Außerdem treffen wir hier den Begleitoffizier der japanischen Kanchenjunga-Expedition, die sich einen Tag vor uns im Anmarsch zu ihrem Hauptlager befindet. Der Begleitoffizier bleibt hier zurück, denn er leidet an Asthma und kann die Höhe schlecht vertragen.
In Yamphodin werden unsere Träger gewechselt. Dennoch bekommen wir so viele Leute zusammen, daß wir alle Lasten wieder mit uns nehmen können. Am nächsten Morgen sind wir gegen 8 Uhr startbereit und steigen alsbald die steilen Hänge hinauf, die das Tal nach Norden hin abschließen. Während des Aufstiegs wandern wir durch Bergwiesen, zwischen Getreidefeldern und Terrassenäckern bis zum nahezu 2500 Meter hohen Sattel Dhupi Banyjang hoch. Dort steht

Immer wieder werden tiefe Schluchten auf kühn angelegten Hängebrücken überquert

Im Dschungelwald blühen die Orchideen

Rast in Mamangkhe

man 800 Meter über dem Dorf. Nun führt der Pfad durch dichten Dschungelurwald. Wir sehen riesige Bäume mit oft meterhohen Luftwurzeln, finden Orchideen in allen Farbschattierungen, die von Ästen herabhängen, und am Wege erfreuen wir uns des Anblicks von Seidelbast und Primeln. Das herrlichste aber sind die weißen und vor allem die roten Rhododendron-Bäume, die hier für diese Gegend ein Charakteristikum sind.
Zwanzig Meter über einem kleinen Wildbach, der sich durch eine Schlucht seinen Weg gebahnt hat, stoßen wir gegen 14 Uhr auf eine Waldlichtung, die sich als Lagerplatz anbietet. Wir befinden uns in Amje Khola (= Domje Khola).
Auf halbem Wege kommt uns Ernst Sandvoss nachgelaufen und erzählt uns seine üble Geschichte mit dem gestohlenen Rucksack, worin sich seine Fotoausrüstung, seine Brille und außerdem natürlich das Trägergeld in Höhe von 15 000 Rupien befunden hatten. Ich gebe ihm Geld, damit die Träger in Yamphodin ausbezahlt werden können, und schicke ihm außerdem zur weiteren Unterstützung noch Hansueli Marti und einen Sherpa mit.
Da Michl Anderl fast immer und auch hier gegen die Errichtung von Zelten ist, nächtigen wir auf unseren Luftmatratzen unter freiem Himmel. Nachts aber beginnt es zu tropfen, und schließlich prasselt der Regen auf uns herab. Wir spannen unsere Regenschirme auf, halten sie über den Kopf und schlüpfen mit den Schlafsäcken in große Plastiksäcke. Aber als es dann richtig zu schütten beginnt, bietet dies alles keinen Schutz mehr, und die Schlafsäcke werden von unten her total durchnäßt. Dann erst entschließen wir uns, die Zelte aufzustellen. Im nachhinein dachte ich, dies hätten wir sicher einfacher und gemütlicher haben können. Von nun an werden auf allen Rastplätzen die Zelte aufgestellt! Wenn es auch während der Nacht nicht unbedingt regnen muß, so schläft man dann doch besser in dem Gefühl, daß man nicht von einen Wettersturz überrascht werden kann.
Nach dieser recht ungemütlichen Nacht stößt um 7 Uhr 30 plötzlich Giri Göbl zu uns vor. Er hat Schwierigkeiten bei der Trägerbeschaffung und hat wegen des Diebstahls auch kein Geld mehr, um seine Kulis auszahlen zu können. Giri ist ziemlich aufgebracht über seine eigene Situation, an der wir allerdings wohl kaum Schuld haben. Da er mir nach seinem nächtlichen Aufstieg zunächst auch recht hungrig

Ackerterrassen dienen dem Reisanbau

Im Dschungellager auf 2 350 m Höhe gab es über Nacht Neuschnee

Dieses Lager war das romantischste auf unserem Anmarsch zum Hauptlager

erscheint, gebe ich ihm zunächst einmal Tee und Essen, denn wir haben ja den Koch dabei. Dann erkläre ich ihm, daß wir durch den Professor bereits von dem Mißgeschick seiner Gruppe erfahren haben und deshalb Marti und einen Sherpa mit dem erforderlichen Geld zu ihm zurückgeschickt haben. Eigentlich hätten sie sich ja treffen müssen – aber allem Anschein nach haben sie sich verfehlt.

Am Palmsonntag, es ist dies heuer der 30. März, verlassen wir das Dschungellager in 2 350 Meter Höhe und steigen zu einem unbenannten Paß auf, der etwa in einer Höhe von 3 400 Metern liegt. Die Paßhöhe bietet einen herrlichen Blick in umliegende bewaldete Täler. Von hier aus gehen wir nun in Richtung Simbua Khola hinab, wo jene Wasser tosen, die vom Yalung-Gletscher genährt werden. Im Laufe der Jahrtausende haben sie sich mitten im Dschungel ein tiefes Bett zwischen den Felsen geschaffen. Der Dschungelurwald ist märchenhaft schön, selbst in seinem weißen Kleid, denn hier liegen zwischen den Bäumen noch etwa zwanzig Zentimeter Altschnee vom letzten Winter. Am Nachmittag erreichen wir mitten im Hang eine kleine, ziemlich waagerecht verlaufende Waldlichtung, die sich zum Lagern eignet. Während eines Gewitters, das uns Hagel und später sogar Schneefall bringt, stellen wir unsere Zelte auf und erleben dort in 2 800 Meter Höhe eine wesentlich angenehmere Nacht als tags zuvor in Amje Khola.

Am nächsten Tag kommen wir erst spät weg, denn die vereisten und verschneiten Zelte müssen einigermaßen trocken sein, bevor wir sie einpacken können. Als wir um 9 Uhr abmarschieren, scheint die Sonne bereits zwischen den hohen Bäumen hindurch. Wir steigen noch etwa 100 Meter ab, dann überqueren wir den Yalung-Fluß über eine massive Holzbrücke und steigen an seinem rechten Ufer entlang aufwärts. Der Pfad führt uns auf eine 3 400 Meter hoch gelegene nasse Almwiese, die wir etwa um 14 Uhr erreichen. Da die Träger nicht mehr weitergehen wollen, obwohl wir erst eine halbe Tagesetappe geschafft haben, müssen wir uns bereit erklären, auf dieser Wiese mit dem Namen ›Anda‹ unser Lager aufzustellen. Anda heißt in Urdu Eier, und so nennen wir diese Dschungelwiese die ›Eierwiese‹.

Anderntags stößt um 10 Uhr 30 die Göbl-Gruppe zu uns. Unsere Träger wollen ausbezahlt werden und nicht mehr weitergehen. Die meisten wollen überhaupt nur noch halbe Etappen hochsteigen, damit sie mehr Tagesstrecken zusammenbringen und dadurch mehr verdienen. Wir verhandeln mit dem Naike, der für die Kulis verantwortlich ist. Außerdem führen wir ein Gespräch mit einigen unserer Sherpas, die

Yalung (3 950 m) – Vor Jahrzehnten stand hier ein buddhistisches Kloster. Heute ist es nur noch eine Hochweide für Yaks

ich nach Ghunza hinüberschicken will, um dort Kulis für uns anzuwerben. Dieser Weg ist nicht kurz, er geht über einen 3 000 Meter hohen verschneiten Paß, und wir können erst in einigen Tagen mit ihrer Rückkunft rechnen.

Gegen Abend kommen einige Lastenträger der japanischen Expedition zurück und sind bereit, unsere Säcke, Schachteln und Tonnen nach oben zu tragen. Somit wird es hinfällig, daß Giri Göbl mit dem restlichen Gepäck zurückbleibt, und wir können am nächsten Tag gemeinsam losziehen.

Heute ist der 2. April. Das Wetter ist herrlich, und wir erreichen nach drei Stunden die Hochweide Tseram (3760 m). Viele unserer Träger haben zwei bis zweieinhalb Lasten auf dem Rücken. Diese Leute leisten Enormes! Unser Weg geht nun immer das etwas breiter gewordene Flußbett entlang. Dann steigt man etwa 30 Meter hoch zur Yak-Weide Tseram, wo es so schön ist, daß wir gerne eine Stunde Rast einlegen. Es ist erst 11 Uhr vormittags, und wir erreichen bereits um 12 Uhr 30 unser Ziel, die Hochweide Yalung. Hier, auf 3950 Meter Höhe, haben bis vor etwa fünfzig Jahren noch Mönche gelebt. Jetzt sind nur noch die Ruinen des buddhistischen Klosters zu sehen. Hier schlagen wir neben einer Hirtenhütte unser Zelt auf, und nach einer kurzen Essenspause beginnen wir damit, die Träger auszuzahlen, denn die meisten wollen nach Yamphodin zurück. Noch während wir damit beschäftigt sind, kommt ein Sherpa mit zwanzig Trägern aus der Zembsch-Gruppe bei uns an. Heinz Zembsch selbst befindet sich noch weit zurück, er wird erst am nächsten Tag zu uns aufschließen – und dies ist sicher, denn aufgrund des Trägermangels werden wir ohnehin einige Tage hier in Yalung festgehalten. Im gegenwärtigen Augenblick stehen uns kaum mehr als dreißig Kulis zur Verfügung. Wir müssen also hoffen, daß sich die Situation in den nächsten Tagen bessert. Außerdem werden wir die vorhandenen Träger im Pendelverkehr nun in Richtung Ramser einsetzen.

Ich gehe schon um 17 Uhr ins Zelt, da es neblig und kalt geworden ist. Es herrscht ein recht rauhes Wetter. Kurz vorher kommt noch der Postläufer der Japaner bei uns vorbei. Wir halten ihn auf und geben ihm zu essen und zu trinken; in der Zwischenzeit schreiben wir einige Grüße in die Heimat, die er dann nach Taplejung mitnimmt.

Die nächsten Tage sind wir in Yalung festgehalten, also bis Ostermontag – und dann erst geht es wieder weiter. In der Zwischenzeit sind wir bemüht, den Transport nach Ramser zu forcieren. Von knapp 140 Lasten geht etwa die Hälfte am 3. April in Richtung Ramser, das sich auf 4300 Meter Höhe befindet. Einige unserer Leute tragen ebenfalls Lasten dorthin und kehren abends wieder nach Yalung zurück. Sie erzählen, daß auf halbem Wege bereits Schnee liegt. Auch die Japaner befinden sich bereits dort oben.

Während der Nacht zum 4. April löst ein Gewitter das andere ab. Es

Hochweide Ramser (4300 m) – begrenzt von der rechten Moräne des Yalung-Gletschers

schneit, und am Morgen ist wieder alles in reinstes Weiß gehüllt. Der Hirte hat inzwischen seine Yaks wieder nach unten getrieben, weil die Wetterverhältnisse zu diesem Zeitpunkt noch alles andere als sommerlich sind und die Tiere hier zu wenig Futter finden.
Wir haben in Yalung mehrere unserer Everest-Zelte aufgebaut und uns auf einen längeren Aufenthalt eingerichtet. Es wird nun alles nachgeholt, was während des Anmarsches vernachlässigt wurde. Am nahe gelegenen Bach kann man die Wäsche und sich selbst gründlich waschen, anschließend Tagebuch und Briefe schreiben und sich mit den örtlichen Verhältnissen am Berg vertraut machen. Die allgemeine Stimmung ist stark abgerutscht, denn wir sehen wegen dieser Trägermisere keine Möglichkeit, den Hauptlagerplatz in Bälde erreichen zu können. Am 4. April, nachmittags um 3 Uhr, treffen Heinz Zembsch und Renate Lau mit achtzehn Trägern ein. Aber auch von diesen gehen wieder viele zurück, so daß wir zunächst nur mit zwanzig Trägern rechnen können, um den Pendelverkehr nach Ramser aufrechtzuerhalten. Vierzig Lasten liegen noch in Yalung. Nun werden auch alle Sherpas und Sahibs zum Lastentransport eingesetzt, damit keine Stagnation eintritt.
Am Nachmittag des 5. April kommen die drei Polinnen mit 48 Lastenträgern zu uns herauf. Nun befinden sich bereits sechzehn Expeditionsteilnehmer in Yalung. Es fehlen noch die beiden Ehepaare Walter und Ritter; sie sollen ebenfalls am nächsten Tag eintreffen.
Am Ostersonntag ist unsere ganze Umgebung abermals in frisches Weiß gehüllt, aber das Wetter scheint sich zu bessern. Die uns verbliebenen Träger setzen sich stark ein, sie nehmen zum Teil Doppellasten, so daß an diesem Tag unser ganzes Gepäck Ramser erreicht. Die beiden Schweizer sowie Oppurg und Göbl sind mit den Trägern aufgestiegen und nach Ramser übergesiedelt, denn sie wollen morgen weiter zum Gletscherlager ›Tso Camp‹ vorstoßen.
Zu später Abendstunde kommt Lobsang Sherpa aus Ghunsa zurück. Er ist ziemlich erschöpft, denn er ist seit 3 Uhr morgens unterwegs, wie er uns erzählt. Aber er hat nur drei Träger mitgebracht. Das ist für uns eine große Enttäuschung, denn wir haben mit etwa fünfzig gerechnet. Der lange Weg nach Ghunsa hatte sich also nicht gelohnt. Wie er weiter berichtet, waren ihm bis zum Paß dreizehn Ghunsa-Leute gefolgt, kehrten aber dann wegen des knietiefen Schnees wieder um und gingen in ihr Dorf zurück. Aufgrund der neuen Situation ist nun unsere ganze Hoffnung auf die letzte Expeditionsgruppe ausgerichtet, die von Schorsch geführt wird und demnächst eintreffen

BUNDESREPUBLIK
DEUTSCHLAND

RÉPUBLIQUE FÉDÉRALE D'ALLEMAGNE
FEDERAL REPUBLIC OF GERMANY

Personalausweis

Carte d'Identité
Identity Card

Der Inhaber dieses Ausweises ist Deutscher
The holder of this identity card is a German

müßte. Uns stehen zur Zeit nur sechzehn Kulis zur Verfügung, die bereit sind, bis ins Hauptlager zu tragen.

Am Ostermontag sind wir schon sehr früh auf. Michl Anderl geht nach Ramser hoch, um dort die Lasten zu überprüfen. Dann gibt's eine große Freude: Um 10 Uhr vormittags kommt Schorsch Ritter mit seiner Frau Inge und dem Ehepaar Walter in Yalung an – und mit ihnen 85 hochbepackte Träger. Mein einziger Wunsch ist: Hoffentlich können wir einige dieser Leute für unseren Weitermarsch zum Hauptlager gewinnen. Wir verhandeln mit dem Naike und erfahren, daß sich vierzig Träger bereit erklären wollen, uns bis zum Hauptlager zu folgen. Ich bin aber erst dann von dem Einsatzwillen dieser Leute restlos überzeugt, wenn sie sich bereits auf dem Marsch dorthin befinden, denn oftmals haben sie bis zum anderen Tag ihre Bereitschaft wieder bereut.

Was mir zur gegebenen Stunde als sehr wichtig erscheint, ist die Beobachtung, daß Schorsch Ritter mit sehr viel Optimismus gekommen ist und ihn auch in die Mannschaft hineinzutragen weiß. Als ich mein Bedauern zum Ausdruck bringe, daß wir immer noch nicht weiter sind und seit Tagen hier herumsitzen müssen, weil wir einfach zuwenig Träger haben, erklärt er mir: »Es läuft doch alles ganz gut. Was hast du? In wenigen Tagen sind wir sicher bereits im Hauptlager.« Diese Worte sind für mich, in unserer gegenwärtigen stagnierenden Lage und schlechten Stimmung, von wesentlicher Bedeutung. Sie bringen uns zwar im Moment auch nicht mehr Träger auf den Plan, aber Schorsch Ritter strömt nicht nur Optimismus aus, sondern setzt sich auch sofort mit ganzer Kraft ein. Er spricht mit den Sherpas, unterhält sich lange Zeit mit ihnen und bewegt sie zum vollen Einsatz für den Lastentransport in die nächsten Lager. Und dieser Einsatz macht sich dann in den folgenden Tagen stark bemerkbar.

Michl Anderl hat Bedenken wegen seiner Hüftschmerzen und denkt an Rückmarsch – zusammen mit Inge Ritter, die ohnehin zurück muß. Ich verpasse ihm die einzige erreichbare Kortison-Spritze und injiziere das Medikament in sein Hüftgelenk, das ihn für die Dauer der Expedition und, wie sich dann herausstellt, auch späterhin noch von seinen Schmerzen befreit hat. – Auch Doris hat heute früh Rückmarschwünsche geäußert. Aber noch hoffe ich auf die Einsicht meiner beiden Freunde. Alle Pläne für morgen hängen davon ab, was sich heute alles ereignet. Zum Frühstück sage ich zur versammelten Mannschaft: »Heute ist der Tag der Auferstehung, und ich hoffe, daß es ein Tag der Wiederbelebung der Expeditionsgemeinschaft wird.«

Tso Camp (4 750 m) – Der letzte Stützpunkt auf dem Yalung-Gletscher, dem Hauptlagerplatz

Mit Schorsch Ritter sind auch der Sirdar, zwei Sherpa und der Begleitoffizier wieder bei uns eingetroffen. Mit dem Eintreffen von Schorsch verbesserte sich die Stimmung auch von Doris und Mike, und beide bleiben bei der Expedition. Von den achtzig Trägern, die Schorsch mitgebracht hat, bleiben uns letzten Endes nur dreißig für den Anmarsch zum Hauptlager. Schon anderntags wandern entsprechend viele Lasten zum Tso Camp, das inmitten des Yalung-Gletschers liegt. Vorher gibt es das ewige Palaver mit den Trägern, die für ihren Marsch über die mit Steinen und Felsbrocken übersäte Gletscherzunge Baseballschuhe und Gletscherbrillen wünschen und auch erhalten.
Kurz nach 9 Uhr gehe ich, zusammen mit Doris, Mike und Raimund, nach Ramser (4 300 m). Bitterling war schon einmal in aller Frühe nach Ramser aufgestiegen und hat dort aus einer Kiste Gletscherbrillen geholt. Er ist um 7 Uhr bereits wieder zurück in Yalung und verteilt die Brillen schon an die tragwilligen Kulis. – Es steigen auch noch Sepp Stiller, zwei Sherpas und Mingphadur, unser lieber Küchenboy, mit uns auf. Um 12 Uhr erreichen wir unser Ziel, das vorletz-

te Camp vor dem Hauptlager. Ich nehme sofort Funkkontakt mit Tso Camp auf und erfahre von Franz Oppurg, der inzwischen mit Marti dort angekommen ist, daß er mit den Mexikanern, die auf dem Gletscher ebenfalls ein Depot eingerichtet haben, bereits Kontakt aufgenommen hat.

Am gleichen Tag schleppt Verena eine schwere Last zum Tso Camp hinauf und kommt spätabends mit Roland und Giri wieder nach Ramser zurück, um sich am nächsten Tag abermals am Lastentransport zu beteiligen. In Yalung befinden sich zu diesem Zeitpunkt noch unser Professor, Renate Lau, das Ehepaar Walter, die drei Polinnen und natürlich auch der Sirdar, der von Yolas Seite kaum noch wegzubringen ist. Das Verhältnis zwischen der polnischen Ärztin und dem Sirdar wirkt sich während der ganzen Zeit nicht gerade förderlich auf unsere Expedition aus. Wenn bei der gemeinsamen Esseneinnahme hin und wieder irgendwelche Probleme, die die Sherpas verursachten, besprochen werden, wird unmittelbar hernach der Sirdar durch Yola informiert. Dies führt einige Male zu Mißverständnissen und Spannungen zwischen Mannschaft und Sherpas, und ich muß daher des öfteren die eine oder andere Sache aufklären beziehungsweise schlichten. Aber mit der Zeit ändern alle Teilnehmer während unserer gemeinsamen Zusammenkünfte zwangsläufig ihr offenes Verhalten gegenüber der Polin, so daß Yola ihrem Freund bald nichts mehr zu hinterbringen vermag. –

In Yalung liegen noch dreißig Lasten. Am Nachmittag fängt es wieder an zu schneien. Als die Kulis mit ihren kurzen Hosen vom Tso Camp zurückkommen, sind bei manchem die Oberschenkel mit Schneekristallen verkrustet. Aber die Burschen sind hart und nehmen das nicht tragisch. Sie berichten uns, daß die beiden vom Vortrupp, Marti und Oppurg, die bis zum Hauptlagerplatz vorstoßen sollten, ihr Ziel noch nicht erreicht haben.

Am 9. April ist der Himmel bedeckt. Es weht ein frischer Wind durch das Yalung-Tal. Aber 34 Träger und zwei Sherpas bringen Lasten zum Tso Camp. Giri Göbl und Heinz Zembsch übersiedeln heute ebenfalls dorthin und treffen bereits nach drei Stunden im 4700 Meter hoch gelegenen Gletscherlager ein.

Per Funk erfahre ich von Franz Oppurg, daß die Mexikaner ab übermorgen dazu bereit sind, den Eisfall gemeinsam zu versichern. Dadurch können wir einige Tage, die wir beim Anmarsch verloren haben, wieder hereinholen.

Noch am Nachmittag kommen Schorsch Ritter mit seiner Frau und

Jannu oder Khumbhakarna (7710 m) bildet im Westen den Abschluß des gewaltigen Kanchenjunga-Massivs

Blick vom Hauptlager (5200 m) auf den Yalung Kang (8438 m) links, und rechts im Hintergrund den Hauptgipfel des Kanchenjunga (8598 m)

dem Ehepaar Walter von Yalung herauf nach Ramser – und mit ihnen 22 Lastenträger. In Ramser steht ebenso wie in Yalung eine Hütte, eine Unterkunft für die Yak-Hirten, wenn sie im Sommer ihre Tiere auf die Hochweide treiben und dabei oft von winterlichen Stürmen überrascht werden. Ramser ist ein weitläufiger großer Platz. Zur Zeit ist er noch mit Schnee bedeckt. Hier könnten viele Hubschrauber nebeneinander landen, und auch eine Pilatus Porter hätte reichlich Platz, um aufsetzen zu können. Aber, wie wir während des Expeditionsverlaufs leider feststellen mußten, wagt sich heute noch kein Helikopter das Yalung-Tal hochzufliegen – und schon gar nicht eine kleine Propellermaschine.

Am Abend werden von Mike, Raimund und Sepp Stiller noch Lasten für das Tso Camp hergerichtet. Unser Vormarsch verläuft zwar stark gebremst und durch die wenigen Kulis in seinem Elan erheblich gehemmt, aber im Schneckentempo kommt man schließlich auch ins Hauptlager.

Am 10. April steigt Giri bei schönstem Wetter, zusammen mit drei Sherpas, zum Hauptlagerplatz auf. Jeder der Sherpas trägt seine 30 Kilo. Auch Giris Rucksack hat, wie immer während des Anmarsches, ein Gewicht von mindestens 20 Kilo. Bei dem ewigen Auf und Ab auf dem mit Felsbrocken übersäten Gletscher bedeutet es eine große Erleichterung, daß die Mexikaner und die Japaner vor uns bereits hochgestiegen waren. Es besteht natürlich deshalb noch lange keine Trasse, auf der man relativ gut gehen könnte, aber die Steinmandeln, die die Sherpas auf dem Weg durch das Labyrinth der Gletscherzunge aufgerichtet haben, ersparen uns doch manchen Umweg. Wie fast an jedem Tag, den wir am Kanchenjunga verbracht haben, fällt auch an diesem Mittag wieder Nebel ein, und bald darauf beginnt es zu schneien. Im sogenannten japanischen Gunar Camp, dem vorläufigen Hauptlager der japanischen Yalung-Kang-Expedition 1973, baut sich unser Vortrupp ein Zelt auf, die Sherpas kochen, und es entwickelt sich allmählich ein kameradschaftliches Verhältnis zwischen ihnen und den Sahibs. Oft zündet einer der Sherpas noch ein Räucherstäbchen an, sagt zum Sahib ›good smell‹ und beginnt zu beten. An diesem Tag wurden von Yalung nach Ramser noch acht Lasten hochgeschleppt. Obwohl Neuschnee gefallen war, trugen andere Kulis an diesem Tag neunzehn Lasten zum Tso Camp – und dies barfuß! Später erfahren wir von Giri, bei Dunkelheit sei ein Mexikaner ins Gunar Camp herabgekommen und habe berichtet, daß sein Freund krank ist. Er bat unsere Leute um Medizin, das heißt Penicillin und Hustenmittel. Giri ging daraufhin noch zu dem Kranken ins Zelt hoch und gab ihm das Gewünschte.

Auch am nächsten Tag ist zunächst herrlichstes Wetter. Der Haupttrupp sitzt noch in Ramser (4 300 m) fest. Zwölf Kulis und zwei Sherpas schleppen Lasten zum Tso Camp – und auch von Yalung kommen sechs Träger mit Doppellasten nach Ramser herauf. Aufgrund der enormen Forderungen unserer wenigen Kulis, die zudem ihre Lasten bereits im Gunar Camp hinwerfen, das heißt also drei Stunden vor dem eigentlichen Hauptlagerplatz, beschließe ich, unser Hauptlager nun endgültig in 5 200 Meter Höhe – wo ein Jahr vorher auch die Polen campierten – auf das Eis des Yalung-Gletschers zu stellen. Auf diese Weise sparen wir an Lohngeldern, und außerdem ist auf dem Pache-Hügel ohnehin nur wenig Platz, da sich die Mexikaner dort bereits stark ausgebreitet haben. Der Leiter der mexikanischen Expediti-

Unser erstes Zelt auf dem Pache-Hügel

on machte anfangs übrigens des öfteren recht eigenartige Äußerungen, die auf einen sehr eigenwilligen und von sich eingenommenen Charakter schließen lassen. So läßt er dieses Zeltlager mit Reepschnüren abgrenzen und erklärt einigen Kameraden von uns: »Mixed is not possible.« Dennoch sind die Sherpas der Mexikaner menschlich in Ordnung. Sie bieten unseren noch spärlich mit Lebensmitteln versehenen Leuten vom Vortrupp Tee und Keks an und verweisen sie auf einige gute Zeltplätze, die noch frei sind. Giri ist sehr betroffen, als ihm die Mexikaner erklären, daß wir auf die Hilfe ihrer Kulis, die sie aus Kathmandu mitgebracht haben, nicht rechnen könnten, obwohl dieselben zur Zeit ohne Arbeit sind. Aber auch er wird allmählich gelassener und denkt: »Irgendwie wird es schon weitergehen!«

Hansueli Marti funkt vom Hauptlagerplatz herab und erzählt, daß es dem mexikanischen Arzt nicht recht gutgehe, er sähe sehr schlecht aus, und Marti glaube, daß er eine Lungenentzündung hat. Yola kommt daher um 17 Uhr 30 nach Ramser und möchte sofort losgehen. Aber schließlich geht sie doch erst am anderen Tag gegen 9 Uhr mit einem Sherpa weiter. Der Träger schleppt die Erste-Hilfe-Kiste nun zum Tso Camp hinauf. Aus welchem Grunde Yola, die tags zuvor in Ramser voller Pflichtgefühl am liebsten gleich weitergestürmt wäre, dann erst am nächsten Tag loszog, war nie herauszubekommen.

Am 12. April steigt Giri in aller Frühe vom Mexiko Camp ins Japaner Camp ab, das sich auf etwa 5100 Meter Höhe befindet. Dort trifft er auf Marti und Oppurg. Von hier aus funken sie zurück zu mir nach Ramser. Sie wollen, daß ich zum Lastentransport nun auch die Sherpas freigebe. Jene Sherpas, die im Tso Camp sitzen, tragen ohnehin bereits Doppellasten ins Hauptlager hinauf, und Giri, Franz und Hansueli schleppen auch selbst jeden Tag ihre 20 Kilo hinauf. Mehr Einsatz ist also im Augenblick nicht möglich. An diesem Tag stellt Giri ein rotes Kantschzelt im Hauptlager auf und bleibt oben, während die beiden anderen mit den Sherpas wieder ins Tso Camp zurückkehren, um anderntags abermals Lasten nach oben zu schleppen.

Wir machen uns Gedanken über den erkrankten mexikanischen Arzt und überlegen, ob man über Funk einen Hubschrauber anfordern sollte. Bei diesbezüglichen Gesprächen mit den Mexikanern erfahren wir, daß sie gar keinen Kurzwellensender bei sich haben, um mit Kathmandu Verbindung aufnehmen zu können. Man könnte also im Notfall von hier aus nur einen Läufer nach Taplejung schicken, wo von der Polizeistation aus mit Kathmandu gefunkt werden kann. Wir sind daher besonders bemüht, unsere eigene Funkstation möglichst

bald, zunächst im Tso Camp und später im Hauptlager, zu installieren. Am nächsten Vormittag gehen Mike und später auch Doris und ich auf Fototour. Wir steigen auf einen nahe gelegenen Bergrücken in Richtung Tso Camp und haben von dort aus einen herrlichen Blick auf die Kanchenjunga-Südwestflanke. Doris und ich unterhalten uns während dieses kleinen Ausfluges über Mike, denn es besteht seit diesem Morgen eine völlig unbegründete Spannung zwischen ihm und Schorsch Ritter. Schorsch arbeitet gern und viel und kümmert sich ganz allgemein um die Expeditionsprobleme. Ich bin froh, daß er dabei ist, denn er plant auch voraus, macht sich Gedanken über Löhne und Trägerverpflegung, die man eventuell aus Yamphodin nachkommen lassen sollte – und auch die Gesamtfinanzen sind für ihn nicht gleichgültig. Außerdem hat er einen guten Kontakt zu den Sherpas.
Gegen Mittag kommt die Yalung-Besatzung nach Ramser herauf und bringt die restlichen Lasten mit. Mit Renate Lau, Professor Sandvoss und den beiden Sherpas Lobsang und Nima Dorje ist nun die restliche Expedition in Ramser versammelt. Oben im Hauptlager sitzen Oppurg, Marti und Göbl, die ab heute mit den Mexikanern zusammenarbeiten. Im Tso Camp ist immer noch Heinz Zembsch. Das Ehepaar Walter siedelt heute auch zum Tso Camp über und mit ihnen Sepp Stiller und zwei Sherpas. An diesem Tag bläst ein heftiger Wind durch das Tal, und ab 14 Uhr schneit es wie üblich.
Das Zeitgefühl hinsichtlich der Wochentage haben wir längst verloren, aber Doris sagt, heute sei der 13. April. An diesem Tag übersiedeln die beiden Polinnen, Anna und Krystyna, sowie später auch Verena mit Heinz ins Tso Camp. Schorsch und Roland, der Sirdar und zwei seiner Sherpas folgen ihnen mit schwerem Gepäck in einigen Stunden nach. Sie planen, die von den Trägern im Gunar Camp liegengebliebenen Lasten im Laufe der nächsten Tage ins Hauptlager hochzuschleppen. Während des Aufstiegs begegnen sie den Kulis, die für die Japaner in Yalung unten Holz schlagen werden. Mittags ist das Wetter noch strahlend schön – aber unten, über dem Dschungel, brauen sich bereits wieder regen- und graupelschwere Gewitterwolken zusammen, die uns in zwei bis drei Stunden erreichen werden.
In der vergangenen Nacht habe ich aufgrund meines angeschlagenen Herzens durch die Höhe bedingte Rhythmusstörungen. Ich bleibe daher mit Doris, Mike und Raimund noch einen Tag länger in Ramser, bevor wir gemeinsam ins Gletscherlager übersiedeln. Oben im Mexikaner Camp sind Giri, Franz und Hansueli. Am Abend richten sie ihre Lasten für den nächsten Tag zusammen. Jetzt hat uns auch das schwe-

re Gewitter erreicht, das sich an der Kanchenjunga-Südwestflanke als Schneesturm entlädt. Elmsfeuer flackern um die Mittelstange des Zeltes, indem die drei vom Vortrupp auf dem Pache-Hügel hausen.
Nach dieser unruhigen Nacht steigen sie anderntags mit drei Sherpas und schweren Lasten zum Hochlager 1 (6 000 m) auf. Der Gewittersturm in der Nacht hat jegliche Spurarbeit vom Vortage zunichte gemacht. Hansueli übernimmt erneut die Spitze der Gruppe und spurt über den unteren Yalung-Gletscher hoch. Heute brauchen sie für die 500 Höhenmeter ganze fünf Stunden. Während des Abstiegs staut sich alles bei der ersten Leiter, denn auch die Mexikaner haben an diesem Tag ihr Lager 1 weiter versorgt und befinden sich zum gleichen Zeitpunkt ebenfalls kurz vor ihrem Hauptlager. Mit den Mexikanern wurde inzwischen vereinbart, daß wir ihre Leitern bis Lager 1 benutzen können, wir andererseits dafür die Versicherung des ›Hump‹ – der englischen Bezeichnung für den Felsrücken, der zwischen Lager 1 und Lager 2 liegt – und die Versicherung durch den oberen Eisfall übernehmen.
Am 14. April gehen wir zum Tso Camp. Um 9 Uhr verlassen wir Ramser.
Es geht anfänglich über schöne Almwiesen, immer neben der rechten Yalung-Gletschermoräne in nordöstlicher Richtung aufwärts. Auf 4 800 Meter Höhe angelangt, steigt man dann 100 Meter die Moräne hinab zur Gletscherzunge. Nach zwei Stunden Auf und Ab über die verschotterten Eismassen, erreichen wir zunächst das Japaner Camp und zehn Minuten später unser in 4 750 Meter Höhe gelegenes Tso Camp. Während der letzten halben Stunde des Aufstiegs sieht man auf der linken Seite den wild zerklüfteten Tso-Gletscherbruch, nach dem auch unser Lagerplatz benannt wird.
Auf dem Weg zur letzten Station vor unserem Hauptlager treffe ich den mexikanischen Arzt. Er hat eine Lungenentzündung und läßt sich von einem Sherpa nach Ramser hinabführen. Von uns hat er inzwischen Sauerstoff bekommen, worauf es ihm etwas besser ging. Ich wechsele mit ihm einige Worte, dann stolpert jeder über den Gletscher weiter. – Wie Raimund Bitterling später berichtete, kam er ziemlich erschöpft an. Ich hatte daher über Funk durchgegeben, daß er dort noch einige Tage bleiben soll – also etwa so lange, wie unser Lager in Ramser noch besteht. –
Heinz und Verena, die beiden Polinnen und Roland beabsichtigten zweimal Lasten vom Gunar Camp zum Hauptlager hinaufzutragen. Unsere Expeditionsspitze – Oppurg, Marti und Göbl – hat inzwi-

schen den Lagerplatz für das erste Hochlager erreicht. Morgen wird sie im Mexiko Camp einen Rasttag einschieben, um am 16. April dann ins Lager 1 überzusiedeln.
Unser Professor hat vor seinem Abmarsch in Ramser noch einen wilden Disput mit Michl Anderl! Er sucht schon seit geraumer Zeit seine Testbogen und behauptet, wir hätten sie ihm in andere Kisten verpackt. Darauf wird Mike, der zur Zeit ohnehin nicht bei bester Laune ist, stocksauer, schimpft und hält ihm vor, daß er ohnehin den ganzen Tag herumstehe und keinen Finger rühre, aber morgens, wenn jeder mit der Lastenvergabe die Hände voll zu tun hat, verlange er, daß man ihm die eine oder andere Kiste aufsperrt, weil er sich keinen Schlüssel angeeignet hat. Außerdem wisse er die Nummer der Kiste mit den Testbogen nicht. Dann durchwühlt er jede der aufgeschlossenen Kisten – aber ohne Ergebnis.
Unser Sherpa Nurbu, der Clown unter den Hochträgern, hat sich erkältet, fiebert und wird von Giri mit Grippetabletten und vorsorglich auch mit Antibiotika behandelt. Er fällt also für den Lastentransport aus, den nun seine Sherpa-Freunde mit überschweren Rucksäcken übernehmen müssen.
Bei uns im Tso Camp geht die Sonne erst um 7 Uhr 45 auf, so sehr sind wir von hohen Bergen eingeschlossen. Es ist dies eindreiviertel Stunden später als in Ramser. Um 16 Uhr ist die Sonne dann bereits wieder hinter den Bergen der Tso-Flanke verschwunden. Das Tso Camp ist also ziemlich schattig und kalt – aber man hat eine herrliche Sicht auf den Yalung Kang und das Hauptmassiv des Kanchenjunga. An diesem Tag gibt es noch einige Diskurse über den künftigen Hauptlagerplatz. Per Teleport spreche ich mit Schorsch Ritter, der zuerst für das Polen Camp, später aber für das Mexiko Camp plädierte. Heute jedenfalls ist Schorsch für das Mexiko Camp als Hauptlager; er versucht auch die anderen Kameraden dafür zu gewinnen. Dafür, daß wir unser Hauptlager nicht auf dem Pache-Hügel errichten, spricht aber auch einiges. Das Verhalten der Mexikaner war bisher nicht sonderlich freundlich uns gegenüber. Wir boten ihnen an, die Route bis Lager 2 gemeinsam zu präparieren, da sie bereits dabei waren, den Aufstieg zum Lager 1 mit einem Teil ihrer sechzig (!) mitgebrachten kurzen Alu-Leitern für die Träger gangbar zu machen. Ich spreche über unsere Zusammenarbeit mit dem Sirdar der Mexikaner. Er und seine Sherpas haben den ganzen bisherigen Aufstieg der Mexikaner vorbereitet – und deshalb bestimmt er auch. Die Mexikaner sitzen nun schon einmal auf dem Pache-Hügel, wo für uns nur noch sehr

wenig Platz übrig wäre, und so ergibt sich natürlich die Alternative: entweder dort oder auf dem geräumigen Polen Camp. Ich sehe nicht ein, daß man sich wegen einer knappen Wegstunde auf der Pelle hokken soll. Finanziell spielt das auch eine gewisse Rolle, denn die Kulis tragen vom Tso Camp bis zum Polen Camp für 60 und bis zum Mexiko Camp für 80 Rupien.
Am Vormittag versuchen wir, unser Kurzwellengerät anzuschließen und mit Kathmandu Funkkontakt herzustellen. Aber wir haben kein Glück damit, die gewünschte Verbindung gelingt uns nicht. Michl Anderl soll nachmittags ins Tso Camp heraufkommen, und ich hoffe, daß er mit dem Funkgerät zurechtkommt.
Mittags kommt Prof. Sandvoss ins Lager herauf, eigentlich noch zu früh, aber ich kann ihn nun auch nicht mehr daran hindern, durch seine Anwesenheit das Gletscherlager übermäßig zu besetzen. Um 13 Uhr 30 zieht Schorsch Ritter nach Gunar Camp, das drei bis vier Stunden Wegs entfernt ist. Im Tso Camp sind also noch Yola, der Sirdar, Doris und ich, der Professor und Mingphadur, der Küchenjunge. 28 Kulis kommen am Abend wieder vom Gunar Camp ins Tso Camp herab, um hier in unserem Großzelt zu nächtigen.
Am 16. April mittags ist der Himmel bedeckt, und den ganzen Tag ist es sehr windig. Ich erkläre nun endgültig, daß das Hauptlager auf 5 200 Meter Höhe errichtet wird. Außer den Polinnen plädieren jetzt auch Sepp Stiller und einige andere, von Schorsch inspiriert, für das Mexiko Camp in 5 500 Meter Höhe. Aber die Träger sind schon heute morgen beziehungsweise gestern abend, wo alles noch für das Polen Camp war, nun bereits für 60 Rupien zum Hauptlagerplatz in 5 200 Meter Höhe hinaufgestiegen. Es bleibt also jetzt dabei, daß das Polen Camp unser Hauptlagerplatz wird. Dies hat Vor- und Nachteile. Nachteile insofern, als wir Lager 1 bereits in 6 000 Meter errichten müssen. Lager 2 soll 450 Meter höher stehen, wobei allerdings zu berücksichtigen ist, daß zwischen Lager 1 und Lager 2 der 150 Meter hohe Abstieg vom Hump auf den Gletscherboden überwunden werden muß, von wo aus dann erst der weitere Aufstieg zum Lager 2 erfolgen kann.
Heute steigen Marti, Göbl und Oppurg zum Lager 2 hoch. Abmachungen mit den Mexikanern, daß wir den Eisbruch zwischen Lager 2 und 3 präparieren, müssen nun eingehalten werden.
Der mexikanische Deputy Leader kam gestern durch das Tso Camp. Er hat den kranken mexikanischen Arzt ein Stück des Weges das Yalung-Tal hinaus begleitet. – Heute werden 32 Lasten vom Tso Camp

zum Hauptlager transportiert. Auch im Gunar Camp, wo das Ehepaar Walter noch »residiert«, sind noch viele Lasten, und an diesem Tage werden 25 davon von Sherpas und Sahibs ebenfalls ins Hauptlager hinaufgebracht. Aber von nun an sollen die Sherpas und die Sahibs ausschließlich für den Aufstieg ins Lager 1 freigestellt sein, denn der Ausbau von Lager 1 drängt. Sirdar und Koch haben gestern bereits das Hauptlager gegen Mittag erreicht, und wir versuchen von dort aus, vergeblich mit unserem Kurzwellengerät Kathmandu zu erreichen. Auch die Deutsche Welle und die Walkie-talkies sind heute stark gestört. Ich denke, daran sind die Sonnenprotuberanzen oder vielleicht auch das aufkommende Gewitter schuld. –
Kurz vor 12 Uhr kommt Mike aus Ramser herauf. Es gibt Gemüse, Schwammerln und Püree. Mike hat von den Mexikanern in seinem Rucksack zwei Dosen Bier, die nun unser Mittagessen abrunden.
Wenn es wettermäßig möglich ist – heute zum Beispiel ist es vormittags wieder schön –, dann werden wir nach Errichtung des Hauptlagers den Angriff forcieren, so daß wir Mitte Mai, also noch vor Einbruch des Monsuns, unser Ziel erreichen könnten. Wir rechnen, daß wir Ende April das wichtige Lager 3 auf der oberen Terrasse aufgebaut haben.
Inzwischen läuft der Angriff weiter. Die Sherpas haben bereits ein Trägerzelt im Lager 1 aufgestellt; drei Sahibs planieren noch für ein weiteres Zelt, bevor sie zum Mexiko Camp wieder absteigen. Der 17. April 1981 war aber dennoch ein trüber Tag am Kanchenjunga. Vom Nachmittag an schneit es bis Mitternacht. Bei solchem Wetter erreichen schließlich Renate Lau und Raimund Bitterling das Tso Camp. Sie bringen die letzten persönlichen Lasten mit. Elf Träger werden ausbezahlt und können in ihre Dörfer zurückkehren. Am Nachmittag macht unser Begleitoffizier nochmals einen Versuch mit unserem Kurzwellengerät Atlas 210, das sich in Grönland so gut bewährt hatte. Aber vergeblich! Wir bekommen mit Kathmandu keine Verbindung. Während ein Adler über unser Lager kreist, verabschiedet sich Schorsch mit seinem schweren Rucksack auf dem Rücken und erreicht bereits vier Stunden später den Hauptlagerplatz. Wie ich später erfahre, steigt er dann abends noch zum Mexiko Camp auf, um sich an Ort und Stelle über die Situation auf dem Pache-Hügel ein Bild machen zu können.
Am gleichen Tag steigen Marti und Göbl zum Hump (6 230 m) hoch, während Oppurg mit Magenschmerzen im Lager 1 zurückbleibt. Giri und Hansueli stellen am Übergang in die Abstiegsrinne zum oberen

Eisfall fest, daß die Mexikaner hier lediglich ein Seil von oben herabgelassen haben, von einer richtigen Versicherung kann keine Rede sein. Nachdem sie ihre Lasten am Hump deponiert haben, kehren sie zurück ins Lager 1. An allen fünf Gipfeln des Kanchenjunga hängen zu diesem Zeitpunkt kilometerlange Schneefahnen, und das Dröhnen des Höhensturms ist deutlich zu vernehmen. Ins Lager 1 zurückgekehrt, treffen sie auf Roland, Verena und die Polinnen, die heute Lasten nach Lager 1 getragen haben. Roland und Verena steigen nach kurzer Rast wieder ins Mexiko Camp ab, während die Polinnen sich zu müde fühlen und daher im Lager 1 übernachten.

Dreizehn Kulis haben noch die letzten Lasten aus Ramser übernommen und ins Hauptlager hinaufgeschleppt. Damit haben alle Gepäckstücke endlich ihren Endpunkt erreicht. Aus Hochlager 1 wird gemeldet, daß Giri Göbl sich elend fühlt und ins Mexiko Camp absteigt. Dort trifft er auf Schorsch Ritter und Roland Descloux, die gerade damit beschäftigt sind, ein Küchenzelt aufzubauen. Auf diese Weise entsteht ein vorgeschobener Stützpunkt, der so lange bestehen soll, bis Lager 3 auf dem Yalung-Hochfirn in etwa 7 200 m Höhe endgültig eingerichtet ist.

Am 19. April vormittags um 9 Uhr verlasse ich mit Doris das Tso Camp (4 750 m). Das ist ein beschwerlicher »Hatscher« über den Gletscher mit seinen Geröllhalden. Während des ganzen Anmarsches aber kann man ständig den Anblick der gewaltigen Südwestflanke des Kanchenjunga genießen. Halbwegs machen wir für eine halbe Stunde Rast, mit Bierwurst, Kartoffelsalat und einer Dose Hacker-Bier aus München. Inzwischen wird es 12 Uhr, und ich funke mit Schorsch Ritter, der sich im Lager 1 befindet. Dann spreche ich noch mit Ramser und erkundige mich über den gegenwärtigen Stand des Lastentransports. Nach insgesamt fünf Stunden erreichen wir das Hauptlager in 5 200 Meter Höhe. Mike kommt uns ein Stück entgegen und ist heute sogar guter Laune. Er hat unseren Bungalow bereits aufgebaut, und so können wir sofort einziehen. Unser Zelt liegt an einem kleinen Gletschersee, was mich sehr an meinen Zeltplatz am Everest im Jahre 1972 erinnert.

Schorsch und Franz bezeichnen die Versicherungsarbeit der Mexikaner für nicht gerade alpin-beeindruckend, und sie meinen, unsere Be-

Rückblick von unserem Hauptlager aus auf das Yalung-Tal. Im Vordergrund die Zelte der japanischen Erkundungsexpedition

Das Hauptlager (5 200 m)

Sport

satzung vom Mexiko Camp soll sich von den Südamerikanern, das heißt von dem arroganten Leader, nicht verrückt machen lassen. Es ist gut, daß Schorsch sich so einsetzt und innerhalb der Mannschaft viel Auftrieb vermittelt.
Inzwischen schneit es wieder heftig, und ich gehe bereits um 19 Uhr 20 ins Zelt. Aber ich kann nicht schlafen, das erste Mal, seit wir unterwegs sind. Ursache ist der eintönige Monolog von Yola, der bis gegen Mitternacht nicht abbricht. Zunächst glaube ich noch immer, daß sie sich denken müßte, daß sich jene, die ganz in der Nähe des Eßzeltes liegen, durch ihr Palaver gestört fühlen könnten. Erst als ich dann um Ruhe bitte, verzieht sie sich zu ihrem Sirdar-Freund ins Zelt. Anderntags lasse ich das Eßzelt zum Magazinzelt umbauen und ein neues gemeinsames Messezelt in gewisser Entfernung aufstellen. An diesem Tage ist das Wetter wieder herrlich. Die ganze Hauptlagerbesatzung ist aktiv. Mike baut aus Zarges-Alu-Leitern eine hohe Funkantenne, aber das Kurzwellengerät funktioniert trotzdem nicht. Dies bedeutet, daß wir – entgegen unseren Vorstellungen – mit dem Ministry of Tourism in Kathmandu, wo unser Empfängergerät steht, während der ganzen Zeit der Expedition keine Funkverbindung haben werden. Dies ist nicht sehr erfreulich für uns, denn wir haben hier am Kanchenjunga, dem östlichsten Achttausender des Himalaya-Gebirges, somit eine Situation, die an eine Insel beziehungsweise einen verlorenen Posten erinnert. Ein schneller Postläufer braucht vier Tage bis Taplejung, wo eine Polizeistation Funkverbindung mit Kathmandu herstellen könnte. Für alle Eventualitäten läßt Michl Anderl vom Küchenpersonal in den Freistunden über dem Lager einen Eiskegel des Yalung-Gletschers abtragen, damit dort im Notfall ein Hubschrauber landen kann. Wir haben immer noch das Everest-Hauptlager im Kopf, wo ohne weiteres ein Hubschrauber bis auf 5 450 Meter Höhe hochfliegen konnte. Wie wir später erfahren, würde aber hier herauf, durch das noch unbekannte Yalung-Tal, zum gegenwärtigen Zeitpunkt niemals ein Helikopter heraufkommen.
An diesem Tag besuchen uns einige Japaner, kommen in mein Zelt und machen für ihre Zeitung in Tokio Interviews. Die Japaner fungieren als Vorexpedition und sollen für den im Jahre 1981 geplanten Überschreitungsversuch von West nach Ost das Gelände erkunden. Während der Zeit, die wir am Kanchenjunga waren, fanden sie unter

Marianne Walter steigt zum Lager 1 hoch

anderem eine neue Aufstiegsroute zum Lagerplatz 1. Alles aber, was höher oben von ihnen zu beobachten war, war nichts Neues, sondern lediglich die alte Aufstiegsroute der Engländer.
Heute versichern Schorsch Ritter, Hansueli Marti und Roland Descloux bis Lager 2 (6450 m). Sie stellen ein Zelt auf und übernachten dort. Am nächsten Tag wollen sie weiter versichern. – Franz Oppurg, der im Lager 1 sitzt, bekommt Besuch. Giri Göbl steigt, um sich konditionell zu testen, mit einer 20-Kilo-Last in zweieinhalb Stunden zu diesem Lager hoch. Dann machen sich beide ein Fertiggericht aus der Dose warm und warten, bis Sepp Stiller und Heinz Zembsch ihre Lasten am Lager abwerfen. Im Gespräch mit den Freunden ärgert sich Göbl, daß für unser vorgeschobenes Lager auf dem Pache-Hügel immer noch kein Küchenboy angestellt ist und daß man ihm noch keinen roten Bogner-Anorak vom Hauptlager herausgesucht und nach oben geschickt hat. Aber während einer großen Expedition gibt es ja immer wieder Momente der Unzufriedenheit und der Meinungsverschiedenheiten. Wenn jedoch alle guten Willens sind und auf den Schwächen der Kameraden nicht gerade herumgeritten wird, ist am Ende doch alles wieder im Lot.
Am 20. April, als Raimund Bitterling und Renate Lau mit Trägern den Gletscher-Hatscher hinter sich haben, sind alle Teilnehmer und Lasten im Hauptlager angelangt. Die Anmarschsorgen der letzten Wochen sind jetzt plötzlich wie weggeblasen. Der Mensch vergißt schnell, oft zu schnell, jene Tage der Hoffnungslosigkeit, der Gereiztheit, der seelischen Anspannung, die oftmals bis zur nervlichen Zerreißprobe führt, wenn später die Hindernisse wieder einmal überwunden sind und der Blick frei wird für die eigentliche Aufgabe einer Expedition – für den Berg.
Da viele Lasten ohne Kontrolle das Hauptlager passiert haben und daher oben auf dem Pache-Hügel gelandet sind, beauftrage ich Michl Anderl damit, die Lasten im Mexiko Camp zu überprüfen und listenmäßig zu erfassen. Ebenfalls am 21. April wird Lager 1 in einem Großeinsatz mit dreizehn wichtigen Lasten versorgt: Sechs Sherpas schleppen 20-Kilo-Lasten ins Lager hinauf, und sieben Sahibs – Göbl, Zembsch, die beiden Walter, Grüneis und zwei Polinnen – beteiligen sich ebenfalls daran und befördern schwere Rucksäcke nach oben. Später kehren alle zusammen mit Marti und Descloux, die vom Lager 2 herabgekommen waren, ins Mexiko Camp zurück. Nur die Polinnen machen wieder eine nicht eingeplante Ausnahme und bleiben über die Nacht im Lager 1, um sich zu akklimatisieren.

An den großen Eisbarrieren vor Lager 1 mußten Leitern eingesetzt werden

An diesem Tag haben drei Träger die letzten Holzlasten aus dem Tso Camp ins Hauptlager hinaufgeschleppt. Nach Auszahlung der Kulis kann Doris unserem Professor eine freudige Überraschung bereiten, indem sie seine Testbogen aus der Versenkung – sprich aus einer Alu-Kiste – herausfischt, wo er sie nicht vermutet hatte. – Dann wird unser Lager weithin erkennbar gemacht, indem wir die deutsche und die nepalesische Flagge auf einem eigens dafür heraufgeschleppten Baumstamm aufziehen.

Auch am nächsten Tag läuft unser Lasten-Paternoster wie in der Zeit davor. Bei schönem Wetter steigen Ritter und Oppurg, wie immer, mit schwerem Rucksack zu Lager 2 empor. Auch die Frauen der Expedition beteiligen sich am Lastentransport. So tragen Verena und die Polinnen, begleitet von vier Sherpas, wichtige Höhenverpflegung, Kocher und Gaskartuschen zum Lager 2 hinauf und kehren erst bei einbrechender Dunkelheit ins Lager 1 zurück.

Beim Funkgespräch reagiert Giri seine Wut ab, weil er glaubt, daß sich die Polinnen vom allgemeinen Lastentransport drücken wollen. Prinzipiell findet er zwar bei mir volle Übereinstimmung, was die

Aufstieg nach Hochlager 1 (6 000 m), Bildmitte auf 6 200 m der Hump (Buk-
kel)

Gleichberechtigung anbetrifft, das heißt, daß daraus auch die gleichen Pflichten für Alpinistinnen resultieren, aber im Augenblick rennt sein Vorwurf offene Türen ein, denn gerade heute haben ja alle Frauen Lasten nach Lager 1 getragen – auch Marianne Walter, die zusammen mit ihrem Mann und Giri Göbl wichtige Ausrüstungsgegenstände zum Lager 1 hinaufbrachte. Da dieses Lager aber voll besetzt ist, kehren sie abends ins Mexiko Camp zurück.

Der junge Bruder unseres Sirdar ist unser zweiter Kitchen-Boy. Er schleppt ebenfalls Verpflegung in sein Küchenzelt auf den Pache-Hügel hinauf, wo er in seinem nun endlich aufgebauten Arbeitsbereich seines Amtes walten kann. Dabei bringt er heute auch die für die Hochlager bestimmten Atemmasken und Regulatoren mit nach oben.

Da wir im Hauptlager immer noch mit Holz kochen, sind ständig sieben Träger damit beschäftigt, aus Yalung Holz heraufzuschaffen. Dadurch sparen wir an Propangas, und zudem ist es gemütlich, vor allem abends, um das Holzfeuer an der offenen Sherpa-Küche sitzen zu können und mit den Hochträgern zu plaudern.

In der Nacht zum 23. April tobt ein Schneesturm um unsere Zelte, und morgens liegen 30 Zentimeter Neuschnee. Einer unserer Sherpas hat eine Lungenentzündung und ist nach Yolas Ansicht Tbc-verdächtig. Sie schlägt daher vor, den Träger zurückzuschicken. Ich stimme zu, habe auch nichts dagegen, daß sie bei ihm schläft, aber sie soll dann schließlich selbst mit ihm nach Taplejung und Kathmandu zurückkehren. Ich spreche auch mit unserem Professor darüber, daß er sich anschließen könne, denn seine noch nicht abgeschlossenen Testversuche würde ich dann übernehmen. Zwar habe ich damit noch eine Aufgabe mehr am Hals, dafür aber, vor allem wenn Yola weg ist, in der Mannschaft wieder mehr Harmonie. –

Mittags kommen Marti, Descloux, Stiller und die Walters vom Mexiko Camp herab und gehen vollbeladen um 17 Uhr wieder hinauf. Verena kommt später herunter, bleibt aber dann im Hauptlager, um sich wieder einmal nach Herzenslust satt essen zu können. Ernst Sandvoss beginnt seine Tests. Anderl, Lau und Bitterling räumen im Messezelt auf, während Doris stundenlang Tagebuch führt. Was sie nur alles weiß? – Ich beauftrage unseren Begleitoffizier Pandy damit, ab heute

Hochlager 2 (6450 m) im oberen Yalung-Eisfall

den Wetterbericht täglich abzuhören, da auf Renate Lau kein Verlaß ist.
Am gleichen Tag spuren Giri Göbl und Heinz Zembsch von Lager 1 nach Lager 2 hinauf. Es hat etwa einen halben Meter Neuschnee, so daß sie am Hump beim Abstieg zum oberen Yalung-Eisfall die Seile aus dem tiefen Schnee herausreißen müssen. Auch während des Aufstiegs stürmt und schneit es weiter, so daß die beiden Mexikaner, die die Gruppe begleiten, wegen der schlechten Wetterverhältnisse vorzeitig ins Lager 1 zurückkehren.
Im zweiten Hochlager, auf 6 450 Meter Höhe, treffen unsere beiden Bergfreunde auf Schorsch Ritter und Franz Oppurg. Der Schneesturm in der letzten Nacht hat eines der Zelte zerrissen. Sie versuchen zu viert – im Höhensturm unter großen Schwierigkeiten – ein weiteres Zelt aufzustellen.
Auf 6 500 Meter Höhe hat der eine oder andere noch leichte Höhenbeschwerden, denn wir sind erst kurz am Berg, und die Akklimatisation ist noch nicht ganz erfolgt. So klagt Giri über starke Kopfschmerzen, während Franz nach wie vor mit seinem Magen zu tun hat. Heinz fühlt sich überhaupt schlapp und leidet unter der Höhe, während Schorsch sich in bester Verfassung befindet.
Am 27. April vergrößert sich unser Krankenstand, und wir haben in etwa ein kleines Lazarett im Hauptlager. Zwei Sherpas haben sich schwer erkältet, ein mexikanischer Sherpa ist ebenfalls mit Grippe bei uns gelandet, und außerdem sind ja sowieso die meisten Sahibs an Grippe-Bronchitis erkrankt. Die Mexikaner wollen ihren Sherpa gerne nach Kathmandu zurückschicken, aber ich sehe keinen Grund, wegen einer akuten fieberhaften Erkrankung den Sherpa gleich nach unten zu schicken. Ich behandele ihn, kuriere ihn aus und schicke ihn später wieder zur mexikanischen Mannschaft nach oben.
An diesem Tag kommt auch der Postläufer, aber er bringt nur einen einzigen Brief! Es ist dies ein Gruß von Inge Ritter-Dietz an ihren Mann. Was für uns alle aber wichtig ist: Er bringt zwei Träger mit Zuckerlasten zu uns herauf. – Unsere Post hat die Kurve Birat Nagar – Kathmandu – Taplejung anscheinend immer noch nicht gekriegt. Seit dem 9. März sind wir nun schon unterwegs und wissen gar nichts aus der Heimat.

Grandiose Landschaft im oberen Yalung-Eisfall

Um 18 Uhr habe ich endlich wieder einmal Funkverbindung mit Lager 2, das heißt mit Schorsch Ritter. Er hatte kein Funkgerät dabei, und so waren wir nun längere Zeit ohne Kontakt. Nun erzählt er mir, daß er, zusammen mit Giri Göbl und vier Sherpas, das Lager 2 höher legen möchte. Erst wenn dies geschehen ist, wird er dann nach einigen Tagen wieder einmal für einige Rasttage ins Hauptlager absteigen. Marti und Descloux stehen bereit, sie abzulösen.

An diesem Tage steht die Spitzengruppe, nach einer stürmischen Nacht, um 8 Uhr 30 auf und verläßt Lager 2 gegen 10 Uhr. Heinz bleibt im Zelt zurück, Franz geht zunächst mit nach oben, kehrt aber wegen seiner Magenschmerzen bald wieder ins Lager zurück. Nur Schorsch und Giri bringen zunächst im flacheren Gelände einige Fixseile an und befestigen schließlich trotz Schneetreiben etwa 100 Meter oberhalb von Lager 2 noch eine Leiter. Daß sie auch bei diesem miesen Wetter nicht ohne weiteres aufgeben, zeigt, daß sie sich schon gut akklimatisiert haben und gegen sich ziemlich hart sind. Als sie wieder ins Lager 2 zurückkehren, sind die Zelte verwaist; Heinz und Franz sind ohne ihr Wissen abgestiegen. Dafür tauchen jetzt in nächster Nähe, unterhalb des Lagers, bereits die Polinnen auf. Bei ihnen befindet sich auch ein Sherpa der Mexikaner, dem seine Last in dieser Höhe zu schwer wurde. Er bleibt sitzen, fühlt sich krank und kann die restliche Strecke bis zum 200 Höhenmeter über unserem Lager befindlichen Mexikanerlager 2 nicht mehr schaffen. Unsere Besatzung nimmt ihn auf, gibt ihm zu essen und verabreicht ihm die entsprechende Medizin. Damit ist das Zelt jetzt mit fünf Leuten reichlich besetzt, und man liegt so eng zusammen, daß keiner richtig zum Schlafen kommt.

Am gleichen Tag steigt Sepp Stiller zum Lager 1 hoch und bringt einen Rucksack voll Verpflegung mit nach oben. Auch das Ehepaar Walter ist mit von der Partie und schleppt Lasten zum Lager 1. Dann steigt Marianne noch bis ins Hauptlager ab, um für ihren Mann, der seit Ilam an einer Halsentzündung leidet, Medikamente zu holen.

Im Hauptlager erscheint unser Sirdar und bleibt bis zum nächsten Mittag, da er sich angeblich ebenfalls krank fühlt. Er hat Schmerzen am Rücken, ich untersuche ihn, kann aber wenig feststellen. Da ich annehme, daß es sich um eine Muskelverspannung handelt, gebe ich Yola eine Rheuma-Salbe, damit sie ihn damit einreibt.

Das vor wenigen Stunden mit Schorsch geführte Teleport-Gespräch war wichtig, und es beruhigte mich, daß man nun das Lager 2 etwas höher setzt. Schorsch und Giri wollen nun am Aufstieg nach Lager 3

so lange arbeiten, bis sie in den nächsten Tagen von einer anderen Seilschaft abgelöst werden.
Die Spitzengruppe fordert über Teleport alle verfügbaren Sherpas an, damit sie zwischen den oberen Hochlagern Lasten transportieren. Außerdem braucht man Leitern, einfache und doppelflammige Gaskocher mit den entsprechenden Flaschen und Kartuschen, zwei Zelte und ein Überdach sowie 300 Meter Reepschnur.
In der Nacht zum 25. April schneit es wieder tüchtig. Aber am Morgen sind alle Wolken wie weggeblasen, und es herrscht ein herrliches Winterwetter. Wir bauen auf dem Gletscher hinter der Moräne ein Zelt auf und machen dort unsere Werbefotos. Insgesamt haben wir etwa 350 Gegenstände, die man uns spendete und für die wir uns verpflichtet haben, Werbeaufnahmen mit nach Hause zu bringen.
Um 11 Uhr kommt ein Küchenjunge der mexikanischen Expedition herab. Er ist krank und schwach. Yola und unser Sirdar wollen ihn mit großem Rucksack ins Tal schicken, dabei kann der Junge kaum laufen. Ich beobachte ihn in dem Augenblick, wo er das Lager gerade verläßt, und verlange, daß der junge Sherpa in Begleitung hinausgeschickt wird. Yola schreibt einen Brief an den mexikanischen Sirdar und schickt denselben mit ihrem Freund Gyalzen nach oben, um den mexikanischen Expeditionsleiter von meiner Entscheidung zu unterrichten. Dies geschieht ziemlich geheimnisvoll, obwohl dazu kein Grund besteht. Ich konnte es einfach nicht zulassen, daß man den Einheimischen schlecht behandelt. –
Nachdem der Wind nachgelassen hat, sind oben in Lager 2 Schorsch und Giri damit beschäftigt, zusammen mit zwei Sherpas ein Geländerseil von 100 Metern Länge im oberen Eisbruch anzubringen. Dann steigen die beiden noch bis unmittelbar unter den Eiswulst hinauf, um den Durchstieg auf das obere Firnfeld in etwa 7000 Meter Höhe zu erkunden. Dabei sehen sie aus einem nahe liegenden Eisturm eine alte Leiter herausstehen; sie ist aber so hoch oben, daß man an sie einfach nicht herankommt. Bei leichtem Schneetreiben gehen die beiden schließlich an den von ihnen selbst angebrachten Seilen zum Lager 1 hinunter. Dort sind zwei Sherpas, mit denen sie einen gemütlichen Abend verbringen.

Folgende Seiten:
Aufstiegsgelände zum Hump (linke Bildhälfte), darüber der Yalung Kang (8438 m)

Am nächsten Tag machen Mike, Raimund, Doris und ich einen Ausflug zum Mexikaner Camp hinauf. Ich möchte heute einige Szenen im Eisbruch filmen. Nach einer kurzen Begrüßung bei Heinz steigen wir gemeinsam mit ihm zur ersten Leiter empor. In dem darüber liegenden Bruch mache ich Großaufnahmen und Panorama-Szenen für unseren Film. Dann kommen plötzlich der Sirdar und einige Sherpas von Lager 1 zurück. Ich baue sie gleich in meinen Filmstreifen ein. Gyalzen schlägt für den Film noch einige Versicherungshaken in das Eis und fixiert ein Seil daran, während Heinz eine kleine Eiswand hochsteigt, damit ich die Steigeisen im Großformat aufnehmen kann. Am späten Nachmittag sind wir mit unserer Filmarbeit fertig, steigen zum Mexiko Camp ab, wo uns ein Sherpa der Mexiko-Expedition einen wohlschmeckenden Orangentrunk anbietet. Eine Stunde später sind wir wieder unten bei unseren Zelten im Hauptlager.
Am 26. April befinden sich Göbl und Ritter in Lager 2. Nachdem der Wind etwas nachgelassen hat, steigen beide mit zwei Sherpas in Richtung Lager 3 hoch. An der Leiter angelangt, fühlt sich Schorsch ausgelaugt und folgt nun meiner gestrigen Aufforderung, sich im Hauptlager einige Tage zu erholen – und er steigt ab. – Giri versichert nun zusammen mit Ang Dzongbu und Mingma die letzten 100 Meter bis zum oberen Ende des Eisbruchs, das bei etwa 7 000 Meter liegt. Nach getaner Arbeit steigen die drei zunächst bis zum Mexikaner Camp 2 ab, machen dort Rast und werden von den Sherpas zu Tee und Keks eingeladen. Dann kehren sie in unser eigenes Lager 2 zurück. Dort sind kurz vorher Stiller, Marti und Descloux eingetroffen. Sie brachten heute Verpflegung herauf, die in Lager 1 gestapelt war. Ihnen steht später eine stürmische Nacht bevor – aber an das Knattern der Zelte haben sich alle längst gewöhnt.
Während dieser Zeit versucht Michl Anderl im Hauptlager in die noch vorhandene Expeditionsausrüstung wieder Ordnung zu bringen. Gleichartige Ausrüstungsgegenstände werden gesammelt und Handschuhe, Socken, Hemden, Schuhe, Seile etc. getrennt in verschiedene Tonnen gegeben. Auf diese Weise wird das Suchen nach Ausrüstung wesentlich vereinfacht. Anschließend findet Mike noch Zeit, sein eigenes Zeug in seinen Rucksack zu stopfen, denn er will morgen in die Hochlager aufsteigen.
Der Sturm in Lager 2 macht weitere Versicherungsarbeiten im oberen Eisfall fast unmöglich. Dennoch unternimmt Giri den Versuch und steigt mit zwei Sherpas zunächst zum Mexikaner Camp 2 hoch. Während des Aufstiegs kommen ihm zwei Mexikaner-Sherpas entgegen

Jeden Nachmittag brauen sich über dem Dschungel schwarze Gewitterwolken zusammen. Dies bedeutet an der Südwestflanke Schneefall – meist bis Mitternacht

und erklären, daß es bei diesem Sturm einfach unmöglich ist, oben im Bruch zu arbeiten. Inzwischen ist es auch beachtlich kälter geworden. Giri ist sich im Augenblick nicht schlüssig, ob er weitermachen oder absteigen soll; er entschließt sich letztlich doch zum Abstieg ins Hauptlager. An der Gegensteigung, wo in der Felsrinne am Hump lediglich ein Seil frei herunterhängt, hat er bei Belastung des Seils durch seine Jümar-Bügel kein gutes Gefühl und veranlaßt, daß diese Versicherung baldmöglichst verbessert wird.
Trotz der widrigen Witterungsumstände trägt das Ehepaar Walter je einen Rucksack voll Verpflegung und Gaskartuschen nach Lager 2 hinauf. Erst spät abends kehren sie wieder in ihr Ausgangslager 1 zurück, wo inzwischen auch Heinz Zembsch und Verena Grüneis eingetroffen sind.
Am 28. April begann Prof. Sandvoss mit seinen Fragetests und persönlichen Interviews. Wenn er die Expedition vorzeitig verlassen will, muß er sich mit seiner Arbeit beeilen. Hinzu kommt, daß viele der Expeditionsmitglieder oft längere Zeit nicht ins Hauptlager herabkommen und auch dann, wenn sie dort sind, nicht immer besondere Lust

verspüren, die wenigen Stunden der Erholung mit Fragetests ausgefüllt zu wissen.
Am frühen Morgen des nächsten Tages liegen schon sehr früh dunkelgraue schwere Wolken über dem Dschungel im Yalung-Tal. Hier oben am Berg ist es zunächst noch heiter, doch bald kommt ein Gewitter auf, und es schneit große, nasse Flocken. Beim Mittagsgespräch erfahre ich über Teleport, daß die gegenwärtige Spitzengruppe, bestehend aus den beiden Schweizern, Stiller und dem Sherpa Dzongbu, heute Filmmaterial ins dritte Hochlager hinaufgebracht hat. Auch ein Zelt wurde bereits aufgestellt. Ritter und Oppurg sind gestern noch schwerbeladen zum Mexiko Camp aufgestiegen. Zembsch und Grüneis befinden sich in Lager 2, ohne sich jedoch an irgendeiner Aktion, die in Richtung Lager 3 läuft, zu beteiligen. – Anderl und Bitterling steigen mit eigener Last zum Mexiko Camp hoch, um anderntags ins Lager 1 überzusiedeln. Für Bitterling ist das ein privater Ausflug, für Anderl sollte es die erste Stufe zum Aufstieg in die Hochlager sein.
Am Mittwoch, dem 30. April, ist ein ungutes Wetter. Bei uns zu Hause würde man sagen, daß wir »Föhn« haben. Der Himmel ist nur wenig bedeckt, doch ziehen Nebelschwaden das Tal hoch, und die Sonne sticht heiß herunter.
Die von einem unserer Mitglieder in die Expedition eingeschleppte Virusgrippe macht sich immer unangenehmer bemerkbar. Roland fühlt sich krank, Heinz und Doris husten unentwegt. Um 8 Uhr erhalten wir den Wetterbericht für Ost-Nepal für die nächsten 24 Stunden: In 7000 Meter Höhe 40 Knoten Wind, Temperatur nachts minus 25 Grad. Selbst im Hauptlager hat es noch 12 Grad minus – auch ganz schön kalt für subtropische Sommertemperaturen in 5200 Meter Höhe. – Im Durchschnitt hatten wir im Hauptlager nachts eine Temperatur von minus 15 Grad gemessen.
Michl Anderl und Raimund Bitterling steigen zusammen mit Giri Göbl und Verena Grüneis vom Mexiko Camp zum Lager 1 hoch. Die ersteren wollen auf dem Gletscher an den Leitern filmen – letztere tragen Lasten zum Lager 1. Währenddessen steigen am späten Nachmittag Marti und Stiller ab. Marti leidet ebenfalls an fieberhafter Bronchitis und will sich im Hauptlager ein paar Tage lang erholen.
Heute ging an meiner Bolex-Kamera die Feder für den Motor kaputt. Die zweite Bolex hat Sepp Walter im Lager 2 zurückgelassen. Gerade diesmal haben wir keine dritte Kamera in Reserve dabei. Ich verständige Sepp Walter davon und bitte ihn, die Bolex mit herabzubringen. Darauf mußte ich dann allerdings bis zum Ende der Expedition war-

ten; mußte eigens den Sherpa ins Lager 2 hochschicken, um die Kamera und andere wertvolle Dinge herabtragen zu lassen. Ich mache immer wieder die Beobachtung, daß jene Gegenstände, die den Teilnehmern nicht persönlich gehören und als allgemeines Expeditionseigentum gelten, nicht mit der gleichen Sorgfalt behandelt werden wie zum Beispiel die eigenen Kameras. Dies ändert sich vielleicht bei einem berufsmäßigen Kameramann, der den Wert dieser Ausrüstung besser zu beurteilen vermag und um die Erhaltung dieser Kameras dann auch mehr bemüht ist.
Der Zeltplatz für Lager 3 ist planiert. Das dritte Hochlager steht in 7 000 Meter Höhe am Ende des oberen Yalung-Eisfalls. Bis jetzt steht allerdings nur ein Zelt mit Iso-Matten und Schlafsäcken. Es fehlen dort noch Verpflegung und Sauerstoff-Ausrüstung. Beruhigend ist, daß die besser akklimatisierten Mexikaner ihr Lager 3 zwar auch bereits erreicht haben, trotzdem aber am Berg im Augenblick keinen wesentlichen Vorsprung vor uns haben.
Der Nachschub in die Hochlager läuft jetzt recht gut. Selbst der Küchenboy Mingphadur und unser Postläufer helfen Lasten zum Mexiko Camp hinauftragen. Bei Wetterglück müßte uns im Laufe der nächsten zwei Wochen ein Gipfelerfolg möglich sein!
1. Mai: Das Wetter ist einigermaßen gut. Schorsch Ritter, Franz Oppurg und Giri Göbl wollen heute insgesamt 60 Kilo Verpflegung nach Lager 1 hinaufbringen und am Nachmittag zudem noch zum Lager 2 weitersteigen. In Lager 1 treffen sie auf Michl Anderl und Raimund Bitterling, bleiben bei diesen beiden einige Stunden, um zu rasten, übersiedeln aber noch am gleichen Tag nach Lager 2. Während des weiteren Aufstiegs beginnt es – wie sollte es am Nachmittag am Kanchenjunga auch anders sein – wieder leicht zu schneien. Vom Hump hinunter zum oberen Bruch des Yalung-Gletschers geht es, dank der von Heinz Zembsch inzwischen verbesserten Versicherung, die Felswände rasch hinab. Müde erreichen sie Lager 2. Das sogenannte Everest-Zelt der Firma Fritz Berger ist mit drei Mann nicht übermäßig belegt, aber der Sturm der letzten Nacht hat das Überdach zerrissen, und so müssen alle Lebensmittel sowie die restlichen Ausrüstungsgegenstände ins Innenzelt mit hineingenommen werden. Auf diese Weise wird es natürlich doch ziemlich eng.
Am nächsten Morgen ist strahlendes Wetter. Die Mannschaft in Lager 3 hat einen Ruhetag. Während dieses Tages steigen drei Sherpas ebenfalls dort hinauf und bringen Nachschub. Am Nachmittag schneit es wieder – wir haben uns schon daran gewöhnt.

Aufstieg zum Lager 3 – Wie klein der Mensch, wie gigantisch die Eiswelt des Kanchenjunga

Für den 17. Mai haben wir unseren Abmarsch vom Hauptlager eingeplant und die Träger entsprechend bestellt. Es bleiben uns also noch zwei Wochen Zeit. Heinz Zembsch und Sepp Stiller sowie Roland Descloux befinden sich im Mexiko Camp. Auch Yola übersiedelte dorthin, um ihrem Freund Gyalzen näher zu sein. Ich bin ehrlich froh, daß sie wenigstens für kurze Zeit aus meinem Blickfeld verschwunden ist. Die beiden anderen Polinnen tragen heute Lasten zum Lager 1, ohne dort zu bleiben, denn Michl Anderl, der zur Zeit in Lager 1 haust, hat einem längeren Aufenthalt der Polinnen im dortigen Lager nicht zugestimmt.
Die Mexikaner haben bereits Kulis bestellt und lassen ihre noch verbliebene Ausrüstung vom Pache-Hügel zu uns herunterbringen, wo sie dieselbe vorläufig deponieren. Darunter sind auch noch etwa dreißig kleine Alu-Leitern, die sie mit in die Heimat nehmen wollen. Sie rechnen in Bälde mit einem Gipfelerfolg.
In dieser Zeit schickt mir der Sirdar der Mexikaner-Expedition einen Brief.

Am 3. Mai ist der Himmel leicht bedeckt, das Wetter ist warm und diesig. Anderl zieht mit einem Sherpa nach Lager 2 um, während ihn sein Freund Bitterling noch bis zum Hump begleitet, um einige Meter Film zu drehen und dann ins Hauptlager abzusteigen. Auch Sepp Walter steigt mit Marianne nach Lager 2 hoch und filmt im Eisbruch. Lager 2 ist gegenwärtig von den Sahibs Ritter, Oppurg und Göbl besetzt. Sie versuchen, die tief verschneite Spur nach Lager 3 wieder begehbar zu machen. Drei Sherpas begleiten sie. Nima und Mingma spuren ebenfalls nach oben, obwohl sie eine angemessene Last auf dem Rücken schleppen. Diese Gruppe bleibt in Lager 3. Zu ihnen gesellen sich am Nachmittag noch unser Sirdar Gyalzen und Ang Dzongbu. Sie versuchen zum vierten Hochlagerplatz vorzustoßen, müssen aber knapp unter der ›Sichel‹ aufgeben und ihre Lasten im Gelände deponieren. Am gleichen Nachmittag erreichen die Mexikaner ihr Lager 4 in 7 600 Meter Höhe am Eingang zur großen Rinne, die zum Gipfel des Yalung Kang emporführt.
Anderntags ist viel Bewegung auf der Südwestflanke des Kanchenjunga. Ritter, Göbl und Ang Dzongbu spuren abermals gute zwei Stunden über das obere Firnfeld des Yalung-Gletschers in Richtung ›Sichel‹. Dort soll in etwa 7 800 Meter Höhe an der oberen Rampe Lager 4 aufgebaut werden. Es wird sicher ein spartanisches Lager, bestehend aus einem Zelt, einigen Sauerstoff-Flaschen, einem Kocher und etwas Verpflegung. Die Schlafsäcke wollen die Gipfelstürmer, die dieses Lager zum Ausgangspunkt machen, dann erst selbst mit hinauftragen.
Franz Oppurg hat wieder Magenschmerzen und ist daher kurz hinter Lager 3 umgekehrt. Die Kanchenjunga-Gipfel haben unsere Freunde während ihres Aufstiegs greifbar nahe vor Augen. Das Hochsteigen im tiefen Pulverschnee kostet viel Kraft. In 7 400 Meter Höhe – also etwa 400 Meter unter dem geplanten Lagerplatz 4 – bleiben die drei im uferlosen Pulverschnee einfach stecken – vielleicht auch etwas beeindruckt und abgelenkt von einem Ereignis, das sich in unmittelbarer Nähe vor ihren Augen abspielt: Die Gipfelgruppe der Expedition der Universität von Mexiko, der 25jährige Saldana Meneses, der 26jährige Alfonso Medina Rubio und ein Sherpa befinden sich im Aufstieg durch die große Rinne, die zum Yalung Kang emporführt.

Lager 3 in 7 400 m Höhe

FRITZ BERGER
8430 NEUMARKT

Sie haben die Route von Günter Sturm aus dem Jahre 1975 gewählt. Nur sehr langsam kommen sie voran, haben jetzt um 12 Uhr kaum die Hälfte der Rinne hinter sich. Das »Gipfelwetter« hält bis 15 Uhr an, dann ist auch der Yalung Kang wieder in Wolken gehüllt. Wie wir anderntags erfahren, hat sich der Sherpa unmittelbar vor dem felsigen Gipfelaufbau, nur eine Seillänge von den Mexikanern entfernt, von diesen getrennt, um in Lager 4 Tee vorzubereiten.
Die beiden jungen Mexikaner standen um 17 Uhr auf dem Gipfel des Yalung Kang auf 8 438 Meter Höhe. Aber nur der Sherpa kam zurück! Von den beiden Mexikanern ward niemals mehr etwas gesehen. Sie hatten als erste den Gipfel ohne Sauerstoff geschafft – vielleicht waren sie nachts während eines Freibiwaks an Erschöpfung und an ihren Erfrierungen gestorben, vielleicht sind sie die steile, mit Fels durchsetzte Rinne abgestürzt. Spätere Expeditionen, die den gleichen Aufstieg wählen, werden dieses Geheimnis entschleiern können. –
Schorsch Ritter, Giri Göbl und Ang Dzongbu, die vom oberen Firnfeld aus die Mexikaner bis in den Nachmittag hinein beobachten können, kehren zwei Stunden später erschöpft ins Lager 3 zurück. Dort kamen kurz vorher zwei unserer Sherpas mit Verpflegungslasten an. Um die Spitzengruppe intensiver unterstützen zu können, habe ich einen vollen Einsatz unserer Sherpas zwischen den Lagern 1 und 3 angeordnet.
Durch den Vorstoß der Mexikaner etwas nervös geworden, schlage ich Schorsch in unserem 18-Uhr-Funkgespräch vor, er möge baldmöglichst zusammen mit Franz und Giri unter Benutzung von künstlichem Sauerstoff einen Gipfelvorstoß auf der englischen Route, also jener der Erstbezwinger, versuchen. Wir müssen jetzt das gute Wetter nutzen! Schorsch ist auch für Eile, glaubt aber, ein Vorstoß sei frühestens am 7. Mai möglich, da auf Lager 4 noch zu wenig Material liege. Während unseres Dreizehn-Minuten-Gesprächs, in das sich zwischendurch auch andere Lager einschalten, sieht die Besatzung von Lager 3 einen Bergsteiger im oberen Teil der Yalung-Rinne absteigen: Die Mexikaner haben es geschafft!
Am Abend kommt der Mailrunner der Mexiko-Expedition durch unser Hauptlager und bringt uns die erste Post aus der Heimat. Wir haben heute den 4. Mai, die Briefe aber wurden zum Teil bereits am 8. April in der Heimat aufgegeben. Es fehlt also immer noch jene Post, die Miß Hawley nach Birat Nagar schicken ließ – also alle Briefe, die in den Wochen vor dem 8. April an uns geschrieben wurden.
5. Mai: Schorsch, Giri und Franz verpennen die Zeit in Lager 3, sie

sind von den Anstrengungen des vorangegangenen Tages noch stark übermüdet und geschwächt. Als der Sherpa der Mexikaner vorbeikommt, spricht Ang Dzongbu mit ihm. Er gibt seinen mexikanischen Sahibs keine Chance mehr, herabzukommen. Über dieses Schicksal der jungen mexikanischen Bergsteiger sind unsere Freunde im Hochlager 3 ziemlich deprimiert. Sie kochen sich kaum etwas, so sehr ist ihnen durch diese Hiobsbotschaft der Appetit vergangen. Dennoch schreibt Giri in sein Tagebuch: »Ich bin irgendwie überrascht, wie gleichgültig wir den Tod der beiden Mexikaner hinnehmen – wie natürlich uns solch ein Unfall erscheint. Oder sind wir durch die Höhe bereits so phlegmatisch geworden?«
An diesem Tag entschließen sich Giri und Schorsch, der sich ohnehin nicht wohl fühlt, am nächsten Tag bis zum Mexiko Camp abzusteigen. In Lager 2 ist Mike. Er berichtet uns per Funk, daß ein starker Wind herrscht und er andererseits zu der Besatzung Schorsch, Giri, Nima und Dzongbu in Lager 3 keinen Funkkontakt hat. Die Polinnen tragen heute eine geringe Last zu Lager 2 empor. Dort kommen sie so spät an, daß sie nicht mehr zurückkönnen und übernachten müssen. Abermals Taktik – oder doch Mißgeschick?
Anderntags ist zwar schönstes Wetter, aber oben herrscht Sturm, und es ist eisig kalt. Die Spitzengruppe setzt sich daher bereits am frühen Morgen ins Hauptlager ab. Im tiefen Pulverschnee erreicht sie Lager 2. Diese Strecke über den oberen Yalung-Eisfall ist recht lawinengefährlich. Beim Abstieg müssen Giri, Franz und Schorsch die Fixseile zum Teil gewaltsam aus dem Eis herausreißen, denn streckenweise finden sie sich bis zu einem halben Meter unter der Oberfläche. Kurz vor Lager 2 treffen sie auf fünf Sherpas und die beiden Polinnen, die für eine Nacht ins Lager 3 übersiedeln wollen. In Lager 2 angekommen, treffen sie auf Michl Anderl und das Ehepaar Walter. Sie trinken Tee und steigen dann weiter zum Lager 1 ab. Dann essen sie sich im Mexiko Camp satt und kommen eine Stunde später, gerade recht zum Abendessen, ins Hauptlager. Dort wartet schon unser Postläufer, um auch ihre Heimatpost mit nach Taplejung nehmen zu können.
Es ist gut, daß sich viele Teilnehmer jetzt im Hauptlager befinden, denn ich kann nun in Ruhe ihre Höhentauglichkeit prüfen. Das Minifotometer gibt Aufschluß über den Hämoglobingehalt und die Anzahl der roten Blutkörperchen, die sich in der Höhe ja bekanntlich stark vermehren. Die Minizentrifuge bestimmt den Hämatokritwert, der uns anzeigt, wie dickflüssig das Blut im Laufe der Akklimatisationszeit geworden ist.

Zwischen dem 5. und dem 8. Mai versucht Roland Descloux einen Gipfelvorstoß. Ohne große Schwierigkeiten steigt er zunächst zum Hump auf, dann die Rinne hinab zum Gletscherbecken und erreicht sehr bald das Lager 2. Dort trifft er auf Michl Anderl, das Ehepaar Walter und die beiden Polinnen. Während seines Aufenthalts kamen die beiden Sherpas Ang Dzongbu und Nurbu aus Lager 3 zurück. Über seinen Vorstoß erzählt später Roland Descloux Folgendes: »6. Mai: Um 6 Uhr 30 breche ich mit den Sherpas Ang Dzongbu und Nurbu in Richtung Lager 3 auf. Nach etwa einer Stunde erreichen wir das Lager 2 der Mexikaner. Wir machen eine kurze Rast, denn ab hier wird der Aufstieg recht steil. Obwohl ich mich sehr gut fühle, ist es anstrengend mit einer 15-Kilo-Last, diesen unendlich langen Hang hinaufzusteigen. Immer öfter bleibe ich stehen, über meine Skistöcke nach vorne gebeugt – keuche, schnappe nach Luft. Nach jeder Rast brauche ich von neuem meine ganze Willenskraft, um weitersteigen zu können. Langsam nähern wir uns der 7000-Meter-Grenze. Wie immer am Nachmittag, macht auch heute das Wetter zu, und es beginnt zu schneien. Zum Glück ist die Route mit Seilen versichert, so daß wir Lager 3 problemlos finden können. – Im Lager selbst angekommen, bereite ich mir etwas zu Trinken und verkrieche mich sofort in den Schlafsack. Außer mir, Ang Dzongbu und Nurbu befinden sich in diesem Lager noch die Sherpas Lhakbar Gyalbu, Lhakbar Tsering und Nima Dorje. Diese drei Träger waren heute mit einem Zelt und etwas Verpflegung bis 7700 Meter vorgestoßen und haben dort nahe der ›Sichel‹ das Depot für Lager 4 errichtet. Sie sind sehr müde, da sie den ganzen Tag mit hohem Neuschnee zu kämpfen hatten.
Am 7. Mai steigen Lkakbar Gyalbu und Nurbu Sherpa ins Lager 3 ab. Die anderen drei Sherpas machen zusammen mit mir einen Ruhetag. Während des Tages müssen wir immer wieder schneeschaufeln, denn am Nachmittag schneit es unablässig; die übrige Zeit verbringen wir im Schlafsack. Die Sherpas haben wahrscheinlich ein lustiges Gesprächsthema gefunden, denn sie lachen dauernd. Ich bin gerne mit diesen lustigen und zuverlässigen Burschen zusammen und bin immer wieder aufs neue von ihrer unglaublichen Leistungsfähigkeit in großer Höhe beeindruckt.
Gegen Abend kommt ganz unerwartet noch Sepp Stiller von Lager 2 herauf. Wir beschließen nun, am nächsten Morgen einen Versuch zu starten, um Lager 4 zu erreichen. Das Wetter hat sich bis zum Abend noch weiter verschlechtert, aber wir sind daran ja bereits gewöhnt und machen uns deshalb keine Gedanken mehr.

Am nächsten Morgen strahlt wieder die Sonne heiß vom Firmament herab. Die Temperaturen liegen wohl nur wenig unter dem Gefrierpunkt. Ich wecke die Sherpas und teile ihnen mit, daß wir zum Lagerplatz 4 hochsteigen wollen. Ang Dzongbu ist sofort einverstanden, nur die zwei anderen haben nicht so recht Lust. Sie sagen, sie seien vom Aufstieg vor zwei Tagen noch so sehr erschöpft und würden lieber absteigen. Dies teile ich per Funk dem Expeditionsleiter mit. Karl aber meint, man solle bei dieser herrlichen Wetterlage unbedingt einen Versuch unternehmen. Nach langem Hin und Her sind schließlich die beiden dann doch bereit, mit uns aufzusteigen.
Etwa um 8 Uhr morgens verlassen wir zu fünft das Lager 3. Lhakbar Tsering und Nima Dorje tragen je zwei Sauerstoff-Flaschen. Sepp Stiller, ich und Ang Dzongbu, wir alle tragen unsere persönliche Ausrüstung. Ich fühle mich sehr gut. Ang Dzongbu und ich spuren abwechslungsweise voraus. Nach etwa einer Stunde bleibt Sepp Stiller immer öfter stehen, und wenig später kehrt er niedergeschlagen und erschöpft ins Lager zurück. Schade, ich wäre zu gerne mit Sepp bis zum Gipfel hoch gestiegen! – Zu viert gingen wir nun weiter, und es vergeht Stunde um Stunde. Mit Besorgnis stelle ich fest, daß Lhakbar Tsering und Nima Dorje immer weiter zurückbleiben. Ang Dzongbu und ich warten mehrmals auf sie und versuchen, sie aufzumuntern. Aber irgendwann können sie dann einfach nicht mehr. So nahe am Ziel! Soll jetzt alles umsonst gewesen sein? Es ist naheliegend, daß ich nun versuche, ihnen für einen Aufstieg bis zu Lager 4 viel Geld zu versprechen. Ihre Antwort aber ist, so weit ich sie verstehen kann, daß Geld nicht das Problem ist, sondern sie einfach körperlich nicht mehr können. Nun versucht es Ang Dzongbu noch einmal auf seine Art und brüllt sie an. Aber letztendlich nutzt alles nichts, die beiden kehren um.
Wir sind auf einer Höhe von 7500 Metern angelangt. Es fehlen uns noch 200 Meter bis zum Depot am Hochlagerplatz 4. Wir beraten nun. Ang Dzongbu will weitersteigen, ich bin aber im Zweifel, denn meine persönlichen Sachen kann ich sicher ohne Schwierigkeiten bis zum Depot tragen, aber die Sauerstoff-Flaschen, die die beiden anderen Sherpas getragen haben, liegen nun hier, und wir haben keine oben im Lager 4 für den Aufstieg zum Gipfel. Ich teile Dzongbu meine Überlegungen mit, und wir beschließen nun doch, nachdem wir unsere Sachen deponiert haben, zum Lager 3 abzusteigen. Ich bin sehr niedergeschlagen, weil wir jetzt, so nahe dem Ziel, aufgeben müssen. Während des Abstieges denke ich mir, daß wir am nächsten

Tag vielleicht doch noch einmal einen Anlauf nehmen sollten. – Am späten Abend erreichen wir die Zelte von Lager 3.«

Aus dem nochmaligen Vorstoß am nächsten Tag ist dann nichts mehr geworden. Descloux hatte die Nacht über schlecht geschlafen und fühlte sich daraufhin recht schwach. Er führte dies auf die drei Nächte, die er in einer Höhe von über 7 000 Metern verbracht hatte, zurück. Zwar machte er mit Ang Dzongbu noch einen Startversuch, aber nach einer Stunde kehrten sie bereits wieder ins Lager zurück. So war also der sogenannte Gipfelvorstoß des Schweizers bereits auf 7 500 Meter Höhe zusammengebrochen.

In diese Zeit fallen bereits wichtige Überlegungen und Planungen hinsichtlich eines letzten Versuchs, den Gipfel zu erreichen.

Am 7. Mai erwachen wir bei strahlendem Sonnenschein, aber bereits nach wenigen Stunden steigen dichte Nebelbänke das Tal hoch. Unsere Kameraden Schorsch, Franz und Giri befinden sich zu dieser Zeit bei uns im Hauptlager. Ich nehme daher die Gelegenheit wahr, um am Vormittag mit Schorsch und Franz in meinem Bungalow ein zweistündiges, eingehendes Gespräch zu führen. Dabei kommen wir zu dem Ergebnis, daß unser vierter Stützpunkt, das Ausgangslager für den Gipfelvorstoß, in wenigen Tagen von starken Kräften errichtet werden muß. Eine Unterstützung seitens der Mannschaft ist nicht gegeben, denn weder die beiden Schweizer noch sonstige Mitglieder der Expedition sind gegenwärtig in der Lage, bis 7 800 Meter hochzuspuren. Es besteht meiner Ansicht nach in unserer gegenwärtigen Situation nur die eine Möglichkeit, den Gipfel noch zu erreichen: Wenn unsere Sherpas sich ebenfalls zu einer Gewaltaktion bereit erklären. Unser Sirdar befindet sich zur Zeit im Mexiko Camp. Während unseres 12-Uhr-Funkgespräches bitte ich ihn zu mir herab, und bereits eine halbe Stunde später steht er vor mir. Ich führe mit ihm, unter Anwesenheit von Schorsch, Giri, Franz und Doris, ein zweistündiges, beschwörendes Gespräch. Dabei übertrage ich ihm die Aufgabe, zusammen mit den besten Sherpas, unser Hochlager 4 noch während der nächsten Tage zu errichten und weitgehendst zu versorgen. Anschließend schreiben wir die wichtigsten Punkte auf, machen vor allen Dingen eine Liste der Mindestausrüstung, die durch die Sherpas nach oben befördert werden soll.

Während der nächsten Tage soll unser Angriff anlaufen. In dieser Zeit müssen alle inaktiven Mitglieder der Expedition die Hochlager räumen, um jeglichen unnötigen Nahrungsmittelverbrauch zu vermeiden. Michl Anderl und Sepp Stiller werden Lager 2 besetzt halten. Lager 1 wird lediglich als Durchgangslager für zwei Personen ausgestattet bleiben. Die beiden Sherpas Nima und Lhakbar sollen den Nachschub zwischen Mexiko Camp und Lager 2 aufrechterhalten. Alle übrigen Sherpas, einschließlich des Sirdars, sollen den Lastentransport zwischen Lager 2 und Lager 3 übernehmen. Sobald am Hochlagerplatz 4 genügend Ausrüstung und Verpflegung deponiert ist, werden die ersten Gipfelanwärter aufsteigen. Es ist vorgesehen, daß der Sirdar mit drei Sherpas Lasten zum Lager 2 bringt, am nächsten Tag weiter zum Lager 3 und schließlich am übernächsten in das vorgesehene vierte Hochlager. In entsprechender Staffelung müßte dann die Gipfelgruppe nachsteigen. Das Ganze hängt natürlich davon ab, wie schnell die Dreiergruppe Schorsch, Franz, Giri wieder gesund ist und inwieweit wir uns auf den Einsatz des Sirdar verlassen können. Schorsch hat immer noch seine fieberhafte Influenza, und Franz Oppurg leidet unter starken Magenbeschwerden. Es besteht der begründete Verdacht, daß er ein frisches Magengeschwür bekommen hat. Giri Göbl ist durch die expeditionseigene Grippe-Bronchitis noch stark geschwächt, und auch die Besatzung vom Mexiko Camp hat ihren bellenden Husten noch nicht verloren. Alle, die sich dort längere Zeit aufgehalten haben, wo ihre Zelte auf Grasboden stehen oder auf großen Felsblöcken kunstvoll befestigt sind, sind immer wieder aufs neue beeindruckt, auf welch »häßlichem« Platz sich unser Hauptlager befindet. Die kleinen Gletscherseen werden immer größer und vermehren sich; so erscheint vielen das Hauptlager als ein unwirtlicher Platz, wo die Zelte auf Eis stehen und ringsherum große Felsblöcke den Verkehr zwischen den einzelnen Zelten wesentlich behindern. Wendet man aber den Blick zur Südwestflanke unseres Berges empor, dann erscheint uns unser Standlager plötzlich in einem ganz anderen Licht. Dies wird vielleicht noch mehr verbrämt, wenn der Postläufer, der mexikanische, der japanische oder unsere Briefe bringt – Grüße aus der weit entfernten Heimat. Oder auch, wenn Ang Pemba, unser Koch, Pfannkuchen mit Kompott im Eßzelt serviert. Dies heitert allerdings unseren Professor auch nicht mehr auf. Er hat seine Tests inzwischen hinter sich und ist nur noch von dem einen Gedanken beseelt: »Wie komme ich baldigst heim zu meiner jungen Frau, die vor wenigen Wochen unseren Erstgeborenen zur Welt brachte?« So will Ernst bereits am 19. Mai heimfliegen. Inzwischen plante er auch schon einige Male auf eigene Faust, mit dem Postläufer nach Taplejung hinauszuwandern. Was ihn davon immer wieder abhielt, war wahrscheinlich die Sicherheit in der Gemeinschaft der großen Expedition und das

Warten auf den herbeigewünschten Hubschrauber, der nie kam. So ging schließlich auch Ernst später mit uns durch den blutegelverseuchten Dschungel und auf den glitschigen, nassen Pfaden bei strömendem Regen in Richtung Feldflugplatz Taplejung. – Vorerst aber ist es noch nicht soweit – vorerst zieht er noch seine Kreise um die verstreut liegenden Zelte im Hauptlager und erscheint oft wie einer, der weltfremd der harten realen Bergwelt am Fuße des Kanchenjunga und auf dem Eis und Schotter des Yalung-Gletschers in Gedanken bereits adieu gesagt hat. Geistig steht er oft abwesend im Hauptlager herum, befaßt sich vielleicht schon wieder mit anderen Materien aus seinem Fach und sieht sich eventuell schon wieder in seiner Studierstube im heimatlichen Saarbrücken. Aber noch befindet er sich im östlichsten Nepal, am Kanchenjunga, an der Grenze gegen Sikkim – vierzehn Reisetage von seiner Heimat entfernt. –
Am 8. Mai kommt Hansueli Marti um 10 Uhr vormittags vom Mexiko Camp herab, um sich im Hauptlager nun endlich auszukurieren. Ich mache während des Vormittags von den noch nicht untersuchten Teilnehmern Blutkontrollen, stelle den Hämoglobingehalt, die Erythrozytenzahl und den Hämatokritwert fest. Ärztlich gibt es sonst eigentlich nicht viel zu tun. Unsere ›Expeditionskrankheit‹ ist eine Virusinfektion, die sich vor allen Dingen in einer hartnäckigen Grippebronchitis

---

Legenden für folgenden Bildteil

1 Panorama von Gopetar aus: Das Kanchenjunga-Massiv
2 Mehrstöckige Häuser mit Ackerterrassen sind typisch für die Gebirgstäler in Ostnepal
3 Ein strohbedecktes mehrstöckiges Haus im Kobeli-Khola-Tal
4 Auch Kinder schleppten 30 Kilogramm schwere Lasten ins Yalung-Tal empor
5 Sirdar Gyalzen baut eine Gebetsstätte
6 Sahibs im Aufstieg durch den Dschungel
7 Die beiden Küchenjungen im Hauptlager (5 200 m) bei ihrer Arbeit
8 Beim Aufbau des Hauptlagers

△ 1

▽ 2

△ 7

▽ 8

zeigt. Diese Infektion ist durch ein Expeditionsmitglied eingeschleppt und der Infektionsquelle eigentlich viel zuwenig Augenmerk gewidmet worden. Auch ich habe anfangs diese Krankheit nicht so ernst genommen, obwohl ich vom Nanga Parbat 1970 – wo wir ebenfalls eine solche Grippeepidemie in der Mannschaft hatten – hätte wissen müssen, wie sehr sich so etwas dezimierend auswirken kann. Damals brachte uns Peter Scholz die Grippe ein, und fast alle hatten damit fertig zu werden.

Yola, die polnische Ärztin, hat zwar in Ilam noch weiteres Kaliumpermanganat zur Wasserdesinfektion gekauft, aber sie hat es nie angewendet, weder zur Trinkwasserdesinfektion noch zum Abspülen. Sieben Frauen waren in dieser Expedition, aber keine kam auf den Gedanken, sich einmal die Abspülmethode in der ›Küche‹ näher zu betrachten. Heute sah ich sie mir nun selbst an und bin aufgebracht darüber, daß zum Abspülen kein ›Spüli‹ verwendet wird. Ang Pemba, unser Koch, wird daraufhin von mir zur Rede gestellt, und ich erfahre, daß er dieses Spülmittel zwar in ausreichender Menge bekommen, aber nie verwendet hat. Zunächst sagt er: »Spüli finished.« Das veranlaßt mich zu einer Zeltinspektion, und ich muß leider feststellen, daß der gute und berühmte Sherpa-Koch sich dieses wichtige Desinfektionsmittel unter den Nagel gerissen hat, um es dann in der Heimat in seinem eigenen Haushalt verwenden zu können. Jedenfalls wurde bis zu diesem Zeitpunkt weder Spüli noch Kaliumpermanganat benutzt, sondern unser Geschirr in einer übel-dreckigen Plastikschüssel mit knapp einem Liter sogenanntem heißen Wasser gereinigt. Heißes Wasser auf 5200 Meter Höhe bedeutet, das es vielleicht eine Temperatur von 82 Grad erreicht. Mit mehr oder weniger schmutzigen Fingern wurden Schüsseln und Tassen gesäubert, anstatt Bürsten und Reiber zu benutzen, die reichlich vorhanden sind. Am Schluß wurde das Ganze mit wenig klarem Wasser nachgespült. Daß dies keine antiseptische Abspülmethode ist, liegt auf der Hand, und es darf einen nicht wundern, wenn dann schließlich die halbe Expedition an einer infektiösen Virusgrippe erkrankt.

Die polnische Ärztin, die sich ja aufgrund ihrer Freundschaft mit unserem Sirdar fast ständig bei den Sherpas aufhält, hat also diesen Abspülvorgang niemals beobachtet. Mich wundert das nachträglich nicht, denn es ist uns aufgefallen, daß sie selbst aus der schmutzigsten Tasse Tee und Kaffee getrunken hat und sogar entrüstet war, als Doris sie einmal auf dieses schmutzige Geschirr aufmerksam machte.

Mich wundert überhaupt, mit welchem »Gottvertrauen« Expeditions-

mitglieder oft aus allen Schüsseln und Tassen gemeinsam trinken. Sie trinken aus den Schüsseln der Bauern, die ihnen Chang oder saure Milch anbieten. Aber sie wundern sich, wenn sie wochenlang mit den Blüten eines ›Herpes labiales‹ befallen sind. Auch bei uns haben einige seit dem Anmarsch damit zu tun. Von Hygiene und Infektionsmöglichkeiten haben jedenfalls unsere Expeditionsmitglieder inklusive der Ärztin, die ja davon hätte einige Kenntnisse besitzen müssen, noch sehr wenig gehört. Jetzt verdanken wir dieser Lässigkeit gegenüber hygienischen Vorsichtsmaßnahmen den großen Krankheitsstand der gesamten Expedition, denn auch die Sherpas sind davon nicht verschont geblieben. Wir verdanken vielleicht auch den Mißerfolg der Expedition, wie er sich zur Stunde abzuzeichnen scheint, dieser Epidemie, denn alle vier Spitzenleute liegen im Basislager herum und haben die gleiche fieberhafte Krankheit. Auf den Halbgenesenen – Roland Descloux, Heinz Zembsch, Verena Grüneis, Sepp Stiller – liegt nun die Bürde, ob die Expedition in letzter Minute noch zu einem Gipfelerfolg kommen wird.
In diesem Zusammenhang erinnere ich mich an ein Gespräch mit Professor Filchner bei meinem Freund Dr. Fetzer auf Schloß Moos in Lindau am Bodensee. Damals berichtete der Asienforscher in bilderreicher Sprache von seiner Antarktisunternehmung 1911–1912 und erzählte mir, daß er damals wegen einer hochinfektiösen Krankheit des Kapitäns – er hatte eine Lues – seine Südpol-Expedition vorzeitig abbrechen mußte. Seine Erregung war bei der Erzählung dieser Geschichte auch im hohen Alter von fast achtzig Jahren noch so heftig, daß man erkennen konnte, wie ihn diese Vorkommnisse seinerzeit geärgert haben müssen. –
Wir haben den 9. Mai, und während des ganzen Tages sind dunkelgraue bis schwarze Wolken über dem Yalung-Tal. Für uns gar nichts Neues, aber nach wie vor bedrückend. Über Radio erfahren wir vom deutschen Erfolg an der Annapurna – später auch von jenem der deutschen Shisha-Pangma-Expedition in Tibet. Jetzt fehlt uns nur noch der dritte deutsche Expeditionserfolg im Himalaya!
Durch ein Teleport-Gespräch erfahre ich, daß unsere Sherpas Lager 4 erreicht haben und dort wichtige Lasten deponierten. Roland Descloux sitzt zur Zeit alleine in Lager 3. Unsere kranke Spitzengruppe, Schorsch, Giri, Franz und auch Hansueli Marti, ist ganz kribbelig darüber, daß sie jetzt im Hauptlager krank herumliegen muß.
Anderntags ist das Wetter warm, neblig-trüb, manchmal schneit es etwas, und gegen Mittag geht der Schnee in Regen über. Meine erste

Handlung heute morgen ist, daß ich Giri Göbl, der ebenfalls an der Expeditions-Influenza leidet, reichlich mit Medikamenten versorge. Im Laufe des Morgens habe ich ein Funkgespräch mit Michl Anderl. Er ist stark erregt wegen der sinnlosen Besetzung von Lager 2 durch Heinz und Verena und ist nicht davon abzuhalten, ins Hauptlager abzusteigen. Ich mache ihn darauf aufmerksam, daß ich alles getan habe, damit er genug Sauerstoff in den Hochlagern vorfindet, um sich an einer Gipfelbesteigung beteiligen zu können. Da sagt er mir in einem abermaligen, dreißig Minuten später geführten Funkgespräch, daß er inzwischen seinen Rucksack bereits mit einem Sherpa nach unten gegeben hat. Damit war bereits alles entschieden. Jetzt waren alle meine diesbezüglichen Bemühungen sinnlos geworden, einen 64jährigen noch auf einen Achttausender zu bringen.

Seinerzeit glaubte ich noch an den festen Willen von Michl Anderl, einen Achttausender besteigen zu wollen. Heute – ein Jahr nach dem Kanchenjunga und nach der Nanga-Parbat-Expedition 1981, wo ich ihm die gleiche Chance noch einmal gegeben habe – bin ich nicht mehr davon überzeugt, daß es sein ernster Wille war, als Senior noch einen Achttausender zu besteigen. Am Nanga Parbat schickte ich sechs Sauerstoff-Flaschen mit Hunza-Hochträgern ins Lager 3 auf fast 7000 Meter hoch, um ihm die Möglichkeit einer Gipfelbesteigung zu verschaffen. Dies war ein Opfer, denn man hätte statt der Sauerstoff-Flaschen besser ein Everest-Zelt nach Lager 3 geschafft, um der gesamten Mannschaft eine bessere Bleibe dort in 7000 Meter Höhe zu ermöglichen. Die Hintergründe von Mikes Verhalten sind mir nie klargeworden, aber jedenfalls habe ich ihm einige Male die Chance gegeben – und er hat sie nie genutzt! –

Sepp Stiller steigt nach Lager 3 auf, um gegebenenfalls anderntags bei der Versorgung von Lager 4 mitzuhelfen. Sepp ist kein hochqualifizierter Bergsteiger, und so sind wir uns klar darüber, daß wir ihm, selbst wenn er es konditionell schaffen könnte, einen Vorstoß zum Gipfel, eventuell zusammen mit einem Sherpa, keinesfalls zusagen können. Währenddessen setzen die Sherpas von Lager 3 gemeinsam mit Roland ein neues Depot in Richtung Lager 4. Der endgültige vorgesehene Lagerplatz wird von ihnen aber dennoch nicht erreicht, weil sie durch knietiefen Schnee in ihrer Spurarbeit stark behindert werden.

Am nächsten Tag ist herrlichstes Wetter, und wir empfangen auch einen guten Wetterbericht. Die Windstärke in Lager 2 beträgt nur 15 Knoten. Auch heute versucht Roland Descloux, zusammen mit

Sepp Stiller und dem Sherpa Dzongbu, mit Lasten nach Lager 4 aufzusteigen. Aber vergebens! Sie sitzen nun alle zusammen mit Heinz und Verena auf Lager 3 im oberen Eisfall. An diesem Tag aber erreicht, zu unser aller Überraschung, unser Sirdar zusammen mit drei Sherpas wirklich das Lager 3, und damit kommen die wichtigsten noch fehlenden Lasten dorthin.
Am Nachmittag arbeite ich an meinem Angriffsplan für die letzten uns noch zur Verfügung stehenden Tage. Giri Göbl gebe ich eine Order mit zum Mexiko Camp an den Sirdar. Ich bitte ihn, möglichst viel Sauerstoff-Flaschen hochschaffen zu lassen. Fast alle Sherpas drükken sich im Mexiko Camp herum, natürlich auch unser Sirdar, denn er kann sich von Yola nur sehr schwer trennen. Auch in dieser Situation wirkt sich das Verhältnis zwischen einem weiblichen Expeditionsmitglied und dem Sirdar absolut negativ aus.
Mingma, einer jener zwei Sherpas, die während meiner Mount-Everest-Expedition 1978 durch ihren Aufstieg zum Gipfel ohne Sauerstoff Weltruhm geerntet haben, hat sich nicht, wie sein Freund Ang Dorje, zum Sirdar hinaufgearbeitet, sondern verfiel dem Chang und dem Rakshi. Heute ist er nicht mehr das, was er vor zwei Jahren war. Schade! Mingma wurde vom Ehepaar Walter, die ihn vom Everest her kannten, angeheuert. Er sollte ihnen allein dienen. Da dies nur sehr selten klappte, integrierte ich Mingma immer mehr in unsere Sherpa-Gesamtmannschaft. Seine Leistungen hier am Kanchenjunga waren zeitweise gut, dann aber wurden sie immer mittelmäßiger. Gestern kam er allein von Lager 1 herab. Während des Abstiegs stürzte er im Nebel auf dem Gletscher eine Strecke weit ab, ohne sich jedoch wesentlich verletzt zu haben. Jetzt ist er im Hauptlager.
Am 11. Mai ist das Wetter zunächst schön. Gegen Mittag aber ziehen wieder Wolken das Yalung-Tal hoch, und nachmittags schneit es erheblich. Allgemeine Stagnation in allen Lagern! Niemand ist aktiv, jeder hat abgebaut und trägt sich nur noch mit heimwärts gerichteten Gedanken. So schleppen auch Franz und Giri bereits persönliche Lasten vom Mexiko Camp ins Hauptlager herab. Beim Mittagsfunk bekomme ich die niederschmetternde Nachricht, daß Roland Descloux und Sepp Stiller, die angeblich voller Auftrieb ins Lager 3 hochgestiegen waren, sich ins Mexiko Camp abgesetzt haben. Auch die drei besten Sherpas, die im Lager 3 sitzen, planen den Abstieg und lassen sich dort kaum mehr halten. – Heinz Zembsch und Verena Grüneis, die ebenfalls in Lager 3 untätig herumsitzen, unternehmen nichts gegen diesen Abbau der Hochlager. Als der einzige Lichtstrahl in der

trüben Atmosphäre dieses Tages erscheint uns die Ankunft des japanischen Postläufers. Er kommt mit drei Sack Post in unser Hauptlager. Jetzt hat uns endlich die alte Postsendung vom April aus Birat Nagar erreicht!
Während der Nacht klart es auf. Schorsch Ritter, Giri Göbl und Franz Oppurg steigen bereits um 7 Uhr 30 mit zwei Sherpas absprachegemäß vom Mexiko Camp zum Lager 2 hoch. Die Trasse ist gut, sie kommen auf dem Yalung-Firn recht flott voran und erreichen bereits drei Stunden später das Hochlager 1. Dort wärmen sie sich ein Fertiggericht aus der Büchse und steigen nach einer Stunde Rast weiter nach Lager 2. Während des Aufstiegs fängt es bereits wieder zu schneien an. Giri spurt den ganzen Aufstieg, denn er fühlt sich heute körperlich recht stark. Bereits um 15 Uhr erreicht die Gruppe das nächste Lager. Dort treffen sie auf das Ehepaar Walter. Sepp und Marianne befinden sich immer noch in Gipfelangriffsposition. Schorsch Ritter funkt zu verabredeten Zeiten mit mir und berichtet, daß Heinz und Verena seit drei Tagen in Lager 3 sitzen, ohne für die Expedition irgend etwas Positives geleistet zu haben. Aber die an sich schon knappe Verpflegung in diesem Lager wird dadurch auch keinesfalls mehr, sondern weniger! Schorsch rät ihnen auf mein Drängen, daß sie ins Mexiko Camp absteigen sollen, denn in Lager 3, wo jedes Kilo hinaufgeschleppt werden muß, kann man keine untätigen Esser dulden. Heinz aber sträubt sich, sagt, er fühle sich wohl, doch Ang Dzongbu erklärt uns, daß die beiden lediglich im Zelt herumliegen.
Die drei Sherpas, die von Lager 3 aus bereits nach Lager 2 abgestiegen sind, um heute noch das Mexiko Camp zu erreichen, werden aufgrund meiner Order vom Sirdar per Teleport angehalten, im Lager 2 zu bleiben, um morgen mit der Gipfelmannschaft abermals eine Last nach Lager 3 zu schleppen.
Ich habe den Sirdar, der sich zu diesem Zeitpunkt im Mexiko Camp aufhält, abermals zu mir herabgebeten. Er kommt gegen Mittag mit Rücklast im Hauptlager an. Daraufhin habe ich mit ihm vor meinem Zelt abermals ein eingehendes – diesmal aber wesentlich dringlicheres und schärferes Gespräch. Wir brauchen für ein paar Tage unbedingt seinen persönlichen Einsatz – auf das Wort ›persönlich‹ lege ich dabei besonderen Nachdruck. Sofern das gute Vormittagswetter anhält, müssen die entscheidenden Tage jetzt genutzt werden, wenn wir nach meinem Plan am 15. Mai den Gipfel erreichen wollen. Ich erinnere den Sirdar an mein erstes Gespräch mit ihm vor einigen Tagen, auf das er ziemlich lax reagierte. Er veranlaßte damals über Funk lediglich

die Sherpas zu stärkerem Einsatz, selbst aber drückte er sich vor dem eigenen Engagement und der Verantwortung, die er als Sirdar für das Gelingen der Expedition zweifellos trägt.
Nach längerem Überlegen führt er ein Gespräch mit dem Sherpa Mingma, was ihn in seinem Entschluß bestärkt, sich für unsere Expedition noch einmal richtig einzusetzen, und steigt anderntags wirklich mit vier Sherpas ins Lager 2 hoch.
Der Hauptgrund seines Zögerns war wahrscheinlich die Sorge um Yola, die mit einer Erkältung im Mexiko Camp liegt. In seiner Angst um seine Freundin bittet er mich sogar, ihr Sauerstoff geben zu dürfen. Im Hinblick auf unsere gegenwärtige prekäre Lage und auf unseren Angriffsplan genehmige ich den Sauerstoff, obwohl ich weiß, daß Yola ihn nicht nötig hat.
Am frühen Nachmittag kommen die restlichen vier Mexikaner durchs Hauptlager. Unter ihnen befindet sich auch der Expeditionsleiter, der sich anfangs recht wenig kameradschaftlich aufgespielt hatte. Wir gratulieren für den Gipfelerfolg, daß zwei seiner Leute den Yalung Kang ohne Sauerstoff geschafft haben – und wir kondolieren im nächsten Augenblick zu dem Verlust der beiden Männer, über deren Verschwinden nach ihrem Sieg nichts mehr bekannt wurde.
Um 16 Uhr kommt auch der Sirdar der mexikanischen Expedition durchs Hauptlager; er ist in Begleitung von Sherpa Chong Rinji, der mit den beiden vermißten Mexikanern bis 40 Meter unter den Westgipfel des Kanchenjunga aufgestiegen war.
Die Expedition der Mexikaner wurde von der Universität in Mexiko ausgesandt und finanziert. Es war dies das erste Himalaya-Unternehmen mexikanischer Bergsteiger. Der Expeditionsleiter war der 33 Jahre alte José-Manuel Casanova. Sein Stellvertreter war Antonio Cortes Avila (33). Hinzu kamen die beiden Gipfelbezwinger Alfonso Medina Rubio (26) und Hugo Saldana Meneses (25), die nach ihrem Gipfelerfolg vermißt blieben. Weitere Teilnehmer waren Luigo Cardenas Gonzales (25), Hugo Delgado Granados (22) und der Expeditionsarzt, der erkrankte und vorzeitig das Hauptlager verlassen mußte.
Die mexikanische Yalung-Kang-Expedition erreichte am 1. April ihr Hauptlager und errichtete dieses auf dem 5 500 Meter hoch gelegenem Pache-Hügel. Lager 1 konnte am 12. April in 6 000 Meter Höhe neben unserem Lager 1 aufgestellt werden, Lager 2 stand etwas weiter oben als unser Lager 1, und zwar in 6 650 Meter Höhe; es wurde am 22. April errichtet. Acht Tage später, am 30. April, bauten die Sherpas der mexikanischen Expedition in 7 300 Meter Höhe ihr Lager 3

Sherpas schleppen von Lager 3 (7400 m) immer noch 14 kg schwere Lasten zum Gipfelausgangslager empor

auf. Das letzte Lager konnte am 2. Mai in 7800 Meter Höhe am Eingang zum großen Couloir errichtet werden. Der Gipfel wurde, wie schon erwähnt, am 4. Mai erreicht. –
Am 13. Mai haben wir bis mittags schönes Wetter. Am Nachmittag jedoch bedeckt sich der Himmel mehr und mehr, und es kommt ein starker Wind auf. An diesem Tag steigt das Gipfeltrio zusammen mit den Sherpas Ang Dzongbu, Nima Dorje und Lhakbar Gyalbu, wieder hoch zum Lager 3. Noch gestern waren die drei Hochträger, die sich in Lager 2 befanden, vom Sirdar per Teleport am weiteren Abstieg gestoppt worden. Alle steigen sie nun in der Abstiegsspur der Sherpas vom Vortage in sechs Stunden zum nächsten Hochlager empor. Während des Aufstiegs spurt Heinz Zembsch etwa 50 Höhenmeter hoch. Dann aber kehren Heinz und Verena nach einigem Palaver nach Lager 2 zurück, wo auch Sepp und Marianne Walter sitzen. Dort treffen während des Tages noch vier Sherpas mit wichtigen Lasten ein; sie sind in einem Tag direkt vom Mexiko Camp aus aufgestiegen. –
Im Hauptlager machen wir die letzten Werbefotos. Doris packt auch schon unsere persönlichen Dinge für unseren Abstieg zusammen. Michl Anderl und Roland Descloux verpacken die Ausrüstung, die wir nach Hause zurückbringen wollen, in Tonnen und Säcke. Noch verfügbare Sherpas, einschließlich Koch und Küchenjungen, tragen die letzten Zeltlasten aus dem Mexiko Camp herab ins Hauptlager.
Der abendliche Wetterbericht für das Kanchenjunga-Gebiet ist beruhigend: »Weather fair, afternoon easy snowfall, wind 15 knots.« Der gewohnte nachmittägliche Schneefall, der im Wetterbericht ebenfalls angezeigt wird, ist für uns hier am Kanchenjunga eine bereits normale Gegebenheit. Die 15 Knoten Windgeschwindigkeit aber sind von großer Wichtigkeit, denn sie bedeuten praktisch soviel wie Windstille für den Aufstieg zum Lager 4 – und vielleicht auch weiter bis zum Gipfel!
Wir haben einen Hubschrauber zum Hauptlagerplatz heraufbestellt und warten nun auf sein Kommen – aber vergebens! Bitterling, Prof. Sandvoss und Lau, die eiligst in die Heimat zurückkehren sollten, wollen damit ausfliegen. Aber das anfänglich schöne Wetter ändert sich im Laufe des Tages, und über dem Yalung-Tal hängt bereits wieder eine dicke dunkle Wolkenbank. Somit könnte – selbst wenn ein Hubschrauber in Kathmandu gestartet wäre – dieser keinesfalls zu uns hochfliegen. In Lager 3 quälen sich drei unserer Freunde erst recht spät aus dem warmen Schlafsack, denn draußen ist es bitter kalt – es hat über 25 Grad minus. Nach dem Frühstück werden von

Schorsch, Giri und Franz die wichtigsten Dinge für die Nacht in Lager 4 und für den Gipfelvorstoß zusammengestellt. Außerdem trägt jeder seine persönliche Daunenausrüstung, seinen Schlafsack und seine Iso-Matte zusätzlich nach Lager 4 hinauf. Jeder Rucksack wiegt etwa 20 Kilo. Ich sagte den dreien noch während unseres letzten wichtigen Gesprächs im Hauptlager: »Schlaft mit Sauerstoff und geht ab Lager 3 mit der Atemmaske.« Jetzt aber hat nur Franz den künstlichen Sauerstoff nötig, denn er ist durch sein Magengeschwür in seiner Leistung stark beeinträchtigt.

Während des Vormittags zieht das Gipfeltrio mit fünf Sherpas los. Zu den festgelegten Zeiten um 8, 12, 15 und 20 Uhr kommen heute keine Funkverbindungen zustande. Die Spitzengruppe befindet sich im Aufstieg nach Lager 4 und hat nicht die entsprechende Muße, um Teleportgespräche zu führen. Durch den knietiefen Pulverschnee spuren die Sherpas voraus. Dann folgen Schorsch Ritter, Giri Göbl und Franz Oppurg etwa in einem Fünfzehn-Minuten-Abstand nach. Die Verhältnisse sind ähnlich wie beim Vorstoß am 4. Mai, als seinerzeit Schorsch, Giri und Dzongbu im uferlosen Pulver auf dem Hochfirn steckenblieben. Am Umkehrpunkt von damals kommt Göbl ziemlich nah an Schorsch heran. Schorsch ist von dem plötzlichen Tempo seines Kameraden zunächst etwas überrascht – ebenso dann, als Göbl sich spontan in den Schnee setzt und den anderen, die sich über ihm schinden, um vorwärts zu kommen, seelenruhig zusieht. Die Sherpas setzen sich auch etwa alle 50 Meter in den Schnee. Nach einer halben Stunde schließt Franz Oppurg zu Giri auf – er geht ja mit Atemhilfe und ist dadurch schneller – und setzt sich jetzt neben ihn, um ebenfalls den Voraussteigenden nachzusehen. Es vergeht über eine Stunde. Schorsch ist für Giri und Franz immer noch in Rufweite. Die beiden letzten der sieben Mann starken Gruppe können sich nicht denken, daß die Sherpas und Schorsch ihr Ziel, das Lager 4, heute noch erreichen werden. Sie bleiben daher in stoischer Ruhe weiterhin abwartend sitzen. Dann ruft Schorsch noch einmal zu den beiden zurück, allerdings ohne eine Reaktion erkennen zu können. Plötzlich stehen Göbl und Oppurg auf und steigen, ohne ein Wort zu wechseln, gemeinsam ins Lager 3 ab.

Dort angekommen, treffen sie auf das Ehepaar Walter, das am nächsten Tag ebenfalls zum Lager 4 aufbrechen will. Giri und Franz fühlen sich selbst nicht gut – sie wollen noch nicht einmal ein Gespräch – und steigen daher noch am selben Tag ins Lager 2 ab. Giri schreibt später zu diesen, für ihn so entscheidenden Stunden am Berg: »Wohl nicht nur wegen Platzmangels gehen wir durch tiefen Schnee bei Nebel und Schneetreiben ins Lager 2 hinab. Ich gehe sehr langsam, Franz wartet ein paarmal auf mich. Ich weiß, daß ich den Gipfel vertan habe. Im Lager 2 sind Heinz und Verena, sie kochen für uns. Über Funk erfahren wir, daß Schorsch Lager 4 erreicht hat.«

Am 15. Mai war es dann soweit. Wie wir später erfuhren, ist die Gipfelgruppe um 6 Uhr 30 vom Lager 4 aus gestartet. Von 9 Uhr 30 bis 11 Uhr 30 können wir die Gruppe im Aufstieg beobachten. Dann kommt Nebel auf, und wir hoffen, daß Schorsch um 12 Uhr funkt – aber vergebens.

Nachdem die Gruppe im Aufstieg durch das schräge Eisfeld in den Wolken verschwunden ist, liegt über dem ganzen Lager eine große Spannung. Ab 13 Uhr lasse ich mein Teleport-Gerät eingeschaltet, um eventuell eine Nachricht von oben empfangen zu können. Schorsch meldet sich aber erst um 15 Uhr 20. Ich versuche, das Gespräch zwischen ihm und mir, soweit wie möglich, auf dem Tonband festzuhalten.

R.: Hauptlager bitte melden – Hauptlager bitte melden!

H.: Hier Hauptlager. Wo seid ihr, und wie seid ihr körperlich beisammen? Bitte kommen!

R.: Es geht uns soweit eigentlich ganz gut. Bitte kommen!

H.: Das ist ja prima. Wann meinst du, daß du Lager 4 erreichen wirst?

R.: Ich denke, es wird etwa 4 oder 5 Uhr werden.

H.: Ist ja toll. Seid ihr alle vier hinaufgekommen?

R.: Nein, alle vier nicht. Ang Dzongbu hat den Gipfel ohne Sauerstoff nicht ganz erreicht.

H.: Und die zwei anderen, die mit Sauerstoff gegangen sind, haben also zusammen mit dir den Gipfel geschafft?

R.: Ja, Lhakbar und Nima waren mit mir am Gipfel, Ang Dzongbu sitzt nun hier 70 Meter unterhalb des Gipfels.

H.: Das ist aber sehr schade für ihn. Wie sind denn die Wetterverhältnisse? Wir können nämlich von hier aus nichts mehr sehen, ihr seid ganz in den Wolken.

R.: Ja, es ist relativ warm, und es schneit.

H.: Kann Dzongbu den Gipfel nicht mit dem Sauerstoffgerät eines seiner Sherpa-Kameraden noch machen?

Aufstiegsroute mit den Standorten der Zwischenlager

L4
L3
L2
L1

R.: Habe ich auch gedacht, aber er möchte nicht mehr zum Gipfel. Er sagt, es ist für ihn nicht so wichtig. Aber ich werde ihn noch einmal fragen.

H.: Ja, vielleicht kannst du ihn dazu überreden, es wäre zu schade für diesen Burschen, wenn er ohne Gipfel umkehren müßte. Er kann doch die letzten 70 Meter mit einem Sauerstoffgerät aufsteigen, falls er sonst noch bei guter Kondition ist.

R.: Ich werde mit den Sherpas noch einmal sprechen, aber wir müssen allenfalls dann hier auf ihn warten, und das will er nicht.

H.: Nein, du sollst eigentlich nicht warten, sondern es können ja die beiden Sherpas auf ihn warten. Jedenfalls würde ich vorschlagen, daß du ins Lager 4 jetzt absteigst. Planst du übrigens heute eventuell auch noch, bis zum Lager 3 abzusteigen? Diese Frage ist wichtig wegen der Schlafsäcke.

R.: Ja, wir werden es uns noch überlegen und es dir dann später durchsagen. Lager 3 wird ja ohnehin dieses Gespräch mithören.

H.: Wir haben euch bis 11 Uhr 30, als ihr in die Seitenrinne aufgestiegen seid, beobachten können, dann aber leider nicht mehr, dichte Wolken verhinderten jegliche Sicht. Jetzt ist die Frage: Nehmt ihr eure Schlafsäcke mit zum Lager 3, sofern ihr in dieses Lager absteigt? Wenn dies der Fall ist, dann würden nämlich Walters jetzt zum Lager 2 absteigen.

R.: Sind Walters jetzt noch in Lager 3?

H.: Walters haben einen Vorstoß gemacht nach Lager 4, aber sie hatten keine Unterstützung von ihrem Sherpa Mingma. Dieser war bereits ins Lager 2 abgestiegen, hat dort das Sherpa-Zelt abgebaut, aber nicht mitgenommen. Walters würden jetzt absteigen, wenn ihr den Platz in Lager 3 braucht und Schlafsäcke dabei habt.

R.: Wir können auch gut in Lager 4 bleiben.

H.: Nein, das ist nicht nötig, die beiden Walter können doch absteigen. Die Frage ist: Nehmt ihr eure Schlafsäcke mit zurück?

R.: Wir werden unsere Schlafsäcke allenfalls mitnehmen.

H.: Dann würde ich jetzt Walters sagen, sie sollen absteigen und damit den Platz in Lager 3 für euch frei machen. Oder meinst du, sie sollen warten und euch Tee und Suppen bereiten?

R.: Nein, sie brauchen nicht warten, sie können ruhig absteigen. Wenn sie zum Lager 2 absteigen, gehen wir wahrscheinlich doch noch bis zum Lager 3 hinab.

H.: Wenn ihr noch bei Kräften seid, daß ihr zum Lager 3 absteigen

Zwei der Sherpas, die mit Schorsch Ritter den Gipfel erreichten

könnt, dann wäre es natürlich schon vorteilhaft, wenn das Lager für euch frei wäre. Soviel für jetzt, wir werden uns um 4 Uhr wieder sprechen.

R.: Nein, wir sprechen uns vielleicht besser um 5 Uhr, denn es ist jetzt bereits fast halb vier, und die Zeit ist zu kurz, um bis 4 Uhr das Lager zu erreichen und eine Entscheidung zu treffen. Also dann bis später – servus – um 5 Uhr.

Inzwischen sind alle Teilnehmer, die sich im Hauptlager befinden, in meinem Bungalow versammelt. Die Sherpas standen während des Gesprächs mit der Spitzengruppe vor dem Zelt, damit sie möglichst schnell alles mitbekommen konnten. Doris holt eine Flasche Weinbrand aus der Werbekiste, die dann von Mund zu Mund geht. Plötzlich ist die ganze, oftmals doch so zerrissene und zersplitterte Gemeinschaft ein Herz und eine Seele geworden.

Die Zeit bis 17 Uhr vergeht uns wie im Flug – und dann ist es bereits wieder soweit, und ich gehe auf Empfang.

H.: Schorsch, wo bist du jetzt? Bitte kommen.

R.: Wir befinden uns jetzt im Vierer-Lager. Bitte kommen.

H.: Hat nun Ang Dzongbu noch einen Vorstoß zum Gipfel gemacht?

R.: Nein, er ging gleich mit uns zurück ins Lager 4. – Es geht uns gut, ich bin als erster im Lager angekommen, und die anderen beiden sind gerade ebenfalls kurz vor dem Lager. Weißt du, wo sich der Sirdar gegenwärtig befindet?

H.: Das weiß ich leider nicht, doch ich glaube, er befindet sich im Abstieg zum Mexiko Camp. Mingma befindet sich in Lager 2, soviel kann ich dir sagen.

R.: Gibt es einen Hubschrauber, mit dem du ausfliegst, oder sehen wir uns noch einmal?

H.: Also Hubschrauber gibt es keinen bei diesem schlechten Wetter. Ich bin jetzt sicher da, wenn du kommst, und ich freue mich.

R.: Ich freue mich ebenfalls. Was sollen wir aus den Lagern mit hinabnehmen?

H.: Alle wichtigen Sachen müssen die Sherpas von den Lagern 3 und 4 mitnehmen. Das sind die Sprechgeräte, sind die Iso-Matten, weil man sie beim Rückmarsch noch braucht, die Schlafsäcke und sonst wahrscheinlich nichts mehr. Die Daunenbekleidung mitzunehmen ist klar, die hat ja jeder selbst bei sich. Ich schlage vor, daß wir uns dann morgen früh wieder sprechen, denn ich nehme an, daß ihr jetzt müde seid und euch hinlegen wollt.

R.: Ja, wir wollen heute keine Funkverbindung mehr machen, sondern wollen zunächst einmal schlafen. Wer ist jetzt noch in Lager 3?

H.: Meines Wissens kein Sherpa mehr, sondern nur noch die Walters, und die sind wahrscheinlich auch schon im Abstieg, ich kann es nicht sagen, weil es ja unklar war, ob sie absteigen sollen. Wenn du das wissen möchtest, müßten wir später noch einmal funken. Aber dies ist im Augenblick doch nicht von Wichtigkeit, und so würde ich vorschlagen, daß wir uns morgen zu den bekannten Zeiten wieder sprechen. Für heute euch allen eine recht gute Nacht und Grüße von allen, die um mich herumstehen.

R.: Also gut, dann bis morgen – servus – Ende.

Das große Glück hat sich noch einmal eingestellt. Es war nicht allein das Wetter gewesen, wenn man bedenkt, daß 60 Zentimeter Neu-

schnee gefallen sind und es bereits seit dem Abstieg vom Gipfel wieder heftig schneite. Das große Glück war wohl, einen Schorsch Ritter in der Mannschaft zu haben, der nach dreitägiger Erkrankung mit schwerer grippaler Bronchitis, nach einer intensiven Antibiotika-Behandlung sich den Gipfel dennoch erkämpfte. Ich erinnere mich, daß er vor zwei Jahren, als ich ihm gegen seine starke Darmerkrankung Opiumpillen gab, trotz seiner reduzierten körperlichen Verfassung in drei Tagen vom Hauptlager zum Everest-Gipfel emporgestiegen war. Er war seinerzeit so krank, daß er später in der Heimat noch lange Zeit wegen dieser Darminfektion sich einer Krankenhausbehandlung hatte unterziehen müssen. Und diesmal schleuderte er alle Krankheitsbedenken von sich, setzte sich über seine körperlichen Beschwerden hinweg, schaffte einen schwierigen Aufstieg in leidenschaftlicher Verfolgung unseres Ziels. Es ist ihm bewußt, daß nur er allein mit Hilfe einiger Sherpas, die ihm als Spurer dienen, diese einmalige Tat vollbringen kann.
Ich habe viele Bergsteiger kennengelernt und konnte auf meinen Expeditionen schon manche kühne Willenstat miterleben. Dabei denke ich an den Star-Bergsteiger Hermann Buhl sowie an den bescheidenen Toni Kinshofer, hinter dessen bäuerlicher Zurückhaltung viel Kraft steckte. Jedoch die schlichte Selbstverständlichkeit des Einsatzes, wie ich sie bei Schorsch Ritter nun schon zweimal erlebt habe, ist ein neues Phänomen in der Geschichte der Himalaya-Bergsteiger. Schorsch Ritter ist kein Star, dazu ist er viel zu gescheit; er ist kein Expeditionsmitglied, das mitgenommen wird wie ein Rennpferd, das lediglich auf seinen Einsatz wartet und sich nur um sich selbst zu kümmern vermag – nein, er ist in die Expeditionsgemeinschaft integriert, er geht darin auf, und die Aufgaben, die Probleme und die Schwierigkeiten, die auf einer Expedition auf einen zukommen, lassen ihn nicht unberührt. Ohne seine Kompetenzen auch nur im geringsten Maß zu überschreiten, wird jedes Problem auch zu dem seinen. Er ist und bleibt sensibel, aber nicht auf sich bezogen, sondern im Umgang mit anderen. Er will keinem anderen irgendwelche Rechte streitig machen, aber er ist agil, unentwegt tätig und hilfsbereit. Für alle Probleme der Expeditionsmitglieder bringt er Verständnis auf und findet Zeit, sich dafür einzusetzen, eventuelle Ungerechtigkeiten und Benachteiligungen auszuschalten.
Schorsch Ritter ist mir am Everest schon aufgefallen. Aber damals konnte er seine hervorragenden Expeditionseigenschaften neben dem ehrgeizigen und keinesfalls so qualifizierten Sigi Hupfauer nicht ent-

falten. Schorsch Ritter ist eben kein Mann, der sich vordrängt, um zu gelten oder zu brillieren, sondern der eben einfach die Aufgaben, Schwierigkeiten und Probleme sieht und sich dann, wenn es erforderlich ist, dafür rückhaltlos einsetzt. Erkennt er, daß wichtige Arbeiten umgehend getan werden müssen, so liegt es ihm nicht, andere zur Erledigung derselben zu gewinnen, sondern er greift selbst zu, und man hört kein Palaver und auch kein Gerede, das auf Anerkennung hofft. Kein Wunder, daß ich diesen Mann aufgrund seiner charakterlichen Eigenschaften gerne auf jeder Expedition um mich haben möchte. –
Während dieser letzten Tage am Berg hatte sich auch das Ehepaar Marianne und Sepp Walter eine Chance für einen Gipfelerfolg ausgerechnet. So berichtete später Sepp Walter in seinem Tagebuchauszug Folgendes:
»Mittwoch, der 14. Mai 1980: Marianne und ich frühstücken bereits um 6 Uhr morgens, kommen dennoch aber erst um 9 Uhr 45 vom Lager weg. Die Sherpas, die die Nacht über in Lager 2 waren, sind noch später dran als wir. – Um 13 Uhr, nach einem heißen Aufstieg durch den oberen Yalung-Eisbruch, erreichen wir um 13 Uhr 30 Lager 3. Der Wetterbericht hat nicht gehalten, was vorausgesagt wurde. Der Himmel bedeckt, wir befürchten fast, daß es bald zu schneien beginnt. Zu unserer großen Überraschung treffen wir im Zelt auf Giri und Franz. Beide sind umgekehrt, während Schorsch und die ausgewählten fünf Sherpas weiter hochgestiegen sind. Giri erzählt, daß sie mit der Gipfelgruppe halbwegs zum Lager 4 aufgestiegen waren, dann aber aufgeben mußten – Franz hatte wieder seine Magenschmerzen, und Giri fühlte sich sonst recht schlapp. Sie erzählen uns weiter, daß Schorsch weit hinauf ohne Atemhilfe gegangen ist und dann aber doch eine Flasche aufgenommen hat.
Die restlichen Stunden des Tages bereiten wir uns für den nächsten Tag vor – für unseren Aufstieg nach Lager 4. – Am nächsten Morgen ist zunächst strahlendes Wetter, lediglich im Süden brauen sich, wie fast jeden Tag, grau-schwarze Wolken zu einem Gewitter zusammen. In den ersten Morgenstunden verhandeln wir mit unseren Sherpas und beobachten Schorsch und seine drei Begleiter im Aufstieg zum Gipfel. Der von uns angeheuerte Sherpa Mingma, der uns begleiten sollte, hat angeblich Kopfschmerzen und verweigert daher seine Hilfe. Die anderen drei Sherpas sträuben sich ebenfalls, uns zu begleiten. Ich biete ihnen, wenn sie Sauerstoff bis Lager 4 tragen, extra 500 Rupien und für jeden, der mit zum Gipfel geht, sogar 2 000 Rupien. Da ist aber nichts zu machen. So machen wir uns also fertig, um alleine

nach Lager 4 vorzustoßen. Ich denke mir, wenn sich dort drei Sauerstoff-Flaschen im Lager befinden, könnte Marianne am nächsten Tag mit zwei Flaschen gehen, ich am Anfang ohne Sauerstoff und dann weiter oben mit der dritten Flasche.

Ich bin gerade in optimaler Form und rechne mir eine Chance aus. Mit schweren Rucksäcken ziehen wir gegen 10 Uhr unter den prüfenden Blicken unserer erfahrenen Sherpas los. Mir geht es blendend; Marianne ist zwar längst auf den Rückzug eingestellt, geht aber dennoch tapfer mit. Von der Spur der Vorausgruppe ist fast nichts mehr zu erkennen. Ich muß also voll neu spuren. Da ich mich so gut fühle, geht es ganz flott vorwärts. Gegen 1 Uhr mittags sind wir bereits unter dem Hang, der zum Lager 4 hinaufführt, das heißt auf etwa 7 500 Meter Höhe. Das Lager selbst ist also noch 200 Höhenmeter von uns entfernt. Jetzt haben die Wolken aus dem Yalung-Tal bereits den Berg erreicht, das Wetter wird schlecht, und es beginnt stark zu schneien. Die Orientierung ist stark erschwert, und wir haben Angst, daß wir weder das Lager 4 finden noch zurück zum Lager 3, da auch unsere tiefe Aufstiegsspur bald zugeschneit sein wird. Außerdem haben wir oben allein gar keine Chance mehr, da auch die Abstiegsspur der Gipfelgruppe bis zum morgigen Tag nicht mehr zu sehen sein wird. Schorsch Ritter erzählte uns später, daß sie tatsächlich beim Abstieg vom Gipfel von ihrer Spur nichts mehr vorfanden.

Wir entschließen uns also schweren Herzens zur Umkehr. Unsere Spur ist weitgehendst noch zu erkennen, und so finden wir rasch zum Lager 3 zurück. Dort funken wir mit dem Expeditionsleiter, der meint, wir sollten auch noch nach Lager 2 absteigen, da Schorsch eventuell heute zum Lager 3 zurückkäme, und dann müßte für ihn Platz sein. Unsere Sherpas waren inzwischen ohnehin schon abgestiegen. Bei Schneetreiben und etwa knietiefem Neuschnee ist es ein abenteuerlicher Abstieg zum Lager 2. Dort finden wir im Vorratszelt noch Platz, denn die Sherpas haben das Hauptzelt der Teilnehmer bereits besetzt, und wir sind zu müde, um uns jetzt noch mit Frechheiten der Sherpas herumzuschlagen.

Am nächsten Tag, dem 16. Mai, machen wir uns in aller Frühe fertig zum Abstieg. Alles in uns drängt: Nur weg von hier, zurück in die Heimat. Auch heute ist das Wetter unsicher, und mittags fängt es wieder zu schneien an. Der Gegenaufstieg zum Hump klappt gut, und es geht flott voran. Im Lager 1 sind Sherpas bereits dabei, die Zelte abzubauen, so daß wir uns gar nicht aufhalten, sondern weiter zum Mexiko Camp absteigen. Auch dort verweilen wir nur kurze Zeit für eine

Essenspause und steigen schließlich ins Hauptlager ab. Dort treffen wir auf nervöse Geschäftigkeit. Aber wir finden keinen Platz in einem Zelt. Heinz Zembsch ist so nett, bei Verena auszuziehen, um beim Begleitoffizier zu übernachten, so daß wir doch noch Platz bekommen. Dann packen Marianne und ich noch unsere Säcke für den Abmarsch am nächsten Tag.« –

16. Mai: Im Hauptlager ist man in freudiger Erwartung der Gipfelsieger. Dennoch sind viele von uns sehr aktiv beim Zusammenpacken der noch brauchbaren Expeditionsgüter. Dabei kommt es auch hier und da zu Anrempeleien zwischen jenen Kameraden, die sich von Haus aus nicht ausstehen können. Dann gibt es auch noch einen langen unschönen Disput zwischen dem Ehepaar Walter und dem Sherpa Mingma, der ihnen beim Aufstieg nach Lager 4 nicht mehr gefolgt ist, sondern entgegen seiner Weisung nach Lager 3 abstieg. Da der Streit sich in die Länge zu ziehen scheint, sehe ich mich veranlaßt, einzugreifen und zu schlichten. In der Praxis sieht es dann so aus, daß die Expeditionskasse für den Lohn aufkommt, der für die restliche Zeit der Expedition für Mingma noch offensteht.

Kurz bevor es dunkel wird, kommt Schorsch Ritter mit seinen Sherpa-Freunden ins Hauptlager herab. Alle gehen ihnen entgegen, gratulieren, und dann folgt bei einer Flasche Weinbrand eine spartanische Feier für unseren Gipfelsieger. Nach dem Essen nehme ich die, nun schon historisch gewordenen, Begebenheiten des Gipfelvorstoßes auf Tonband auf und beginne mit der Frage:

H.: Schorsch, wer ist nun alles mit dir zum Lager 2 aufgestiegen?

R.: Eigentlich wollten wir zu sechst hochsteigen. Der Franzl, der Giri und von unten die Träger Lhakbar Gyalbu, Ang Dzongbu, Nima Dorje und Pasang Pemba. In dieser Gruppierung erreichten wir das Lager 2. Mich hat der Aufstieg zum Lager 2 nach meiner Krankheit außerordentlich angestrengt. Am nächsten Tag ging es dann allerdings einigermaßen besser.

H.: Mit dir sind also Franz, Giri und die eben genannten Sherpas, soweit ich mich erinnere auch Lhakbar Tsering, zum Lager 2 aufgestiegen, während Mingma und Dorje von dort aus absteigen wollten. Soviel ich weiß, hat aber Sepp Walter sie vom Abstieg abgehalten.

R.: Es war noch nicht ganz sicher, ob die Sherpas mitgehen, ob sie mit zum Lager 4 hochsteigen. Dennoch bereiteten sie sich während der Nacht mit religiösen Gesängen und Gebeten auf den letzten und endgültigen Aufstieg vor. Auch uns berührten diese Gesänge im Innersten. Gleichzeitig wuchs in mir die Zuversicht, daß wir den Gipfel »packen« würden! Der Giri hat ihnen dann noch eine Europareise versprochen. Karl, ja da kommt jetzt was auf dich zu!

H.: Das ist ja eine Überraschung für mich! – Aber wie ging es dir körperlich am anderen Tag?

R.: Am nächsten Morgen, dem 13. Mai, war auch für mich die schlechte Verfassung des Vortages vergessen. Es wurde 10 Uhr, bis wir von Lager 2 wegkamen. Aber es lief alles gut. Die Sherpas haben gespurt, wir haben uns zurückgehalten, um Kräfte zu sparen. Zwei der Sherpas sind dann wieder zurückgegangen, während alle anderen mit uns oben geblieben sind. Wir waren also zu acht losgezogen und waren nun noch sechs. – Am darauffolgenden Tag wollten wir um 7 Uhr bereits zum Lager 4 aufbrechen. Aber es wurde doch 8 Uhr, bis wir losgingen, denn es war sehr kalt. Weiter oben kam die große Durststrecke, denn ab 10 Uhr war es total windstill, und die Sonne brannte auf das relativ flache Gelände heiß herab. Es war keine Windbewegung, es lag viel Schnee – es war eine der sieben Höllen des Kanchenjunga.

H.: Haben die Sherpas gespurt?

R.: Ja, die Sherpas haben gespurt, haben ebenfalls riesige Rucksäcke getragen, und jeder hatte seinen Schlafsack und sein Daunenzeug bei sich. Daß es mit diesen Lasten nicht sehr schnell gegangen ist, läßt sich denken. Dieser Aufstieg machte einem in dieser Form ziemlich fertig, ich muß sagen, er war wahnsinnig schwer.

H.: Aber ihr habt es dann doch geschafft.

R.: Ja, ich bin 200 Meter vor Giri und Franz gewesen, und vor mir waren die Sherpas, die sich immer wieder in den Schnee hockten, denn wir machten während des Aufstiegs viele Sitzpausen. Bei einer solchen Rast – ich habe mich zum Schutz gegen die Sonneneinstrahlung unter meine Jacke verkrochen – machten die Sherpas plötzlich ein lautes Geschrei, zeigten nach unten, wo ich gerade noch sehen konnte, wie Giri und Franz umkehrten.

H.: Ach so, Giri und Franz waren zu diesem Zeitpunkt 200 Meter von euch entfernt?

R.: Ja, und der Franz vielleicht auch noch einmal 10 Minuten weiter hinten. Giri war vorher plötzlich in einem »Wahnsinnstempo« an mir vorbeigegangen, dann setzte er sich hin und ließ andererseits uns nun an sich vorbeiziehen.

H.: Ist einer von den beiden mit Sauerstoff gegangen, und wann sind sie umgekehrt?

R.: Ja, Franz Oppurg ging mit Sauerstoff, und die beiden kehrten dann etwa um 12 Uhr ins Lager 3 zurück.

H.: Die drei Sherpas waren also voraus, oder?

R.: Ja, sie waren voraus, die waren manchmal fast 100 Meter höher als ich. Die Sherpas haben sicher einen ganzen Haufen Zeug geschleppt. Da habe ich dann aufgeschlossen zu den Sherpas und habe mich gefreut, daß wir Lager 4 erreichen werden. Obwohl ich nach diesem Ereignis keine Sekunde daran gedacht hatte, nun selbst umzukehren, standen mir die Sherpas moralisch bei und drängten nun ihrerseits, auf jeden Fall weiter hochzusteigen. Eines wurde mir allerdings während des Aufstieges klar, daß wir auf eine Besteigung ohne Atemhilfe unter den derzeitigen Bedingungen und vorausgegangenen Gesamtbelastungen nicht denken konnten.

H.: Hast du dich mit Giri und Franz nicht mehr verständigen können?

R.: Ja doch, ich habe noch hinuntergeschrien, und sie haben heraufgeschrien, aber was das bedeutet hat, konnte ich nicht verstehen. Ein langes Palaver war jedenfalls nicht möglich, denn wir hatten ohnehin zu tun, daß wir rechtzeitig nach oben kommen. Wir haben dann die im ersten Depot liegenden Sauerstoff-Flaschen aufgenommen und sie benutzt, und so ging es dann recht flott vorwärts. Ich habe später gemeint, die Sherpas könnten mir noch einen Schlafsack abnehmen, weil ich andererseits vier Sauerstoff-Flaschen aufgenommen hatte. Aber so ging es nur 50 Meter weiter bis zum nächsten Depot, da waren dann weitere vier Flaschen, die auch noch zum Lager 4 hinaufgebracht werden sollten. So mußte ich mein Zeug doch selbst weiter hochschleppen. Es waren drei Depots, das höchste war an dem Felsen jener Rampe, die zur ›Sichel‹ gehört. Dort lag bereits ein rotes Kantsch-Zelt sowie mein Traggestell-Rucksack. Wir sind aber noch höher hinaufgestiegen. Während des Aufstiegs haben die Sherpas mindestens soviel getragen wie ich, aber sie gingen ohne Atemhilfe, während ich jetzt Sauerstoff nahm. – Wir haben dann ganz an der Felsrampe unser Zelt aufgestellt, etwa in 7700 Meter Höhe. Dort haben wir erst planieren müssen, wobei mir Lhakbar Tsering auch noch geholfen hat. Er gehörte zu jenen Trägern, die dann wieder zum Lager 3 abstiegen.

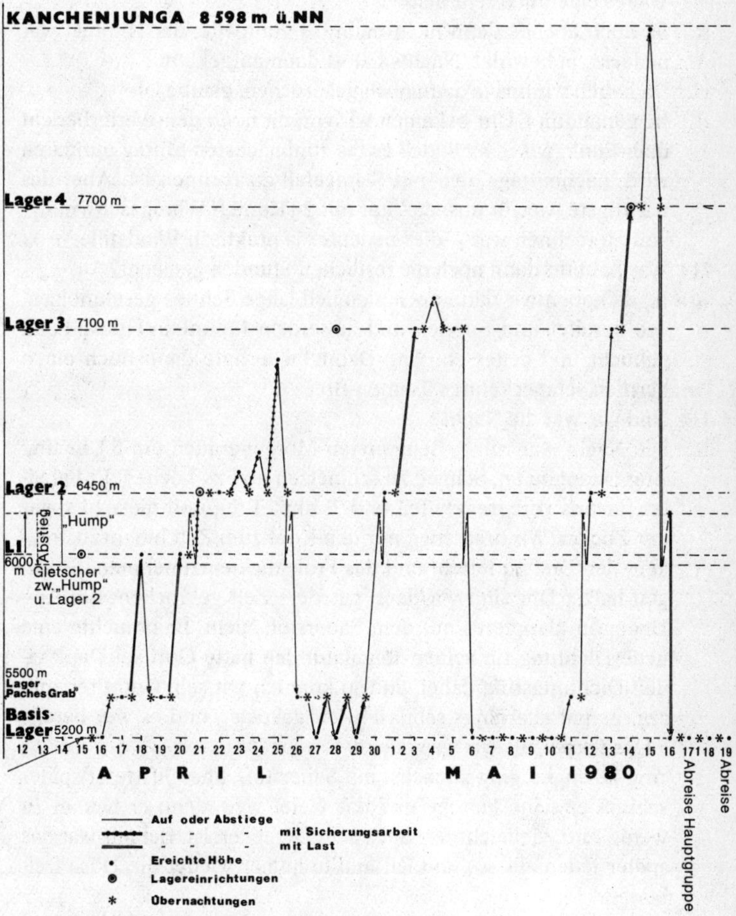

Der Besteigungsablauf des Kanchenjunga

H.: Wann seid ihr dann zum endgültigen Lagerplatz 4 gekommen?

R.: Es war nachmittags 4 Uhr, ziemlich spät schon, wir haben ziemlich viel Zeit gebraucht.

H.: War es eigentlich sehr heiß?

R.: Ja, doch abends dann nicht mehr; es graupelte, der Himmel war bedeckt, ja bewölkt. Nachts hat es dann aufgeklart.

H.: Da haben wir uns ja dann noch gesprochen, glaube ich?

R.: Ja, genau um 6 Uhr bekamen wir von dir noch den Wetterbericht über Funk, wo es hieß, daß es bis zum nächsten Mittag aufklaren wird, nachmittags aber mit Schneefall zu rechnen ist. Aber das wichtigste war für uns, daß nur mit 20 Knoten Windgeschwindigkeit zu rechnen war – dies bedeutet ja praktisch Windstille.

H.: Was habt ihr dann noch die restlichen Stunden gemacht?

R.: Ja, da haben wir dann noch ziemlich lange Schnee geschmolzen, Tee bereitet und Suppen und außerdem Mountain-House-Food gekocht und gegessen. Ang Dzongbu fertigte dann noch einen herrlich schmeckenden Tsampa-Brei.

H.: Und wie war die Nacht?

R.: Die Nacht war ruhig. Beim ersten Morgengrauen um 3 Uhr fing Ang Dzongbu an, Schnee zu schmelzen und zu kochen. Er hat alles für uns vorbereitet, Tee und Tsampa-Brei, und diesmal sogar mit Zucker. Wir brauchten nur den Kopf zum Zelt hinauszustrekken, den Brei zu löffeln und das Frühstück einzunehmen. So gegen halb 6 Uhr sind wir dann aus dem Zelt gekrochen. Bei Ang Dzongbu klappte es mit dem Sauerstoff nicht. Er brauchte eine neue Dichtung für seinen Regulator. Ich hatte Gott sei Dank einen Dichtungsring dabei, und so konnten wir sein Gerät reparieren. Es hat allerdings sehr viel Zeit gekostet, und es war bereits 6 Uhr vorbei, als wir wegkamen. –

Ang Dzongbu ging zunächst mit Sauerstoff, aber 50 Meter später schmiß er seine Flasche und das Gerät weg, denn er bekam zu wenig Luft; vielleicht war auch sein Gerät vereist. Bei mir war das später jedenfalls so, und ich mußte immer wieder die Düse freiblasen.

H.: War es in der Frühe sehr kalt? Nach dem Wetterbericht sollten 29 Grad minus gewesen sein.

R.: Ja, es war freilich sehr kalt, ich glaube, es hatte weniger als 29 Grad. Es war gut, daß wir zwei Garnituren Unterwäsche angezogen hatten und ich darüber noch den roten Everest-Anzug und die Daunenjacke. Trotzdem hat es uns anfangs gefroren. Ang

Dzongbu fiel natürlich ohne künstlichen Sauerstoff sehr bald zurück, und so waren wir also nur zu dritt, um durch den knietiefen Schnee das große Couloir hinaufzuspuren. Dabei habe ich im Aufstieg meine Skistöcke verflucht.

H.: Warum, war es nicht gut, mit Skistöcken hochzusteigen?

R.: Nein, es war ziemlich steil und stellenweise blankes Eis, und da vermißte ich meinen Eispickel.

H.: Ist irgend jemand mit Seil gegangen?

R.: Ang Dzongbu und Nima Dorje gingen anfangs am Seil. Sie haben das aber bald aufgegeben, weil sie einfach zu langsam vorwärts kamen.

H.: Seid ihr so früh losgezogen, weil ihr gemeint habt, es wird während des Tages dann zu heiß?

R.: Ja, wir waren einstimmig der Meinung, daß wir bald gehen müssen, denn wir haben gewußt, daß unser Lager 4 höchstens 7700 Meter hoch liegt und wir 900 Höhenmeter zu bewältigen haben – und das ist ja wahnsinnig viel.

H.: War es dann in dem großen Couloir sehr heiß?

R.: Ja, es ist gegen 10 Uhr recht lästig warm geworden in dem Daunenzeug, mit den Hosen und mit den Jacken. Man hat alles tragen müssen. Ich habe mich danach gesehnt, die zwei Sauerstoff-Flaschen bald loszuwerden. Zwei davon deponierte ich später auf halbem Wege zum Gipfel. Als wir wieder herunterkamen, waren sie aber nicht mehr zu finden, eine der zahlreichen Lawinen, die während des Nachmittags über unsere Aufstiegsspur herunterfegten, hatten sie samt dem Atemgerät von Ang Dzongbu mit in die Tiefe gerissen.

H.: Wir haben euren Aufstieg bis ziemlich genau 11 Uhr 30 beobachten können. Dann seid ihr in die Seitenrinne aufgestiegen und hinter den Wolken verschwunden. Ist es richtig, daß ihr auf der Route der Erstbegeher hochgestiegen seid?

R.: Ja, ich glaube, das ist so ziemlich die gleiche Route. Um halb zwölf verließen wir die breite Firnrinne, befanden uns jetzt auf etwa 8200 Meter Höhe. Hier teilt sich das Couloir. Der gerade Teil verschmälert sich in Richtung Westsattel. Das andere Eisfeld zieht nach rechts, Richtung Gipfelgrat, hoch. Später kletterten wir über verschneite Felsbarrieren dritten Schwierigkeitsgrades und näherten uns einer weithin sichtbaren schwarzen Felspyramide am Gipfelgrat. Um die Schwierigkeiten zu vervollständigen, folgte ein heikler, 150 Meter langer Quergang, und wir hofften, daß wir einen Durchstieg zum Gipfel finden würden.

H.: Was hattet ihr zum Trinken und Essen dabei?

R.: Zum Trinken hatten wir nichts dabei. Es ging uns auch gar nicht ab, denn der Felsteil war nicht so schwierig und anstrengend. Bloß beim Abstieg hatten wir dann richtig Durst. Oben am Gipfel hatten wir etwas gegessen, aber Hunger hatten wir eigentlich nicht.

H.: Und wann habt ihr den Gipfel erreicht?

R.: Um 13 Uhr 50 erreichten wir schließlich ein kleines Firndreieck – den Gipfel! Wir standen somit 8 598 Meter hoch, genau 150 Meter niedriger als der Mount Everest, auf dem ich bereits 1978 gestanden war. Leider konnten wir jetzt bei Schneetreiben und Nebel die anderen, westlich von uns gelegenen Achttausender, wie Makalu, Mt. Everest und Lhotse, nicht sehen. Am Gipfel waren noch die Spuren der Japaner deutlich zu erkennen. Sie hatten tags zuvor den Gipfel über die Nordflanke erreicht. Am höchsten Punkt steckte ein Firnanker mit der Flagge der indischen Armee-Expedition aus dem Jahre 1977. Mit ihr haben wir uns dann gegenseitig fotografiert.

H.: Habt ihr dann am Gipfel Brotzeit gemacht?

R.: Ja, wir waren etwa vierzig Minuten auf dem Gipfel und machten eine kleine Brotzeit mit Bahlsen-Keks, Müsli und Studentenfutter – mit Schnee vermischt –, da wir nichts Trinkbares mitgenommen hatten. Besonderen Hunger fühlte keiner, vielleicht dank des kräftigen Frühstücks mit süßem Tsampa-Brei. Wir bedauerten es sehr, daß unsere Aussicht auf das 20 Quadratmeter große Gipfelplateau beschränkt blieb. Nichts von der Eisriesenlandschaft des Himalaya-Hauptkammes war zu sehen.

H.: Habt ihr außer eurer spartanischen Brotzeit noch einige Kreislaufmittel zu euch genommen, wie zum Beispiel Gly-Coramin, das wir eigens für besonders anstrengende Etappen mitgenommen hatten?

R.: Ja, wir haben vier bis fünf solche Tabletten gelutscht, und vielleicht haben sie unseren Kreislauf etwas unterstützt. An sich kann ich sagen, daß der Aufstieg zum Gipfel des Kanchenjunga ziemlich langweilig war, vor allen Dingen, weil wir im Nebel herumliefen. Von dem Seitencouloir aus habe ich dann bereits den Grat gesehen, und wenn der Yalung Kang sich zeigte, wußte ich ungefähr, daß ich die Höhe von 8 400 Metern bereits erreicht habe.

Die Teilnehmer warten ungeduldig im Basislager auf ihren Einsatz

Der große Felsturm, den man ja von unten aus auch so deutlich sieht, ist eine wuchtige Pyramide aus sandfarbenem Gneis. Dort gingen wir eine Rinne hoch.

H.: Wie hat denn jene Rinne, die wir eigentlich für unseren Aufstieg geplant hatten und wodurch wir eine neue Route hätten eröffnen können, von oben aus ausgesehen?

R.: Gut, du kannst durchaus raufgehen, es hilft dir aber nichts, weil man oben am Grat dennoch etwas absteigen muß. Es wäre natürlich ein Experiment gewesen, aber dafür warst du ja dann auch nicht, denn wir hatten ja keine Wahl, vor allen Dingen keine Zeit mehr zur Verfügung.

H.: Ich sagte dir schon, daß wir euch gesehen haben, wie ihr rechts das Eisfeld hochgestiegen seid, und dann wart ihr plötzlich im Nebel verschwunden. Warum hast du eigentlich um 12 Uhr nicht gefunkt?

R.: Ich hätte um 12 Uhr fast gefunkt, denn wir waren uns nicht sicher, ob wir das richtige Schneefeld hochgehen. Da aber der Nebel eingefallen war, wußten wir, daß ihr uns ja auch nicht mehr beobachten könnt. Wir sind dann jedenfalls dieses Seitencouloir hochgestiegen und haben einen kleinen Durchschlupf gefunden – allerdings war derselbe nicht ganz ungefährlich, denn er war ziemlich mit Pulverschnee angefüllt, und ständig gingen Schneerutscher an uns vorbei oder über uns hinweg. – Die Sherpas sind von hier aus rechts über einen Schneerücken hochgestiegen. Ich dagegen habe mich links gehalten, wo ein einfacher kurzer Durchschlupf nach oben führte. Oben auf dem Grat kamen wir dann wieder zusammen.

H.: Die Sherpas sind also den Schneegrat raufgestiegen und du bist die Rinne hoch, und oben habt ihr euch auf dem Grat dann wieder getroffen?

R.: Ja, wir trafen uns etwa 30 Meter unter dem Grat, und genau an der Stelle sind auch die Japaner von der Nordseite heraufgekommen. Da waren noch Fußspuren und weiter unten Fixseile von den Japanern zu sehen. Der Firngrat ist ziemlich steil, ist Blankeis, auf dem Pulverschnee liegt. Wenn du da geflogen wärst, da wärst du durch die ganze Rinne hinuntergeschlittert. – Dann kommt man auf den Grat hinaus, es geht zwischen riesigen Felsblöcken hindurch. Diese Felsblöcke sind schwarz wie Kohle. Ich habe dir von dort ein Stück Kanchenjunga-Stein mitgebracht. Da ist dann von uns jeder für sich gegangen. Wenn man sich dort befindet, sieht man bereits den Gipfel. Es geht dann noch etwa eine halbe Stunde vom Sattel weg zu einer Querung mit abschüssigem Fels, alles tief verschneit, auf und ab, zwischendurch mal eine Felsrinne dritten Grades, die du hinabklettern mußt – und dann geht es wieder hinauf. Da hat man ebenfalls die Spuren der Japaner auf unserer Seite gesehen. Sie sind dort auf der Südwestflanke, also auf unserer Seite, hochgestiegen. Dann kommt man in eine Blockrinne hinein, und von dort aus geht es schließlich ziemlich direkt an dem markanten Felsturm vorbei und rechts in einer Blockrinne dritten Grades hinauf. Alles ist vereist. Dann erreicht man zwischen zwei Blöcken hindurch den Gipfelgrat und kommt auf ein Firndreieck hinaus – und dann steht man auf dem Gipfel! Da war von den Japanern eine Flagge zurückgelassen worden, und, wie gesagt, auch die indische Flagge aus dem Jahre 1977 war noch vorhanden. Nima Dorje war fünf Minuten vor mir auf dem

Gipfel, und hinter ihm folgte Lhakbar Gyalbu. Ihm war der Sauerstoff in der Zwischenzeit ausgegangen, und das veranlaßte ihn vielleicht, hier seine Morgentoilette zu erledigen. Seine Flasche reichte also von Lager 4 bis zum Gipfel. Wir machten eine längere Rast, aßen die Kleinigkeiten, die wir bei uns hatten. Wir hatten keine Eile, denn es war relativ warm. Aber dann begann es zu schneien. Ang Dzongbu war immer noch nicht bis zum Gipfel vorgestoßen – es war also nicht mehr abzuwarten, bis er kommt, und so entschlossen wir uns nach vierzig Minuten zum Abstieg.

H.: Wo hast du dann Ang Dzongbu wieder getroffen?

R.: Im Abstieg trafen wir etwa 70 Meter unter dem Gipfel auf den Sherpa. Ich bot ihm an, daß einer von uns mit Sauerstoff nochmals mit ihm aufsteigen würde. Seine beiden Sherpafreunde rieten ihm allerdings davon ab, nachdem sie eine Zeitlang mit ihm gesprochen hatten. Um diese Zeit – es war 15 Uhr 20 – schaltete ich dann mein Walkie-talkie ein, und ich konnte dir von unserem Gipfelerfolg erzählen.

H.: Ich war sehr glücklich, daß ich endlich ein Lebenszeichen von dir hatte. – Wie verlief nun der weitere Abstieg?

R.: Unser Abstieg gestaltete sich eigentlich noch heikler als der Aufstieg. War es schon schwierig, die Felspassagen im Aufstieg zu überwinden, so war es im Abstieg meist nur bloßes Sichhinuntergleitenlassen im Vertrauen auf das »Armschmalz« und darauf, daß sich ein brauchbarer Tritt findet. Auch war inzwischen der Schnee »läufig« geworden. Mehrmals standen wir im oberen Rinnenteil in kleinen Lockerschneelawinen, und es bestand die Gefahr, daß sie uns in die Felsabbruchzone der ›Sichel‹ hinabspülen. Etwa 50 Meter über unserem Lager 4 habe ich dann tatsächlich ein gewaltiges Schneebrett losgetreten. Seine Ausläufer kamen nur wenige Meter vor unserem Zelt zum Halten. Da hatten wir wirklich Glück gehabt!

H.: Wir hatten uns also um 15 Uhr 20 und um 18 Uhr gesprochen. Ich weiß aber noch nichts darüber, wie bei euch die Nacht in Lager 4 verlaufen ist.

R.: Die Nacht war ruhig, wir konnten gut schlafen. Sehr früh stiegen wir ab zum Lager 3, denn wir dachten insgeheim, vielleicht doch noch am gleichen Tag bis ins Hauptlager absteigen zu können. In Lager 3 nahmen wir noch liegengebliebene wertvolle Gegenstände auf und packten sie auf unsere ohnehin schon recht schweren Rucksäcke. Die Kameraden waren bereits alle abgestiegen. In Lager 2 warteten noch Sherpas auf uns, und schwer bepackt begleiteten sie uns hinab ins Basislager. Bei Einbrechen der Dunkelheit stiegen wir vom Mexiko Camp in unser Hauptlager ab. Ich möchte dich jetzt nur noch bitten, daß du dir die Zehen von Ang Dzongbu anschaust, ob es sich um stärkere Erfrierungen handelt oder ob es nur Erfrierungen ersten Grades sind.

H.: Ja, das werde ich jetzt noch machen – aber ich hatte den Eindruck, du wolltest noch was Abschließendes sagen!

R.: Ja, ich wollte noch sagen, daß es in meiner übergroßen Freude am Gipfelerfolg auch einen Wermutstropfen gibt – nämlich die Umkehr meiner Freunde Giri, Franz und Ang Dzongbu – und dies noch dazu so kurz vor dem Ziel. – Aber es ist für mich auch eine Freude zu sehen, wie glücklich die beiden Sherpa-Freunde Lhakbar Gyalbu und Nima Dorje über ihren ersten Achttausender-Erfolg waren.

Seit längerer Zeit ist der 17. Mai als Abmarschtag vom Hauptlager festgelegt. Statt siebzig sind nur vierzig Träger zu uns heraufgekommen. Schorsch Ritter und noch einige andere der Expedition wollen noch einige Tage länger im Hauptlager bleiben und mit den letzten Lasten ausmarschieren. – Ernst Sandvoss läuft schon seit dem frühen Morgen mit Rucksack und Skistöcken im Hauptlager herum, bis dann endlich sein Freund Giri Göbl um 10 Uhr 15 mit ihm loszieht. – Ich filme und fotografiere noch unsere Gipfelbezwinger, dann marschiere ich mit Doris und den beiden Walter talauswärts. Nach einigen Stunden erreichen wir das Gunar Camp, jenen Lagerplatz, wo die Japaner 1973 ihren Stützpunkt hatten. Wenig später kommen wir zum Tso Camp. Dort steht noch ein Großzelt, das wir für unsere Träger stehen lassen und das jetzt auch den Kulis, die ins Hauptlager vorstoßen, als Unterschlupf dient.

Im Tso Camp fängt es zu schneien an, und es ist sehr kalt. Wir machen daher eine kurze Essenspause, dann ziehen wir auf unserem holprigen Auf- und Abpfad weiter abwärts, bis wir nach drei Stunden jene Gletschermoräne erreichen, die wir hochsteigen, um auf die Hochweide von Up-Ramser zu gelangen.

Es wird schon dunkel, als Raimund und ich das Lager in Ramser erreichen. Später, eine Viertelstunde etwa, kommen auch Doris und das Ehepaar Walter nach. In Ramser ist inzwischen alles grün geworden. Wir bauen Zelte auf, denn wir haben einen langen Marsch hinter uns, und wollen gut schlafen. Lediglich die Polinnen schlafen freiwillig im

Beim Rückmarsch vom Kanchenjunga nach Taplejung war der Monsun bereits da und mit ihm auch die Blutegel

Freien – um sich am anderen Tag beschweren zu können, daß sie eine kalte Nacht hatten!
Pemba, unser Koch, hat vor der Hirtenhütte eine primitive Feuerstelle errichtet und macht unser ›breakfast‹. Dann verlassen wir in aller Frühe diesen herrlich-grünen Fleck Erde und steigen nach Yalung ab. Es regnet, wir spannen unsere Schirme auf und machen vor der versperrten Hütte in Yalung eine kurze Essensrast. In der Zwischenzeit ziehen unsere Kulis mit ihren Lasten an uns vorüber. Aber auch wir gehen bald weiter und gelangen nach einiger Zeit nach Tseram, der wunderschönen Hochweide, die uns schon beim Aufstieg so sehr begeistert hatte. Von dort aus führt unser Pfad durch regennassen Dschungelwald. An der ›Eierwiese‹ Anda angekommen, regnet es fast wie aus Kübeln. Wir warten einige Zeit unter einem Hirtenunterschlupf aus Baumrinden und glauben, daß der Regen gegen Mittag wieder etwas nachlassen könnte. Aber es ist bereits Monsun, und da ist eine Regenpause kaum zu erwarten. Daher entschließt sich die ganze Gruppe, die sich hier eine knappe Stunde aufgehalten hat, bis zur Brücke am Yalung-Chu abzusteigen.
Gegen Abend kommen wir in die Nähe des Rastplatzes. Vorher verlaufe ich mich noch mit unserem Küchenboy, der mich begleitet hat –

wir stiegen zu weit ab und müssen daher noch einmal etwa 100 Höhenmeter hinauf, um zu unseren Kameraden am Fluß zu gelangen.
Die heutige Rückmarschetappe war sehr lang. Nachdem die Zelte aufgestellt sind, lege ich mich auf eine Luftmatratze; ich bin heute sehr erschöpft. Unser Koch Pemba hat sich schon wieder ein Plätzchen für seine Feuerstelle ausgesucht – nicht am Fluß, sondern unter einem Baum. Er bereitet für uns Tee und kocht eine Suppe, so daß wir also zum späten Abend dann doch noch etwas Warmes zu essen bekommen. Bis hierher war es noch kalt, als wir mit Regenschirm und Regenbekleidung durch die Wälder des Yalung-Tales herabstolperten. Hier am Fluß aber, in 2950 Meter Höhe, ist es bereits warm; dafür beginnt nun unser ständiger Kampf mit den Blutegeln, der uns bis Taplejung in Atem halten soll.
Während des Abends hört es auf zu regnen. Das Rauschen des Yalung-Flusses schluckt alle Geräusche und somit alles Geschnatter der Sherpas und das Gerede der Kameraden vor den Zelten. Nach einer Tasse heißer Suppe verlange ich nur noch Ruhe, um am nächsten Tag wieder bei Kräften zu sein. Die Hektik des Anmarsches war schlimm, aber auch jetzt versuchen wir möglichst rasch nach Taplejung zu kommen. Zudem sind die Etappen reichlich lang. Die erste Strecke ging über Tso Camp nach Up-Ramser und Ramser – die zweite Etappe von Ramser über Yalung, Hochweide Tseram, kleine Dschungelwiese Anda zur Brücke am Yalung-Fluß.
Am nächsten Morgen weckt uns Mike energisch mit einem lauten »Aufstehen«! Die ersten Kulis sind bereits unterwegs nach Yamphodin. Wir frühstücken im Freien und steigen bereits um 6 Uhr 30 den Dschungel hoch in Richtung eines über 3000 Meter hohen Passes. Zunächst geht es über den Yalung-Fluß, eine breite, mächtige Brücke führt auf die linke Flußseite. Von dort aus wird ein gut angelegter Weg durch den Dschungelwald nach oben begangen. Der ganze Aufstieg ist wunderschön, wenn es nur nicht immer regnen würde und es nicht den ständigen Kampf mit den Blutegeln gäbe! Wir passieren nun unseren winterlichen Lagerplatz vom Anmarsch; er liegt mitten im Dschungel und ist jetzt von bunten Blumen übersät. Gegen Mittag erreichen wir die Paßhöhe, sie liegt auf 3410 Meter, wie unsere Höhenmesser angeben. Von dort aus steigen wir auf einem engen Dschungelpfad, der zum Teil mit Steinplatten belegt ist, zu einer Hütte ab. Man kann hier einen herrlichen Ausblick auf das untere Yalung-Tal genießen. Es ist Mittagszeit, und wir machen kurz Rast. – Der Weiterweg führt auf einem Höhenrücken südostwärts, und mit jedem

Schritt entfernen wir uns mehr vom Yalung-Tal. Schließlich gelangen wir auf einen Sattel. Von dort aus geht es steil über Weidehänge hinab zu einem hellen Gebirgsbach, der weiter unten in den Kabeli Khola einmündet. Hier war unser erster Lagerplatz nach dem letzten Dorf: Amje Khola (Domje Khola). Am Ufer dieses glasklaren, sprudelnden Wassers halten wir uns eine Zeitlang auf, baden, nehmen Brot, je eine Dose Wurst, Käse und Bier aus dem Rucksack und lassen es uns gutgehen. Aber allzu lange können wir hier nicht verweilen, denn auch die dritte Etappe setzt sich aus drei Anmarschetappen zusammen: von der Yalung-Brücke über das Dschungellager und Amje Khola nach Yamphodin. Die erste bewohnte Siedlung nach Verlassen des Hauptlagers erreichen wir somit bereits am dritten Tag.
Auf der Höhe über Yamphodin angekommen, wählen wir einen der vielen steilen Wege, die abwärts ins Dorf führen. Es geht an verstreut liegenden Bauernhöfen vorbei, bis wir spätabends endlich in Yamphodin eintrudeln. Direkt am großen Fluß Kabeli Khola hat uns Mike freundlicherweise bereits ein Zelt für die Nacht aufgebaut. Heute bin ich nicht so müde wie nach der letzten Etappe, wenngleich die jetzige nicht viel kürzer war. Vielleicht spielte aber auch die gehobene Stimmung eine gewisse Rolle, denn es regnete nicht mehr, als wir heute durch eine bezaubernd schöne Gegend wanderten.
In Yamphodin werden wir festgehalten, denn wir haben keine Träger! Die Situation führt zu Spannungen zwischen einigen Expeditionsmitgliedern. Da ist dann schon Ursache genug, wenn einige Teilnehmer unentwegt an der Verpflegungskiste hängen und sich an den allgemeinen Arbeiten überhaupt nicht beteiligen. Da passiert es schon einmal, daß dem einen oder anderen expeditionserfahrenen Kameraden der Kragen platzt, wenn sich Himalaya-Neulinge um das Weiterkommen der Expedition und die damit zusammenhängenden Arbeiten überhaupt nicht kümmern. Diese Reaktionen sind verständlich. Es wird immer solche geben, die bescheiden und unauffällig sich in das Expeditionsgeschehen einschalten – und andere, die nur an sich denken – und wieder andere, die den Kameraden neidisch auf die Finger schauen, wenn sie sich beim Anmarsch auch einmal für eine Zwischenbrotzeit eine Dose Wurst unter den Nagel reißen. Ich konnte beobachten, daß gerade solche Aufpasser andererseits keine Hemmungen haben, nachts, wenn die meisten im Zelt verschwunden sind, nochmals ins Magazinzelt zu schleichen und für sich und ein paar Gleichgesinnte Raritäten aus der Verpflegung zu fischen. Ich habe in dieser Beziehung schon sehr viel im Laufe der Jahrzehnte erlebt. Muß

man sich als Verantwortlicher an diese allzu menschlichen Schwächen einiger weniger einfach gewöhnen, oder sollte man sie letzten Endes nur belächeln? Lebt man im Überfluß, so bedeuten diese kleinen Unehrlichkeiten wenig. Es ist aber so, daß sich alle auf eine Abwechslung in der Verpflegung freuen würden. Wenn aber einige wenige zum Beispiel – wie während unseres Rückmarsches geschehen – eine größere Menge von Eiern kaufen, und zwar so viele Eier, daß sie für die ganze Expeditionsgemeinschaft leicht gereicht hätten – und dies dann geheimzuhalten versuchen, um so allein in den Genuß derselben zu gelangen, halte ich dies einfach für einen unschönen Charakterzug. –
Am 21. Mai, um 10 Uhr vormittags, werden alle Kulis, die aus diesem Dorf und den umliegenden Berghütten stammen, ausbezahlt. Aber unsere Hoffnung, daß es nun nach Mamangkhe weitergehen würde, erfüllt sich nicht. Drei Stunden später haben wir resigniert und bauen unsere Zelte wieder auf. Die Träger brauchen nach den langen Etappen einen Rasttag, heißt es. Dies hätte uns aber der Naike bereits schon am Tag vorher sagen können.
Wir kaufen einen Sack alter Kartoffeln. Während der Nacht wird dann eine Unmenge »Erdäpfel« mit Butter oder Dosenfisch verzehrt. Dennoch bereitet uns Ang Pemba, unser Koch, zum Abendessen noch Reis mit Spinat.
Bei Dämmerung verkriechen sich die meisten bereits in ihr Zelt. Einige aber setzen sich zu den Sherpas an das kleine Lagerfeuer, das sich unter einem Bambusdach befindet. Anscheinend von der Wärme der glühenden Feuerstelle angezogen, schlängelt sich plötzlich eine drei Meter lange grüne Schlange vom Bambusdach herab und landet kurz darauf auf dem Schuh eines Sherpas. Ein allgemeiner Aufschrei! Giri ergreift geistesgegenwärtig einen glimmenden Holzknüppel und schlägt zu. Wie es sich anderntags herausstellt, handelte es sich um eine giftige Natter. –
Während der Nacht gießt es aus allen Rohren. Nun, an Regen sind wir ja schon gewohnt. Am nächsten Tag, als wir die Lasten vergeben, zeigt sich der Himmel dann etwas freundlicher. Beim Frühstück wird das Schlangenerlebnis von der Nacht verständlicherweise zum Gesprächsthema Nummer 1.
Nach langem Palaver mit den Trägern sind wir um 9 Uhr doch endlich alle unsere Lasten los. Mehrere Kulis nehmen hier, in dem leichteren Gelände, wo man auf ausgebauten Fußwegen geht, wieder doppelte Lasten. Bereits um die Mittagszeit erreichen alle Expeditionsmitglie-

Yamphodin, das letzte Dorf vor dem Hauptlager. Von diesem Bambusdach kam plötzlich eine 3 Meter lange Schlange herab

der, die zu dieser Gruppe gehören, das verrufene Dorf Mamangkhe – verrufen deshalb, weil dort unser Professor so übel bestohlen wurde. Beim Bürgermeister erkundigen wir uns nach dem Rucksack mit dem Geld und der Fotoausrüstung von Ernst. Aber alle Nachforschungen, sofern sie wirklich betrieben wurden, blieben ergebnislos, heißt es. Nur gut, daß Ernst optimal versichert ist.
Wir bleiben eine ganze Weile auf dem ebenen, von einigen Häusern und einer Steinmauer umgebenen Dorfplatz, essen einige Kleinigkeiten und beobachten Blutegel, wie sie auf unseren Schuhen tanzen, aber nur so lange, bis sie von uns mit einem kleinen Salzhammer betäubt werden und abfallen. Diese Salzhämmer hat uns Mingphadur aus Tuchfetzen und Salz gefertigt und dann die Knäuel an kleinen Bambusstäbchen befestigt.
Nachdem unsere Lastenträger eingetroffen sind, ziehen wir weiter. Knapp 200 Meter nach dem Dorf geht es schräg über einen steilen Hang hinab. Der Weg ist vom Regen außerordentlich rutschig geworden. Die Träger gehen meist barfuß. Plötzlich stürzt ein junges Mädchen mitsamt ihrer 30-Kilo-Last etwa fünf Meter den Hang hinab und

liegt schließlich – gottlob – mit dem Rücken auf ihrer eigenen Last, einem Seesack mit persönlicher Ausrüstung. Sie liegt zunächst unbeweglich da, bis ich zu ihr hinuntergeeilt bin und sie vorsichtig untersuche. Aber sie hat sich nichts getan, der Schock war das schlimmste. Sie ist von Mamangkhe. Ich gebe ihr ein Kreislaufmittel und warte einige Zeit, dann zahlen wir sie aus und schicken sie in der Obhut ihres herbeigeeilten Vaters nach Hause.
Michl Anderl ruft mir zu: »Was ist nun mit der Last?« Es handelt sich um den persönlichen Seesack von Prof. Sandvoss. Mamangkhe war ein ungutes Pflaster für Ernst. Unsere Sherpas schicken nun Träger, aber keiner will die Last aufnehmen, alle gehen weiter. Da sagt Ernst zu Giri: »Was machen wir nun?« Weitere Träger kommen, probieren – und gehen weiter. Giri entscheidet nun: Er gibt Ernst seinen Rucksack und nimmt dafür dessen leichteres Gepäck, bindet dasselbe auf die Last und ist erstaunt, wie schwer er nun beladen ist.
Unser Wanderweg führt ein steiles Bachbett empor, und nach knapp zwei Stunden machen wir Halt. Wir haben zwar die nächste Ortschaft noch nicht erreicht, aber es ist bereits zu spät, um noch vor Einbruch der Nacht dorthin gelangen zu können. Wir befinden uns jetzt auf einer Anhöhe, wo sich eine leerstehende Hütte und ein kleiner Acker als Rastplatz anbieten. Hier können wir die Lasten in der Hütte trokken lagern, wo andererseits unser Koch auch eine Feuerstelle vorfindet, um uns noch ein Essen und Tee bereiten zu können. Die Sherpas schlafen in der Hütte, wir dagegen stellen auf dem kleinen Acker unsere Zelte auf.
Bis es Nacht wird, sitzen wir noch vor dem Zelt. Da besuchen uns plötzlich drei hübsche kleine Kinder. Sie stammen aus dem Bauernhof, der 50 Meter unterhalb am Hang liegt. Doris füttert und erfreut sie mit Schokolade und »Nüssli«, bis der Vater sie heimholt – glücklich, daß seine Kleinen mit so außergewöhnlichen Süßigkeiten beschenkt wurden. –
Nachts fängt es dann wieder heftig zu regnen an. Dennoch schlafen wir tief bis in den Morgen hinein. Geweckt werden wir von dicken Regentropfen, die auf unser Zeltdach trommeln. Nach einem ausgiebigen Frühstück verlassen wir gegen 8 Uhr unser Nachtquartier und ziehen unter Regenschirmen, jeder bewaffnet mit seinem Blutegelhammer, weiter unseres Weges.
Heute ist Sonntag, der 22. Mai. Auf gut gepflasterten Pfaden und über nasse Wiesenwege geht es bei wechselndem Wetter nach Ghunsawi. Die Sonne bricht manches Mal da und dort durch die dicke Wolken-

ABC-Schützen in Mamangkhe vor ihrer Schule

decke und bescheint die regenfeuchte Monsunlandschaft. Heute ist dies eine besonders schöne Wegstrecke. Am späten Nachmittag steigen wir einen steilen Hang abwärts und kommen schließlich in die Ortschaft. Wir wollen eigentlich noch bis zum Fluß hinab und ein Stück weiter die Gegenseite hinauf, da die Gegend drüben am Hang so freundlich zu uns herüberschaut. Aber, wie wir am nächsten Morgen feststellen können, hätten wir weiter unten in dem engen Flußtal kaum einen geeigneten Lagerplatz gefunden. So bleiben wir, obwohl es noch früh am Tage ist, bereits in Ghunsawi über Nacht. Einige schlafen in der Schule, wir anderen bauen unser Zelt unter einem mächtigen Baum auf. Aus dem nahe gelegenen Bauernhof erhalten wir gekochte Eier. Unser Kochgenie Ang Pemba baut in aller Eile eine Sitzbankecke zu einer provisorischen Küche um, damit er uns wenigstens am Abend noch mit einem richtigen »dinner« versorgen kann.
Die Nacht über regnet es so heftig, daß wir das Herabplumpsen der vollreifen Früchte auf unser Zeltdach gar nicht hören. Erst am Morgen stellen wir fest, daß unser Zeltdach über und über gelbbraun verkleckert ist. – Der Tag beginnt mit Sonnenschein und blauem Him-

mel. Wir brechen heute, am 23. Mai, schon sehr früh auf, denn wir wollen bis 12 Uhr den Flugplatz von Taplejung erreichen. Dort soll bei gutem Wetter, jeden Freitag und Dienstag, eine Pilatus Porter aus Kathmandu herangebraust kommen.
Giri Göbl schreibt zu dieser Zeit in sein Tagebuch: »Wie gewöhnlich gehen wir um 6 Uhr morgens zur Küche. Aber der Koch und sein Boy sind bereits mit Karl, Doris und Mike aufgebrochen. Nur ein Sherpa bietet uns noch Tee an, dann ist auch er mit seinem schweren Rucksack zum Fluß Kacheli Khola abgestiegen, um auf der Gegenseite in Richtung Taplejung rasch hochzusteigen. Alles eilt der ersten Gruppe nach, und jeder sieht sich bereits in Taplejung auf dem Flugfeld und in der Maschine, die uns nach Birat Nagar bringen soll.
Mit Ernst Sandvoss gehe ich gemütlich sechs Stunden bis zum Flugplatz von Taplejung. Auch alle, die vor uns waren, sind noch da. An einem Verkaufsstand beschaffen wir uns Kartoffeln, Keks und trinken Tee. Die Einheimischen sagen, daß heute kein Flugzeug mehr kommt. So gehen wir etwa zehn Minuten lang den Hang hinunter, um dort auf einer sehr schönen Wiese in der Nähe von zwei Bauernhöfen zu zelten. Nachmittags trinken wir Chang, bis gegen Abend unser Koch sein ›dinner‹ fertig hat.«
Der Bericht von Giri Göbl gibt nicht wieder, mit welcher Hektik alle diese Gruppen nach Tablejung geeilt sind, denn wir wußten ja, daß dort nur selten, meist eben Dienstag und Freitag, eine Maschine aus Kathmandu angeflogen kommt. Wir haben Raimund Bitterling und Pandy, unseren Begleitoffizier, von Yamphodin aus bereits vorausgeschickt, damit sie von der Polizeistation aus sich mit Kathmandu über Funk in Verbindung setzen, um für uns ein Flugzeug anzufordern. Die beiden kamen aber nur einen Tag vor uns dort an, so sehr wurde ihr »Eilmarsch« zu einer »Chang-Reise«. Chang ist Reisbier, dem Pandy, seit wir ihn kennen, immer schon stark zugesprochen hat. Seine Liebe zum Chang war uns insofern zum Vorteil, da er uns in Expeditionsangelegenheiten überhaupt nicht reinredete und uns uneingeschränkt gewähren ließ.
Raimund Bitterling sollte auf der Bank in Taplejung Geld für uns wechseln. Da er aber erst am Donnerstagnachmittag dort angekommen war, die Bank aber vormittags nur bis 13 Uhr geöffnet ist, hat er natürlich keinen Scheck für uns einwechseln können; und Freitag ist in Nepal ohnehin der Wochenfeiertag.
Der Flugplatz von Taplejung ist etwa vierzig Minuten vom Ort entfernt und liegt auf einer Anhöhe, deren Kuppe entsprechend planiert

Die Abfertigungshalle und Teeküche am Flugfeld von Taplejung

wurde. Das Dorf dagegen liegt tief unten im Tal. Auf unserem Höhenweg nach Taplejung kommen wir zunächst zum Flugplatz. Da wir auf die Maschine warten wollen, steigen wir erst gar nicht hinab ins Dorf, sondern bleiben gleich auf der Höhe, wo wir unsere Lager aufstellen. Auch dort haben wir noch mit Blutegeln zu kämpfen und sind bemüht, unsere Zelte möglichst davon freizuhalten.
Am Nachmittag um 3 Uhr kommt Raimund Chang-selig zu uns heraufgestiegen. Ich habe ihn natürlich längst vorher erwartet, aber er wußte bereits durch das Flugbüro im Ort Bescheid, daß heute keine Maschine mehr kommen wird. Pandy hat nach Kathmandu gefunkt und für Samstag ein Flugzeug angefordert, das uns in mehreren Flügen nach Birat Nagar hinausbringen soll. Von dort aus fliegt dann täglich eine Linienmaschine nach Kathmandu.
Nach einer ruhigen Nacht – einmal ohne Monsunregen, der uns seit unserem Abmarsch im Hauptlager begleitet, ja verfolgt – erfahren wir durch Angestellte des Flugbüros, die an unseren Zelten vorbei zum Flugfeld hochsteigen, daß eine Pilatus Porter in Kathmandu bereits gestartet ist. Das ist natürlich Musik in unseren Ohren! Doris und ich

sind noch nicht ganz reisefertig und bitten daher Mike, der bei uns geschlafen hat, er möge doch unser Zelt mit einpacken, sofern es mit dem Flug Wirklichkeit werden sollte.
Wir sind, aufgrund unserer Erfahrungen in diesem Lande, begreiflicherweise recht skeptisch, was den innernepalesischen Flugreisedienst betrifft. Wir steigen um 9 Uhr zum Flugfeld hoch, mit uns auch der Bürgermeister von Taplejung und eine ganze Reihe Einheimischer. Die Leute vom Flugbüro haben eine Passagierliste dabei, auf der auch wir stehen. Ich bin darüber sehr überrascht – aber sehr angenehm! Anscheinend hat sich Pandy doch für unseren Flug nach Birat Nagar oder Kathmandu erfolgreich eingesetzt.
Es ist inzwischen 10 Uhr geworden. Da plötzlich braust eine kleine Einmotorige über uns hinweg, macht eine Schleife und setzt auf. Einige Einheimische steigen aus der Maschine, dann kommt Wick, der Schweizer Pilot. Da ich ihn von früher her kenne, unterhalte ich mich sofort mit ihm über die Möglichkeit des Rückfluges und die noch freien Sitze. Er sagt mir, er werde vier Einheimische nach Birat Nagar fliegen – aber ein Sitz sei für mich noch frei. Er würde ohnehin dann noch zweimal zurückkommen und die restlichen Expeditionsmitglieder ebenfalls nach Birat Nagar ausfliegen, wo wir dann am selben Tage noch mit einer Linienmaschine Kathmandu erreichen könnten.
Obwohl Renate Lau sich vordrängt und unbedingt mit der ersten Maschine fliegen will, entspreche ich nach Rücksprache mit den anderen Kameraden nicht ihrem Wunsch. Wir kommen zu der Überzeugung, daß – sofern für die anderen Flüge Schwierigkeiten auftauchen sollten – es für alle wichtiger ist, daß ich jetzt gleich mit zurückfliege, denn ich kenne den Piloten und kann auch aufgrund meiner Zuständigkeit entscheidende Angebote machen, die ihn zu einem nochmaligen Einsatz für einen Flugtransport der Expeditionsmitglieder veranlassen könnten. Wie wichtig es war, daß ich in der ersten Maschine nach Birat Nagar flog, sollte sich bald zeigen, denn über der heißen Wüste kam ein Gewitter auf, und eines stand bereits über dem Flugplatz von Taplejung. So war es für Wick schließlich nur unter großem Einsatz möglich, noch einen zweiten Flug durchzuführen. Doris, Lau, Prof. Sandvoss und die beiden Schweizer wurden von ihm noch aus Taplejung herausgeholt. Ich habe zwar eine Namenliste gemacht, um jeglichen Streit um die Flugsitze zu vermeiden – aber Michl Anderl war nicht zum Flugplatz hochgestiegen, und das Ehepaar Walter kam zu spät, so daß die beiden Schweizer bereits in der startbereiten Ma-

Kapitän Wick ist mit seiner Pilatus Porter in Taplejung gelandet

schine saßen. Inzwischen hat die Gewitterfront Taplejung erreicht, die Wolkenwand ist so undurchdringlich geworden, daß selbst für Wick ein dritter Anflug nicht mehr möglich ist. Die Zurückgebliebenen werden zunächst auf den kommenden Morgen vertröstet, denn ich bemühe mich mit allen noch zulässigen Mitteln, Wick am nächsten Morgen noch einmal zu einem Flug nach Taplejung zu bewegen. Vergebens, denn er muß eine Hauser-Trekkinggruppe aus einem nahe gelegenen Tal abholen, deren Gepäck am Tag vorher bereits nach Kathmandu geflogen wurde. So sind also meine dreitägigen Bemühungen, meinen Kameraden den Rückmarsch über Dharan Bazar zu ersparen, vergeblich geblieben. –

Zu acht erreichen wir Birat Nagar. Zur Gruppe gehören auch Ang Dzongbu, jener Sherpa, der den Gipfel ohne Sauerstoff angreifen wollte und sich dabei schwere Frostschäden an den Zehen zugezogen hat. In Birat Nagar fahren wir mit Rikschas in die Stadt, die einen zum Flugbüro, die anderen bereits ins Hotel Interconti. Während wir uns im Flugbüro die Tickets nach Kathmandu ausstellen lassen, kommt ein Anruf, daß Wick umkehren mußte und jetzt sieben unserer Grup-

pe mit nach Kathmandu nehmen kann. Doris, die inzwischen schon im Hotel war, ist glücklich, daß wir in diesem unmöglichen »Stall« nicht übernachten müssen. Dort war alles kaputt, was man sich nur denken kann, und die Zimmer und Betten waren so unsagbar schmutzig, daß es einem grauste.
Ang Dzongbu bleibt mit unseren Rucksäcken die Nacht über in Birat Nagar und kommt am nächsten Morgen mit der Linienmaschine nach. Die wenigen Tage in Kathmandu sind für mich ausgefüllt mit einer hektischen Rennerei zwischen RNAC*)-Office in der Stadt, Pilot Wick am Flughafen und Flugbüro, um die Genehmigung für einen Charterflug von Taplejung nach Kathmandu zu erlangen. Die erste Stelle muß mir jeden Flug genehmigen, der Pilot muß zustimmen und das Reisebüro die Zahlung entgegennehmen. Es ist ein Teufelskreis, in den ich mich verstricke – in dem Bestreben, meinen Kameraden zum Rückflug zu verhelfen. Dann aber erkenne ich endlich, daß Wick lieber anderen, vielleicht für ihn wichtigeren Flugverpflichtungen nachkommt, als unsere Leute aus Taplejung zu holen. Erst als mir dies klar wird, gebe ich auf. Dazwischen liegen einige Fahrten zum Telegrafenamt, um die Kameraden davon zu unterrichten, daß sie für 11 Uhr eine Maschine erwarten können, die dann aber aus irgendwelchen Gründen doch nicht startet. Bei dieser Lauferei werde ich von Renate Lau, die für derlei Dinge eigentlich zuständig gewesen wäre, wenig unterstützt. Sie betrachtet ihren Aufenthalt bis zum Rückflug nur noch als Privaturlaub.
Nachdem meine Bemühungen um weitere Taplejung-Flüge zu keinem Erfolg geführt haben, haben sich alle Expeditionsmitglieder inzwischen auf den Weg nach Dharan Bazar gemacht. Die nächste Maschine sollte am Dienstag, dem 27. Mai, fliegen – und mit ihr unser Sherpa Dzongbu, der 40 000 Rupien an die Rückmarschgruppe nach Taplejung bringen muß. Schorsch Ritter, unser Gipfelsieger, ist inzwischen ebenfalls nach Taplejung eingetrudelt und hat nun das große Glück, an diesem Dienstag mit Wick nach Kathmandu fliegen zu können. Die Polinnen, die später das Gerücht verbreiteten, daß wir sie alleingelassen haben, gehen ohnehin mit den Sherpas und dem Begleitoffizier zu Fuß nach Dharan Bazar. Die übrige Mannschaft ging in einzelnen Gruppen hinaus, und Michl Anderl legte diese Strecke in zweieinhalb Tagen zurück.

---

*) Royal Nepal Airline Corporation

Wie ich später erfuhr, gab es am Tag meines Abflugs von Taplejung noch mancherlei Rangelei auf dem Flugfeld. Nachdem ich mit der ersten Maschine abgeflogen war, lief Doris sofort zu unserem Zeltlager hinab und benachrichtigte vor allem Michl Anderl davon, er sei die Nummer 3 auf der Abflugliste und möge bald heraufkommen, denn die Maschine wäre in gut zwei Stunden wieder zurück. Michl Anderl richtete die Lasten zusammen, wobei ihm niemand aus der Mannschaft half. Andererseits gab er auch keinem den Auftrag, ihm zu helfen. Außerdem wartete er noch auf das Geld, um die Träger auszahlen zu können. Raimund Bitterling war mit dem Geld aber immer noch nicht heraufgekommen.
Giri Göbl berichtet über diese Zeit: »Wir essen zu Mittag Kartoffeln, die unser Sherpa-Koch für uns bereitet hat. Da kommt die Maschine zum zweiten Mal. Sepp Stiller und ich kommen nicht rechtzeitig zum Flugplatz hoch, wir haben auch keinen besonderen Ehrgeiz, unbedingt mitfliegen zu müssen. Das Ehepaar Walter ist nicht mehr mitgekommen, weil sich angeblich die beiden Schweizer vorgedrängt haben. In solchen Situationen ist jeder sich selbst der Nächste! Ich bin froh, daß ich bei diesem Gerangel nicht mehr dabei war. Als Sepp Stiller und ich das Flugfeld erreichen, sind dort noch die Walters, Mike und Raimund. Der Pilot wollte noch ein drittes Mal kommen, doch ein gewaltiges Gewitter über dem Hügel, auf dem sich die Flugpiste befindet, verhinderte einen nochmaligen Anflug. Wir hörten zwar die Maschine näher kommen, dann aber auch wieder abdrehen.«
Mike ist wütend, weil morgens alle so geheimnisvoll taten, sich nun aber keiner mehr um das Expeditionsgepäck kümmert und jeder still und leise zum Flugfeld hinaufschleicht. Bevor die Maschine kommen sollte, ging Giri noch mal zum Lager hinab und benachrichtigte Mike davon, daß am nächsten Morgen die Maschine nochmals kommen wird. Giri Göbl wörtlich: »Sonntag, der 25. Mai. In dieser Nacht schlafe ich etwas unruhig. Um 5 Uhr 15 sind wir, die gestern wegen des ausgefallenen dritten Fluges nicht mehr wegkamen, wieder am Flugfeld. Das Wetter ist gut, und wir sind voller Hoffnung. Diese erwartungsvolle Stimmung schwindet aber gegen 10 Uhr, als uns der Platzwart sagt, daß die Maschine immer spätestens um diese Zeit landet.
Wir sitzen eine Stunde lang herum, da kommt plötzlich Schorsch Ritter mit Franz Oppurg bei uns an. Es ergibt sich so, daß Mike in Anwesenheit von Schorsch sich mit den beiden Walter anlegt und ihnen vorwirft, daß er alles alleine oder mit Hilfe der Sherpas machen muß. Raimund, der endlich das Trägergeld hochgebracht hat, schnurrt im-

mer um Mike herum, liegt bei ihm im Zelt und bringt ihm Essen und Tee. Abends kommen die restlichen Expeditionsmitglieder. Der Sirdar ist mit den meisten Lastenträgern noch weit zurück. Wo er sich gerade befindet, kann auch Schorsch Ritter nicht sagen. Gegen 17 Uhr steigt Mike nach Taplejung ab und will anderntags allein weiter.« – Tatsächlich zieht Mike allein los, um in der Rekordzeit von zweieinhalb Tagen Dharan Bazar zu erreichen. Er hat nur ein Stück Speck dabei, ernährt sich aus dem Land von Eiern und Erdbeeren, die er am Weg findet. Zwischendurch kauft er sich einmal eine Limonade, die wohl schon jahrelang in diesem Shop gestanden hat. Er geht von morgens 5 Uhr bis in die Nacht hinein, legt sich an irgendeiner Stelle seinen Biwacksack zurecht und schläft bis zum Morgengrauen. Auf seinem Gewaltmarsch kommt er auch mit einem Einheimischen ins »Gespräch«, soweit man dies so nennen kann. Der Einheimische geht ebenfalls nach Dharan Bazar. So gehen sie zeitweise zusammen, doch der Nepali kann nicht Schritt halten. Als Mike aber, durch die Limonade zu schrecklicher Übelkeit erkrankt, am Ufer eines Baches liegt, holt ihn der Einheimische wieder ein und nächtigt mit ihm am Ufer des Baches. Dieser ist durch die starken Regenfälle der letzten Tage so angeschwollen, daß er erst wieder am anderen Morgen passierbar wird. Durch diesen unfreiwilligen Aufenthalt und vor allen Dingen durch seine Krankheit bedingt, erspart sich Mike letzten Endes einen ganzen Tagesmarsch. Der Einheimische erklärt ihm nämlich, daß die Engländer, die auf der anderen Seite der Hängebrücke, die sich über den Tamur-Fluß spannt, eine Straße von Dharan Bazar nach Dhankuta bauen. Er versucht ihm zu erklären, daß die Engländer kranke Leute auf ihren Landrovern die 50 Kilometer lange Strecke nach Dharan Bazar mitnehmen. Also versuchen die beiden nun, das Arbeiterlager der Engländer zu erreichen. Viele Einheimische sind hier in primitiven Hütten zusammengepfercht und mit ihren Frauen und Kindern untergebracht. Kinder und Frauen helfen ebenso bei den schweren Bauarbeiten wie die Männer und andere Familienangehörige. Alles geschieht in Handarbeit, eine große Plackerei hier auf der Baustelle. Dies beobachtet Mike aber nur so nebenbei, denn er ist ja selbst in schlechter Verfassung und hofft nur, daß man ihn am Abend nach Dharan Bazar mitfahren läßt. Und so geschieht es dann auch. So wird er zu später Stunde vor einem der »besten Hotels« in der Stadt abgeladen, wobei das beste bei uns wohl das schlechteste wäre – alles sehr primitiv und die sanitären Anlagen alle defekt. Aber auch diese Nacht geht vorüber, und anderntags kommt er mit dem Bus in zwölfstündiger Fahrt durch den heißen Terai nach Kathmandu. Dort sind inzwischen Schorsch Ritter und Franz Oppurg, die in Taplejung ein Flugzeug bekamen, auch angekommen. Alle erreichen nun zusammen gerade noch die Abendmaschine, die nach Delhi fliegt. Sie hätten sich allerdings nicht zu hetzen brauchen, denn der Jumbo der Syrian Arab Airline fliegt ohnehin erst am übernächsten Tag von Delhi ab. So verbringen sie noch zwei Nächte in der indischen Hauptstadt in einem Hotel in der Nähe des Flughafens, wo sie in Notquartieren, in fensterlosen Räumen untergebracht sind. Um sich tagsüber etwas gegen die Hitze schützen zu können, gehen sie zum Airport, denn dort drehen sich wenigstens einige Propeller an der Decke und verschaffen etwas Kühlung – und zudem kann man sich hier jede Menge eisgekühlte Cola kaufen.

So ist die Mannschaft beim Rückmarsch durch die besonderen Umstände in viele kleine Gruppen zerrissen, doch schließlich finden alle – auch der Alleingänger Michl Anderl – den Weg nach Kathmandu und weiter in die Heimat. –

Am Montag, dem 26. Mai, um 6 Uhr in der Frühe tritt eine weitere Gruppe unserer Expedition ihren Rückmarsch von Taplejung nach Dharan Bazar an. Es sind dies Sepp und Marianne Walter, Sepp Stiller, Verena Grüneis und Giri Göbl. Die anderen wollen auf das Flugzeug am Dienstag warten. Folgen wir hier in etwa den Tagebucheintragungen von Giri Göbl.

Um 7 Uhr erreicht die Göbl-Gruppe die Ortschaft Taplejung, wartet vor dem Postamt, bis es geöffnet wird, um eventuell ein weiteres Informations-Telegramm zu erhalten. Taplejung (1 830 m) ist bekanntlich ein wichtiger Platz auf dem Weg zum Kanchenjunga, ein Ort mit Checkpoint, Polizei, Post und Funkverbindung nach Kathmandu sowie einer Bank. Außerdem befindet sich eine Stunde oberhalb der Ortschaft das kleine, aber wichtige Flugfeld. Von hier aus zieht die Göbl-Gruppe nun nach Doban (730 m) am Tamur-Fluß hinab und muß dann wieder 2 000 Meter hoch zum 2 850 Meter hohen Nub-Dangya-Paß. Da der Waldgürtel erst ab 2 300 Meter Höhe beginnt, ist es ein langer, heißer Aufstieg, und keine der am Wege liegenden Teebuden wird ausgelassen. Während des Aufstiegs regnet es leicht, und in 2 600 Meter Höhe beginnt der Grat, dem sie bis zum Bokhari-See folgen. Bei schönem Wetter hätte man von hier aus einen herrlichen Blick auf Mount Everest, Makalu und Kanchenjunga.

Nach einem längeren Abstieg erreichen sie eine 1 700 Meter hoch gelegene Alm. Der Regen hat aufgehört, es ist angenehm kühl gewor-

den. Der Senn ist freundlich, kocht Tee, und um der Gruppe ein Lager anbieten zu können, treibt er eine Kuh aus der kleinen Hütte. Noch während der Nacht klart es auf, es wird kalt und dies treibt auch die Kuh wieder an ihren bereits besetzten Unterschlupf. Ab 3 Uhr morgens stapft sie unentwegt vor dem Eingang auf und ab. Erst als die Kuh wieder verschwindet, können alle wieder tief schlafen.
Am nächsten Morgen wird zunächst der Senn mit einem Bakschisch belohnt, dann zieht die Gruppe kurz vor 6 Uhr weiter. Der Weg führt zunächst nach Chaukie (2680 m). Dann geht es bei Regen an der Westseite des Bergrückens zum Paß Teen Taura (2850 m) hoch und von dort aus, an der Ostseite des Kammes, durch Rhododendron-Urwald und an versteckten Almen vorbei, nach Chitre (2410 m). Durch den starken Monsunregen wurden die ausgewaschenen Wege zu reißenden Bächen und die Almwiesen zu kleinen Seen. Plötzlich liegt im Wald ein toter Mann quer auf dem Weg. Diesen hatte auch schon Michl Anderl gesehen, der tags zuvor des Weges kam. Bei Giri liegt aber das Holz zur Verbrennung bereits neben der Leiche. Wenige Meter entfernt treffen sie auf eine Gruppe heiterer Männer beim Kartenspiel. Giri schreibt dazu: »Ich bin überrascht, wie wenig mir der Anblick ausmacht. Bei den Mexikanern glaubte ich, noch von der Höhe abgestumpft zu sein. Jetzt macht es vielleicht das Land, das Fehlen jeglicher Technik, die starke Verbundenheit mit der Natur, die wohl auch den Tod natürlich erscheinen läßt. Im Endeffekt ist es ja auch so, daß nur wir in unserer hochzivilisierten Welt die Existenz dieses Unausbleiblichen zu verdrängen versuchen.«
Am 28. Mai bricht die Gruppe früh um 6 Uhr bei leichtem Regen auf. Der Weg führt jetzt etwa 40 Kilometer lang südwestwärts auf einem Höhenrücken entlang und endet in Bunrase (2150 m). Wendet man den Blick, so kann man am Horizont immer noch den markanten 8475 Meter hohen Makalu erkennen. Hoch über dem Arun-Tal wandert man hinab zur Tibeter-Siedlung Hile (1890 m), die sich durch Sauberkeit und gekehrte Straßen wesentlich von den anderen Siedlungen Nepals unterscheidet. Die Göbl-Gruppe trinkt hier Kaffee und läßt sich dazu Eier braten.
Nach dieser Rast führt der Weg immer tiefer hinab – an kleinen Ortschaften vorbei –, bis nach mehreren Stunden Gehzeit die auf einem ausgeprägten Höhenrücken gelegene Distrikt-Hauptstadt Dhankuta (1270 m) erreicht wird. Hier befindet sich auch die Sommerresidenz des Königs inmitten eines herrlichen Hochwaldes.
In Dhankuta kann unsere Rückmarschgruppe reichlich Coca-Cola

und Limonade kaufen. Dies ist natürlich nach dem langen Marsch durch die Dörfer schon ein großes Plus. Die Stadtwege sind gepflastert, und dies allein läßt den Ort schon gefälliger erscheinen. Aber das Vergnügen dauert nur kurze Zeit. Denn hinter Dhankuta führt ein sehr heißer und steiler Abstieg zum 1000 Meter tiefer gelegenen Tamur-Fluß hinab, der auf einer recht stabilen Hängebrücke gequert wird. Neben der Brücke steht eine Bude, wo man warmes Bier kaufen kann. Alle essen Bananen dazu, da Mangel an anderen Nahrungsmitteln herrscht. Während dieses kurzen Stehaufenthaltes kommen sie mit einer Engländerin ins Gespräch, deren Mann als Ingenieur beim Bau der Straße nach Dharan Bazar beschäftigt ist. Sie erzählt ihnen, daß am Morgen Michl Anderl durchgekommen ist. Da er krank war, wurde er auf einem Jeep nach Dharan Bazar mitgenommen. »Am nächsten Tag können auch Sie mitgenommen werden«, sagt die Engländerin, aber Giri denkt an den Abflugtermin in Delhi und den Zeitverlust bis zur Abfahrt der Jeeps, der am Nachmittag des nächsten Tages erfolgt – und so entscheiden sich alle für den Weitermarsch. Sie gehen die Baustelle am Thabu entlang, bis sie auf rund 400 Meter Höhe das Seitental mit dem Leati Khola erreichen. Es ist 16 Uhr, sie überlegen, ob sie noch weitergehen oder bereits hier bleiben sollen. Aber der wolkenbruchartige Monsunregen nimmt ihnen recht bald die Entscheidung ab, und sie übernachten in einer Bauhütte, die ihnen ein Techniker der Baustelle für eine Nacht zur Verfügung stellt.
Anderntags, am 29. Mai, führt der Pfad sehr steil hinauf zum Dharan-Paß (1260 m), den sie aber bereits um 8 Uhr morgens erreichen. Hier gibt es eine Hütte, in der man Brot kaufen kann; es wird also gefrühstückt. Inzwischen ist es kühl und neblig geworden, so daß alle zum baldigen Weitermarsch drängen. Jenseits des Passes geht es steil hinab. Im Nebel nicht sichtbar, aber immer deutlicher hörbar, wird der Lärm der Lastwagen und der wenigen Straßenbaumaschinen. Was für uns Europäer einfach ans Unmenschliche grenzt, ist die totale Handarbeit der Männer, Frauen und Kinder, die aus Flußsteinen mit ihren Händen die stärksten Schutzmauern am Straßenrand aufbauen.
Nach einer Wegbiegung öffnet sich für unsere Rückmarschgruppe plötzlich der Blick auf eine weite Ebene. Sie befindet sich jetzt unmittelbar in den Vororten von Dharan-Bazar. Die gute Luft der letzten Tage während ihres langen Marsches über Höhen und Täler ist vorbei, es stinkt abscheulich, und die ganze Stadt starrt vor Dreck. Schon aus diesem Grunde bleiben sie nur noch ganz kurz in diesem Morast, nehmen sich sofort ein Taxi und fahren zum 30 Kilometer entfernten

Flughafen von Birat Nagar. Gerade eingetroffen, erfahren sie, daß der Linienflug mit der Fokker Friendship von 11 auf 14 Uhr verschoben wurde, so daß ihnen noch viel Zeit bleibt, um mit einer Rikscha in die Stadt zu fahren und im Flugbüro die erforderlichen Sitze zu buchen. Wieder am Flughafen angekommen, trinken sie eine Unmenge Limonade und Cola. Die zweimotorige Turboprop-Maschine kommt mit großer Verspätung an. Doch um 15 Uhr ist es dann soweit. Sie haben in den bequemen Sitzen des Flugzeuges Platz genommen, und gegen 16 Uhr landen sie bereits in Kathmandu. Vom Airport aus fahren sie mit dem Taxi zu Mountain Travel, holen dort ihr persönliches Gepäck für die Heimreise, um sich im Hotel Ambassador umzuziehen, die schweren Klamotten runterzubringen, zu baden und in hochsommerlicher Bekleidung und leichtem Schuhwerk zum exquisiten Restaurant ›Yak und Yeti‹ zum Abendessen zu gehen. Außer dem Telegramm nach Taplejung habe ich ihnen keine Nachricht hinterlassen, denn ich glaubte, »Boby«, der Geschäftsführer von Mountain Travel, würde meinen Leuten alles Nötige mündlich übermitteln. Dies war, wie ich später erfuhr, leider nicht geschehen. Auch sagte er ihnen nicht, daß ich 40 000 Rupien hinterlassen hatte und zusätzliche 40 000 Rupien dem Sirdar für den Lasten-Rücktransport durch den Sherpa Ang Dzongbu nach Taplejung hatte einfliegen lassen.
Kein Wunder, daß ich mit Mountain Travel nicht in allen Dingen zufrieden war. Die Laschheit, mit der man zum Beispiel unsere Anreise zum Kanchenjunga – ich denke dabei vor allen Dingen an die lange Busreise nach Ilam – schlecht organisiert hatte, gefiel mir gar nicht. Ob dies nun an meiner vorausgeschickten Hauptlagerverwalterin lag oder am Nichtvermögen des jungen Managers, vermag ich nachträglich nicht zu sagen.
Am gleichen Tag und fast zur selben Stunde wie die Göbl-Gruppe ist auch Mike nach einer zwölfstündigen Busfahrt in Kathmandu eingetroffen. Alle freuen sich, am Morgen des 30. Mai in unserem einfachen Hotel wieder einmal an gedeckten Tischen sitzen zu können. Einige gehen in die Stadt, um Andenken zu kaufen, andere besorgen sich Sandalen, um ihre schweren Triplex-Schuhe loszuwerden, wieder andere, die noch etwas Geld übrig haben, gehen gemeinsam ins Tibet-Camp, um einen preiswerten Teppich zu erwerben. Aber auch für den Weiterflug muß gebucht werden. Dabei stellt Verena Grüneis fest, daß ihr Flugticket nicht in ihrem Reisegepäck liegt, jedenfalls findet sie es nicht mehr. In der Stadt treffen einige Teilnehmer bei ihrem Bummel den Sherpa Ang Dzongbu. Er sagt ihnen, daß er zwar eine

Menge Geld bei sich hat, er müsse es aber nach Taplejung bringen und fliege morgen dorthin. Das Geld sei zum Auszahlen der Träger, und er könne davon nichts abgeben.

Keiner meiner Leute kam auf die Idee, bei Mountain Travel nachzufragen, ob dort Geld hinterlassen worden ist. Ich war der Meinung, daß jeder zuerst an diese Kontaktstelle der Expedition denkt, zumal dort unser Reisegepäck abzuholen war. Zudem glaubte ich, jeder habe selbst noch eine Reservesumme in deutscher oder amerikanischer Währung bei sich. –

Am 31. Mai fahren Sepp Stiller und Verena Grüneis frühmorgens zum Flughafen, um sich über den Abflug zu erkundigen und Sitze zu buchen. Zur gleichen Stunde kommt mein Telegramm in Kathmandu an, worin ich die Kameraden bitte, unsere, in Deutschland immer noch nicht eingetroffenen Grußkarten, mitzubringen. Die über 3 000 Grußkarten mit dem Sonderstempel vom 1. April 1980 liegen bei Herrn Shestra, dem pensionierten Postbeamten, der in der Stadt wohnt. Shestra hatte, entgegen unserer Vereinbarung, unsere Grußkarten nicht auf normalem Wege mit der Post nach Europa schicken lassen, sondern – um sie gut und einwandfrei zu erhalten – nach der Abstempelung wieder an sich genommen. Er war der Meinung, daß wir sie nun selbst bei ihm abholen und mit nach Deutschland nehmen.

Die in Kathmandu verbliebenen Expeditionsmitglieder gingen nun weder zu Boby ins Büro bei Mountain Travel noch zu Herrn Shestra, sondern berieten darüber, ob man die Karten mitnehmen sollte oder nicht. Hätten sie die abgestempelten Karten gesehen, wäre es ihnen klargeworden, daß sie nur von München aus per Brief an die einzelnen philatelistischen Interessenten und Spender hätten geschickt werden können. Nun ja – nachdem sich auch mein Stellvertreter nichts um die für das Institut sehr wichtige Grußkartenangelegenheit scherte, mußte ich später Freunde, die nach Nepal reisten, bitten, sich der Sache anzunehmen. Ich war jedenfalls froh, als ich diese Karten schließlich mit vierwöchiger Verspätung in München hatte und meinen Verpflichtungen gegenüber den Spendern nachkommen konnte.

Ähnlich ging es mir übrigens auch mit dem Gepäck. Alle waren bereits in der Heimat – mit Ausnahme der Polinnen –, und Mountain Travel kümmerte sich überhaupt nicht um einen Rücktransport des geringen Expeditionsgutes. Dies war auch ein Punkt, worüber ich mit diesem Reisebüro durchaus nicht zufrieden war. So mußte ich später einen ehemaligen Kameraden von der Mount-Everest-Expedition 1978 bitten, nach Kathmandu zu fliegen und unser Gepäck zu mobilisieren. Martin Rink war eben von einer Auslandsfahrt zurückgekommen und kümmerte sich auch diesmal um den Rücktransport unseres Expeditionsgutes, wie er das schon 1978 getan hatte. Es machte ihm sichtlich Spaß, auf diese Weise wieder einmal eine Woche nach Kathmandu zu kommen. Er löste seine Aufgabe sehr gut, so daß sich die Flug- und Hotelkosten für ihn mehr als auszahlten. –

Die nun auf sechs Mitglieder angewachsene Expeditionsgruppe versuchte am Mittag, ›seats‹ für den Flug nach Delhi zu bekommen. Sie kamen zunächst auf die Warteliste, konnten aber schließlich dann doch alle mit und erreichten spät abends Delhi. Da der Jumbo der Syrian Arab Airline nicht, wie im Fahrplan angezeigt, in der Nacht zum Sonntag, dem 1. Juni, abflog, sondern erst am übernächsten Morgen um 7 Uhr, mußten alle in einem nahe gelegenen Hotel übernachten.

Am Sonntag, dem 1. Juni, gehen Marianne Walter, Sepp Stiller, Verena Grüneis und Giri Göbl in die Stadt zur Syrian Arab Airline, um sich den Flug bestätigen zu lassen, während die anderen sich im Flughafengelände aufhalten. Das Geld wird allen knapp – Verena zieht, aufgrund einer Empfehlung eines Taxifahrers, in ein billigeres Hotel. Abends aber kommen Schorsch Ritter, Heinz Zembsch, Franz Oppurg und Raimund Bitterling an. Damit kommt Licht in die trübe, heiße Delhi-Stimmung. Das Ticket von Verena hat nun Heinz Zembsch mitgebracht, er hatte es in seinem Koffer gefunden.

Verena muß nun von dem freudigen Vorfall umgehend benachrichtigt werden. Am anderen Morgen um 4 Uhr sollen alle bereits am Flughafen sein. Bitterling, der noch etwas Geld hat, ziert sich anfänglich, bis er das Geld für das Taxi herausrückt. Dann fahren Franz und Giri noch um 22 Uhr in die Stadt, um Verena im Hotel zu verständigen. Sie treffen sie aber nicht an, so können sie nur eine Nachricht hinterlassen und hoffen, daß sie das Flugzeug am anderen Tag nicht versäumt.

Montag, 2. Juni: Bereits um 4 Uhr früh ist die ganze restliche, siebenköpfige Mannschaft gemeinsam am Flughafen, Verena kommt eine Stunde später, aber immerhin noch früh genug, um den mit Verspätung startenden Jumbo zu erreichen. Der Flug geht zunächst nach Dubai. Nach weiteren drei Stunden landet die Maschine in Damaskus. Dort, im Heimathafen der Syrian Arab Airline, gibt es zwei Stunden Aufenthalt. Heinz Zembsch hat Streit mit dem Flughafenpersonal. Sie wollen, daß er das Handgepäck nicht mit ins Flugzeug nimmt. Schließlich aber beruhigt sich alles wieder, die Maschine startet, und nach gut drei Stunden Flugzeit landet sie in München.

Doris holt die Mannschaft am Flughafen München-Riem ab. Alles freut sich, daß der Heimathafen nach etwa zwölf Wochen wieder erreicht ist. Damit ist für viele Teilnehmer eine große und langdauernde Expedition zu Ende gegangen – es war eine Expedition, der in den letzten Stunden am Berg – durch eine kühne Tat eines ihrer Mitglieder – gerade noch der ersehnte Gipfelerfolg zuteil geworden war. Für alle ist die Expedition damit beendet, wenn man von der Auswertung der geknipsten Dias – für Vorträge; für Interviews und für Berichte in alpinen Zeitschriften – absieht. Für mich aber beginnen mit Rückkunft nach München noch viele Wochen mit Arbeiten an der Expeditionsabwicklung. Diesmal müssen die Grußkarten noch an die Adressaten gesandt werden; Werbedias werden mit Gutachten und Qualitätsurkunden fertig gemacht und an ihre Warenspender verschickt; wissenschaftliche Tests müssen ausgewertet und in Reinschrift den verschiedenen Pharma-Firmen bzw. medizinischen Zeitschriften übermittelt werden. Viele Firmen haben bereits vor der Ausreise der Expedition ihren Obolus in Form einer Spende, eines Forschungsbeitrages oder einer sonstigen Zuwendung an die Expedition geleistet. Auswertungen der Expeditionsergebnisse und Verpflichtungen gegenüber Spendern und Auftraggebern nehmen nun einen monatelangen Zeitraum in Anspruch und wollen abgedient sein – von mir, dem Initiator und Leiter des Unternehmens und dem Hauptverantwortlichen gegenüber dem Deutschen Institut für Auslandsforschung. – Hinzu kommt ein Bericht in einer Illustrierten, das Schneiden des Dokumentarfilms, der über die Expedition berichten und dann über das Fernsehen weiten Kreisen zugänglich gemacht werden soll.

Absolut unnötig kam diesmal auch eine unangenehme Sache hinzu, die uns die Polinnen eingebrockt hatten. Ich bekam am 10. Juli 1980 plötzlich einen Brief von der deutschen Botschaft in Kathmandu:

»Sehr geehrter Herr Dr. Herrligkoffer,

anläßlich einer politischen Versammlung in Kathmandu wurde ich von dem Geschäftsträger der polnischen Botschaft auf Ihre letzte Expedition in Nepal angesprochen, an der drei polnische Staatsangehörige teilgenommen haben. Er machte dabei geltend, daß die drei polnischen Teilnehmerinnen, die das Equipment für das gesamte Team eingebracht haben sollen, nach Abschluß der Expedition mit dem Gepäck und ohne einen Pfennig Geld im Gebirge sitzengelassen, während die deutschen Teilnehmer mit dem Flugzeug abtransportiert wurden.
Letzter Punkt konnte durch diskrete Nachfrage beim hiesigen Touristen-

amt bereits als unzutreffend festgestellt werden, da a) von dort ein Flugzeug nicht gestellt werden konnte und b) verschiedene andere Mitglieder, wie auch der von diesem Amt gestellte Liaison-Officer, mit den Damen nach Kathmandu zurückgekehrt sein sollen. Die polnischen Teilnehmerinnen konnten allerdings ihre Hotelrechnung nicht bezahlen und haben sich folglich – zwecks ›Heimschaffung‹ – an ihre Auslandsvertretung gewandt.
Da die Intervention des polnischen Kollegen aber auch Klassenkämpferisches enthielt (›Deutsche erste Klasse, Polen zweite Klasse, Sherpas dritte Klasse‹), bin ich bemüht, in dieser Angelegenheit Klarheit zu schaffen, bevor die deutsche Reputation und der deutsche Sportsgeist – auch im Hinblick auf künftige Unternehmen dieser Art – im Gastland in Verruf geraten.
Ich wäre Ihnen daher für eine kurze Stellungnahme sehr verbunden.

Mit besten Empfehlungen
Dr. Hans-H. Wolter.«

Nachdem ich von allen Teilnehmern eine Stellungnahme zu diesem Brief erbeten hatte, habe ich an die deutsche Botschaft am 30. Juli 1980 folgenden Brief geschrieben:

»Sehr geehrter Herr Dr. Wolter!

Ich habe mich mit den Expeditionsmitgliedern in Verbindung gesetzt und kann Ihnen heute meine Antwort auf Ihr Schreiben vom 10.7. 1980 geben und lege gleichzeitig Fotokopien der Briefe der Expeditionsteilnehmer bei. –
Ich hatte seinerzeit geplant, meiner Kanchenjunga-Expedition eine stärkere Damenmannschaft anzugliedern. Eine besonders qualifizierte deutsche Bergsteigerin bekam keinen Urlaub, was mich veranlaßte, über die Polin Wanda Rutkiewicz, die ich seit Jahren kenne, zwei Polinnen für unser Unternehmen zu gewinnen. Die Bedingung war, daß sie statt des Teilnehmerbeitrages – das sind DM 7000 pro Teilnehmer – die gesamte Daunenausrüstung beschaffen. Die beiden Mädchen Dr. Anna Czerwinska und Krystyna Palmowska hatten dann diese Daunenausrüstung anfertigen lassen und in die Expedition eingebracht. Der Wert dieser 36 Daunenhosen und -jacken betrug 7200,– Mark.
Wanda Rutkiewicz empfahl mir dann aufgrund meiner damals recht angeschlagenen Gesundheit, unbedingt noch eine Ärztin mitzunehmen, und schlug mir Yola Maciuch vor – und dies ohne finanzielle Selbstbeteiligung. Die Polinnen haben also außer diesen 36 Daunenhosen und -jakken im Wert von 7200,– DM, zur Ausrüstung nichts weiter beigetragen. Sie haben jedoch ihre Flugreise in Höhe von DM 2000,– selbst bezahlt,

so daß der Beitrag der drei Polinnen einen Gesamtbetrag von rund DM 13000,– ausmachte. –
Ich habe den Polinnen schon während der Expedition nahegelegt, daß sie möglichst zum gleichen Zeitpunkt aus Kathmandu abreisen sollten wie das deutsche Team. Die Polinnen erklärten mir, daß sie am 2. Juni abfliegen wollen, vorher aber noch einen Sightseeing-Trip in Delhi unternehmen wollen, worauf ich ihnen allerdings erklärte, daß dies natürlich auf ihre eigenen Kosten gehen müsse.
Was den Rückmarsch von Taplejung nach Dharan Bazar betrifft, so war es so, daß nur sechs Teilnehmer und ein Sherpa (jener mit den angefrorenen Füßen) die Chance hatten, mit der Pilatus Porter von Taplejung nach Birat Nagar zu fliegen. Alle anderen der neunzehn Expeditionsmitglieder – mit Ausnahme von Schorsch Ritter – sind ebenfalls nach Dharan Bazar marschiert. Dieser Rückmarsch erfolgte in verschiedenen kleinen Gruppen. Die Polinnen sind zusammen mit den Sherpas und dem Begleitoffizier gegangen.
Die polnische Ärztin war übrigens für eine Bergexpedition keinesfalls qualifiziert, denn sie ließ sich z. B. erst kurz vor Erreichen des Hauptlagers die Symptome der Höhenkrankheit erklären. Als der Sherpa Ang Dzongbu mit angefrorenen Zehen vom Gipfelvorstoß zurückkam, erklärte sie diesen Krankheitszustand als außerordentlich schwer, was den Tatsachen überhaupt nicht entsprach. Sie hatte also auch gar keine Vorstellung von einer richtigen Behandlung von Frostschäden. Ich habe ihr das alles nicht nachgetragen, aber ich möchte es in diesem Zusammenhang doch erwähnen, denn ich hatte die Polinnen bestimmt nie als Menschen zweiter Klasse behandelt, sondern ihnen sehr viel Freiheit gelassen. Ich war allerdings einige Male enttäuscht, daß sie meine Einsatzorder nach eigenem Ermessen willkürlich variierten, z. B. in den Hochlagern blieben, obwohl sie zu diesem Zeitpunkt nicht dafür vorgesehen waren. Andere mußten dafür noch am späten Nachmittag absteigen, um den beiden Polinnen eine Übernachtungsmöglichkeit zu bieten. Wenn man dies dann noch als Behandlung von ›Menschen zweiter Klasse‹ hinstellt und die Hilfsbereitschaft der deutschen Mannschaft den Mädchen gegenüber derartig abwertet, ist dies eine ungeheuerliche Verdrehung der Tatsachen.
Daß wir die Polen oder auch die Sherpas zweiter oder dritter Klasse behandelt hätten, ist vollkommener Unsinn. Das könnte Schorsch Ritter, der ein außerordentlich gutes Verhältnis zu den Sherpas hatte, bezeugen. Darüber hinaus frage ich mich, wie sollte ich zwei Bergsteigerinnen schlecht behandeln und sie als Menschen zweiter Klasse einstufen, wenn ich sie vorher aus eigener Initiative aus Polen in die Expedition geholt habe? Daß sie sich am Berg in den allgemeinen Expeditionsplan haben eingliedern müssen, ist eine Selbstverständlichkeit und war keine Degradierung, denn sie hätten, sofern sie bergsteigerisch nicht so

schwach gewesen wären, sicher eine Besteigungschance für den Gipfel von mir und auch den anderen Kameraden bekommen. Aber sie waren ja nicht einmal in der Lage, nach Lager 3 vorzustoßen, und so mußten sie, ebenso wie andere deutsche Teilnehmer auch, zurück ins Hauptlager, als das letzte Aufgebot am 15. Mai zum Gipfel startete.
Daß die polnischen Teilnehmerinnen ihre Hotelrechnung nicht bezahlen konnten, erscheint mir unglaubhaft, denn ich hatte ihnen für den Transport des Expeditionsgutes (Daunenausrüstung), das sie von Warschau nach Kathmandu transportiert hatten, die Frachtkosten von 500,– US-Dollar bezahlt. Diese 500,– Dollar konnten m. E. die Polinnen vor Rückkunft aus dem Operationsgebiet nach Kathmandu eigentlich gar nicht aufgebraucht haben. Abgesehen davon, hätten sie die Möglichkeit gehabt, über MOUNTAIN TRAVEL sich das Hotel bezahlen zu lassen, da ich dieser Institution vor meiner Abreise noch 40000 nepalische Rupien übergeben hatte. Damit glaube ich, die Angelegenheiten der Polinnen eingehend behandelt zu haben und bleibe mit freundlichen Grüßen – Herrligkoffer«

Aus den vielen Stellungnahmen der Expeditionsmitglieder möchte ich nur eine herausgreifen und sie zum Teil zitieren; es ist jene von Schorsch Ritter, dem Gipfelbezwinger, der zu den Sherpas und auch zu allen Mannschaftsmitgliedern ein sehr gutes Verhältnis hatte. Er schrieb mir:

»Es kann kaum die Rede davon sein, daß die Kameradinnen im Gebirge sitzengelassen wurden. Sie marschierten bereits am 17. Mai mit dem Haupttrupp aus dem Basecamp ab, während ich selbst mit drei Kameraden erst am 20. Mai das Hauptlager verließ. Bereits in Ramser verließen sie jedoch, aus mir nicht bekannten Gründen, die Haupttruppe und warteten, bis wir nachkamen. Wir marschierten gemeinsam nach Taplejung, wobei ich mit Expeditionsgeld für die Verpflegung aufkam. In Taplejung trafen wir wiederum auf einen Teil des Haupttrupps mit Gepäck – es stellte sich die Frage, ob auf ein Flugzeug gewartet werden sollte oder nicht, wobei alle bei der Diskussion anwesend waren. Verschiedene Teilnehmer zogen es vor, teilweise einzeln, teilweise in kleineren Gruppen, weiterzumarschieren. Dies mit eigener Barschaft, wobei vorher abgeklärt wurde, ob die Mittel bis Kathmandu reichen würden. Die Kameradinnen aus Polen zogen es vor, mit dem Gepäck, also langsamer, zu marschieren. Zwei Kameraden blieben bei mir in Taplejung. Die Gepäckgruppe unter Führung des Sherpas Nurbu war voll bis Kathmandu finanziert und mit Lebensmitteln versorgt. Zwei Tage später traf noch die Hauptgepäcktruppe, unter Leitung unseres Sirdars, in Taplejung ein und mit dieser Gruppe auch unsere polnische Ärztin. Diese Gruppe wurde

am Tage meines Abfluges mit 40000 Rupien aus Kathmandu versorgt. Unsere Ärztin beklagte sich zu dieser Zeit keinesfalls über ihre Situation, sondern hielt es für ihre Pflicht, bei ihrer Gruppe ›auszuharren‹!
Zum Klassenkämpferischen: Es war für uns nicht immer einfach, die Vorwürfe der Kameradinnen aus Polen einzustecken, da meist unqualifizierte Allgemeinkritik an der Expedition zu hören war – schlechtes Essen (zu wenig Fleisch usw.), schlechte Ausrüstung, falsche Taktik usw. Diese stand meist im Gegensatz zu der Meinung der übrigen Mannschaft und – ich betone ausdrücklich und könnte dies belegen – auch der Sherpas.
Tief getroffen fühle ich mich persönlich von dem Vorwurf: Sherpas, Menschen dritter Klasse. Ich kann mich nicht erinnern, daß je ein Sherpa unkorrekt behandelt oder als drittklassig im menschlichen Sinne geführt wurde. Es erscheint in diesem Zusammenhang nachgerade paradox, daß mir ein Sherpa während unseres gemeinsamen Gipfelvorstoßes (und auch später) immer wieder klagend erzählte, wie er von der polnischen Expedition zum Kanchenjunga (1979) um seine berechtigten Gipfelchancen gebracht wurde. Ich gebe dies nicht wieder, um polnische Bergsteiger zu verunglimpfen, sondern um lediglich die Verhältnisse zurechtzurücken. Mit Einverständnis des Expeditionsleiters hatte ich bereits bei Erreichen von Lager 1 versprochen, daß drei bis vier Sherpas Gipfelchancen zu gleichen Bedingungen wie die übrigen Teilnehmer hätten. Ich bedauere es außerdem, daß sich unsere Kameradinnen aus Polen vor ein politisches Wägelchen spannen lassen (mußten?). Im Interesse einer Freundschaft zwischen Bergsportlern verschiedener Nationen ist dies ganz sicher nicht! – Georg Ritter.«

Vielleicht hat Schorsch Ritter mit seiner Bemerkung, daß sie sich vielleicht vor ein politisches »Wägelchen« haben spannen lassen müssen, nicht ganz unrecht. Denn diese Ansätze zur Verleumdung waren einige Monate später kein Hinderungsgrund für Anna und Krystyna, sich an mich zu wenden und anzufragen, ob sie zusammen mit zwei weiteren polnischen Bergsteigerinnen bei mir in München während ihrer Durchfahrt übernachten könnten.
Es ist vielleicht auch ganz interessant zu wissen, daß der Vater von Yolanda Maciuch mich kurz nach meiner Rückkehr von der Expedition anrief und sich recht herzlich dafür bedankte, daß seine Tochter an dem Unternehmen hatte teilnehmen dürfen. Auch heute noch schreibt Yola aus Polen oder Nepal, je nachdem, wo sie sich gerade aufhält, Grüße an mich. Ja, was soll man da von diesem Gerede: »Polen, Menschen zweiter Klasse«, wovon der polnische Botschafter während einer politischen Versammlung in Kathmandu gefaselt hat, eigentlich denken?

Wissenschaft am Kanchenjunga

Wetter – Landschaft – Vegetation

von Schorsch Ritter

Der Monsun

»Der Monsun ist eigentlich kein Regen, sondern ein Wind, der Regen mit sich trägt. Er entsteht über dem Indischen Ozean und gelangt mit seiner Wasserladung zu den Bergen, an denen er aufsteigt und sich dabei ausdehnt und abkühlt. Schließlich kondensiert der Wasserdampf, und die Regenströme ergießen sich zwischen April und Mitte Oktober auf die Erde … In welch gigantischem Maßstab arbeitet die Natur hier!« So schreibt der britische Naturforscher Joseph Dalton Hooker bereits im Jahre 1848. »Wasserdampf stieg aus einem Ozean, der über 600 Kilometer entfernt ist, und wird ohne einen einzigen Tropfen Verlust sicher herbeibefördert, um den üppigen Reichtum dieser weiten Gegend zu speisen. Nach Erfüllung dieser und anderer Aufgaben wird das überschüssige Wasser von den Flüssen wieder zum Ozean gebracht und abermals verströmt, fortgetragen, wieder aufgenommen und zurückgebracht.«
Damit beschreibt ein begeisterter Wissenschaftler den wesentlichsten Aspekt der Landschaft, die man durchwandert, will man zum Kanchenjunga vordringen. Der Monsun bringt die Wassermassen, die sowohl Leben spenden als auch Leben vernichten. Der Monsun bringt auch die Wassermassen, die das noch aufsteigende »junge« Himalaya-Gebirge bereits »von Geburt« an wieder abtragen helfen und die das Gesicht des Himalaya in seinen feineren Einzelheiten an der Oberfläche formen. – Im Sanskrit bedeutet Hima »Schnee« und Alaya »Wohnsitz« – Himalaya also »Wohnsitz des Schnees«.
Der Monsun macht sich zunächst im Ost-Himalaya bemerkbar. Dort trifft er etwa in der zweiten Maihälfte zunächst auf den östlichsten Eckpfeiler des Gebirges, den Kanchenjunga, und etwas später auf die Everest-Gruppe. Nach Westen zu schwächt sich der Monsuneinfluß immer mehr ab, daß heißt, daß er bis zum Nanga Parbat, dem westlichsten Eckpfeiler des Himalaya, nur noch hin und wieder vorstößt – und dies erst Ende Juni/Anfang Juli. Dementsprechend nimmt auch die Niederschlagsmenge als der bedeutendste Faktor des Klimacharakters von Ost nach West mehr und mehr ab.
Etwas anders sieht die Niederschlagsverteilung aus, nimmt man einen Querschnitt von Süd nach Nord, also von der Ganges-Tiefebene nach

Tibet. Hier nehmen die Niederschläge nicht kontinuierlich zu, wie man vermuten könnte, wenn man lediglich zwei Wetterstationen in der Tiefebene und an der Himalaya-Südabdachung miteinander vergleichen würde – hier sind es etwa 1 000 bis 1 500 Millimeter Niederschlag pro Jahr im Tiefland und bis zu 5 500 Millimeter pro Jahr in der Südabdachung.

Auf ihrem Weg nach Norden werden die Wolkenmassen des Monsuns nämlich nicht kontinuierlich zum Aufsteigen und damit zum Ausregnen gezwungen. Dies geschieht vielmehr in Etappen, und zwar an von Süd nach Nord gestaffelten, ost-westlich verlaufenden Bergrükken: den Siwaliks, den Himalaya-Vorketten oder der Mahabharat-Lekh-Kette und endgültig an der Achttausender-Riesenwelt um Kanchenjunga und Makalu. An dieser Kette staut sich die Wolkenmasse schließlich so weit auf, daß an der unmittelbaren Südflanke der Hauptkette die höchsten Niederschläge in unserem gedachten Süd-Nord-Profil niedergehen. Die Himalaya-Hauptkette markiert damit auch die nördliche Grenze der Einflußsphäre des Monsuns.

So kommt es, daß, obwohl die Niederschläge insgesamt von Süd nach Nord zunehmen, die nördlich gerichteten Abhänge der ostwestlich verlaufenden Bergzüge daher häufig einen relativ trockenen Klimacharakter aufweisen. An der nördlichen Einflußgrenze des Monsuns, die einer Linie der höchsten Berggipfel des Himalaya folgt, ändert sich der Klimacharakter völlig. Bereits die Nordabdachung der Himalayariesen unterliegt dem Einfluß des für die tibetische Hochebene charakteristischen Kontinentalklimas innerasiatischer Hochgebirge, die sehr viel geringere Niederschlagssummen aufweisen.

Nur die Südabdachung des Himalaya kann also im wesentlichen zu jenen subtropisch-tropischen Hochgebirgen gezählt werden, »in denen auf engem Raum landschaftliche Gegensätze in besonders gesteigerter Form zusammentreffen. Vom monsun-tropischen Tiefland an Indus und Ganges steigt der mächtige Gebirgszug recht unvermittelt auf und erreicht in Ostnepal nach einer Horizontalentfernung von nur 140 Kilometer die höchsten Erhebungen der Erde. Dieser gewaltige Höhenunterschied bedingt einen ausgeprägten Höhenwandel der Landschaften: Auf engem Raum stehen hier klimatische Gegensätze, Unterschiede der Vegetation und der landwirtschaftlichen Bodennutzung zusammen, die das Flachland nur über Entfernungen von kontinentalem Ausmaß erreicht« (W. Haffner, 1979).

Im folgenden wollen wir beginnend im Terai und endend am Gipfel des Kanchenjunga diese Gegensätzlichkeit aufzeigen.

Eine Bäuerin wäscht ihre Karotten, bevor sie sie auf dem Markt des Dorfes zum Verkauf anbietet

Der Terai

Unser Weg nach Osten führt über den Asian Highway Nr. 2. Dieser folgt im wesentlichen dem nördlichen Rand des Ganges-Troges, in der flachwelligen Landschaft des Terai. Diese langgezogene Ebene wird hier in Ost-West-Richtung nur unterbrochen durch die fast ständig wasserführenden Flußbette, denn diese Flüsse sind gewissermaßen unabhängig von den Monsunniederschlägen, da sie ihre Wasser aus den Himalaya-Gletschern beziehen. Zur Monsunzeit aber, wenn die Niederschläge noch zur normalen Wasserführung hinzukommen, werden riesige Landschaften fast regelmäßig überflutet, Mensch und Tier sind dann akut bedroht.
Nach Norden hin wird die Ganges-Ebene begrenzt durch die Siwaliks. Sie sind die letzte Aufwallung des Himalaya gegen die Gangesebene – das erste Bollwerk für die aus Süden herandrängenden Monsunwolken. Die breiten flachen Talböden des Terai sind heute bereits weitgehend entwaldet und mit ihren fruchtbaren alluvialen, das heißt angeschwemmten, Böden besonders günstige Reisanbaugebiete. Es

ist ein fast gespenstischer Augenblick, den Sonnenaufgang im Terai mitzuerleben. Die ersten Sonnenstrahlen werden in aufsteigenden Nebelschwaden vielfach gebrochen und reflektiert. Im diffusen Licht kann man in der weiten, ausgeräumten Ebene die Reste des ehemals hier üppig stockenden Salwaldes, des »Fieberwaldes«, erkennen. Wie Recken aus der Götterdämmerung stehen einzelne Salbäume (Shorea robusta) und Bombax (Bombax malabaricum) über den Feldflächen des Reisanbaus.

Noch bis vor kurzem war der Terai mit seinen riesigen Überschwemmungsgebieten ein ausgedehnter Malaria-Herd, verbreitet von der Anopheles-Mücke, die hier einen geradezu idealen Lebensraum vorfand. Heute ist die Malaria fast vergessen, und nur noch kleine Waldreste können uns ein Bild davon vermitteln, wie der Urwald hier einmal ausgesehen haben muß: dichter, tropisch-feuchter Urwald in den tieferen Mulden, die öfters überflutet werden, trockenere Bereiche, die jedoch genauso üppig dicht sind, auf dem durchlässigeren Schottergestein der Sporne und Riedel der Himalaya-Flüsse. Daneben wieder Wassersümpfe mit Schwimmblattpflanzen und Verlandungsvegetation.

Heute, wie gesagt, überwiegt in der Trockenzeit das Bild der staubigöden Ebene, geprägt von der Tätigkeit einer Bevölkerung, die hier etwa 60 Prozent der gesamten Getreideproduktion Nepals auf nur einem Sechstel der gesamten Landesfläche erzeugt.

Während Expeditionen in einem eher spielhaften Treiben von der Witterung abhängig sind, ergeben sich für die Bewohner der jeweiligen Landschaften ernsthafte Konsequenzen aus dem Wirken der natürlichen Kräfte. Immer noch müssen sie sich der Landschaft anpassen und nicht umgekehrt, wie man in technisierten Ländern annimmt. Allerdings reichen auch hier die bescheidenen Mittel aus, um Veränderungen der Landschaft zugunsten des Menschen vorzunehmen, denken wir etwa an die Reisbauterrassen, die weite Teile der Mittelgebirge Nepals überziehen. In jüngster Zeit haben die Möglichkeiten technisierter Zivilisationen auch diesen fernsten Winkel der Erde erreicht und beispielsweise mit der Ausrottung der die Malaria übertragenden Anopheles-Stechmücke die Voraussetzung für die »Urbar«-machung des Terai-Urwaldes geschaffen.

Dies muß nachdenklich machen, da man inzwischen erlebt, wie anfällig solche ausgeräumten Landschaften, wie es weite Teile des Terai heute darstellen, sind. Nicht nur die Gefahr von Schädlingskalamitäten, wie sie in Mitteleuropa oft beschrieben wird, sondern vor allem die Verwehung, Versalzung und Abschwemmung des Bodens stellen langfristig den augenblicklichen landwirtschaftlichen Reichtum in Frage. Hinzu kommen Flutkatastrophen entlang der riesigen Himalaya-Flüsse und Veränderungen des Klimas.

Derzeit allerdings gedeiht der Reis noch so üppig, daß sogar zwei Ernten im Jahr eingebracht werden könnten. Trotzdem geschieht dies nur auf etwa 7 Prozent der bewirtschafteten Terai-Flächen, weil ein Bewässerungssystem, das Flußwasser verwendet, noch weitgehend fehlt. Auf 93 Prozent der Fläche muß das Monsunregenwasser ausreichen, dann allerdings nur für eine Ernte. Zu der Zeit, als wir anreisten, also Mitte März, waren nur wenige der flachen Erdbecken für die Reispflanzung mit Wasser gefüllt. In diesen Becken wird für die Jungpflanzenanzucht das wenige Wasser gesammelt, damit bei Beginn der ersten Monsunregenfälle bereits kräftige Reispflanzen in die übrigen Becken gepflanzt werden können.

In der Wintertrockenzeit liegen die Felder weitgehend brach, die Niederschläge sind zu gering, um die Kulturen mit ausreichend Wasser zu versorgen. Dieses Faktum wird jeder Bergsteiger begrüßen, bietet doch gerade die Trockenzeit bis kurz vor Monsunbeginn die größten Chancen für Himalaya-Expeditionen.

Abweichend von anderen Kanchenjunga-Expeditionen wählten wir einen Weg, der knapp an der nepalesischen Grenze zu Sikkim entlangführt. Deshalb mußten wir auf dem Asian Highway Nr. 2 bis weit nach Osten, bis nach Birtamod, fahren, einer staubigen kleinen Stadt inmitten einer ebenso staubigen weitläufigen Ebene. Dort zweigt eine holprige schmale Schotterstraße nach Norden ab und endet als Stichstraße in Ilam.

Dort, wo die Ganges-Ebene langsam beginnt, zu einer sanft nach Norden ansteigenden schrägen Ebene zu werden – die schräge Ebene wird Bhabar-Zone genannt –, wird Tee in einem zweischichtigen Feldbau angebaut: Die halbkugeligen, nur etwa einen Meter hohen Teebüsche, die an eine frisch geschnittene Borstenfrisur erinnern, ducken sich Busch an Busch unter die weit ausladenden Kronen der Salbäume (Shorea robusta). Hier hat sich der Teebauer an die vielfältigen Funktionen des Urwaldes erinnert und nutzt sie zum Teil für seine kleine Teeplantage: Das Blätterdach schützt vor zu starken Temperaturextremen genauso wie vor heftigen Regenfällen und bewahrt so den wertvollen Boden vor Abspülung und Austrocknung. Der Niederschlag wird im Boden gespeichert, anstatt rasch oberflächlich abzufließen, und steht den Teepflanzen daher viel länger zur Verfügung.

Darüber hinaus profitiert man noch bei der Trinkwassergewinnung, sobald eine solche Anbauform großräumig durchgeführt wird.

Teeplantagen

Zwanzig Stunden dauerte unsere Fahrt von Kathmandu durch das Terai bis zur Abzweigung in Birtamod; mehrere Stunden sind es nochmals von hier nach dem 80 Kilometer entfernten Ilam, »Hauptstadt« des gleichnamigen Bezirks an der Grenze zum östlichen Nachbarland Sikkim.
Geradezu halsbrecherisch ist die Fahrt über die Hügelketten des Vor-Himalaya. Die Straße überwindet hier enorme Höhenunterschiede auf kleinstem Raum; die Flüsse haben sich oftmals tief hineingefressen in das durch Erdkrustenbewegungen vorgeprägte Relief. Bereits frühzeitig kündigt sich die besondere Bedeutung von Ilam an. Nachdem die äußerste Hügelkette noch weitgehend von degradierten Resten des ursprünglichen trockenen Salwaldes und kleinen Gehöften mit Mais- und Kartoffelanbau geprägt ist, werden nun wieder die Teefelder an den Abhängen der inneren Hügel zahlreicher. Ilam selbst liegt inmitten eines Kranzes von Teefeldern.
Hier haben wir nun einige Tage Zeit und können uns etwas umsehen. Der Grund für unseren nicht vorgesehenen längeren Aufenthalt: Wir haben zunächst keine Träger für unser auf 350 Lasten aufgeteiltes Expeditionsgepäck. Es gibt viel zuwenig professionelle Träger, und die Kleinbauern der Umgebung sind gerade dabei, die Felder für die Reispflanzung zu bestellen. Wir müssen die Expeditionsmannschaft in mehrere Gruppen aufteilen, um überhaupt weiterzukommen.
Bleiben wir also noch beim Tee! Dicht an dicht auch hier die halbkugeligen, niederen, immergrünen Sträucher aus der Familie der Kameliengewächse. Erstmals im 17. Jahrhundert nach Europa eingeführt, findet Tee in jüngerer Zeit auch bei uns immer mehr Anhänger. Mehr als 50 Prozent der Weltproduktion stammen aus Indien, bekanntester Anbauort ist dort wohl Darjeeling (2184 m), ein ganz in der Nähe von Ilam an der Grenze zu Nepal gelegener Luftkurort.
Sieben Jahre braucht der Teestrauch, bis seine jüngsten, glänzendgrünen Blätter in einem langwierigen Verfahren zu dem werden können, was als Teegetränk dann auf unserem Frühstückstisch steht. Auf die Kunst der Verarbeiter kommt es an, den Welk- und Fermentierungsprozeß so zu gestalten, daß die Eigennote der Ursprungslandschaft,

Eine Teeplantage

aus dem die jeweilige Produktion stammt, später beim Trinken auch zur Geltung kommt. In Ilam wird auch heute noch nach alten Verfahren angebaut und aufbereitet: Bis zu fünfmal jährlich werden die Blätter geerntet, an der Sonne getrocknet und über dem Feuer in eisernen Pfannen geröstet, noch heiß zwischen den Händen gerollt und schließlich sortiert und verpackt.
Für die Teetrinker in Europa hat es sich gelohnt, daß der ursprünglich an den Bergrücken um Ilam stockende Salwald der Höhen von Teesträuchern verdrängt wurde – seit jüngerer Zeit kann man sich von der hohen Qualität des Ilam-Tees auch bei uns überzeugen.
Sorgen um die Erhaltung der Landschaft sollen aber nicht verschwiegen werden. Bedenklich ist der Teeanbau dort, wo er auch in über 20 Grad steile Hanglagen vordringt. Besonders in der Jugendphase der Teesträucher ist die Erde darunter weitgehend ungeschützt – die schweren Regentropfen des Monsunregens können dann ungehindert zum Boden vordringen und sich dann als schlammige Brühe in Richtung Ganges bewegen. In dieser Region schützt kein Blätterdach des Salwaldes mehr, nur einige »Schneitelbäume« strecken an Weg-

kreuzungen ihre zum Zwecke der Viehfuttergewinnung entlaubten wenigen Äste und Zweige in die Luft. Auffallend ist, daß wir seit Verlassen des Terai keinen Reisanbau mehr beobachten konnten. Grund dafür dürfte einmal das zu geringe Wasserangebot in den niederen Vorbergen sein.
Der andere Grund ist möglicherweise in den Temperaturansprüchen der Reispflanze zu finden. Sie benötigt nämlich zum Wachstum eine Wassertemperatur von 18 Grad Celsius. Andererseits sinkt aber die Ackerbaugrenze von den Himalaya-Hauptketten zum Terai hin kontinuierlich ab, so daß hier möglicherweise ein zu rauhes Gesamtklima zur Verhinderung des Reisanbaus beiträgt. Erst nach einem Steilabstieg in das Tal des Myong, einem Nebenfluß des Mai Khola, finden wir wieder Reisanbau, in diesem Fall Bewässerungsreisbau auf der Talsohle, gespeist aus den Wassern dieses ganzjährig fließenden Himalaya-Flusses.

Die Mittelgebirgszone

Vom Mai Khola aus begleiten uns noch Reisterrassen am steilen Hang hinauf nach Sakhejung, einem Dorf, das weit hingestreut am Hang inmitten der Felder und Bambushaine liegt. Bereits von weitem leuchtet das satte Gelb der Mahonienblüte am Wegrand.
Bereits die nächste Tagesetappe hinter Sakhejung bringt uns hinauf auf etwa 3 800 Meter Höhe, und auf dieser Etappe können wir dann einen ersten Eindruck von der Höhenstufung der Vegetation gewinnen: Die Reisfelder um Sakhejung werden hangaufwärts von Mais- und Kartoffelparzellen am terrassierten Steilhang abgelöst, und schon in der geringen Höhe von etwa 2 000 Metern sind zunehmend alpine Grasmatten in die Feldflächen eingemischt. Hier begegnen wir auch den ersten Eichen-Rhododendron-Wäldern, die bereits den ersten Blütenflor angesetzt haben. Weiß, rot und lila leuchten die bunten Farbtupfer aus der dunkelgrünen Waldmasse – wir sind im Bereich der Nebelwälder, die im mittleren Vor-Himalaya die Hügelrücken krönen. Diese Wälder »kämmen« die Nebelwolken buchstäblich aus, bremsen den Wasserabfluß in einer dicken Mullschicht am Boden und geben es später langsam und gleichmäßig wieder über unzählige kleine Quellen ab. Überall rieselt das Wasser über kleine Steilstufen herab, von Quellfluren mit einer Vielzahl von Moos- und Farnarten gesäumt. Die Quellen werden regelmäßig zur Trinkwasserversorgung

in Anspruch genommen – aber nicht »nur« Trinkwasser »entsteht« in den Wäldern, auch die weit unterhalb an den Hängen liegenden Reisterrassen beziehen das notwendige Wasser letzten Endes von hier.
In Dorfnähe werden die Wälder vielfältig genutzt, so auch als Viehweiden und zur Laubstreuproduktion. Der Waldaufbau ist dann dementsprechend einschichtig, das heißt, daß nur eine bestimmte Baumhöhe und nur wenige Arten im Wald dominieren. Vor allem Baumrhododendren, Eichen und Castanopsis bilden die Baumschicht, während die Strauch- und Krautschicht zunächst sehr dürftig ist. Erst etwas höher erlaubt der Mensch einen Waldzustand, der dann als tropisch-immergrüner Bergwald bezeichnet werden kann. Er ist gekennzeichnet durch eine vielfältig gestufte Baumschicht und eine üppige Strauch- und Krautschicht am Boden. Gleich mehrere Primelarten, Seidelbast, Farne und Moose bilden einen dichten Teppich am Boden. Von den Bäumen hängen lange, dichte Schwaden von Bartflechten der Gattung Usnea, und sogar noch aus der Borke der Baumstämme sprießen Orchideen – eine ihrer schönsten Vertreter hier ist Pleone humilis, eine blaßrosafarbige Orchideenart.
Im Nebeltreiben kurz vor Einbruch der Dunkelheit schlagen wir an einem kleinen See, mitten auf der Weidelichtung einer Alm, unsere Zelte auf – Sukepokhari, so heißt die Alm. Uns wird erklärt, das bedeute »Trockener See« – vermutlich handelt es sich hier um einen periodisch trockenfallenden »Himmelsweiher«, der nur von Regenwasser gespeist wird. Über Nacht bricht ein ausgewachsenes Gewitter über uns herein, das den Nebel vertreibt. Am nächsten Morgen können wir es zunächst noch nicht so richtig fassen, was sich vor unseren Augen auftut. Zum Greifen nahe liegt die gesamte östliche Achttausender-Kette des Himalaya vor uns. Die Berge scheinen irgendwo in der Atmosphäre zu schweben, denn eine tiefliegende Wolkendecke verdeckt die niederen Bergrücken im Vordergrund.
Ganz links liegt im Westen, halb verdeckt vom Lhotse, die oberste Spitze des Mount Everest; ostwärts davon die massige Gestalt des Makalu und gleich daran anschließend der tiefe Einschnitt der Arun-Schlucht, eine der gewaltigsten Schluchten der Erde überhaupt. Sie trennt den Makalu vom ostwärts anschließenden Kanchenjunga-Gebiet mit der Kette von Jannu und White Wave.
Das Kanchenjunga-Massiv: Weiß verschneit, soweit das Wolkenmeer einen Blick zuläßt, liegt das gewaltige Gebirge breit am Horizont. Deutlich setzt sich der riesige schwarze Felsabbruch der berühmten »Sichel« von dem schneeigen Weiß der Bergflanken ab – wir bekom-

men eine Ahnung davon, was uns bevorsteht. Nach dem reinigenden Gewitter in der Nacht können wir uns nun an einem strahlend schönen Sonnentag erfreuen. Der Weg führt den ganzen Vormittag leicht abwärts am Hang entlang auf der ost- bis nordseitigen Flanke des Bergrückens, so daß wir ständig das gesamte Eisriesenpanorama der Achttausender vor Augen haben – ein unvergeßlicher Tag.
Zunächst begleitet uns noch weiterhin der Nebel-Höhenwald, hier allerdings durch ständige Beweidung wesentlich lichter als oben an den Steilhängen. Je tiefer wir aber kommen, um so spärlicher wird die Nebelfeuchtigkeit. Wie am Vortag beim Aufstieg gesehen, schließen sich auch hier an den Höhenwald nach unten zunächst wieder Mais- und Kartoffelfelder an. Dann aber fehlt die Reisstufe, wir kommen sogar in ein ausgesprochenes Trockental im Regenschatten einer von Ost nach West verlaufenden Hügelreihe.
Das ändert sich erst wieder, als der Hügelrücken sich zu einem breiten Plateau erweitert. Wie auf einer großen Kanzel liegt hier Phidim, der Hauptort des Bezirkes Panchatar, in etwa 2000 Meter Höhe, über der scharf eingeschnittenen Schlucht des Hihwa-Khola, auch er wieder ein unmittelbarer Nebenfluß des mächtigen Tamur. Obwohl auch hier die Niederschläge relativ niedrig sind, ermöglichen Bäche, die im Höhenwald entspringen, zusammen mit einem ausgeklügelten Bewässerungssystem den Reisanbau. Daß hier die Niederschläge tatsächlich nicht besonders hoch sein können, zeigen die Wälder mit Himalaya-Kiefern (Pinus roxburghii) rund um Phidim auf den bodenkundlich weniger günstigen Standorten. Auch die unteren Einhänge der Hihwa-Schlucht sind hier vorwiegend mit solchen trockenen Nadelwäldern bestockt.
Damit haben wir nun in etwa eine landschaftliche Abfolge durchwandert, wie sie hier im Osten Nepals wiederholt zu erleben ist, wenn man von Süd nach Nord oder innerhalb einer Entfernung von etwa 100 Kilometern von Ost nach West wandert. Ginge man weiter nach Westen, dann würde sich der Landschaftscharakter aufgrund des abnehmenden Monsuneinflusses allmählich grundlegend ändern. Daß sich der Charakter auch bei der Süd-Nord-Wanderung ändert, und zwar auf einer noch wesentlich kürzeren Entfernung, werden wir später erleben.
Zunächst verläuft unser Weg in etwa in den bereits beschriebenen Zonen, wir bleiben allerdings zunehmend in der Reisbauzone. Immer ist es ein ewiges Auf und Ab, so daß wir manchmal alle vier Zonen – immergrüner Höhenbergwald mit Almwiesen, Kartoffel- und Mais-

anbau-Stufe, Reisbaustufe und trockene Schluchtzone der Flüsse – an einem Tag durchwandern.
Barpa (1 390 m), Gopetar (1 950 m), Shinam (etwa 2 000 m) und Yamphodin (1 710 m) heißen die nächsten Tagesziele, nachdem wir Phidim verlassen haben. Dazwischen liegen mehrere kleinere und größere Orte, in denen wir nur kurz rasten, so Chitre, ein Marktplatz auf einer Almwiese in einem Rhododendron-Wald (immergrüner Höhenbergwald) zwischen Barpa und Gopetar. Dann folgt Tharpu zwischen Gopetar und Shinam mit einem kleinen Buddha-Steintempel, der vollständig über- und durchwurzelt ist von einem heiligen Baum – »Kavro« nennen ihn die Einheimischen. Botanisch zählt er zur Familie der Moraceaen – ein Riesenexemplar, der an den »Baum von Tule« in Mexiko erinnert. Der junge Dorflehrer erzählt, daß am »Kavro« bereits seit über 300 Jahren Dorfbewohner und vorbeikommende Reisende ihr Gebet verrichten. Die eigentliche religiöse Assoziation, die dieser Baum darstellt, ist im Gegensatz zum »Peepul« (Ficus religiosa) allerdings nicht bekannt. Der Baum steht übrigens bezeichnenderweise direkt neben einem Quellsumpf beziehungsweise Flachmoor, einem der wenigen Moore, die man am Weg zum Kanchenjunga überhaupt beobachten kann.
Die weiteren Zwischenorte sind Telok und Mamankhe auf der Tagesetappe zwischen Shinam und Yamphodin. In Telok wird ein letztes Mal unser Trekking-Permit kontrolliert, eine eher symbolische Demonstration der hier doch weit entfernten zentralen Staatsmacht. Die Dörfer unterwegs sind vorwiegend von Hindus bewohnt, und so trifft man erst bei Gopetar die erste der wenigen Gombas des Gebietes, kleine Gebetstempel am Dorfeingang oder freistehend auf Höhenrükken. »Rai« ist hier der häufigste Beiname zu den Eigennamen der Einheimischen. Das weist darauf hin, daß neben den Limbu vor allem die Rai einen sehr hohen Bevölkerungsanteil stellen. »Von allen Bergvölkern des Nepal-Himalaya stehen die Rai den Sherpas sachlich und räumlich am nächsten. Sie wohnen nämlich im östlichen Landesteil auf der nächsten, tiefer gelegenen Höhenstufe ...« (W. F. Funke, 1978). Man vermutet, daß Rai und Limbu unter dem Namen Kiranti die ältesten Völker Nepals sind. Ihre Dörfer, durch die wir kommen, sind meist weit gefächerte Streusiedlungen mit nur einem kleinen Kernort, bestehend aus drei bis fünf Häusern, nur selten mit einem kleinen Kaufladen oder einem Teehaus. Häufig benötigt man über eine Stunde, um einen Ort ganz zu durchwandern. Die ein- bis zweigeschossigen Bauten sind aus Bruchsteinen gemauert und mit einem Lehm-

wurf überzogen. Die Dächer werden mit Reisstroh oder Gras gedeckt, und fast immer ziert ein prächtiger, holzgeschnitzter Balkon die Giebelfront des Hauses. In besonders religiösen Häusern wird der ziegelrote Sockelstreifen rings um das Haus fast täglich von der Hausfrau mit einer Lehmbrühe erneuert. Oftmals gelangt man nur über eine Einbaumleiter, in die Stufen gehauen sind, in die oberen Stockwerke. Besonders auffallend ist der reiche Blumenschmuck der Häuser mit Geranien, Amaryllis, Christusdorn, Euphorbien und Essigbaum. Vereinzelt stehen auch Kakteen am Wege und bilden natürliche Zäune gegen das Eindringen des Viehs. In den Hausgärten werden Gemüse (viel Schnittlauch) und Kartoffeln angebaut, fast nie fehlen einige Bananenstauden.

Die regenfeuchte Kanchenjunga-Südflanke

Je näher wir nun an den Himalaya-Hauptkamm heranrücken, um so feuchter wird der grundsätzliche Landschaftscharakter. Kurz hinter Mamankhe durchqueren wir den letzten Trockennadelwald (Pinus roxburghii), dann werden die Bachschluchten subtropisch üppig. Schlingpflanzen (Monstera spec.) und Orchideen (Coelogyne ssp.) wuchern von den Bäumen herab und finden sich am Boden – dichter tropischer Dschungel an Steilhängen und in unzugänglichen Bachschluchten. Vor allem Yamphodin, unmittelbar am Fuß des Hauptkammes gelegen, zeichnet sich solcherart durch eine Flora des tropisch-immergrünen Bergwaldes aus. Das ist verständlich, wenn man berücksichtigt, daß dieser Talkessel von Yamphodin wieder nur etwa 1 710 m hoch liegt. Der Monsun dringt relativ ungehindert durch die Talsysteme ein und wird hier endgültig aufgestaut.
Wie rasch sich ab Yamphodin der Landschaftscharakter ändern muß und wie unterschiedlich er beispielsweise auch zum Khumbu-Gebiet ist, zeigt wohl auch die Tatsache, daß dieser Ort die letzte Dauersiedlung auf dem Weg zum Kanchenjunga ist – Namche Bazar dagegen, das weltliche Zentrum im Khumbu-Gebiet, liegt bereits 3 800 Meter hoch.
Hier in Yamphodin beginnt nun also endgültig eine ganz andere Vegetationsstufenabfolge. Die bisher mehr oder weniger regelmäßige Abfolge sich wiederholender Nutzungs- und Vegetationszonen wird abgelöst von einer Höhenstufung der Gebirge, wie wir sie ähnlich auch in den Alpen erleben, wenn wir aus dem Tal hinaufsteigen in die

Eis- und Schneeregionen. Eigentlich sind es ja keine »Zonen«, sondern eher ein Ineinandergreifen, ein gegenseitiges Sichablösen der verschiedenen Vegetationstypen.
In Yamphodin ändert sich aber nicht nur der Landschaftscharakter, wir müssen auch unsere Träger komplett auswechseln, das heißt, auch der Mensch der Tieflandregionen ist dem Höhenklima nicht angepaßt. Die Tieflandträger verweigern den weiteren Dienst hinauf in die Gebirgsregion – mit Recht, denn sie sind es weder gewohnt noch darauf eingestellt, beispielsweise Frostnächte oder Schneefall zu ertragen. Leute aus Yamphodin und Umgebung, so auch aus der entfernten Tibeter-Siedlung Ghunsa, übernehmen die Lasten und tragen sie etappenweise hinauf bis ins Basislager.
Kurz hinter Yamphodin beginnt ein Steilanstieg, der zunächst durch Ackerterrassen führt, dann aber rasch in einen Rhododendron-Wald eintaucht und nur noch einmal ganz kurz, und zwar an einem kleinen Paß, dem 2500 Meter hoch gelegenen Dhupi Banyjang oder Amje La – Doktorhügel nennen ihn die Träger –, auf einer Almwiese ins Freie hinausführt. Bis Tseram hinauf in 3730 Meter Höhe bewegt man sich dann fast ausschließlich im dichten Dschungel der Monsunwälder.
Gleich nach dem Amje La windet sich der Weg auf der Nordwestflanke hinunter zum Amje Khola (2350 m), unserem nächsten Tagesziel. Der Aufprall der wassergesättigten Monsunwolken läßt hier einen nahezu undurchdringlich dichten Rhododendron-Buschwald entstehen. Über und über mit Flechten behangen sind die Büsche; hohe Bäume fehlen hier zunächst. Besonders auffallend ist der Reichtum an Farnen und Aronstabgewächsen. Fast könnte man vermuten, daß es sich bei diesem Buschwald um einen Sekundärbestand handelt, daß hier also ehemals eine Lichtung im Wald gerodet und später wieder aufgelassen wurde – Brandrodung und Wanderfeldbau sind in der Gegend von Yamphodin auch heute noch anzutreffen.
Hier bekommen wir es auch zum ersten Mal mit Blutegeln zu tun. In Nepal werden sie »Litschi« genannt und kommen eigentlich erst im Monsun in unzählbaren Massen aus ihren Überwinterungsquartieren. Schneckengleich hängen sie an allen Sträuchern und Grasbüscheln, von wo aus sie sich pendelnd ausstrecken und sich an allem, was vorüberkommt, ob Mensch oder Tier, festsaugen. Durch sämtliche Kleideröffnungen, auch durch die Ösen der Schnürsenkel, dringen sie bis zur Haut vor, wo sie mit ihrem dreiteiligen Saugmund die Blutgefäße anzapfen. Vor allem bei den barfüßigen Trägern hängen immer ein halbes Dutzend gleichzeitig an den Beinen. Mehr oder weniger

gleichmütig ertragen die es – im Bewußtsein, daß die vollgesaugten Egel später von selbst wieder abfallen. Reißt man sie dagegen mit Gewalt ab, entstehen kleine Wunden, die sich sehr rasch entzünden können. Wir Europäer behelfen uns mit Salz. Eine winzige Prise aus einem Streuer genügt, um die lästigen Sauger loszuwerden.

Wie gesagt, anderswo kommen die Litschis erst mit dem Monsunbeginn zum Vorschein. Auch dies zeigt, wie niederschlagsreich das Kanchenjunga-Gebiet, auch außerhalb der Regenzeit, ist. Tatsächlich hatten wir seit unserem Eintreffen in Yamphodin fast täglich Regenfall. Meist mit Beginn der Dämmerung setzten heftige Gewitter ein, die bereits in 4000 Meter Höhe Schneefall brachten. Unsere Expedition geriet dadurch in arge Bedrängnis, da durch die heftigen Schneefälle später der Lastentransport ins Stocken kam. Vorerst allerdings sind wir noch in tieferen Lagen, und der warme Regen hier ist höchstens unangenehm, wenn er langsam, aber sicher überall in die Kleidung einsickert.

Von unserem Lagerplatz unmittelbar am Amje oder Domje Khola geht es wieder steil aufwärts, diesmal durch einen Baumrhododendron-Wald. Der Boden ist dicht bedeckt mit Orchideen, allerdings sind wir noch etwas zu früh im Jahr, um die Blütenpracht, die etwa Ende April einsetzt, schon jetzt mitzuerleben. Auch beim Rückmarsch sehen wir nur noch ein paar Nachzügler – genug um zu ahnen, wie phantastisch der Wald zur Orchideen-Blütezeit aussehen muß.

In etwa 3100 Meter Höhe beginnt allmählich das Himalaya-Hochgebirge. Wir beobachten einen Rhododendron-Tannen-Wald, einen feuchten Nadelwald, der hier im östlichen, stark durch den Monsun beeinflußten Himalaya in die oberste Waldregion überleitet. Mächtige alte Tannen (Abies webbiana) bilden die Baumschicht. Im Unterwuchs stehen die verschiedensten Arten von Rhododendron und Hortensien (Hydrangea). Am Rande kleiner Almlichtungen, auf einem 3400 Meter hohen unbenannten Paß, sorgt eine Schafherde dafür, daß der Unterwuchs nicht allzu üppig ist. Dringt man aber tiefer in den Wald ein, so kann man hier echten »Ur«wald erleben. Kreuz und quer liegen die dicken, vermodernden Tannenstämme im dichten Rhododendron-Unterholz. Überlange Bartflechten (Usneoides) hängen von den Ästen eines jeden Baumes herab. Farne und Moose bedecken dort in üppigem Reichtum den Boden, wo der Rhododendron-Busch etwas lichter wird.

Noch ein letztes Mal müssen wir absteigen, diesmal vom namenlosen

Paß hinunter zum Simbua Khola, den wir Yalung-Fluß nannten, weil er die gewaltigen Gletscherwasser des Yalung-Gletschers am Kanchenjunga sammelt.
Je weiter wir hinab zum Fluß kommen, um so feuchter scheint wieder der Wald zu werden und um so dichter hängen die Flechten an den Bäumen. Immer dichter wird auch das Gewirr von kleinen Quellbächen, an deren Steilufern dichte Polster von Torfmoosen (Sphagnum-Arten) das Wasser speichern. Abwärts tritt dann auch etwa ab 3100 Meter Höhe auf dieser nordwestlich exponierten Bergflanke immer häufiger eine andere Nadelbaumart in Erscheinung: die Hemlock»tanne« (Tsuga dumosa). Auch Ahorn kommt in Flußnähe immer häufiger hinzu, bis wir schließlich direkt am Fluß auf einen kleinen Ahorn-Schluchtwald stoßen.
An diesem extrem feuchten Standort ist der Boden dicht bedeckt mit krautigen Pflanzen. Blühender Aronstab steht dicht an dicht, Ainsliaea, eine kleine kahlstengelige Pflanze mit weißen Strahlenblüten, steht direkt am moosigen Flußuferweg. Unmittelbar am Flußhochufer (2950 m) liegen mächtige Felsblöcke, deren Überhänge ein bequemes trockenes und sogar farngepolstertes Biwakplätzchen bieten. Wir mußten allerdings bereits etwa eine Stunde vorher auf einer winzigen abschüssigen Waldlichtung unter einer überhängenden Felswand unsere Zelte aufschlagen, da am Fluß nicht alle Träger einen trockenen Platz gefunden hätten.
Der Weg am Ufer des Yalung entlang verläßt sehr rasch wieder den Ahornwald. Wir durchwandern bald einen Tannenwald mit kleineren Almlichtungen (Underphidi), der dann bei Tseram (3760 m), wieder in dichten Rhododendron-Busch übergeht. Dieser wird wiederum von einem Baumwacholder-Wald (Juniperus recurva) abgelöst, der schließlich die Baumgrenze bildet.
In Tseram entdeckten wir das erste Mal auf dieser Kanchenjunga-Expedition zwei kleine Mani-Mäuerchen, sogar eine Gomba steht hier oben noch. Auch Felszeichnungen, wie man sie im Khumbu recht häufig beobachtet, sind hier zu finden.
Noch dreimal müssen wir vom Fluß ab bis zum Gletscher unsere Zelte aufschlagen: Anda oder Underphidi, eine Almwiese in etwa 3300 Meter Höhe, unmittelbar am Yalung; Yalung, eine Hochalm in etwa 3950 Meter Höhe mit den Gebäuderesten eines ehemaligen Klosters; Ramser, eine bereits natürlich waldfreie Almfläche in etwa 4300 Meter Höhe, unmittelbar an der Seitenmoräne des riesigen Yalung-Gletschers gelegen. Alle Almen sind der Yak-Weide vorbehalten.

Ramser bietet ein typisches Bild der ostnepalesischen feuchten alpinen Stufe. Wo nicht zwergenhafte Rhododendron- und Wacholder-Sträucher alle anderen Pflanzenarten verdrängen, also vor allem dort, wo der Mensch Platz schuf für die Futterpflanzen seiner Tiere, wachsen Compositen, Enziane und Primel, letztere bilden sogenannte Lägerfluren dort, wo sich die Tiere in der Nacht sammeln und mit ihrem Kot für üppige Düngung sorgen.
Im Rhododendron-Wacholder-Gebüsch, das nur etwa 30 Zentimeter hoch wächst, ist ein dichter Flechtenfilz ausgebildet. Bis hinauf auf knapp 5 000 Meter Höhe zieht sich an den weichformigen Bergrükken dieses Zwergstrauch-Flechtenpolster. In dieser Höhe gibt sich aber die Pflanzenwelt immer noch nicht geschlagen. Auf dem Felsrükken, der mitten aus dem Yalung-Gletscher herausragt, »Pache-Hügel« genannt, also mitten in der Eiswüste, bildet ein Sauergras (Carex sp.) einen dichten, widerstandsfähigen Filz.
Auch damit noch nicht genug: Am »Hump« (Buckel), einem Felsriegel in 6 000 Meter Höhe, wachsen auf kleinen Felsvorsprüngen noch Blütenpflanzen, ganz zu schweigen von den Flechten, die hier buchstäblich am glatten Fels kleben. Auch im Gipfelaufbau habe ich noch nach solchen winzigen Lebewesen Ausschau gehalten, allerdings vergebens. Anscheinend ist dort das Klima doch so extrem, daß tatsächlich kein Leben mehr möglich ist.

Geologie von Dr. Wilhelm Schloz

Abweichend von der eigentlichen West-Ost-Erstreckung des Himalayas und seiner großen Gipfelkämme bildet der Kanchenjunga als östlichster Achttausender den Höhepunkt einer von Nord nach Süd verlaufenden Gipfelkette. Ausgehend von der Singalila Range im Süden, zieht sich diese Kette – zugleich Staatsgrenze zwischen Nepal und Sikkim beziehungsweise Indien – bis zum Lhonak Peak im Norden, wo sie sich in der Chorten Nyima Range mit dem westöstlich verlaufenden Haupt- und Grenzkamm zwischen Nepal und Tibet verbindet. Kabru, Talung, Twins, Tent-, Nepal- und Jongsang-Peak sind die wichtigsten Siebentausender dieses Kammes neben dem Kanchen-

Mani-Stein vor Yalung

junga selbst. An dessen dreigipfligem Massiv mit Haupt-, West- und Südgipfel*) treffen sich dazu der von Westen, von Jannu und Kangbachen, kommende und der niedrigere, von Osten, von Siniolchu und Simvu, kommende Querkamm. Jeweils zwischen diesen vier, nur wenig aus den Himmelsrichtungen gedrehten Kanchenjunga-Graten strömen vier große Gletscher ab, der Zemu-Gletscher im Osten, der Talung-Gletscher im Südosten, der Kanchenjunga-Gletscher nach Nordnordwesten und schließlich der Yalung-Gletscher nach Südwesten. Die Schmelzwasser der beiden letzteren bilden starke Zubringer des Tamurs, die Abflüsse des Zemu- und des Talung-Gletschers gelangen ostwärts zur Tista.

Die für Alpengletscher typischen weiten Firnbecken sind bei den Himalaya-Gletschern oft nur schwach ausgebildet. Die Höhenunterschiede vom Gletscherbecken bis zu den Gipfelgraten und Kammverläufen sind hier meist 1000 bis 2000 Meter höher und die Wandfluchten steiler als in den Alpen. Wie beispielsweise in der Südwest- oder Yalung-Flanke des Kanchenjunga werden dafür die obersten Gletscherbecken von stark zerrissenen Flankengletschern und über Eislawinen von Hängegletschern gespeist. Mit 25 Kilometern Länge ist der Zemu-Gletscher der größte Eisstrom dieses Gebietes. Er wurde bereits während der deutschen Expedition 1931 von Karlo Wien vermessen und in einer Spezialkarte 1:33333 dargestellt. Der 20 Kilometer lange eigentliche Talgletscher beginnt im Bereich der hier auf 5000 bis 5500 Meter sehr hoch gelegenen Schneegrenze und endet nahezu vollständig von Schutt bedeckt auf 4100 Meter. Schon im oberen Abschnitt, unterhalb des Westsporns, soll seine Mächtigkeit nur etwa 220 Meter betragen, seine Fließgeschwindigkeit wurde dort im schnellsten Mittelteil mit rund 80 Metern im Jahr, das sind knapp 22 Zentimeter pro Tag, gemessen. Dies ist gegenüber der Fließbewegung anderer Himalaya-Gletscher und der großen Talgletscher des Karakorums auffallend langsam (zum Beispiel Batura-Gletscher 200 Meter im Jahr, Shispar-Gletscher 270 Meter im Jahr). Zumindest teilweise kann dafür die nachgewiesene hohe Abschmelzung verantwortlich sein. Über die einst wesentlich mächtigere und bis zu 20 Kilometer weiter in die Täler vorgestoßene Vergletscherung des Massivs liegen zahlreiche, von G. O. Dyhrenfurth auf seiner Expedition 1930 gesammelte Beobachtungen vor.

---

*) Zwischen Haupt- und Südgipfel liegen noch die Graterhebungen des Mittelgipfels (8496 m) und des Vorgipfels (8500 m)

Die Einzugsgebiete der Flüsse Tamur und Tista, die das Kanchenjunga-Massiv und seine weitere Umgebung nach Westen und Osten entwässern, greifen zwar weit nach Norden, überschreiten aber nicht den Grenzkamm von Nepal und Sikkim nach Tibet. Die Tista mündet außerhalb des Gebirges im ebenen Vorland in den Brahmaputra, der Tamur vereinigt sich noch innerhalb der Himalaya-Struktur nördlich der Mahabharat-Kette mit den stärkeren Flüssen Arun und Sun Kosi zum Ganges-Zubringer Sapt Kosi. Der Arun allerdings greift mit seinem obersten Einzugsgebiet weit nach Tibet und durchbricht in einer gewaltigen Schlucht auf niedriger Meereshöhe von Norden nach Süden das Himalaya-Gebirge zwischen Mount Everest und Kanchenjunga. Dieser Durchbruch des Arun und weiterer Flüsse quer durch den höchsten Gebirgskamm der Erde hat schon früh zu der Erkenntnis geführt, daß diese Flüsse älter sind als die Heraushebung des Gebirges, daß der Himalaya-Hauptkamm zu einem früheren Stadium der Flußgeschichte noch tiefer lag als das tibetanische Einzugsgebiet, und daß die gewaltige Erosionskraft dieser Flüsse mit dem Aufsteigen des Gebirges Schritt gehalten hat. Unterbrechungen dieses Vorgangs sind durch Reste von Stauseen im Bereich der Durchbruchstäler markiert. Auch die Verteilung grob- und feinkörniger Komponenten in den frühen, tertiärzeitlichen Ablagerungen von Gesteinsschutt des Himalayas, den Siwalik-Schichten, lassen die Existenz eines ähnlichen Flußsystems schon zu dieser Zeit erkennen.
Der Arun ist mit seinem Verlauf »über« und durch den Himalaya einer vorgegebenen geologischen Struktur gefolgt, und zwar einer nach Nordsüd ziehenden Sattelstruktur (Antiklinale) der Schichtlagerung, die das Mount-Everest-Makalu-Gebiet vom Kanchenjunga-Massiv trennt.
Für die große Gipfelhöhe des Himalaya ist demnach weniger der geologische Bau als vielmehr der Hebungsvorgang verantwortlich. Dieser ist erdgeschichtlich sehr jung und hält immer noch an.
Seiner zeitlichen und mechanischen Entstehung nach ist der Himalaya ein mit den Alpen vergleichbares alpines Gebirge. Bei der Kollision des asiatischen Festlands mit der vom Gondwanaland abgespaltenen indischen Platte in der jüngeren Tertiärzeit sind die dort vorliegenden Gesteine teils versenkt und aufgeschmolzen, teils entlang ausgeprägter Bewegungsbahnen übereinandergeschoben worden. Durch die – im Gegensatz zu den Alpen – von Nord nach Süd gerichtete Aufschiebungsrichtung besteht eine asymmetrische geologische Grundstruktur des Himalaya, an der sich alle, im einzelnen al-

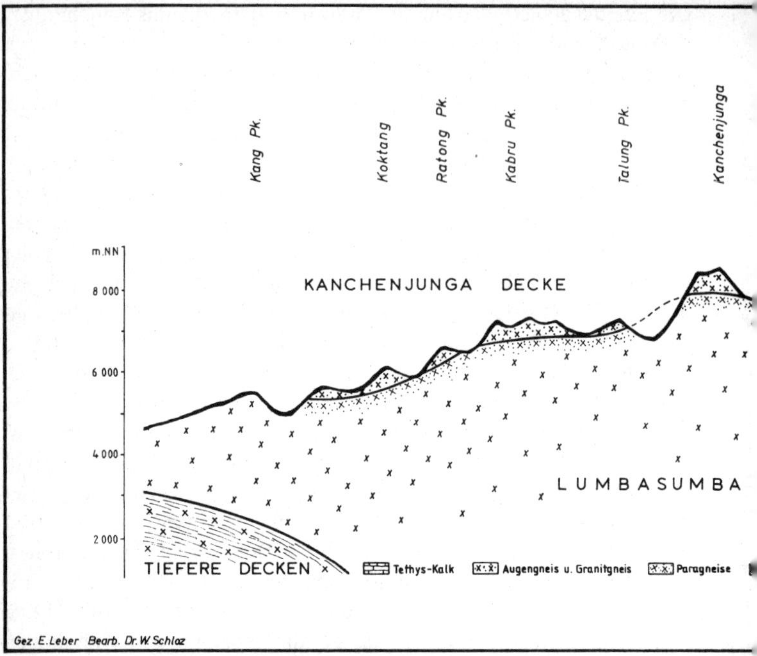

Aufbau des Himalaya nach Dyhrenfurth

lerdings noch recht unterschiedlich durchgeführten geologischen Gliederungen des Gebirges orientieren.

Vereinfachend zusammengefaßt folgen von Süden nach Norden:

Das *Himalaya-Vorland (Sub-Himalayas).* Nördlich der Ganges- und Brahmaputra-Ebene erheben sich die Siwaliks aus älteren Schuttablagerungen des aufsteigenden Gebirges, die mit der Molasse im Alpenvorland vergleichbar sind.

Der *Niedere Himalaya* beginnt darüber mit der markanten Überschiebungsfront (Main Boundary Fault) älterer Gesteine über die Siwaliks. Dabei kann eine hauptsächlich aus nieder-metamorphen Sedimentgesteinen und eine hauptsächlich aus hoch-

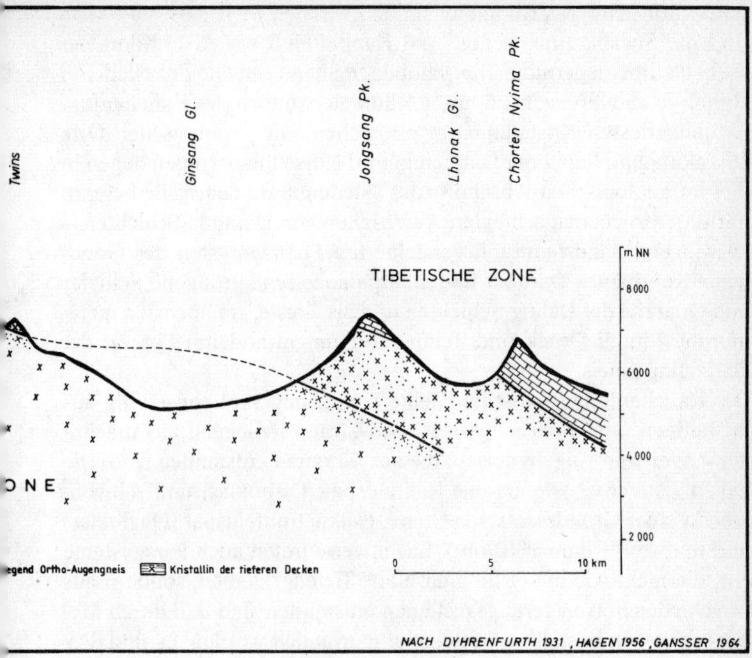

metamorphen kristallinen Gesteinen mit Instrusivmassen bestehende Deckenserie mit im einzelnen sehr kompliziertem geologischen Bau unterschieden werden (Nawakot- und Kathmandu-Deckenserien). Zu diesem Gebiet gehört das dicht besiedelte nepalesische Mittelland.

Der *Hohe Himalaya* wird entlang der obersten großen Überschiebungsfläche (Main Central Thrust) abgegrenzt, über der die außerordentlich mächtige Schichtenserie beginnt, die in normaler Abfolge zuoberst von Meeresablagerungen (marinen Sedimenten) der Tethys- oder Tibetischen Zone überdeckt wird.

Im wesentlichen gilt diese Gliederung auch für ein Süd-Nord-Profil im Bereich des Kanchenjunga, das von den Siwaliks bis zur Tibeti-

schen Zone nur 120 Kilometer mißt. Zwischen Sapt Kosi und Tista sind die Siwaliks nur wenige, am Kankäi-Fluß bis zu 15 Kilometer breit. Darüber lagern die überschobenen alten Gesteine des Niederen Himalaya, die ihrerseits 25 bis 30 Kilometer südlich des Kanchenjunga unter dessen Kristallinmasse abtauchen. Die nepalesischen Orte Dhankuta und Ilam oder Darjeeling und Kurseong in Indien liegen in diesem geologischen Abschnitt des Niederen Himalaya. Er beginnt mit unterbrochenen schmalen Ausstrichen von Damuda-Schichten – vorwiegend Sandsteine mit versteinerten Pflanzenresten des Gondwana-Kontinents. Darüber folgen altpaläozoische grünliche Schiefer und Quarzite der Daling-Schichten und als älteste, am höchsten metamorphe (durch Druck und Temperatur umgewandelte) Einheit der Darjeeling-Gneis.
Der Kanchenjunga selbst und seine Umgebung sind vollständig aus kristallinen Gesteinen aufgebaut, und zwar vorwiegend aus mächtigen Lagen von Augengneisen, die aus Graniten entstanden sind. Die hellen »Augen« bestehen aus Kalifeldspat (Orthoklas) und schwimmen in einer Grundmasse aus Quarz, Kalknatronfeldspat (Plagioklas) und dunklem Glimmer (Biotit). Lagenweise treten auch Paragesteine auf, die nicht wie die Orthogneise aus Tiefengesteinen, sondern aus verschiedenen Ablagerungsgesteinen entstanden sind und durch Metamorphose in kristalline Gesteine umgewandelt wurden. Es sind dies dunkle, gebänderte, biotitreiche Gneise, Granatglimmerschiefer, Biotitchloritschiefer und verwandte Gesteine. Dazu gehören auch Kalksilikate, die vereinzelt zum Beispiel im Yalung-Tal gefunden wurden.
Toni Hagen hat die kristalline Serie in eine Lumbasumba-Zone und eine überlagernde Kanchenjunga-Decke untergliedert. Die von G. O. Dyhrenfurth vermutete Lagerung dieses Kristallins bis in die Kanchenjunga-Gruppe, überschoben auf metamorphen Gesteinen der Daling-Serie, ist nicht sehr wahrscheinlich. Hagen spricht deshalb von einer »Zone«, die er nach dem Lumbasumba-Himal-Gebiet an der nepalisch-tibetischen Grenze zwischen Arun und Kanchenjunga benannt hat.
In der aufgeschobenen Kanchenjunga-Decke T. Hagens, also in den Gipfelbereichen des Gebietes, treten wieder Augengneise und Granitgneise auf, dazu gehört auch der massige Granitstock des Jannu. Die Überschiebungsfläche wird hauptsächlich durch Paragneise markiert und soll nach Hagen an der Ostflanke des Massivs auf etwa 8 000 Meter Höhe ausstreichen und nach Westen zu einfallen.

Links Sichel und Rampe, rechts das große Couloir, das Schorsch Ritter zusammen mit drei Sherpas am 15. Mai 1980 zum Gipfel hochgestiegen ist

Die Terrassenbildung in der oberen Yalung-Flanke kann damit in Zusammenhang stehen. Insgesamt zeigen die schichtigen Lagerungsstrukturen des Kanchenjunga-Gebietes eine weite Muldenzone (Synklinale) mit zwischen Kangbachen und dem Hauptgipfel durchziehender Nord-Süd-Achse und eine demgegenüber untergeordnete, quer dazu verlaufende Sattelzone (Antiklinale).
Diese Lagerungsverhältnisse sind mit westwärts gerichtetem Einfallen besonders in der Yalung-Flanke gut sichtbar. In der Gipfelregion hebt sich das hellere, weniger gegliederte Massiv des Westgipfels vom dunkleren Gestein der Sichel und des Hauptgipfels mit deutlicher Lagerungsstruktur ab. Fotos vom Aufstieg zum Westgipfel (oder Yalung Kang) der Japaner 1973 und der deutsch-österreichischen Expedition 1975 lassen ein helles, offensichtlich feinkörniges Gestein nahezu ohne sichtbare Struktur erkennen. Bereichsweise treten vereinzelte, große Einschlüsse eines dunklen Gesteins auf. Wahrscheinlich handelt es sich dabei um den Rand einer intrusiven Zone. Vom Hauptgipfel dagegen liegt ein dunkler, biotitreicher Gneis vor. Verfolgt man den Gipfelkamm vom Kanchenjunga nach Norden, so nimmt der An-

teil an metamorphen Ablagerungsgesteinen (Paragneise) am Aufbau des kristallinen Massivs zu. Turmalin- und granathaltige Gesteine werden häufiger gefunden. Am Jongsang Peak (7459 m) wird ein ausgeprägtes Einfallen der Lagerungsstrukturen nach Norden sichtbar. Der Gipfel trägt eine Kappe kalkiger Sedimentgesteine, die unweit nördlich bereits die gesamte Nordabdeckung der Chorten Nyima Range (nepalisch-tibetischer Grenzkamm) einnehmen. Es handelt sich um siltige Kalksteine, Sandsteine, Kieselkalke und Kalkschiefer, die G.O.Dyhrenfurth 1931 zunächst als Dodang-Serie zusammengefaßt hat (nach dem Dodang Nyima Peak, jetzt Chorten Nyima Peak, 6927 m). Diese Gesteine sind heute als permo-karbonische Sedimente erkannt, die in normaler Lagerung dem Kristallin-Dom von Ostnepal und Sikkim auflagern und nach Tibet hin bald von mächtigen Ablagerungen der Jura- und Kreidezeit überdeckt werden. Es sind Gesteine aus dem einstigen, Tethys genannten »Mittelmeer« zwischen dem asiatischen (Angara-)Kontinent und der indischen Festlandsplatte. G.O.Dyhrenfurth hat zwar das Alter dieser Ablagerungen noch zu jung und ihre Lagerung irrtümlich als überkippt und aufgeschoben angenommen, sein Vergleich des geologischen Baus von Jongsang Peak und Mount Everest war jedoch völlig zutreffend. Auch der Mount Everest trägt über Gneisen und Graniten (Barun-Gneis, Makalu-Granit, Khumbu-Decken) eine nach Norden einfallende Auflagerung kalkiger Sedimente (Everest-Kalk, Tibetische oder Tethys-Zone).

Obwohl die geologische Erforschung des Kanchenjunga-Gebietes schon weit über hundert Jahre zurückreicht, wird es dort noch lange nicht an Forschungsaufgaben fehlen. Wahrscheinlich als erster berichtete Hooker 1854 über geologische Untersuchungen im Himalaya, einschließlich des Kanchenjunga, Lozcy hat 1878 ein Profil von Darjeeling bis zum Kanchenjunga aufgenommen. Garwood 1899 und Dyhrenfurth 1930 haben den Berg als Geologen vollständig umrundet, und im Auftrag der UNO wurde von Toni Hagen 1955/56 die nepalesische Seite des Kanchenjunga erkundet. Hagen hat dabei seine Deckengliederung vom westlichen und mittleren Nepal auf das Gebiet östlich des Arun übertragen. Das Sikkim-Gebiet wird heute durch indische Geologen erforscht. Abschließend mag die Anregung stehen, daß der Bergsteiger in der Hochregion noch manchen »Stein« zum besseren Verständnis der Geologie des Hoch-Himalaya beitragen kann.

Der Mensch in großen Höhen

Als die Engländer in den zwanziger Jahren an der tibetischen Nordflanke des Mount Everest ihre ersten Besteigungsversuche unternahmen, kamen schon damals Sauerstoffgeräte zum Einsatz. Dessenungeachtet war man sich seinerzeit aber über den Einfluß der Höhe auf den menschlichen Organismus durchaus noch nicht voll im klaren gewesen. Beim Kampf um einen Achttausender sah man damals vorwiegend noch die technischen Schwierigkeiten einer Aufstiegsroute – und erst in zweiter Linie dachte man an das veränderte klimatische Milieu, mit dem man sich an solchen Bergen auseinanderzusetzen hat.

Physiologische Erkenntnisse über das Verhalten des menschlichen Organismus in großer Höhe wurden erst seit dem Jahre 1952 systematisch gesammelt. Zu dieser Zeit führte der Schweizer Arzt Wyss Dunant, während der von ihm geleiteten Mount-Everest-Expedition, höhenphysiologische Tests durch. Wyss Dunant vertrat die Ansicht, daß die Höhe über 7 800 Meter absolut lebensfeindlich ist, und nannte sie daher ›Todeszone‹. Meiner Meinung nach beginnt aber die ›Todeszone‹ bereits auf einer weit geringeren Höhe, denn über 7 200 Meter baut der menschliche Organismus schon zusehend ab, er verliert Kräfte, und die Möglichkeit der körperlichen Erholung ist selbst bei Ruhe und reichhaltiger flüssiger Ernährung nicht mehr gegeben. Diesem hypoxämischen Kräfteverfall kann man nur durch zusätzliche Verabreichung von Sauerstoff aus der Flasche begegnen. So konnten sich im Jahre 1971 Don Whillans und Doug Haston durchaus drei Wochen lang in 7 400 Meter Höhe (Lager 4) in der Everest-Südwestwand aufhalten, da den beiden ständig volle Sauerstoff-Flaschen von den Sherpas nach oben in ihr Lager gebracht wurden. Sie saugten also unentwegt Sauerstoff aus der Flasche. Man weiß heute, daß ein höhenkranker Bergsteiger, der sich in der ›Todeszone‹ befindet, nur durch Beatmen mit künstlichem Sauerstoff – oder durch fremde Hilfe – sich in ein tiefer gelegenes Lager hinabretten kann. Der Höhenkranke, der sich in dieser Zone befindet, ist, sofern er auf sich allein gestellt ist, nicht mehr fähig, auch nur wenige Schritte zu tun. Er kann sich daher aus seiner ausweglosen Lage aus eigener Kraft nicht mehr befreien.

Die Folgerung davon ist, daß man nur bei bester Kondition und gut akklimatisiert in diese lebensfeindlichen Höhen vorstoßen sollte.

Die im Laufe der Jahre gewonnenen höhenphysiologischen Erkenntnisse veranlaßten mich, zu den Geschehnissen während einer meiner Himalaya-Expeditionen folgendes festzuhalten: »Die Himalaya-Geschichte kennt meines Wissens kein Beispiel, daß sich ein Höhenkranker in fast 8 000 Meter aus eigenen Impulsen heraus – also ohne Getränk, ohne Nahrung, vor allem auch ohne die künstliche Sauerstoffzufuhr – wieder so weit erholen kann, daß er schließlich ganz fit wird, so fit, daß er einen kräftezehrenden Abstieg über eine ungesicherte, 3 000 Meter hohe Eiswand schaffen würde. Es ist bekannt, daß der menschliche Organismus in der ›Todeszone‹ – durch das große Sauerstoffdefizit infolge des verminderten atmosphärischen Drucks – körperlich immer weiter abbaut, – der Mensch steht hier einer lebensfeindlichen Umwelt gegenüber.« –

Nimmt man an, daß die ›Todeszone‹ bereits bei über 7 200 Metern beginnt, so beträgt infolge der Verringerung des atmosphärischen Drucks der Sauerstoffgehalt der Luft auf alle Fälle weniger als 39 Prozent. Es steht also weniger als die Hälfte der gewohnten Sauerstoffmenge zum Atmen und damit zur Versorgung der Gewebe mit diesem lebensnotwendigen Stoff zur Verfügung.

Mit dem Aufstieg in große Höhen steigt auch der Flüssigkeitsbedarf des Körpers. Die Tagesmenge liegt – je nachdem, in welcher Region man sich befindet – zwischen drei und fünf Litern. Die Luft in großer Höhe ist sehr trocken, dadurch wird über die Poren der Haut sehr viel Wasser nach außen abgegeben. Hinzu kommt der Wasserverlust durch Hyperventilation, das heißt durch beschleunigte Atmung. Bekanntlich wird beim Ausatmen Wasser abgegeben. Wenn der Sauerstoffmangel alle Bewegungen bereits zu einer körperlichen Anstrengung werden läßt, dann ist die Wasserabgabe über die Lungen ganz beachtlich.

Der Wasserverlust des Körpers führt zur Eindickung des Blutes. Die Viskosität, Klebrigkeit, besser Dickflüssigkeit des Blutes erhöht sich außerdem auch dadurch, weil die roten Blutkörperchen beim gut akklimatisierten Bergsteiger – also nach einem Aufenthalt von drei bis vier Wochen in einer Höhe von rund 6 000 Metern – sich durch den Hypoxiereiz auf das blutbildende System bis zu etwa 50 Prozent vermehren können. Das Blut wird also dick- und zähflüssiger, seine Viskosität nimmt zu.

Die roten Blutkörperchen bilden die festen Bestandteile des Blutes;

ihr Volumen kann man im Verhältnis zum Gesamtvolumen des Blutes messen. Auf diese Weise ergibt sich der Hämatokritwert, der unter normalen Verhältnissen beim Mann rund 46 Prozent, bei der Frau 43 Prozent beträgt. In extremen Höhen kann der Hämatokritwert bis über 60 Prozent ansteigen. Die Folge ist, daß das Blut dann nicht mehr so leicht durch die Kapillaren fließt.

Um aber dennoch einen physiologischen Blutstrom aufrechterhalten zu können, muß das Herz entsprechende Mehrarbeit leisten. Dies bedeutet wiederum eine zusätzliche Kreislaufbelastung. Um dieser Hyperviskosität des Blutes entgegenwirken zu können, ist es dank der Erfindung einer elektronischen Mini-Zentrifuge und eines elektronischen Mini-Photometers heute möglich, selbst in großen Höhen und bei schwierigen Lebensbedingungen im Zelt, den Hämatokritwert, die Zahl der roten Blutkörperchen (Erythrozyten) und die Menge des Blutfarbstoffs (Hämoglobin) zu bestimmen – um gegebenenfalls eine Verdünnung des Blutes vornehmen zu können. Die »Hämodilution« soll eine Entlastung des Herzens erwirken. Man entnimmt dabei etwa 500 Milliliter Blut und spritzt dafür einen Blutplasma-Ersatz in die Vene ein. Wie weit diese Hämodilution von besonderem Nutzen ist, sei späteren Untersuchungen vorbehalten, denn es ist zu bedenken, daß bei Reduktion der Sauerstoff-Transportkapazität des Blutes, das heißt durch Verminderung der Erythrozytenzahl – wie sie die Hämodilution bewirkt – auch die Fähigkeit des Blutes verschlechtert wird, die Gewebe ausreichend mit Sauerstoff zu versorgen. Es erhebt sich daher die Frage, ob die größere Herzleistung, die durch Blutverdünnung erreicht wird, den Verlust an Sauerstoffträgern auszugleichen vermag. Andererseits führt die Eindickung des Blutes durch Vermehrung der Erythrozyten, ausgelöst von der Akklimatisation, zu einem hohen Hämatokritwert; dadurch kommt es zu einer Verlangsamung des Blutstromes in den Kapillaren, was bei großer Kälte Bereitschaft und Gefahr für Frostschäden erheblich steigert.

Auf Sauerstoffmangel – besser gesagt auf die Verminderung des atmosphärischen Drucks – reagiert unser Zentralnervensystem besonders empfindlich. Es ist bekannt, daß bereits vier Minuten absolute Sauerstoffdrosselung die Gehirnzellen irreparabel schädigen. Daraus ergibt sich, daß durch eine starke Reduktion der Sauerstoffversorgung, wie sie in großen Höhen gegeben ist, zwar noch keine Spätfolgen zu erwarten sind, aber dennoch bereits recht beachtliche Störungen im Stoffwechsel der Ganglienzellen auftreten können. Praktisch bedeutet dies eine Verzögerung der Gedankenabläufe, der Assoziationen: Es kommt zu Apathie, Zwangsvorstellungen und Halluzinationen. Partieller Sauerstoffmangel führt aber in keinem Fall bereits zu einer Dauerschädigung des Gehirns, also zum Verlust von Nervenzellen! Ein Absterben der Ganglienzellen in der grauen Hirnrinde setzt eine absolute Unterbrechung der Sauerstoffzufuhr voraus.

Mit Spekulationen, die dahingehen, daß durch Sauerstoffmangel in großer Höhe abgestorbene Ganglienzellen eventuell durch benachbarte, bis dahin ungenutzte Nervenzellen ersetzt werden – so daß andere nun die Funktionen dieser abgestorbenen Ganglienzellen übernehmen –, kann ich mich nicht befreunden. Meine Meinung ist, eine tote Nervenzelle läßt sich durch eine andere nicht ersetzen. Ein Absterben würde immer zu gewissen Ausfallserscheinungen führen, wenngleich dieselben nicht unbedingt im motorischen, sensiblen oder sensorischen Bereich des Gehirns zu liegen brauchen; Störungen im Bereich des Zentralnervensystems sind daher gegebenenfalls nicht immer leicht festzustellen.

Dagegen ist bekannt, daß nach längerem Aufenthalt in großer Höhe, nach Höhenkrankheit oder Lungenödem eine Minderung des Gedächtnisses auftritt, die dann ohne weiteres einige Wochen lang anhalten kann. Die graue Hirnrinde kann sich nämlich im Laufe von einigen Wochen erholen und wird schließlich wieder voll funktionstüchtig. Der ›Schleier der Maya‹ verschwindet dann meist innerhalb weniger Stunden, und das Gedächtnis ist wieder voll assoziationsfähig. –

Der lebensnotwendige Sauerstoffmantel, der sich um unsere Erde legt, wird mit zunehmender Höhe kontinuierlich dünner, und der atmosphärische Druck nimmt gleichzeitig ab. Die Zusammensetzung der Luft ist dennoch bis auf etwa 15 000 Meter Höhe immer noch die gleiche: Sie besteht aus rund 21 Prozent Sauerstoff, 78 Prozent Stickstoff, 1 Prozent Edelgase und 0,03 Prozent Kohlendioxyd. In der Atmosphäre ist also überall gleichviel Sauerstoff vorhanden. Was aber nachläßt, je höher man steigt, ist der atmosphärische Druck, den wir aber unbedingt zur Atmung benötigen. Bekanntlich ist die Atmung ein passiver Vorgang; indem sich der Brustkorb weitet und das Zwerchfell kontrahiert, wodurch der Brustraum vergrößert wird. Die Lunge, die dem Brustkorb innen absolut dicht anliegt, vergrößert auf diese Weise ihr Lumen. Dadurch wird die Luft und somit auch der Sauerstoff in die Lungenalveolen (Bläschen) hineingedrückt. Durch Diffusion gelangt der gasförmige Sauerstoff ins Blut, wo er sich chemisch an den Blutfarbstoff in den roten Blutkörperchen bindet.

Der atmosphärische Druck beträgt auf Meereshöhe 760 mm Quecksilber. Je höher man steigt, um so geringer wird der Druck, und im Hauptlager am Mount Everest in etwa 5 450 Meter Höhe beträgt er nur noch 387 mm Quecksilber. Das Sauerstoffangebot hat sich also in dieser Höhe um 50 Prozent verringert. – Auf dem vierthöchsten Berg der Erde, dem 8 501 Meter hohen Lhotse,*) beträgt die Sauerstoffsättigung aufgrund des verminderten atmosphärischen Drucks nur 249 mm Quecksilber. Dies entspricht einer Minderung des Sauerstoffgehaltes in der Atemluft auf 32,2 Prozent. Die Minderung nimmt beim Aufstieg zum Mount Everest sogar auf 30,8 Prozent ab. Daraus ergibt sich für den Bergsteiger, der den Lhotse oder den Makalu (8 475 m) ohne Atemhilfe besteigt – im Gegensatz zu den Chinesen, zu Habeler und Messner sowie Hans Engl und den beiden Sherpas Ang Dorje und Mingma, die alle den Everest ohne Sauerstoff bestiegen haben –, eine Differenz von 1,4 Prozent.

Ist das Sauerstoffangebot in großer Höhe stark vermindert, dann ist auch das Druckgefälle zwischen arteriellem Blut und den Geweben entsprechend reduziert. Dies bedeutet schließlich eine Verschlechterung der Stoffwechselvorgänge und der Verbrennungsprozesse in den Zellen. Die Sauerstoffverarmung der Gewebe nennt man ebenfalls Hypoxie. In einem Gasgemisch – zum Beispiel der Luft – entfällt auf jedes einzelne Gas – in unserem Falle zum Beispiel auf den Sauerstoff – von dem Gesamtdruck soviel, als dem Volumenverhältnis entspricht. Dies nennt man Teil- oder Partialdruck. Da die Luft in verschiedenen Höhen immer die gleiche Zusammensetzung aufweist, fällt und steigt der Sauerstoff-Partialdruck nahezu im gleichen Maße wie der Gesamtbarometerdruck.

Beträgt der Sauerstoff-Partialdruck in der Luftröhre auf Meereshöhe 149 mm Quecksilber, so zeigt er auf 5 500 Meter, wo sich der Luftdruck um 50 Prozent verringert hat, nur noch rund 70 mm Quecksilber. Die Hypoxie ist also eine Folge der Abnahme des Luftdrucks und der daraus resultierenden Verminderung des Sauerstoff-Partialdrucks in der Luft. In der Höhe reduziert sich das Sauerstoffdruckgefälle zwischen Alveolarluft in den Lungenbläschen und dem arteriellen Blut derart, daß das Hämoglobin in den Erythrozyten nicht mehr in der Lage ist, sich absolut mit Sauerstoff zu sättigen.

Es ist interessant, daß unter normalen physiologischen Bedingungen lediglich 25 Prozent des Sauerstoffs, der an das Hämoglobin gebun-

---

*) Neue Höhenangabe 8 516 Meter

den ist, in den Kapillaren an das Körpergewebe abgegeben wird. Die übrigen 75 Prozent fließen mit dem Venenblut zum Herzen und in die Lungen zurück. Es besteht also ein Reserve-Sauerstoff von 75 Prozent, der nur bei erhöhtem Sauerstoffbedarf der Organgewebe beansprucht wird.

Während der Kampf um die »letzten Probleme der Alpen« sich in den technischen Schwierigkeiten erschöpft, geht es im Ringen um die höchsten Berge der Welt darum, wie man sich am besten auf die in großer Höhe veränderten Lebensbedingungen einstellt. Der Übergang des Sauerstoffs aus der Alveolarluft ins Blut ist bekanntlich nur dann möglich, wenn zwischen Atemluft und Blut ein Druckgefälle besteht. Der in gasförmigem Zustand vorhandene Sauerstoff wird also physikalisch durch die Luftsäule, die auf uns lastet, in das Blut »gedrückt« und dort chemisch gebunden. Je geringer das Druckgefälle ist, desto weniger Sauerstoff kann an das Hämoglobin gebunden werden. Mit zunehmender Höhe nimmt der atmosphärische Gesamtdruck ab und damit auch der Sauerstoff-Partialdruck in den Lungenbläschen. Bei einer nur geringfügigen Erniedrigung des Sauerstoff-Partialdrucks vermag sich das Hämoglobin dennoch fast vollständig mit Sauerstoff zu sättigen. Das liegt daran, daß sich der verminderte atmosphärische Druck erst ab einer Höhe von rund 3 000 Metern so richtig bemerkbar macht. In dieser Höhe nimmt dann die Bindungsfähigkeit des Blutfarbstoffs zusehends ab – und in einer Höhe von 7 000 Metern zum Beispiel können nur noch 40 Prozent des Sauerstoffs chemisch gebunden werden.

Wie alle Himalaya-Expeditionen gezeigt haben, können aber trotzdem Bergsteiger sich in Höhen bis zu 7 200 Meter längere Zeit aufhalten. Der Organismus verfügt nämlich über eine ganze Reihe von Möglichkeiten, sich den veränderten Umweltbedingungen anzupassen. Zunächst reagiert er ähnlich wie bei Erhöhung des Sauerstoffbedarfs infolge körperlicher Arbeit, nämlich durch Vergrößerung des Herz-Minutenvolumens. Unter Herz-Minutenvolumen versteht man die in einer Minute vom Herzen ausgestoßene Blutmenge, die beim gesunden, ruhenden Menschen rund vier Liter beträgt. – Außerdem wird der Gasaustausch durch Beschleunigung der Atmung verstärkt. Es kommt zur Hyperventilation, wodurch die Sauerstoffaufnahme in den Lungenbläschen wesentlich begünstigt wird.

Erfolgt ein plötzlicher Übergang in eine Höhe von über 3 000 Meter, so kann eine massive Ausschüttung von Blut aus den sogenannten Blutdepots in den Kreislauf erfolgen. Die Depots befinden sich in der

Milz, in der Leber und im Gefäßsystem der Eingeweide. Dadurch kann die Zahl der Erythrozyten bis um ein Drittel erhöht werden. Außerdem – und dies ist seit langem bekannt – wird das Knochenmark zu einer reaktiv verstärkten Neubildung von roten Blutkörperchen angeregt, wenn unser Körper unter Sauerstoffmangel leidet. Innerhalb von drei Wochen kann sich dann die Zahl der Erythrozyten um 20 oder mehr Prozent steigern. Es kommt zur Höhenpolyglobolie.
Entnimmt man akklimatisierten Höhenbewohnern Blutplasma und injiziert es Flachlandbewohnern, die auf Meereshöhe leben, so erreicht man eine Vermehrung der Retikulozyten, das sind jugendliche rote Blutkörperchen. Es entwickeln sich also aufgrund eines im Blutplasma befindlichen Reizstoffes jugendliche Formen der Erythrozyten. Es muß demnach ein humorales Zwischenglied eine Rolle spielen zwischen dem Hypoxiereiz und der Steigerung der Erythropoese, wie man die Blutbildung bezeichnet. Man nimmt an, daß dieses ›Erythropoetin‹ ein in der Niere gebildeter, die Blutbildung stimulierender Faktor ist.
Für den noch nicht angepaßten Organismus ist das Leben in großen Höhen lebensfeindlich. Der akklimatisierte Bergsteiger jedoch überwindet aufgrund seiner biologischen Anpassung an das verminderte Sauerstoffangebot höhenbedingte Krankheitssymptome und vermag, ohne zunächst körperlichen Schaden zu erleiden, auch in weit höhere Regionen vorzudringen. Dennoch muß man der auf Spargang arbeitenden Dynamik des Herzens und der sich daraus ableitenden Schwächung des Kreislaufs bei allen körperlichen Aktionen Rechnung tragen. Die veränderten klimatischen Verhältnisse können vom Alpinisten nur dann gemeistert werden, wenn das Adaptionsvermögen groß und die Akklimatisation ausreichend sind. Unter Adaption versteht man die Anpassungsfähigkeit des Kreislaufes, unter Akklimatisation die Gewöhnung an die große Höhe. – Die bei akuter Höhenexposition einsetzende beschleunigte Atmung, Hyperventilation, führt über eine Verminderung des Kohlendioxydgehalts in den Arterien zu einer *respiratorischen Alkalose.*
Reichen bei einem raschen Aufstieg in große Höhen die Adaptionsmechanismen nicht mehr aus, um den Stoffwechsel noch in physiologischen Bahnen halten zu können – und ist zu diesem Zeitpunkt auch die Akklimatisation noch nicht so weit ausgeprägt, daß sich die Höhenanpassung bereits auswirken könnte –, dann führt der Sauerstoffmangel zu einem Symptomenkomplex, den man als Höhen-, Berg- oder Fliegerkrankheit bezeichnet. Der Betroffene leidet an den

üblichen, durch die Höhe hervorgerufenen Beschwerden wie Kopfschmerzen, Schwindelgefühl, Appetitlosigkeit, Übelkeit bis zum Erbrechen, Abgeschlagenheit und Energielosigkeit bis zur totalen Apathie. Weitere Symptome sind Herzrasen, gestörter Schlaf, Atemnot und Störungen im Atemrhythmus; es kommt zur sogenannten Cheyne-Stokes'schen Atmung, die auf eine schwere Schädigung des Atemzentrums hinweist. Werden diese ersten Symptome der Höhenkrankheit übersehen und daraus keine Konsequenzen gezogen, kann es zum Kreislaufversagen und schließlich zum gefürchteten Lungenödem kommen.

Die häufig beschriebene Lungenentzündung bei Himalaya-Bergsteigern ist selten eine echte Pneumonie, sondern meist der Beginn eines kardialen Lungenödems, das heißt, es kommt durch Nachlassen der Herzkraft zum Eindringen seröser Flüssigkeit aus den Lungenkapillaren in die Lungenbläschen. Wird ein Höhenkranker in diesem gefährlichen Stadium nicht behandelt – bekommt er also keinen künstlichen Sauerstoff, keine wassertreibenden oder den Herzkreislauf stützenden Medikamente –, so können sich Benommenheit und Halluzinationen bis zur Bewußtseinstrübung steigern. Alle diese Symptome sind eine Folge der bereits bestehenden Hirnschwellung, die schließlich zur Pseudo-Urämie führen kann. Dann werden auch harnpflichtige Stoffe von den Nieren nicht mehr ausreichend ausgeschieden, und es treten punktförmige Blutungen in den Schleimhäuten auf. Im weiteren Verlauf dieser Höhenkrankheit kann es schließlich zu einem komaartigen Zustand mit Bewußtlosigkeit kommen.

Petechiale Blutungen in der Retina führen zu Sehstörungen. Untersuchungen der Netzhaut beim leistungsfähigen, akklimatisierten Bergsteiger, der sich längere Zeit in großer Höhe aufgehalten hat, haben ergeben, daß oftmals kleine Blutungen am Augenhintergrund beobachtet werden können. Man spricht von Höhen-Retinopathie. Soweit diese Stigmata in der Netzhaut im sogenannten blinden Teil liegen, werden sie nicht bemerkt. Liegen sie aber im lichtempfindlichen Abschnitt, im praemakulären Teil der Retina, so stören sie schon recht unangenehm das Blickfeld, meist in Form eines blattförmigen Schattens, der sich erst nach mehreren Tagen wieder langsam zurückbildet. Bevor es zur Hämorrhagie kommt, treten meist starke Kopfschmerzen auf. Diese können aber andererseits auch durch Hirnblutungen verursacht werden. Wenn letzteres der Fall ist, klagt der Betroffene meist schon tagelang vorher über einseitige Kopfschmerzen an einer ganz bestimmten Stelle des Schädels. Die aufgezeigten Sym-

ptome werden oft als *kleiner Schlaganfall* bezeichnet, wenngleich es sich um keine arteriosklerotische Brüchigkeit der Gehirngefäße handelt.
Die Bereitschaft zu diffusen Blutungen erfährt jeder Reisende oftmals schon im Flugzeug, dessen Passagierraum auf einen atmosphärischen Druck entsprechend einer Höhe von 2500 Metern eingestellt wird. Himalaya-Bergsteiger haben immer schon diffuse Blutungen zum Beispiel der Nasenschleimhäute beobachtet, die in großer Höhe – wie bei Hermann Buhl 1953 am Nanga Parbat – auch zu blutigem Speichel führen können. Blutungen können natürlich auch an anderen Organen beobachtet werden, so zum Beispiel im analen Bereich des Darmes.
Um dieser Blutungsbereitschaft in großen Höhen begegnen zu können, habe ich bereits seit Jahrzehnten hohe Dosen Vitamin C und Kalzium an die Expeditionsmitglieder ausgegeben. Die Ascorbinsäure hat bekanntlich eine gefäßabdichtende Wirkung, aktiviert außerdem das Thrombin, das die Gerinnungsfähigkeit des Blutes verstärkt – und somit die nicht immer ungefährlichen punktförmigen Blutungen zu verhindern vermag. Man soll schon aus diesem Grunde bei Expeditionen im Himalaya hohe Dosen von Vitamin C in Form von Brausetabletten mit sich führen und sie täglich trinken lassen. Dies kann auch bereits im Anmarsch erfolgen, eventuell auch mit Gletscherwasser, das auf diese Weise schmackhaft gemacht werden kann. Man erreicht dadurch einen hohen Vitamin-C-Spiegel, steigert die lebensnotwendige Flüssigkeitszufuhr und stillt den Durst. –
Den Mount Everest ohne Sauerstoffatemgerät besteigen zu können, wurde durch den von Reinhold Messner lange Zeit vor Durchführung seines Vorhabens entfachten Presserummel weitgehendst in Kreisen diskutiert, die von den physiologischen Vorgängen im menschlichen Organismus in großer Höhe meist nur sehr vage Vorstellungen hatten. So wurde der Besteigungsversuch von Messner und Habeler zu einem Kriterium hochgespielt, ob der menschliche Organismus überhaupt in der Lage sei, einen fast 9000 Meter hohen Berg ohne Benutzung von Atemgeräten besteigen zu können oder nicht. Es war gerade in jener Zeit, als Messner und Habeler am Everest waren, als ich während eines Empfangs für den königlich nepalesischen Botschafter, den Konsul Günter Hauser, seinerzeit in München gab, in ein Gespräch mit einem Professor für Medizin kam, der sich auch mit Höhenphysiologie beschäftigt und darüber schon mancherlei publiziert hatte. Ich war überrascht, von ihm hören zu müssen, daß er glaube, die beiden Berg-

steiger würden sicher irgendwelche Gehirnschädigungen von ihrem Besteigungsversuch am Everest davontragen. Ich habe seinerzeit dieser Meinung heftig widersprochen und wies darauf hin, daß britische Bergsteiger schon in den zwanziger Jahren bis auf eine Höhe von 8 600 Metern ohne Sauerstoffatemgerät vorgedrungen waren und daß die Chinesen im Jahre 1975 den Mount Everest zu neunt – darunter die zweite Frau am Everest, die Tibeterin Phantog –, ohne während des Aufstiegs ein Atemgerät benutzt zu haben, den Gipfel erreichten.
Ich habe auch bereits vor etwa zwanzig Jahren, am 4. Mai 1963, in der Zeitschrift *Ärztliche Praxis* zu dieser Frage folgendermaßen Stellung genommen: »Bei der Besteigung hoher Achttausender – also jener Berge über 8 400 Meter Höhe – hat man bis jetzt auf Sauerstoff nicht verzichtet, ihn nachts oder in Ruhe geatmet und auf Traggestellen die Sauerstoff-Flaschen auf dem Rücken mit in die Höhe geschleppt. Ich glaube aber, daß bei entsprechender Vorbereitung und Akklimatisation jeder der höchsten Gipfel der Erde auch ohne Atemgerät zu bezwingen ist und halte die künstliche Sauerstoffatmung bei der Besteigung der hohen Achttausender für eine Bevorzugung der Bezwinger gegenüber jenen, die ihre über 8 000 Meter hohen Ziele ohne diese wesentliche Unterstützung der Atmung erreichen. Deshalb ist anzunehmen, daß man später einmal, wenn die Geschichte der Himalaya-Besteigungen einen gewissen Abschluß gefunden hat, sehr wohl Unterschiede aufzeichnen wird – und zwar in jener Beziehung, daß man die Erstbesteigung mit Sauerstoff neben die Erstbesteigung ohne Sauerstoff setzen wird – und dies meines Erachtens wohl begründet.«
Während meiner Kanchenjunga-Expedition 1980 führte Prof. Dr. Ernst Sandvoss in meinem Auftrag psychologische Tests bei zwanzig Expeditionsmitgliedern durch. Er bediente sich dabei des Freiburger Persönlichkeitsinventars, des sogenannten FPI, und außerdem des MMPI-Tests, des Minnesota-Multiphasic-Personality-Inventory-Tests. Während der FPI- mehr die positiven Charaktereigenschaften erkennen läßt, ist in Ergänzung zu diesen Beobachtungen der MMPI-Test ein multi-dimensionaler Persönlichkeitstest, der mehr die negativen und ans Pathologische grenzenden Persönlichkeitsmomente berücksichtigt.
Unter anderem wollten wir das Verhalten der Teilnehmer in extremen Höhen und Situationen testen und beurteilen – und kamen dabei auf folgende Ergebnisse: Sieht man einmal von objektiven Schwierigkeiten bei schlechtem Wetter und bei Krankheiten ab, reagierten die Teil-

nehmer der Kanchenjunga-Expedition auf recht verschiedene Weise. Bei den Leistungsschwächsten war eine starke Diskrepanz zwischen Erwartung und Erfolg festzustellen. Diesen Teilnehmern fiel es offensichtlich schwer, im Kreise einiger recht starker und qualifizierter Bergsteiger ihre Schwäche einzugestehen. Daraus folgte am Ende der Expedition entweder der Glaube, man hätte es doch noch geschafft, wenn die Expedition nur länger gedauert hätte – oder man schob die Schuld für das eigene Versagen auf die Expeditionsleitung, auf die Sherpas, auf andere Teilnehmer oder komplex auf alle. – Eine zweite Gruppe der Teilnehmer begnügte sich nicht mit solchen Ausflüchten, sondern gestand das eigene Versagen in Einzelheiten ein – hielt aber daran fest, daß es insgesamt doch möglich gewesen wäre, selbst den Gipfel zu erreichen, wenn man diesen oder jenen Fehler nicht gemacht hätte – und vor allen Dingen mehr Glück gehabt hätte! – Eine dritte Gruppe, durchwegs die erfolgreichsten, hüllten sich, noch bevor der Gipfel gefallen war, in Schweigen oder gaben den zu dieser Zeit noch befürchteten Mißerfolg offen zu und trösteten sich mit dem Gedanken, schon die Teilnahme an dieser Expedition und das bisher Erreichte sei doch ein gewisser Ersatz für das verfehlte Hauptziel. –

Generell konnte man sagen, daß Einsatzbereitschaft, Fähigkeit zur Selbstkritik, bergsteigerische Erfahrung und natürlich physische Kondition für den Erfolg ausschlaggebend waren. Vielleicht läßt sich sagen, daß die Intelligentesten und Stärksten dem Erfolg am nächsten kamen. Kraft ohne Intelligenz oder Intelligenz ohne Kraft waren meistens bald zum Scheitern verurteilt. Nach Prof. Sandvoss kann man daher als günstige Voraussetzung für Erfolge beim Bergsteigen unter diesen Umständen zunächst einmal eine bestimmte Relation von Intelligenz, physischer und psychischer Stärke annehmen, ebenso eine optimale Relation zwischen Information und Kondition. Das richtige Kalkül beim Abwägen der äußeren Bedingungen und der eigenen Kräfte sowie die ökonomische Einteilung der Kraftreserven und sozusagen auch die Nutzung der geeigneten Momente für die Verwirklichung von Teilzielen ist von Wichtigkeit. Vor allem aber bildet die Integration aller Entscheidungsfaktoren in eine lückenlose Kette von Einzelleistungen die Grundlage des Erfolgs. Diese Kette beginnt am Einstieg und endet am höchsten Punkt, der erreicht wird. Dies gilt ganz allgemein für das Bergsteigen mit extremen Zielen, in erhöhtem Maße bei lang dauernden Unternehmungen, wie sie Himalaya-Expeditionen aufzeigen, die sich oft über viele Wochen hinziehen.

Die Lösung der bergsteigerischen Probleme im Himalaya bedingt andere Voraussetzungen als die Bezwingung der Berge unserer Alpen. Es ist zweifellos ein Unterschied, ob man alle seelischen und körperlichen Kräfte auf einige Tage oder aber auf mehrere Wochen und Monate zusammenfassen muß. Der Kampf um die schwierigsten Wände der Alpen erfordert einen außerordentlichen Willensausbruch, der in einer kraftvollen, aber momentanen Stoßkraft gipfelt. Was im Himalaya entscheidet, ist das stetige Ausharren-Können, das ständige Bereitsein zum Kampf – und dies über eine lange Zeitperiode. Das erfordert das Zusammenwirken gleichgesinnter Charaktere und Gemeinschaftsarbeit, der sich jeder persönlicher Ehrgeiz im Hinblick auf das große Ziel unterzuordnen hat. Dabei erscheint – nach Prof. Sandvoss – eine Überwindung der inneren Zwänge fast noch bedeutsamer als die Bezwingung äußerer Widerstände. Die Überwindung innerer Widerstände hat einen negativen und einen positiven Aspekt. Negativ ist das Abstreifen von Hemmungen, Bedenken, Ängsten, Illusionen und Trägheit. – Positiv ist die allmähliche Einbeziehung des Subjektiven in einen Bereich, der den Gegensatz von Subjektivität und Objektivität aufhebt. Entdeckung und Erschließung dieses Bereichs scheint, neben vielen anderen Vorteilen, der größte erzieherische Gewinn, den das Bergsteigen im Himalaya bringen kann. Es zwingt unter freiwillig gewählten schwersten Belastungen physischer und psychischer Art den Menschen zum Selbstgewinn durch Selbstverlust, zur Selbsterkenntnis durch Selbstverleugnung, zur Selbststeigerung durch Selbstaufgabe. Die spezifisch bergsteigerische Erfahrung ist weder durch Streß im Berufsleben noch durch andere Sportarten zu ersetzen. Sie besteht wohl in der Erschließung einer menschlichen Tiefendimension, die sich nur unter extremen inneren und äußeren Bedingungen, wie sie beim Bergsteigen in großen Höhen gegeben sind, als höchster Einsatz im spielerischen Ernst verwirklichen läßt. –

Expeditionsteilnehmer sind keine Helden, wenngleich die Geschichte mancher Unternehmung zum heldischen Epos geworden ist. Damit möchte ich sagen, daß, im Gegensatz zum Kriegsdienst, der Einsatz – und mag er auch manches Mal den Teilnehmern sehr viel abverlangen – immerhin freiwillig ist und daher ein ideelles und ein ethisches Moment dahintersteht, von der psychischen Einstellung zum Wagnis ganz zu schweigen. Trotz dieser Freiwilligkeit des selbst gewählten harten Einsatzes kommt es zwischen Bergsteigern doch leicht zu Reibereien – besonders dann, wenn bestimmte Menschengruppen längere Zeit dauernd zusammen sind; dann vermag sich das »sogenannte Böse« im Menschen eventuell zu entzünden. In seiner Naturgeschichte der Aggression definiert dies Professor Konrad Lorenz folgendermaßen: »Der sogenannte Expeditionskoller befällt bevorzugt kleine Gruppen von Männern, wenn diese in gewissen Situationen ganz aufeinander angewiesen und damit verhindert sind, sich mit fremden, nicht zum Freundeskreis gehörenden Personen auseinanderzusetzen. Der Stau der Aggressionen wird um so gefährlicher, je besser die Mitglieder der betreffenden Gruppe einander kennen und verstehen. In solcher Lage unterliegen alle Reize, die Aggressionen auszulösen vermögen, einer extremen Erniedrigung ihrer Reizschwelle. Subjektiv drückt sich dies darin aus, daß man selbst auf kleine Ausdrucksbewegungen seiner besten Freunde, etwa darauf, wie sich einer räuspert oder schneuzt, mit heftigen Reaktionen kontert. Der Ausweg, den der Einsichtige schließlich findet, besteht darin, daß er still aus dem Expeditionszelt schleicht und einen nicht teuren, aber, mit möglichst sinnfälligem Krach in Stücke springenden Gegenstand zuschanden haut. Das hilft ein wenig und heißt in der Sprache der Verhaltenspsychologie eine umorientierte oder neuorientierte Bewegung. Dieser Ausweg wird in der Natur sehr häufig beschritten, um schädliche Auswirkungen der Aggression zu verhindern.« –

Von Laien werden Spannungen, die sich während einer Expedition einstellen können, oftmals überbewertet. Diese Zelt-Aggressionen unterscheiden sich aber grundsätzlich von jenen manipulierten Streitigkeiten, die nach Beendigung einer Expedition manchmal angezettelt werden, meist um sich finanzielle Vorteile zu verschaffen oder um zum Mittelpunkt der Diskussionen zu werden. Diese Art Streitigkeiten nach Beendigung einer Himalaya-Bergfahrt haben mit Aggressionen, wie sie am Berg passieren, nichts, aber schon gar nichts zu tun.

Es ist nicht unbestritten, ob die von Professor Lorenz ins Gespräch gebrachten Aggressionen wirklich ein Bestandteil des menschlichen Wesens sind. Die als wissenschaftliche Erkenntnis vorgetragene Meinung, daß uns Aggressivität mit in die Wiege gegeben sei, ist eine leichtfertige Behauptung. Dankbar läßt sich der zur Rücksichtslosigkeit erzogene und dadurch zum großen Egoisten gewordene Mensch unseres Kulturkreises von Wissenschaftlern sein Gewissen beschwichtigen. Aggressionen wird es zwar immer geben, aber sie sind kein Bestandteil des menschlichen Wesens, sondern jeweils im Einzelfall angeborene oder später im Leben durch schlechten Umgang erworbene Haltlosigkeit sowie mehr oder weniger abhanden gekommene Disziplin und Selbstbeherrschung oder mangelndes Gefühl für Takt und Menschlichkeit.

Dagegen sind ausgeglichener Ehrgeiz und Auftrieb wichtige Elemente, auch für einen erfolgreichen Bergsteiger. Diese Eigenschaften lassen sich fördern und steuern, aber sie lassen sich nicht erschaffen. Bei allen meinen Unternehmungen gab es Beispiele spontan aufleuchtenden, mutigen Auftriebs. Noch heute muß ich an eine Situation am 8 047 Meter hohen Broad Peak denken, als Günter Hauser, mein Expeditionskamerad, über Hochlager 3 auf nahezu 7 000 Meter Höhe, in barbarischer Kälte von fast 40 Grad unter Null und bei wütendem Höhensturm, den tiefernsten Vorschlag für einen Gipfelvorstoß machte. Daß meine Entscheidung gegen ihn war, brachte uns vielleicht um den Enderfolg, Günter Hauser aber hielt sie seinerzeit noch am Leben – so meinte ich jedenfalls.

Wie der Vergleich zwischen Himalaya- und Polar-Expeditionen zeigt, ist hinsichtlich der Aggressionslust der Teilnehmer wohl kein Unterschied. Somit ist es also auch nicht die ›Höhenluft‹, die die Reizbarkeit steigert, sondern einfach das lange Zusammenleben auf begrenztem Raum. Bei all meinen Auslandsbergfahrten war während der Zeit, die wir auf Expedition waren, niemals ernst zu nehmender Streit ausgebrochen. Es bleibt zu hoffen, daß solche Unternehmungen auch weiterhin nicht in Begleitung eines Psychotherapeuten reisen müssen.

Geschichtlicher Rückblick

Frühgeschichte 1848–1899

Das Kanchenjunga-Massiv setzt sich aus fünf Gipfeln zusammen, die durch einen fast 6 Kilometer langen Grat miteinander verbunden und alle über 8 000 Meter hoch sind. Den Hauptgipfel (8 598 m*) verbindet der Südostgrat mit seinem Vorgipfel (Höhe etwa 8 500 m), dann folgt der Mittelgipfel (8 496 m) und am weitesten entfernt, am Ende dieses Grates, liegt der 8 480 Meter hohe Südgipfel. Der Westgrat verbindet den Hauptgipfel mit dem Westgipfel des Kanchenjunga, dem Yalung Kang (8 438 m). Die tiefste Einsattelung am Westgrat ist der Westsattel. Dort oben endet auf seiner Südwestflanke das Große Firn-Couloir. Der Nordnordostgrat verbindet den Hauptgipfel mit dem Twins (7 120 m); zwischen beiden Erhebungen liegt der Nordsattel. An diesem Grat mündet auch der Ostsporn, den die Bayern 1929 erstmals angingen und 1931 bis 7 700 Meter hochgestiegen waren.
Vom Südgipfel zieht ein Ostsüdostgrat zum 5 905 Meter hohen Zemu Gap hinab. (Gap bedeutet soviel wie Schlucht oder Paß). Der Südgipfel ist außerdem durch den Talung-Sattel (6 745 m) mit dem Talung Peak verbunden.
Die Grate am Kanchenjunga sind alle sehr scharf und eignen sich nicht besonders gut für einen Aufstieg zum Hauptgipfel. Daher wurde das Augenmerk schon sehr bald auf die herrlichen Flanken gerichtet: die Ostflanke, die sich über dem Upper-Zemu-Gletscher auftürmt; die Nordwestflanke, aus deren Eismassen der Kanchenjunga-Gletscher genährt wird; und schließlich die Südwestflanke oder Yalung-Flanke, deren ›Sichel‹ oder ›Hufeisen‹ von Darjeeling aus einer Entfernung von 73 Kilometern mit dem Feldstecher gut ausgemacht werden kann. An dieser Flanke ereignete sich **1905** das erste Expeditionsunglück am Kanchenjunga. Fünf Menschen kamen damals ums Leben. Eine selbst ausgelöste Schneebrettlawine wurde den Sherpas und dem Schweizer Bergsteiger Alexis *Pache* zum Verhängnis und brachte die Yalung-Front des Kanchenjunga lange Zeit in Verruf. –
Vor dem Ersten Weltkrieg wurde der Kanchenjunga von elf kleinen

---

*) Nach neuer Vermessung 8 586 Meter hoch

Expeditionen aufgesucht. Während dieser Unternehmungen kamen bereits acht Männer an diesem Berg ums Leben.
Bergsteiger und Wissenschaftler der westlichen Welt waren erst seit Mitte des letzten Jahrhunderts im Kanchenjunga-Gebiet unterwegs. Im Jahre **1848** erkundete der Brite *Joseph Hooker* zusammen mit *Dr. Campbell* auf seinen Reisen durch Sikkim und Nepal geographisch und botanisch die westlichen Gebiete des Kanchenjunga. Beide durchwanderten das Tamar-, Char Chu- und Yalung-Tal, querten den Singalila-Kamm und gelangten 1849 nach Dzongri (4 000 m). Dabei versuchten sie sogar, den 7128 Meter hohen Pauhunri erstmals zu besteigen.
Joseph Hooker skizzierte eine kleine Karte von Sikkim, in welcher seine Wanderungen eingezeichnet waren. Doch diese Karte blieb bis **1861** unbeachtet, so lange bis Leutnant *Carter* zwischen Darjeeling und Tumlong, während einer Wanderung mit der Gruppe des Colonel Cawlers, Landvermessungen vornahm.
Die Landvermessungen wurden dann erst wieder **1878** von Captain *H. E. Harman* für das indische Landesvermessungsinstitut aufgenommen. Harman unternahm verschiedene Reisen und versuchte auch, den Fuß des Kanchenjunga zu erreichen. Doch seine Gesundheit war für den Marsch durch die subtropischen Wälder nicht stabil genug, und so mußte er bald umkehren. Colonel *H. C. V. Tanner* übernahm dann die Fortsetzung der Vermessungsarbeiten. Er war auch dafür verantwortlich, drei indische Landvermesser einzuarbeiten. Von den drei »Pandits«*) war es vor allem *Babu Sarat Chandra Das*, der **1879** den Kang La (5 015 m), den Jongsang La (6 120 m) und den Chorten Nyima La (5 819 m) überschritt. Die trigonometrische Netzlegung selbst wurde von Tana und seinem Assistenten Robert vorgenommen, während die Pandits topographische Details zufügten. Im Zuge dieser Arbeiten durchstreifte Rinzin Namgyal in den Jahren **1883/84** das Talung-Tal und umkreiste den Kanchenjunga, indem er vom Kang La ins Yalung-Tal kam und von Tseram aus einen 4 510 Meter hohen Paß, dann den Mirgin La (4 540 m) und schließlich den Sinon La (4 150 m) überschritt, um nach Ghunza (3 380 m) zu gelangen. Von dort aus stieg er das Kangbachen-Tal hoch bis Lhonak und Pangpema und weiter nordwärts den Ginsang-Gletscher hoch bis zum Longsong La, um über die Nordroute nach Lachen zu gelangen. Auch Lama *Ugyen Gyatso* wanderte von Darjeeling aus über den Singalila-Kamm, dann

*) Landvermesser

zum Kloster Pemayangtse und weiter durch das Tista- und Lachung-Tal in Richtung Lhasa.
Ebenfalls 1883 kam der britische Bergsteiger *W.W.Graham* mit den beiden Schweizer Bergführern *Emil Boss* und *Ulrich Kaufmann* ins Kanchenjunga-Gebiet. Sie eroberten erstmals den 7316 m hohen Kabru. G.O.Dyhrenfurth glaubte allerdings, daß die drei nicht den Kabru, sondern nur einen seiner Vorberge, vielleicht den Forked Peak (6128 m), bestiegen hatten. Sicher aber haben sie noch den Kang Peak (5572 m) und den Jubonu (5952 m) erstmals bestiegen.
Die Wanderungen von *L.A.Waddell* **(1888–1896)** und jene von *Kurt Boeck* zusammen mit *Hans Kehrer* **(1890)** brachten keine neuen Ergebnisse. Dagegen waren die Exkursionen von *J.Claude White* (1890), von Dzongri aus den Talung-Gletscher abwärts und das anschließende Tal auswärts bis zur Tista, schon eher von geographischer Bedeutung. **1891** setzte dann *Claude White* zusammen mit dem Deutschen *T.Hofmann* seine Erkundungsreise fort, zog mit ihm durch das Talung-Tal und später den Ringbi Chu bis Tolung und weiter über den Kishong La (4785 m) zum Zemu Chu. Dann querten sie das Zemu-Tal, stiegen zunächst zum Tangchung La (5150 m) und weiter zum Theukang Kyong hinab und über den Theu La (5212 m) zum Lhonak Chu, um entlang dem Zemu Chu ins Tista-Tal zu gelangen.
Eine große Forschergruppe befand sich **1899** unter der Leitung des britischen Bergsteigers *Douglas W.Freshfield* auf einer Umkreisung des Kanchenjunga-Massivs entgegen dem Uhrzeigersinn. Seine Begleiter waren sein Landsmann Edmund *J.Garwood* (Geologe), der italienische Bergfotograf *Vittorio Sella* und dessen Bruder *Erminio*, außerdem *Botta*, sein fotografischer Assistent, sowie *Angelo Maquignaz*, ein Bergführer. In Indien stieß zu dieser Expedition noch der Engländer *C.Dover* und *Rinzin Namgyal*, der den Kanchenjunga in entgegengesetzter Richtung bereits 1883/84 umrundet hatte.
Am 5.September 1899 startete die kleine Expedition in Darjeeling und marschierte über Kalimpong nach Gangtok, der Regierungsstadt von Sikkim, und weiter nach Chungtang. Von dort aus gingen sie nordnordwestwärts den Tista-Fluß aufwärts bis Lachen. In Zemu wandten sie sich westwärts, stiegen das Zemu-Tal hoch, erreichten nach drei Tagen Yabuk (3978 m) und bald darauf die Stirnmoräne des Zemu-Gletschers. Sie folgten nun der linken Moräne und gelangten nach zwei weiteren Marschtagen an den kleinen grünen See, den ›Green Lake‹ (4934 m). Freshfield erkundete gegen den Zemu Gap, und Vittorio Sella bannte den »schönsten Schneeberg«, den Siniolchu

(6 887 m), auf seine großen Fotoplatten. Freshfield schwärmte, verzaubert vom Anblick des Siniolchu von den Schaumkämmen über gleißenden Wänden, von denen wunderbar geformte Wächten herabhängen.

Nun überschritt die sieben Mann starke Expedition, begleitet von sechs Gurkhas und drei Dutzend Trägern, den Tangchung La (5 150 m), den Theu La (5 212 m), bis sie den Jongsang La (6 120 m) erreichten. In nicht so weiter Ferne stand der 7 710 Meter hohe Yannu und links davon der Kanchenjunga vor ihnen – und dies bestätigte ihnen, daß sie nun, wenn sie weiterhin in südlicher Richtung abstiegen, auf nepalesisches Gebiet gelangen mußten. Obwohl man für die Nächte auf dem Gletscher gut ausgerüstet war, starb ein alter Kuli noch vor dem Paß, und im Lager selbst meldeten sich viele Träger krank. Sie litten unter der Höhe, oder sie hatten über leichte Frostschäden zu klagen. Der Expeditionsarzt hatte alle Hände voll zu tun.

Anderntags wurde der Marsch über den schotterbedeckten Ginsang-Gletscher fortgesetzt. Am Abend standen die Zelte nach einer Woche im Eis jetzt in Pangpema wieder auf gewachsener Erde. In Pangpema, einer langgezogenen, vielleicht 300 Meter breiten Yak-Weide, fließen der Ginsang- und der Pyramid-Gletscher zum Oberen Kanchenjunga-Gletscher hinab. Der Pyramid-Gletscher kommt aus einem Kessel herab, der von drei Siebentausendern umgeben ist: Dem Pyramid Peak (7 132 m), dem Tent Peak (7 342 m) und dem Nepal Peak (7 153 m).

Vom Standort aus studierte Freshfield die Besteigungsmöglichkeiten der Nordwestflanke des Kanchenjunga. Doch es sollte ein Aufstieg über diese gewaltige Flanke erst 1979 durch die Engländer *Doug Scott, Joe Teasker* und *Pete Boardman* Wirklichkeit werden.

Die nächsten Tage marschierte die Expedition auf der rechten Moräne, 100 Meter über dem Kanchenjunga-Gletscher, talauswärts. Zunächst ging es über einen schmalen Wiesenstreifen zur Hochalm Lhonak (4 660 m) hinaus. Anderntags folgte man einem Pfad nach Ramtang (4 300 m), kam über Lahndam (4 150 m), Lumbatsemo (4 110 m), folgte weiterhin dem Kangbachen-Fluß nach Ramdangtse (4 030 m) und erreichte spätabends das 4 010 Meter hoch gelegene Kangbachen. Dort stehen bereits Hütten, die allerdings nur im Hochsommer von den Einheimischen bewohnt werden. Jetzt im Oktober waren sie bereits verlassen. Den Blick nach Osten gewandt, steht hier der Jannu über dem nach ihm benannten Gletscher und beherrscht das ganze Tal.

Anderntags folgte man dem Char Chu abwärts und querte bald nach Kangbachen die Stirnmoräne des Jannu-Gletschers. Am 9. September 1899 hatte die Expedition Darjeeling verlassen, war bereits vier Wochen unterwegs, als sie Anfang Oktober in Ghunza eintraf. Hier konnte man wieder den Lebensmittelbestand aufstocken, bevor man über den Lapsong La (5 050 m) ins Yalung-Tal abstieg. Nach zwei Tagen erreichte man bereits die herrliche Yak-Weide Tseram (3 730 m). Der Schnee auf dem Paß war hart gefroren und sein Übergang daher ohne Schwierigkeiten zu schaffen. Nach einer kurzen Rast in Tseram ging man durch Dschungelwald noch eine weitere Stunde talauswärts bis zur Almwiese Namgatsal (3 810 m).
Der weitere Rückmarsch führte über den Kang La (5 015 m), überschritt dort die Singalila-Kette und kam schließlich in das Dorf Dzongri (4 000 m). Um gute Übersichtsaufnahmen zu erhalten, stieg Freshfield auf den 4 820 Meter hohen Kabru. Dann wurde die Rückreise im Eiltempo fortgesetzt. Es ging durch den Dschungel hinab nach Yoksam (1 780 m), und man erreichte nach sieben Wochen wieder den Ausgangsort Darjeeling. –
Seine Erlebnisse hielt Freshfield in seinem Bericht »Round Kanchenjunga« fest. Dieses Buch wurde durch die hervorragenden Aufnahmen von Vittorio Sella und nicht zuletzt durch den wertvollen geotopographischen Beitrag von Prof. Garwood zu einem wichtigen Werk der Himalaya-Geschichte.

Frühe Expeditionstätigkeit im Kanchenjunga-Gebiet

1905 kam die erste Expedition ins Yalung-Tal, die eine Besteigung des Kanchenjunga zum Ziel hatte. Man wollte den Angriff über die Südwestflanke führen. Leiter dieses Unternehmens war der Engländer *Eduard Alexander (Aleister) Crowley;* mit von der Partie waren der Italiener *R. de Righi,* die drei Schweizer *Alexis A. Pache, Charles A. Reymond* sowie der Expeditionsarzt *Jacot-Guillarmod.*
Am 8. August 1905 brach die kleine Expedition mit 230 Kulis in Darjeeling auf. Man verlegte den Anmarsch in die Monsunzeit, um bei schönem Herbstwetter den Angriff starten zu können.
Der Anmarsch erfolgte über den Singalila-Kamm. Über den Semo La (4 660 m) erreichte man das Yalung-Tal. Auf dem üblichen Weg folgte der Aufstieg durch das Yalung-Tal bis Tseram, wo das erste Lager aufgestellt wurde. Weiter oben in Ramser wurde auf einer Hochweide

das zweite Lager und später auf dem Gletscher in 4700 Meter Höhe nahe dem Tso-Gletscher Lager 3 errichtet. Man wanderte den Yalung-Gletscher hoch, stellte am Einzugsgebiet der Gletscherzunge Lager 4 auf und später auf einem Hügel in 5400 Meter Höhe das fünfte Lager.

Für die Hochträger, die man bei sich hatte, waren keine Bergschuhe vorhanden, und so konnten dieselben nur mit Reserveschuhen ausgerüstet werden. In rund 6000 Meter Höhe, auf dem unteren Yalung-Firn, hatte man Hochlager 6 errichtet. Dort traten bereits die ersten Schwierigkeiten mit den Hochträgern auf. Beim Abstieg stürzte einer der Sherpas über eine Eismauer tödlich ab.

Der Lagerabstand verringerte sich nun zusehends, und man stellte bereits in etwa 6200 Meter Höhe, also in Höhe des Hump, das siebte Hochlager auf. Von dort aus querte man in den Yalung-Kessel hinein. Pache und Reymond machten einen Erkundungsvorstoß und erreichten etwa 6500 Meter Höhe. Damit standen sie bereits im Oberen Eisfall. Dieses Gebiet war recht lawinengefährlich, und Crowley berichtete später tatsächlich von einer kleinen Lawine, die einen der Träger vollständig demoralisierte. Der Träger schrie und versuchte, sein Seil zu lösen. Daraufhin haute Crowley auf ihn ein, um ihn wieder zur Vernunft zu bringen.

In dieser Höhe erkannte man bereits, daß man mit einer solchen Mannschaft, einer derartig mangelhaften Ausrüstung und zudem fehlender Himalaya-Erfahrung diesen dritthöchsten Berg der Erde keinesfalls bezwingen kann. –

In der Zwischenzeit hatte Guillarmod, der Expeditionsarzt, entschieden, Crowley formell als Leiter abzusetzen, und schlug de Righi eine Konferenz vor. Beide stiegen zum Hochlager 6 empor, um dort dieses Gespräch zu führen. Für Crowley bedeutete dies eine schmerzliche Überraschung. Guillarmod, der neue Expeditionsleiter, entschied nun, die Expedition sofort abzubrechen. Nur Reymond blieb bei Crowley im Hochlager zurück. Crowley, der der Mannschaft zusah, wie sie sich zum Abstieg fertig machte, nahm für sich später in Anspruch, prophezeit zu haben, daß Pache innerhalb von zehn Minuten tot sein würde.

Guillarmod ging voraus, dann folgte de Righi, schließlich zwei Sherpas ohne Steigeisen, dann Pache und zum Schluß abermals ein Sherpa, der aber mit Steigeisen ausgerüstet war. Die restlichen vierzehn Träger gingen auf eigene Faust talwärts.

Die Sahib-Gruppe brachte den ersten Teil des Abstiegs einigermaßen gut hinter sich. Aber die Träger, die ohne Steigeisen sich in der Mitte des Seiles befanden, rutschten dauernd und mußten ständig von den anderen gehalten werden. Dann kam man an eine lange horizontale Querung. Guillarmod und de Righi hatten sich bereits in die neue Richtung gewandt, als der erste Träger hinter ihnen rutschte und den nächsten Sherpa mit sich zog. Pache stand zu diesem Zeitpunkt immer noch im steilen Hang oberhalb, konnte aber die beiden Träger nicht halten. Er wurde aus dem Stand gerissen, rutschte ab und nahm auch den dritten Träger noch mit sich. Guillarmod und de Righi, die voraus waren, spreizten ihre Beine fest auseinander, um sich zu sichern. Sie hofften, den Absturz der vier anderen Männer, die sich ihnen mit wachsender Geschwindigkeit näherten, halten zu können. Aber als sich das Seil spannte, begann der Schnee unter ihren Füßen abzurutschen, und plötzlich brach eine Naßschneelawine ab und ergriff in einer Breite von 50 Metern den ganzen Hang. Guillarmod, der seinen Stand verloren hatte, klammerte sich verzweifelt an seinen Eispickel und konnte dadurch de Righi halten, als der von der Lawine mitgerissen wurde. Als aber schließlich das Gewicht der ganzen restlichen Mannschaft auf seinem Eispickel lastete, war er gezwungen, seinen Pickel loszulassen, und folgte den anderen in den Abgrund. Der ganze Vorfall dauerte natürlich nur wenige Sekunden. Guillarmod, der kopfüber nach unten flog, versuchte einen anderen Eispickel, den er gerade sah, zu ergreifen, konnte ihn aber nicht erreichen. Mit Schwimmbewegungen fuhr er in der quirlenden Masse der Lawine abwärts, um sich an der Oberfläche zu halten. Er sah nun seine Kameraden, einen nach dem anderen, in der Lawine verschwinden. Dann wurde er selbst in eine Gletscherspalte geschleudert und fiel noch weiter nach unten, wobei er durch den von oben herabbrechenden Schnee schier erstickte. Dies war sein Glück! Einige Sekunden lang lag er zwar auf dem Rücken, war benommen und schnappte nach Luft. Als er aber wieder frei atmen konnte, zog er sich am Seil zur Spaltenkante hinauf. Dort fand er de Righi, der noch in der Lawine steckte und bewegungslos auf dem Rücken lag. Hektisch grub er mit den Händen im Schnee und befreite de Righi, der so geschockt war, daß er zunächst kaum aufstehen konnte. Guillarmod war nun gezwungen, alle Rettungsversuche, das heißt das Ausbuddeln der Kameraden, allein durchzuführen. Hilflos zog er an dem Seil, das ihn zu den anderen hinabführte, die in der Tiefe begraben waren. Nun unterstützte ihn auch de Righi. Ihre verzweifelten Versuche, mit den Händen dem Seil entlang in die Tiefe zu graben, stellten sich bald als zwecklos heraus. Guillarmod schrie daher um Hilfe nach Lager 6 hinauf, und wie durch ein Wunder erschien wirklich Reymond oben am Hang. Dieser stieg nun, obwohl er noch gar nicht begriffen hatte, was eigentlich geschehen war, zur Unglücksstelle hinab. Er sammelte die Eispickel ein, die auf der Lawinenspur herumlagen, und zu dritt versuchten sie nun verzweifelt, im Schnee nach den Verschütteten zu graben. Aber nach einer vollen Stunde lief das Seil immer noch steil nach unten, ohne daß man auch nur die Spur eines Verschütteten gefunden hatte. Nach Einbruch der Dunkelheit wurden sich die drei Männer bewußt, daß alles Graben ohne Schaufeln einfach zu keinem Ergebnis führen konnte. Sie selbst waren bereits völlig durchnäßt, und in der abendlichen Kälte waren sie bald in Eis gehüllt. Guillarmod erlitt dabei Frostschäden an den Zehen und Händen, und man beschloß, ins Lager abzusteigen, um am nächsten Tag die Leichen zu bergen. –

De Righi hatte sich von seinem Schock immer noch nicht ganz erholt. Sie stolperten also zu dritt abwärts, de Righi rutschte des öfteren gefährlich, wurde aber immer wieder von Reymond gehalten. Eine Stunde später wurden ihre Rufe, die dem Lager 5 galten, endlich gehört. Lichter erschienen, und man sah einen Mann, der ihnen entgegen kam. Ironie des Schicksals: Jener Mann, der sie vor einem gefährlichen nächtlichen Biwak bewahrte, war gerade der Sohn eines jener Träger, den die Lawine verschluckt hatte. –

Eine üble Figur machte bei diesem Unternehmen der ursprüngliche Expeditionsleiter Crowley, der in der Literatur des öfteren als ›the great beast‹ bezeichnet wurde. Sein Verhalten war sicher nicht richtig. Als sich der Lawinensturz ereignete, kümmerte er sich sehr wenig um seine Kameraden, schickte lediglich Reymond zur Unglücksstelle hinab und trug diesem auf, daß er ihn rufen solle, falls er es für notwendig erachte. Aber in einem solchen Fall ist jede Hand wichtig, da Hilfe nur ganz schnell gebracht werden kann.

Während die drei Sherpas in einer nahe gelegenen Gletscherspalte zur letzten Ruhe gebettet wurden, trug man den Schweizer Alexis Pache bis zum grünen Hügel hinab. Dort befindet sich heute noch in fast 5 500 Meter Höhe sein Grab, und der ›Pache-Hügel‹ hat auf diese Weise seine Bezeichnung gefunden.

Der erste Angriff auf den Kanchenjunga im Jahre 1905 hatte also bereits fünf Todesopfer gefordert. Die Lawinenkatastrophe, die sich 1905 am Kanchenjunga abspielte, hatte die Südwestflanke unberechtigterweise für viele Jahre in Verruf gebracht.

Die Sherpas der Yalung-Kang-Expedition 1980 gedenken an Paches Grab der seit 4. Mai 1980 vermißten zwei mexikanischen Studenten

1907 verließen die beiden Norweger C. W. Rubenson und Monrad Aas am 16. September Darjeeling, um den doppelgipfligen Kabru (7 315 und 7 316 m) anzugreifen. Mit hundert Trägern gingen sie zunächst nach Yoksam (1 780 m), weiter nach Bakkim (3 005 m) und errichteten später im Dzongri (4 000 m) ihr Standlager. Das Hauptlager wurde auf dem Östlichen Ratong-Gletscher gestellt. Dort machten sie Kletterkurse für ihre Hochträger, worunter auch einige Sherpas waren, die sich als recht gelehrige Schüler entpuppten.
Am 7. Oktober erfolgte zusammen mit vierzehn der besten Hochträger der Angriff. In 5 400 Meter Höhe stand auf dem Kabru-Gletscher ihr erstes Hochlager. Am nächsten Tag stiegen sie bereits bis 5 900 Meter hoch und erreichten so den unteren Eisfall des oberen Kabru-Gletschers. Sie befanden sich jetzt zwischen dem Dom (etwa 6 600 m) im Osten, dem Ratong Peak (6 705 m) im Westen und dem Kabru, ihrem Ziel, das nordwärts lag.
Fünf Tage lang kämpfte man sich den oberen Eisfall hoch und erreichte schließlich auf einem kleinen Plateau in 6 300 Meter Höhe einen Platz, der sich für das dritte Hochlager eignete. Auch die riesigen

Gletscherspalten machten Schwierigkeiten, so daß das nächste Hochlager bereits in 6 600 Meter Höhe stand. Von dort aus versuchten sie den ersten Gipfelangriff. Es zeigte sich aber, daß die Distanz zur höchsten Erhebung des Kabru noch zu groß war, und so legten sie 200 Meter höher einen weiteren Stützpunkt an. Von dort aus brachen die Norweger am 20. Oktober 1907 frühmorgens auf. Die Witterung war nicht mehr so sicher, und das Klima schon ziemlich kalt. Ihre Hilfstruppe konnte sich an diesem Angriff nicht mehr beteiligen, da es an Verpflegung mangelte. Da man nicht das geeignete Schuhwerk mitgenommen hatte, mußten die ganzen Schneehänge hinauf Stufen geschlagen werden. Dann kam ein starker Westwind auf, der sie zwang, auf die Ostseite des Berges auszuweichen.

Am späten Nachmittag standen sie an den untersten Felsen des südlichen Kabru. Nach einer weiteren Stunde trennten sie nur noch knappe 100 Meter von seinem Gipfel. Unter normalen Umständen hätten sie sicher ihr Ziel erreicht, aber der Tag ging zu Ende, und bei den stürmischen Verhältnissen, wie sie in der großen Höhe herrschten, mußten sie knapp vor dem Ziel den schweren Entschluß fassen, umzukehren, um keine Erfrierungen zu bekommen. Während des Abstiegs glitt Rubenson aus und stürzte hinter seinem Kameraden her. Monrad Aas konnte aber den Sturz halten, so daß dieser erste Versuch am Kabru nicht mit einem neuen Opfer im Kanchenjunga-Gebiet endete. – Erschöpft erreichten sie ihr oberstes Lager in etwa 6 800 Meter Höhe. Zwei ihrer Sherpas erwarteten sie hier mit Tee und Essen. Jetzt erst stellte sich heraus, daß während des Aufstiegs die Zehen von Monrad Aas erfroren waren. Er mußte während des Rückmarsches von Dzongri aus getragen werden. Am 30. Oktober erreichten sie wieder ihren Ausgangsort Darjeeling.

Das Wichtigste dieses Unternehmens war wohl, daß sich diese beiden Norweger mit der Ausbildung der Hochträger befaßten und somit grundsätzlich auf die bergsteigerische Naturbegabung der Sherpas aufmerksam machten.

Im gleichen Jahr – also ebenfalls 1907 – kam *Dr. A. M. Kellas*, von Beruf Arzt, das erste Mal ins Zemu-Gebiet. Er wurde von zwei Schweizer Bergführern, *Christian* und *Fritz Kaufmann*, begleitet. Im September unternahm er vom Zemu-Gletscher aus drei Vorstöße auf den Simvu (6 812 m), die aber jetzt, in der Monsunzeit, alle scheiterten. Auch seine Versuche, den Simvu-Sattel und Zemu-Gap (5 905 m) zu erreichen, blieben im Neuschnee stecken. Erst später, im Mai 1910, konnte er diese beiden Himalaya-Pässe doch als erster erreichen.

Ebenso kämpfte sich Dr. Kellas über den Nepal-Gletscher hinauf und wollte den Nepal-Gap (6 300 m) überschreiten. Er versuchte dies bereits im September 1907 und später nochmals im Mai 1910. Zu dieser Zeit gelang ihm aber der Übergang am *Tent Peak-Pass* (5 953 m), den er vom Green-Lake-Gletscher aus erreichte, der das Zemu-Tal mit dem Chanson-Gletscher verbindet. –

Ohne daß die nachgenannten Gipfel sich in der Nähe des Kanchenjunga befinden, möchte ich doch die Himalaya-Tätigkeit von Dr. Kellas an dieser Stelle vervollständigen. An Gipfelerfolgen konnte er auf folgende Erstbesteigungen zurückblicken: 1909: Langpo Peak (6 954 m); 1910: Sentinel Peak (6 490 m), östlich des Chovten Nyima La; Chomo Yummo (6 829 m) an der tibetanischen Grenze; Pauhunri (7 128 m), den er am 16. Juni 1910 bezwang und ein Jahr früher bereits zweimal vergeblich angegangen war; 1912: Kangchengyao (6 890 m); 1920: Narsing (5 825 m); Lamo Angdang (5 868 m). 1921 erkundete er den oberen Kabru-Gletscher und suchte eine günstige Aufstiegsroute durch den Eisfall. – Dann wurde er für die erste britische Mount-Everest-Expedition 1921 als Expeditionsarzt bestimmt und sollte dort auch seine reichliche Himalaya-Erfahrung mit einbringen. Er starb aber bereits während des Anmarsches an Herzschwäche und wurde in Kampa Dzong beerdigt.

In der Monsunzeit **1920** versuchten *Harold Raeburn* und *C. G. Crawford* zusammen mit *H. W. Tobin*, den Talung-Gletscher hochzusteigen. Sie erreichten das Gletschergebiet über dem 5 008 Meter hohen Guichak La, aber die Verhältnisse waren derart ungünstig, daß sie nach Darjeeling zurückkehrten. Erst im September brachen sie dann abermals auf, und Raeburn und Crawford zogen zum Yalung-Gletscher, um sich die Südwestflanke des Kanchenjunga näher betrachten zu können. Nordöstlich des Tso Camp querten sie den Yalung-Gletscher, gelangten zu dessen östlicher Seitenmoräne und strebten dem Talung-Sattel (6 745 m) zu. Im Rückmarsch überschritten sie als erste den 5 850 m hohen Ratong La. Die Entdeckung dieses relativ günstigen Übergangs zwischen dem Yalung-Tal und dem östlichen Ratong-Gletscher, der die Verbindung mit dem Dorf Dzongri herstellt, wurde auf diese Weise entdeckt und war vielleicht das wichtigste Ergebnis dieser Fahrt.

1925 war der Grieche *N. A. Tombazi* zum Talung-Gletscher aufgebrochen und erreichte über den Tongshiong-Gletscher erstmals von Süden her den Zemu Gap (5 905 m).

1926 erkundete *Hugh Boustead* die gleiche Gegend und gelangte

ebenfalls zum Zemu Gap. Vorher aber bestieg er erstmals den 6708 Meter hohen Pandim.
1929 kam ein Phantast über Dzongri zum Kanchenjunga. *E. F. Farmer*, ein tollkühner Amerikaner, wollte ihn über die Südwestflanke im Alleingang besteigen. Er kam am 26. Mai mit drei ehemaligen Everest-Trägern zum oberen Yalung-Gletscher. Da die Träger unzureichendes Schuhwerk und keine Steigeisen zur Verfügung hatten, ließ Farmer die Sherpas zurück und ging nun allein gegen den 6745 Meter hohen Talung-Sattel hoch. Die Träger, die ihm zunächst noch mit ihrem dünnen Schuhwerk gefolgt waren, kehrten also um, wollten aber E. F. Farmer dazu überreden, daß er nicht allein weitersteigen solle. Dessen ungeachtet stieg Farmer höher und höher. Nebel kam auf, und wenn die Sicht gerade frei war, winkten ihm die Träger, um ihn zur Rückkehr zu bewegen. Um 5 Uhr nachmittags sah man Farmer immer noch hochklettern. Dann entschwand er hinter einer Nebelwand und bei einbrechender Dunkelheit damit auch den Blicken seiner Sherpas.
Die Träger stiegen nun in das Lager hinab, warteten und signalisierten während der Nacht von Zeit zu Zeit mit ihren Taschenlampen – jedoch erfolglos. – Am nächsten Morgen kletterten die Träger bis zu jenem Punkt hinauf, wo sie dann Farmer's Aufstiegsroute verfolgen konnten. Sie sahen ihn nun weit oben auf einem steilen Schneehang. Er schien mit ausgestreckten Armen sich lebhaft zu bewegen. Sie nahmen an, daß er schneeblind geworden war und nicht mehr heruntergehen konnte. Noch einen ganzen Tag hielten sie Ausschau, doch am Morgen des 28. Mai zwang sie Hunger und allgemeine Schwäche zum Abstieg nach Tseram.
So ging der sogenannte zweite Angriff auf den Kanchenjunga zu Ende. Sogenannt deshalb, denn einmal war ein Aufstieg zum Talung-Sattel ohnehin nicht der richtige Weg, um den Kanchenjunga-Gipfel zu erreichen, und zum anderen war damals die technische Ausrüstung der Bergsteiger noch viel zu schwer und die Kenntnisse um die klimatischen Verhältnisse in großer Höhe noch zu mangelhaft, um einen vernünftigen Alleingang wagen zu können. So endete dieses Solo-Unternehmen des jungen Amerikaners in totaler Erschöpfung, die zu schwersten Erfrierungen und damit schließlich zum Tode geführt hatte.

Bauer-Expeditionen von Osten (1929–1931)

1929: Erste Kanchenjunga-Expedition

Obwohl die »Bayerische Kanchenjunga-Expedition« unter Paul Bauer noch keine Genehmigung in Händen hatte, reiste sie am 23. Januar 1929 voller Gottvertrauen aus, in dem Glauben, daß sie in Colombo dann doch ein Permit für den Kanchenjunga, den Kamet oder den Nanga Parbat bekommen würde. Wie hätte sich der gleiche Mann aufgespielt, wenn dieses Risiko von einer anderen Expedition eingegangen worden wäre! Bauer plante seinerzeit bei ungünstigem Ausgang, das heißt, wenn er kein Permit bekommen hätte, das Ganze zu einer Asien-Fotoreise umzugestalten – und dies alles auf Kosten des Deutschen und Österreichischen Alpenvereins! Bauer hatte es ohnehin verstanden, Dyhrenfurth, der ebenfalls zum Kanchenjunga wollte, beim Alpenverein auszutricksen.

Die »Bayerische Kanchenjunga-Expedition« hatte sich zum Ziel gesetzt, ihren Berg von Sikkim aus über den Zemu-Gletscher anzugehen. In Kalkutta, wo die Expedition vom Schiff ging, wurde sie vom deutschen Vizekonsul, einem Münchner, sowie von Mitgliedern des Himalaya-Clubs empfangen und bei der Erledigung der Zollformalitäten wie auch der Probleme des Weitertransports bis Darjeeling so tatkräftig unterstützt, daß die Expedition noch am gleichen Abend den Zug besteigen konnte.

Alle Teilnehmer waren Himalaya-Neulinge. Dennoch glaubten sie, daß die von ihnen in Darjeeling getroffene Auswahl der Hochträger besser sei als die von einem bewährten Sirdar empfohlenen, erfahrenen Everest-Träger, die bereits in Darjeeling auf die Expedition warteten. Nach dem Verlauf des Unternehmens zu schließen, war diese Entscheidung nicht gerade sehr glücklich.

Die erste deutsche Himalaya-Expedition bestand aus neun Mitgliedern – alle Bergkameraden des Akademischen Alpenvereins München (AAVM). Expeditionsleiter war Paul Bauer aus Kusel in der Rheinpfalz. Die Ärzte Dr. Eugen Allwein und Karl von Kraus sowie Dr. Ernst Beigel und Wilhelm Fendt waren alle aus München, Julius Brenner aus Kaufbeuren, Joachim Leupold aus Arnstadt, Alexander Thoenes aus Speyer und aus Kitzbühel in Tirol Peter Aufschnaiter. In Indien kamen die Begleitoffiziere H. W. Tobin und E. O. Shebbeare hinzu.

Nach fünf Wochen, am 28. Juli 1929, wurde Darjeeling erreicht. Man verlegte bewußt den Anmarsch in die regenreiche Monsunzeit, um im Herbst den Gipfelangriff durchführen zu können. Dem Bericht des Expeditionsleiters zufolge hatte man sich anfänglich reichlich viel vorgenommen, nämlich vor Beginn der Aktion am Berg denselben erst zu umkreisen, die Südost-, die Südwest- und die Nordwestflanke zu erkunden und sich zudem für eine Eingehtour am 7 315 Meter hohen Kabru zu versuchen. Dies war alles recht viel auf einmal. Aber die anfänglich recht hoch geschraubten Pläne der Himalaya-Neulinge wurden ohnehin von Woche zu Woche bescheidener.

Das Gepäck war knapp gehalten, man hatte lediglich 86 Traglasten. Hinzu kam allerdings noch die Trägerverpflegung, die später aus Gangtok nachgebracht wurde. In neun Tagen erreichte man das Dorf Lachen. Dort wurde das erste Lager errichtet. Mitte August hatte man den Dschungelgürtel bereits hinter sich und stellte auf der Nordseite des Zemu-Gletschers in etwa 4 370 Meter Höhe Lager 3 auf. Dieses »Bayernlager« wurde im Laufe der nächsten Wochen durch den Bau von primitiven Hütten zum eigentlichen Hauptlager ausgebaut. Zwar konnte man von hier aus den herrlichen Siniolchu (6 887 m) sehen, aber dessen ungeachtet war das Lager vom eigentlichen Aufstieg zum Ostsporn des Kanchenjunga noch ziemlich weit entfernt. Es ist daher kein Wunder, daß später Lager 6 in 5 140 Meter Höhe das eigentliche Standlager wurde.

In der zweiten Augusthälfte machte die Expedition verschiedene Erkundungsvorstöße: Einen gegen Simvu-Sattel (5 407 m) und Simvu-Gipfel (6 811 m) – einen anderen zum oberen Zemu- und zum Twins-Gletscher. Als man die Erkundungsergebnisse in Lager 6 austauschte, kam man zu dem Ergebnis, daß eigentlich nur der Ostsporn für einen Aufstieg von Osten her in Frage kommen würde.

Um einen Vorstoß durchzuführen, mußten endlich die Hochträger ausgerüstet werden. Bis jetzt hatten sie weder Gletscherbrillen, Steigeisen, Pickel, noch warme Bekleidung. Nach heutigem Begriff wäre es unmöglich für eine Expedition, die Träger nicht schon weit vor dem Erreichen der Gletscherzone voll auszustaffieren. Aber die zwölf Sherpas und fünf Bhutias der Bauer-Expedition waren anscheinend überaus bescheidene und genügsame Leute.

Nun wurden die restlichen Anmarschträger in ihre Dörfer zurückgeschickt. Mit ihnen verabschiedete sich auch H. W. Tobin, der als Vertreter des Himalaya-Clubs die Expedition bis ins vorgeschobene Hauptlager hinauf begleitet hatte.

Nach längerem Bemühen gelang es schließlich, das untere Stück des

Ostgrates bis etwa auf eine Höhe von 6 000 Metern zu erklettern. Aber für die lastenschleppenden Hochträger schien dieser Zugang nicht geeignet. Auch der mittlere Teil des Ostsporn, mit seinen Eistürmen und bizarren Schneeaufbauten, sah wenig verlockend aus. So überprüfte neuerdings eine Rekognoszierungsseilschaft den Aufstieg zum 5 905 Meter hohen Zemu Gap, einem Sattel, der einen Aufstieg über den dort sich anschließenden Ostsüdostgrat zum Südgipfel empor ermöglichen würde. Dieser Wächtengrat sah dann aber bei aufkommendem Schneefall noch gefährlicher aus, als er ohnehin schon war. Am Ostgrat wurde inzwischen weitergearbeitet, so daß die endgültige Entscheidung für die Aufstiegsroute kein Kopfzerbrechen mehr bereiten konnte.
Bauer glaubte in der selbstzufriedenen Einschätzung seiner eigenen Leistung, daß der Weg über den Ostsporn der sicherste und vielleicht auch der einzige (!) Aufstieg zum Gipfel des Kanchenjunga sein könnte. Beim weiteren Vordringen auf dem Ostgrat errichtete man unter einem großen Felsturm in 5 830 Meter Höhe das siebte Hochlager. Man nannte es »Adlerhorst«, weil es, auf schmalem Felsband und an die Felswand geduckt, einem Nest glich. Von dort aus wurde am 18. September zu einer 6 047 Meter hohen Scharte der erste Vorstoß unternommen – und schließlich über eine Schneeterrasse zum Fuße eines Steilaufschwungs. Hier sollte Lager 8 errichtet werden. Beim ersten Vorstoß gelang es allerdings nicht, den vorgesehenen Lagerplatz zu erreichen, und man mußte 100 Meter tiefer aus einer Wächte einen Zeltplatz herausplanieren.
Am 21. September wurde in 6 270 Meter Höhe das erste Lager auf dem Sporn eingerichtet. Während im ›Adlerhorst‹ noch ein Zelt stand, mußten die weiteren Hochlager als Schneehöhlen ausgebaut werden. Zu dieser Zeit hatte Dr. Eugen Allwein das Kommando am Ostsporn übernommen. Von seinen damaligen Erlebnissen berichtet er Folgendes: »Mit einem etwa 20 Meter hohen, senkrechten Aufschwung begann der Grat. Dann folgte ein etwa 30 Meter hoher Turm, dem ein dritter von einer Höhe von 25 Metern folgte. Wir nannten ihn Twins-Turm, weil man beim Aufstieg weit über dem Twins-Gletscher hinaushing. Als wir am 23. September am vierten Turm standen, waren wir zunächst eine Weile vollkommen ratlos, senkrecht oder überhängend war die Kante, ebenfalls überhängend war die rechte Flanke und auch die linke. Während der ersten Stunden des Tunnelbaues verbreiterte ich das anfangs ganz schmale und nur mit Schwierigkeiten zu begehende Band zu einem bequemen Weg, auf dem auch der größte

Rucksack kaum mehr hinderlich war. Wir nannten dieses Band dann den ›Hanomag-Weg‹. Den ganzen Tag nahm die Arbeit in Anspruch, und als wir uns um 16 Uhr wieder aufs Lager zurückzogen, war der Tunnel noch nicht vollendet.
Anderntags machten wir uns wieder an die Arbeit am Tunnel-Turm, den Beigel schließlich in einstündiger Arbeit vollendete. Er kam auf ein schmales Band unter neuen Firnüberhängen und versuchte nach links durchzusteigen, mußte aber umkehren. Thoenes hackte nach ihm in einer Schneeverschneidung nach rechts gegen die Schlußwände hinauf, deren Überwindung schließlich mir gelang. Dann mußten wir am Fuße des längst gefürchteten 60 Meter hohen Abbruches umkehren. Seine Überwindung gelang erst am 25. September. Eine steile Schneerinne zog sich nahe der Gratschneide dieser Parallelen an der Südflanke hinauf. Durch sie erkämpften wir uns den Aufstieg, nachdem wir von dem weichen Schnee so viel abgeräumt hatten, daß man in dem darunterliegenden festen Firn und Eis gut Stufen schlagen konnte. Auf einer schmalen Gratschulter auf halber Höhe des Turmes sammelten wir uns zum letzten Angriff. Ohne längere Pausen hackte ich zweieinhalb Stunden lang und ermüdete dabei eigentlich nicht mehr, als es bei einer solchen Arbeit auch in unseren Höhen der Fall gewesen wäre. So gut hatten wir uns schon an die Höhe gewöhnt.«
Zwei Wochen dauerte der Tunnel- und Wegebau am Ostsporn. Zwei Wochen lang wurde von früh bis spät im Eis des Kanchenjunga gehackt. Immer neue Hindernisse tauchten auf, und bis zur Überwindung des großen Grataufschwungs, der als Schlüsselstellung galt, war es immer noch zweifelhaft, ob man den Nordgrat wirklich erreichen würde.
Lager 9 (6 075 m) wurde auf einer größeren Terrasse oberhalb des Pulverturms aufgeschlagen. Nun ging man daran, Eishöhlen für sechs bis acht Mann in den Lagern auszubauen. Im Laufe der Expedition haben sich die Eishöhlen ganz gut bewährt, die Innentemperatur sank nur selten unter Null, während es vor der Eishöhle nachts immerhin eine Temperatur von minus 10 bis minus 20 Grad hatte. Diese Eishöhlen wurden seinerzeit von Bauer so propagiert, daß auch Willy Merkl 1932 am Nanga Parbat an den Bau von Eishöhlen dachte. Aber meines Wissens wurde an der Rakhiotseite nur einmal eine Eishöhle gebaut, und die war 1953 in Lager 4 in 6 700 Meter Höhe. Damals zog sich Kuno Reiner, der sich hauptsächlich mit dem Bau der Eishöhle befaßt hatte, eine Lungenentzündung zu und konnte am weiteren Verlauf dieser erfolgreichen Expedition nicht mehr teilnehmen. –

Oberhalb von Lager 9 gab es für diese Expedition keine großen Schwierigkeiten mehr. Lediglich ein Querhang erforderte noch einmal beim ersten Begehen alle Vorsicht. Dann ging man über Schneehänge hinauf auf freies Gelände, wo man in 7200 Meter Höhe Lager 10 – die dritte geräumige Eishöhle – aus dem Firn hackte. Die Hauptschwierigkeiten am Ostsporn schienen überwunden zu sein. Am 3. Oktober spurten daher Allwein und von Kraus bis 7200 Meter hinauf. Es war mühsam, aber nicht schwierig, und der weitere Aufstieg zum Nordgrat schien gangbar. Gleichzeitig versorgten Träger, geführt von Brenner und Fendt, von Lager 6 aus die letzten Hochlager am Sporn.
Am Abend des 3. Oktober 1929 waren sechs Sahibs und vier Sherpas in der Eishöhle von Lager 10 versammelt, man glaubte den Erfolg schon in Händen zu haben und befand sich daher in euphorischer Stimmung. Aber, da kam es anderntags zu einem schweren Wettersturz. Am Morgen des 4. Oktober begann es heftig zu schneien, und man mußte sich allmählich mit dem Gedanken vertraut machen, daß man unter diesen Umständen den Gipfel nicht erreichen konnte. Alle Verbindungen zu den rückwärtigen Lagern waren unterbrochen. »Am 6. Oktober schöpften wir neue Hoffnung«, schrieb Bauer. Das Wetter war gut geworden, und zum ersten Mal seit 48 Stunden schneite es nicht mehr. Inzwischen waren Beigel und Aufschnaiter aufgebrochen, um sich nach unten abzusetzen. Sie berichteten, daß sie total erschöpft Lager 9 erreichten und in ihrer steif gefrorenen Kleidung eine recht ungemütliche Nacht verbringen mußten. Als sie am 7. Oktober morgens aus ihrer Eishöhle krochen, um ihren Abstieg fortzusetzen, wühlten sie sich durch die uferlosen Schneemassen nach unten. Von den Eistürmen glitten unentwegt mit einem unheimlichen Brausen riesige Schneebretter in die Tiefe. Nach Lager 8 hatten sie ein waagerechtes Gratstück vor sich, in dem kaum mehr vorwärtszukommen war. Bei einer schwierigen Querung stürzte Beigel mit einem Wächtenabbruch in die Wand, doch Aufschnaiter konnte ihn gerade noch halten, indem er jenseits hinabsprang. Dabei ging auch noch der zweite Rucksack verloren. Ohne jeden Schutz, ohne Zelt, ohne Schlafsack, ohne warme Bekleidung und ohne Verpflegung saßen schließlich beide, durch die fast übermenschlichen Anstrengungen der letzten beiden Tage am Ende ihrer Kräfte, unter einer Wächte im Schneetreiben. Dennoch gelang letzten Endes der Rückzug der ganzen Expedition ohne Menschenverluste. Leupold, der das vorgeschobene Hauptlager 6 verwaltete, schrieb am 5. Oktober in sein Tage-

buch: »Hier ist es trostlos. Seit zwei Tagen schneit und regnet es ununterbrochen. Es ist zum Verzweifeln, dazu haben wir noch Rheumatismus durch die nassen Höhlen. Hoffentlich haben die anderen oben besseres Wetter.«

Der weitere Abmarsch über den Gletscher wurde durch die Schneemassen ebenfalls stark verzögert. So brauchten die Träger ganze dreizehn Stunden vom Grünen See ins Lager 3, wofür man bei normalen Verhältnissen nur drei Stunden rechnen mußte. Auch dort herrschten nach dem Brief von J. Brenner vom 7. Oktober an die Besatzung von Lager 3 schlimmste Verhältnisse: »Wir schwimmen im Schnee, weniger in Atta und Tsampa. Fendt und ich sitzen im Lager ohne Nachricht von oben. Gestern war gutes Wetter; oben am Grat stießen vier Mann weiter vor gegen den über 7000 Meter hohen Schneegipfel. Heute nacht neue Schneemassen und damit vielleicht das Ende der Expedition. Es ist schwer, von hier aus die Situation weiter oben zu beurteilen. Wir halten es für möglich, daß nun die Lager abgebaut werden.«

Von Kraus und Thoenes waren zu dieser Zeit in Lager 7 eingeschlossen. Sie konnten zwar keinen Schritt nach oben vordringen, aber sie mußten auf die anderen warten, die noch von oben herunterkommen sollten.

Am 14. Oktober wurde das vorgeschobene Hauptlager (Lager 6) geräumt, und die Expedition sammelte sich im ›Bayern-Lager‹, um nach Lachen hinauszumarschieren. Beigel hatte sich beim Abstieg schwere Frostschäden an den Füßen zugezogen und mußte streckenweise getragen werden. –

Am 20. Oktober traf die Expedition wieder im Hauptlager in Lachen ein. Der erste große Versuch, den Kanchenjunga über den Ostsporn zu bezwingen, war gescheitert.

1931 – Paul Bauer wieder am Ostsporn

Ähnlich wie 1932 Willy Merkl am Nanga Parbat seine von ihm entdeckte, sehr lange Aufstiegsroute über den Rakhiot-Gletscher und Ostgrat zum Gipfel des Nanga Parbat, zwei Jahre später dann bis zum Ziel weitergehen wollte – so wollte 1931 Paul Bauer seine vor zwei Jahren gesammelten Erkenntnisse am Ostsporn des Kanchenjunga dahingehend verwerten, daß ihm der Aufstieg bis zum Gipfel gelingen sollte.

Aus der Reihe der Begleiter seiner ersten Expedition fanden sich fünf wieder bereit, unter Hintanstellung aller beruflichen Verpflichtungen, abermals zum Kanchenjunga zu ziehen. Es waren dies Dr. Eugen Allwein, Peter Aufschnaiter, Julius Brenner, Wilhelm Fendt und Joachim Leupold. Als Expeditions- und Himalaya-Neulinge traten Dr. Hans Hartmann und Dr. Karl Wien aus Berlin , Hermann Schaller aus München und Hans Pircher aus Innsbruck hinzu. Es war also eine zehnköpfige Mannschaft, vorwiegend aus dem Kreis des Akademischen Alpenvereins München, die von den Alpenvereins-Sektionen Hochland und Oberland und schließlich auch vom Deutschen und Österreichischen Alpenverein wesentlich unterstützt wurde.
Paul Bauer glaubte, daß die Zeit vor dem Monsun, der ja bekanntlich Ende Mai zu erwarten ist, für einen Angriff über den Ostsporn nicht ausreichen würde. Er entschloß sich daher, auch diese Expedition in der Monsunzeit anreisen zu lassen, um in der kurzen Schönwetterperiode am Ende der Regenzeit den Gipfelvorstoß zu starten.
Am 25. Mai verließ man München, schiffte sich in Genua ein, um an Bord der ›Saarbrücken‹ nach Indien zu fahren. Die Vorhut traf am 21. Juni in Darjeeling ein. Dort wurden sie von Tenchedar, dem Koch, und Norsang, dem Sirdar, begrüßt. Die beiden Sherpas hatten aus ihren Heimatdörfern eine Reihe kräftiger junger Sherpas mitgebracht. – Zunächst schien die Situation mit den Trägern nicht ganz so einfach, denn die Sherpas und ihr Sirdar standen zunächst abseits. Sie hatten angeblich bei der Dyhrenfurth-Expedition 1930 am Kanchenjunga schlechte Erfahrungen gemacht; sie hätten weniger Lohn bekommen als die Bhutias und seien daher mit Oberstleutnant Tobin, der die Abmachungen mit den Trägern bei der Dyhrenfurth-Expedition getroffen hatte, im Streit auseinandergegangen. Tobin, der Vertreter des Himalaya-Clubs in Darjeeling, hatte beim Eintreffen der Expedition bereits wieder Bhutia-Träger um sich gesammelt und für die Expedition bereitgestellt. Aber Bauer wollte auf die bergsteigerisch gewandten Sherpas auch nicht verzichten. So ging ein Handel hin und her, bis schließlich dann doch unter Vermittlung des Polizeipräsidenten von Darjeeling, S. W. Laden-La, die Trägerrivalitäten wieder ins Lot kamen. E. O. Shebbeare, Chef des Forstwesens in Bengalen, der früher bereits seine englischen Freunde zum Mount Everest begleitet hatte, tat sich mit Tobin zusammen, um den Lastentransport zum Zemu-Gletscher zu organisieren. Man hatte 160 Gepäckstücke aus Deutschland mitgebracht, und weitere fünfzig Verpflegslasten kamen hinzu. Das Gepäck wurde zunächst mit der Kleinbahn in das Tista-Tal beför-

dert und dann mit einer Seilbahn nach Kalimpong hinauf. Von dort aus wurden die 210 Lasten von einer in Darjeeling zusammengestellten Trägerkolonne übernommen. Am nächsten Tag ging der Anmarsch weiter. Der Weg führte dann über Pedong (1500 m) nach Pakhyong (1430 m) und Gangtok (1770 m). Dann ging es über den Penlong La nach Dikchu (650 m) hinab und weiter über Mangen, Singhik (1400 m) nach Tsungtang (1630 m). Nach etwa acht Tagen wurde Lachen (2700 m), die letzte bewohnte Siedlung auf dem Weg zum Kanchenjunga-Hauptlager, erreicht. Die Bauweise der Häuser inmitten lieblicher Wiesenmatten mit einer Üppigkeit an Blumen sowie die freundliche Art der Bevölkerung, machen diesen Ort recht liebenswert. Man geht nicht sehr lange, dann öffnet sich bereits nach Westen hin das Zemu-Tal, das man über Yaktang (3360 m) erreicht. Hier wandert man in einer Höhe von 3000 bis 4000 Metern durch subtropischen Dschungel – Märchenwald – mit riesigen Tannen und rotblühenden Rhododendron-Büschen.

Am 10. Juli traf alles im Hauptlager ein. Schon wenige Tage später konnte das vorgeschobene Hauptlager (Lager 6) in 5300 Meter Höhe errichtet werden. Am nächsten Tag begann die Arbeit am Berg. Bei der hochsommerlichen Wärme während des Monsuns wurde viel Bewegung in den Flanken beobachtet: Lawinen fegten zu Tal, und riesige Felsbrocken polterten die Hänge herab. Dies alles mahnte zu größter Vorsicht. Ein erster Vorstoß zum ›Adlerhorst‹ (Lager 7) auf 5830 Meter Höhe mißlang. Die Wand war so gefährlich, daß man nur in den frühesten Morgenstunden einen Aufstieg wagen konnte.

Der ›Adlerhorst‹ wurde im Laufe der Expedition zum wichtigsten Stützpunkt. Man sah erst jetzt, wie lebendig die Wand in der Monsunzeit werden kann. Zunächst wurden einige Tage lang die Bewegungen in den Eisflanken beobachtet, bevor man einen Zickzacksteig durch das Gelände legte. Über achtzig Trägerlasten sollten im Laufe der nächsten Wochen zum Lager 7 hinauftransportiert und von dort aus in die oberen Hochlager weitergeschleppt werden. Die Wege waren steinschlaggefährdet – und dies bis in den September hinein, denn solange hielt das warme Wetter im Zemu-Tal an.

Am 22. Juli wurde erstmals das waagerechte Gratstück am Ostsporn erreicht. Die Verhältnisse hatten sich, gegenüber 1929, wesentlich verändert. Die Firnhauben brachen jetzt in der warmen Monsunzeit unter den Tritten der Bergsteiger zusammen. In der Monsunzeit hat sich die Ostsporn-Route oft als außerordentlich lawinengefährlich erwiesen. Daß während des Unternehmens nichts Schlimmes passiert

ist, war keinesfalls allein der außerordentlichen Vorsicht zu verdanken; sicher spielte dabei auch ein großes Quantum Glück eine große, nicht unwesentliche Rolle.
Am 25. Juli war nach langer Zeit der erste schöne Tag. Dr. Hartmann berichtete: »Allwein und Bauer gehen voraus, ich mit den zwei Trägern hinterdrein. Auf dem ersten Turm rasten wir. Ich soll mit den zwei Kulis versuchen, hier einen Zelt- und Depotplatz auszuhacken, während Allwein und Bauer den Weg über den Grat weiter vorbereiten. Bisher hatte die Sonne geschienen, und ich sah so großartige Bilder wie nie zuvor: Den Siniolchu (6888 m), den Simvu-Stock (6811 m), den Kanchenjunga, die Twins (7120 m), den steilschuppigen Tent Peak (7342 m) und den ebenmäßigen Firngipfel des Sugarloaf (etwa 6900 m). Alle schauen leider noch auf uns herab. – Allwein und Bauer drängten langsam, aber stetig vorwärts, jedoch oberhalb der Schulter des ersten großen Aufschwungs kehrten sie um. Tsering Norbu und Ketar haben eifrig geholfen, nun sind wir fertig mit dem Aushacken des Zeltplatzes und liegen faul auf unserem Turm. Tsin Norbu, der 1930 mit auf dem Yonsong-Peak war – als Träger von Mercel Kurz –, erzählt, daß der Yonsong-Peak recht einfach gegenüber diesem Grat ist, den er als ›very dalra‹, das heißt, sehr steil, bezeichnete. –
28. Juli: Wir sind hier oben eine stattliche Streitmacht, das heißt, ich will lieber sagen, eine zahlreiche ... denn die meisten sind hier zur Zeit stark »andevastiert«. Allwein hat Ischias, Bauer, Pircher und Aufschnaiter haben einen mehr oder weniger starken Husten, dasselbe trifft in etwas geringerem Maße auch für mich zu, Jul Brenner hat erhebliche Kopfschmerzen, nur Xaverl Schaller hat noch nichts.«
Soweit Hans Hartmann.
Es herrschte zu dieser Zeit eine richtige Erkältungsepidemie. Einige Hochträger hatten eine schwere Angina, Hartmann eine Weile lang Blinddarmentzündung, der an Enterokolitis erkrankte Lopsang mußte nach Lachen gebracht werden, wo er zwei Wochen später im Hospital von Gangtok starb. Wilhelm Fendt bekam Paratyphus, Joachim Leupold, Hans Hartmann und Hans Pircher sowie viele Sherpas litten an Malaria. Babulall, Leupolds Orderly, kam auf eine recht tragische Weise ums Leben. Paul Bauer schreibt dazu: »Er hatte sich dem Tod fatalistisch, ohne an eine Gegenwehr auch nur zu denken, in die Arme geworfen, wie uns schien. Über Kopfweh hatte er geklagt, da gab ihm Leupold Medizin, am ersten Tag Veramon, am nächsten Aspirin, dann Chinin. Es schien nicht schlimm zu sein, aber er sollte

am dritten Tag zurückgehen ins Lager 3, um sich dort zu pflegen. Unterwegs legte er sich hin, um zu sterben.« Nach heutigen Erkenntnissen hatte dieser Träger sehr wahrscheinlich eine durch die Höhe bedingte Gehirnblutung erlitten, einen sogenannten ›Kleinen Schlaganfall‹ und hätte nur durch eine Operation gerettet werden können. Die Erkrankungen innerhalb der Mannschaft lähmten natürlich den Vorstoß. Während der zwangsläufigen Rasttage kam es zur Wetterverschlechterung, und auf der Aufstiegsspur lag ein Meter Neuschnee. Somit mußte man Anfang August den mühsamen Wegebau ganz neu anfangen. Besondere Schwierigkeiten hatte man im letzten Stück vom ›Little Camp‹, einem Notlager auf dem Grat, bis zur ersten Terrasse, wo Lager 8 errichtet werden sollte.
Schaller und Pircher bahnten inzwischen einen Weg durch den aufgeweichten Firn vom ›Little Camp‹: zunächst in einem 40 Meter langen Quergang durch die Flanke hinüber an den Fuß einer Eisrinne, dann eine Seillänge von 30 Metern die steile Eisrinne empor, bis sie ohne größere Schwierigkeit eine Terrasse erreichten, wo das Lager stand. *Hermann Schaller* schrieb über die Anlage dieses Weges in sein Tagebuch, das nach seinem Absturz von Dr. Hartmann am Fuß der Eisrinne gefunden wurde, Folgendes:
»Um 8 Uhr sind wir hinter dem ›Little Camp‹. Mit Steigeisen anziehen wird es 9 Uhr, bis wir uns zum Quergang hin begeben. Es wird eine recht schwere Arbeit, in dem glatten Eis einigermaßen gute Stufen anzubringen. Hans Pircher probiert es zunächst rechts, der hier aufliegende Schnee ist jedoch zu weich, und nach einigen Metern rutscht er samt der Schneeladung ab. Nun bleibt nur die eisige, von Lawinen bestrichene Rinne übrig. Hans Pircher hackt sich einige Meter hinauf. Ein Schneerutscher kommt von oben und überschüttet ihn vollkommen. Vorerst geben wir den Weitermarsch auf und ziehen uns auf einen Felsen zurück. Der einzige Weiterweg aber ist die Eisrinne. Ich gehe voraus und arbeite mich in der Rinne langsam empor. Nach einer Seillänge steige ich auf die linke Schneerippe hinaus und lasse Hans Pircher nachkommen. Es wird fast 12 Uhr. Wir queren nun etwas nach links und steigen direkt über die Wächten auf die nächste Terrasse. Hans übernimmt die aufreibende Spurarbeit. Von der Vorterrasse quere ich nach rechts, und über eine Spalte hinweg steige ich schließlich auf die Terrasse selbst. Noch eine Seillänge, dann machen wir Rast.«
Am 9. August sollte Lager 8, das nach dem Angriffsplan schon zwei Wochen vorher erreicht werden sollte, nun wirklich geschafft werden.

An diesem Tag gingen Hartmann und Wien voraus, um den Weg zu verbessern und die Standplätze zu erweitern. – Allwein und Aufschnaiter stiegen mit vier Hochträgern zum ›Little Camp‹ auf und kehrten über das Gratlager bis zum Adlerhorst wieder zurück. – Bauer stieg mit drei Trägern vom Adlerhorst zum Gratlager hoch und mit Schaller und Pircher von dort aus weiter gegen das ›Little Camp‹. Man bildete zwei Seilschaften: Schaller mit Pasang und Tsering Norbu; Bauer und Pircher mit Bagde. Dann passierte ein schweres Unglück. Ich zitiere Bauers Bericht über die Katastrophe:
»Wie ich den Quergang und die Rinne aus der Nähe sah, erschrak ich heftig. Das war kein Weg für unsere Träger. Der Quergang und die Rinne erforderten vor allem einen zuverlässigen Bergsteiger, und das war kaum einer der Träger ... Ich hob die Trillerpeife mehrmals an die Lippen, um alle zurückzurufen; der Weg sollte neu, anders geführt, der Umzug aufgeschoben werden. Aber ich setzte die Pfeife immer wieder ab. Schaller und die beiden Träger waren schon am Fuß der Rinne drüben, Hartmann und Wien stapften schon über die Vorterrasse ... So stand ich höchst beängstigt am Beginn des Querganges und folgte jeder Bewegung der andern mit den Augen, als ob ich sie damit halten und stützen könnte. Schaller stieg langsam an. Jede Stufe reinigte er sorgfältig von dem Firn, der hineingerutscht war, und vergrößerte sie. Dann verschwand er für mich hinter der weit vorragenden diesseitigen Begrenzungsrippe der Rinne. Nach einer kleinen Weile ging Pasang nach und verschwand gleichfalls hinter der Rippe. Der dritte Mann, Tsering Norbu, stand am Fuße des Eiscouloirs am Sicherungsblock und bediente das Seil. – Auf einmal glitt lautlos ein schwarzer Körper – Pasang?! – heraus, Schallers große Figur mit dem weit abstehenden Rucksack folgte unmittelbar ebenso lautlos, flog kopfüber, schneller als Pasang, über diesen hinweg, beide schlugen am Fuß der Eisrinne auf und schnellten in die Luft hinaus. Den Bruchteil einer Sekunde wartete ich darauf, flehte darum, daß das Seil den Sturz halten möge, bat um ein Wunder, denn ich wußte, daß kein Seil der Wucht der beiden senkrecht abstürzenden Körper gewachsen sein kann. Die beiden stürzten unaufhaltsam, blitzschnell durch die steile Eisrinne weiter – weiter – und verschwanden. Im nächsten Augenblick sah ich drunten auf dem Lawinenkegel 600 Meter tiefer etwas Schwarzes – einen Mann?? – langsam auslaufen und zur Ruhe kommen. Es war aus.«
Schaller hatte sich bei dem Absturz einen schweren Schädelbruch zugezogen und sich außerdem den rechten Arm mehrmals gebrochen.

Er wurde später auf der Felsinsel, die sich inmitten des oberen Zemu-Gletschers befindet, beigesetzt.
Bauer vermutete, daß Pasang gestürzt war, und im Augenblick des Sturzes hatte Tsering Norbu sein Seil doppelt um den Fels geschlungen und sich auf diese Weise gerettet. An der scharfen Kante des Sicherungsblockes war aber das Seil, an dem Pasang und Schaller hingen, von der Wucht des Sturzes abgesprengt worden. – Das Unglück vom 9. August war ein schwerer Schlag für die Expedition, für die deutsche Mannschaft ebenso wie für die Hochträger. Alle Verbindungen nach dem Hauptlager in Lachen wurden abgeschnitten, um ein vorzeitiges Bekanntwerden der Hiobsbotschaft zu verhindern!
Das Unglück kam nicht von ungefähr. Die Sherpas waren seinerzeit – 1931! – noch nicht jene bergsteigerisch ausgebildeten Hochträger wie zwanzig Jahre später. Paul Bauer hätte eine solche Seilschaft, wie die Schallers mit den zwei Sherpas, keinesfalls zulassen dürfen. Wenn er erst beim Anblick der Eisrinne aus der Nähe bestürzt zu der Erkenntnis kam, daß dies kein Weg für seine Träger war – denn diese Aufstiegsroute erforderte vor allem einen zuverlässigen Bergsteiger, und das war kaum einer seiner Träger –, so nutzte es wenig, wenn er später die Trillerpfeife mehrmals an die Lippen nahm, um alles zurückzurufen. Zu diesem Zeitpunkt war es bereits zu spät. Ganz abgesehen davon, daß eine Trillerpfeife im Himalaya aufgrund der immensen Entfernungen, mit denen man hier zu tun hat, kaum auf 50 Meter gehört wird; dies hätte auch Paul Bauer seinerzeit schon wissen müssen. Daß er dann ›höchst beängstigt‹ am Beginn des Quergangs stand und jeder Bewegung der anderen mit den Augen folgte – das war in dieser Situation wohl eine recht hilflose Regung. Er hätte einfach an der Spitze keinesfalls einen Bergsteiger zusammen mit zwei Sherpas hochklettern lassen dürfen. – Auch die Spontanäußerung von Hans Pircher: »Aber unser Ziel, Hauptmann, geben wir doch nicht auf?!« muß hier bar jedem Realitätssinn gesehen werden. Legte Bauer ihm etwa die Hand auf die Schulter in dem Gefühl, daß er auf diesen Mann bauen könne? Zu diesem Zeitpunkt war die Expedition meines Erachtens bereits gescheitert. Auch für die tapferen Sherpas war offenbar das Maß voll. Die trostlosen Verhältnisse am Ostsporn, ihr schlechter Gesundheitszustand und dann noch zusätzlich dieser furchtbare Absturz, das alles nahm den Sherpas sicher den Auftrieb. Dennoch versuchte man am 16. August den Angriff fortzusetzen. Am 24. August konnte, fünfzehn (!) Tage nach dem Unfall, endlich Lager 8 in 6 270 Meter Höhe besetzt werden. Wie schon zwei Jahre vorher,

wurde auf der ersten Terrasse wiederum eine Höhle aus dem Eis geschlagen. Durch einen Unfall wurde der Hochträger Chesang für die Dauer der Expedition verwendungsunfähig. Am 26. August, nachmittags um 3 Uhr, kamen Karl Wien und Hans Pircher – wie Dr. Hartmann in sein Tagebuch schreibt – vom Grat zurück: »Sie haben den ersten Turm auf der Twinsseite zu umgehen versucht und einen Quergang nach rechts ins Eis begonnen. Diese Türme werden uns noch viel Arbeit machen! – Übrigens ist Karl Wien heute bei einem Versuch, den Turm auf der Zemu-Seite zu umgehen, einige zehn Meter geflogen, aber Hans Pircher hat das Seil gut gehalten!«
Die Gratstrecke oberhalb Lager 8 erwies sich als die wildeste des ganzen Ostsporns. Bis 2. September konnte die Trasse bis in eine Höhe von 6 740 Metern hinaufgetrieben werden, wo dann als Lager 9 eine Höhle ins Eis gehauen wurde. Am gleichen Tage spurten Hartmann und Wien bis 7 005 Meter hoch, um dort das 10. Hochlager zu errichten. Damit war ein zwei Monate langes Ringen um den Ostsporn zu einem gewissen Abschluß gekommen.
Auch in Lager 10 baute man wieder eine Höhle und begann nun den Vorstoß über den ›Biancograt‹ nach Lager 11, das in 7 360 Meter Höhe stehen sollte. Am 16. September konnten bereits Lebensmittel und Ausrüstung dorthin getragen werden. Es wurde eine Höhle gegraben, und Hartmann und Wien stiegen auf und blieben bereits dort. Am nächsten Tag, dem 17. September, wollten sie bis zum ›Sporngipfel‹ (7 700 m), der höchsten Graterhebung des Ostsporns, hinauf. Karl *Wien* schrieb darüber:
»Der Weg über den scharfen Grat bei schönem Wetter gehört zu dem Schönsten, was ich erlebt habe. Nach beiden Seiten, zum Zemu- und zum Twins-Gletscher, gleichmäßige, steile Abstürze, wir oben auf der Firnschneide am Weg zum Kanchenjunga. Er steht nun schon so nahe, daß es für uns fast sicher wird, ihn zu erreichen.« –
Nun, so verlockend nahe standen sie seinerzeit noch nicht vor dem Gipfel des dritthöchsten Berges der Erde, es trennten sie immerhin noch 900 Höhenmeter – und zunächst noch die Bewältigung jener Gratsenke, deren Gegenhang nicht ganz problemlos dann erst zum Nordgrat des Kanchenjunga hinaufführt. Die gut 100 Meter hohe, steile Wand, an der die Bauersche Expedition 1931 unter anderem scheiterte, erschien lawinengefährlich. Im Jahre 1977 allerdings, als die Inder den Aufstieg zum Kanchenjunga auf der Ostsporn-Route erstmals bis zum Gipfel vollzogen, war diese Wand kein großes Problem. –

Am 17. September 1931 standen also Dr. Hartmann und Dr. Wien um 2 Uhr nachmittags auf dem ›Sporngipfel‹, von wo aus eine 60 Meter tiefer gelegene Scharte zum Gegenhang hinüberleitet, der die Verbindung mit dem Nordgrat des Kanchenjunga herstellt.
Gleichzeitig stiegen Allwein, Aufschnaiter, Pircher und die Sherpas Kami, Pemba und Ketar an diesem Tag zum Lager 11 auf. Bauer selbst mußte umkehren, denn er war nur sehr langsam vorwärts gekommen. Der abgekämpfte Expeditionsleiter schaffte in drei Stunden nur noch 270 Höhenmeter und mußte am Firnkopf des ›Biancogratés‹, der etwa auf 7 270 Meter liegt, umkehren. Während des Abstiegs erlitt Bauer einen Herzkollaps, mußte schrittweise absteigen, so daß er am Abend mit knapper Not noch Lager 10 (7 005 m) erreichte. In dem Lager befand sich aber kein Schlafzeug. Diese Unterlassungssünde bedeutete für den Expeditionsleiter eine böse einsame Nacht. Er war glücklich, als er schließlich Kardiazol fand, ein leichtes Kreislaufmittel, außerdem Trockenmilch und einen Kocher, um sich eine heiße Milch machen zu können. Anderntags schleppte er sich Schritt für Schritt zum Lager 9 hinab. Der schwierige Abstieg an der Eisbarriere erforderte größte Vorsicht. Dann war er glücklich, in der Eishöhle wenigstens einen Schlafsack vorzufinden.
Am 18. September wollten Allwein, Pircher und Wien Lager 12 auf jenem Sattel errichten, der sich 60 Meter unterhalb des ›Sporngipfels‹ befindet. Von dort aus ging dann der Aufstieg über eine steile Wand zum sogenannten ›Zuckerhütl‹ (7 741 m). Der Weg dorthin über die etwa gut 100 Meter hohe Wand am Kanchenjunga-Nordgrat sah »nach Ansichten von Dr. Hartmann gemein aus: Rechts sind schon einige Lawinen abgegangen, links und geradeaus ist der Schnee eingerissen, alles abrutschbereit. Es sieht recht bitter aus!«
Dyhrenfurth läßt sich in seinem Buch vom Kantsch zu diesem Problem folgendermaßen aus: »Der etwa 120 Meter hohe Schneehang, der zu Punkt 7 741 Meter, dem ›Zuckerhütl‹ im Nordgrat, hinaufzieht, ist konvex und sehr steil. Er kann keinesfalls irgendwie umgangen werden und war offensichtlich seinerzeit äußerst lawinengefährlich. Die gewaltigen Massen von Monsunschnee zeigten sogar schon verschiedene Spalten und Abrißstellen. In diesen Hang von unten hineinzuschneiden, wäre Wahnsinn gewesen. Da hätte nur eines geholfen: die Lawinen durch Raketen (!) auszulösen. Im Parsenngebiet zum Beispiel wird dieses Abschießen oft gemacht, aber hier war man auf so etwas nicht vorbereitet.« – Den Indern bedeutete diese 300 bis 400 Fuß hohe, steile Wand kein großes Problem. Allerdings war es

nicht in der Nachmonsunzeit, sondern am 6. Mai, als sie Lager 7 auf dem Nordgrat in 8 000 Meter Höhe errichteten. –
Allwein und Wien wie Pircher und Fendt erreichten ebenfalls den ›Sporngipfel‹. Pircher kam dort mit einem schweren Rucksack an, er war voller Proviant für das geplante Hochlager 12. Als auch er die Aussichtslosigkeit eines weiteren Aufstiegs erkannte, stieg er mit seinem vollen Rucksack wieder ins Lager 8 ab.
Bauer schrieb in seinem Buch »Kampf um den Himalaya«: »Der Lawinenhang, der uns zur Umkehr zwang, ist bei anderen Schneeverhältnissen sicher. Man darf nicht vergessen, daß es Mitte September war, als wir dort umkehrten. Am ›Sporngipfel‹ hatten wir im September 1931 unter dem Neuschnee eine Harschdecke gefunden. Auf ihr hätten wir wahrscheinlich einige Wochen früher, im August, ungefährdet zum Nordgrat aufsteigen können. – Der Ostsporn bietet demnach unzweifelhaft eine Möglichkeit, den Gipfel des Kanchenjunga zu erreichen, und zwar wahrscheinlich die einzige, sicher aber jene, bei der die objektiven Gefahren des Steinschlags und der Lawinen kurz und gering sind.«
Diese Ansicht kann ja nicht ganz unwidersprochen bleiben, denn der Aufstieg über den Ostsporn, den 1977 dann die Inder schafften, ist sicher keine ›klassische Route‹, die zum Gipfel des Kanchenjunga führt, und gleich gar nicht die einzig mögliche! Die Erstbesteiger des Kanchenjunga, die Engländer, haben im Jahre 1955 sicher die technisch einfachste Route gewählt – und auf derselben wurde ja dann auch die erste deutsche Besteigung dieses dritthöchsten Berges unserer Erde von Schorsch Ritter und seinen beiden Sherpas geschafft. – Darüber hinaus gibt es aber auch noch eine Nordwestflanke, an der G. O. Dyhrenfurth 1930 scheiterte.
Das Resümee von Paul Bauer: »Bei unserer ersten Expedition 1929 wurde schon der Beweis erbracht, daß der Mensch mindestens bis 7 000 Meter Höhe jede Schwierigkeit am Berg meistern und schwere Rucksäcke schleppen kann und daß er dort zu leben lernt, ohne daß sich eine zeitliche Grenze für die Dauer des Aufenthalts in der Höhe ankündigt.« – Und nach seiner Expedition von 1931 sagte er: »Für uns Bergsteiger war der Nachweis wichtig, daß man bis mindestens 7 700 Meter noch ohne Sauerstoffzufuhr Rucksäcke schleppen, schwere Spurarbeit leisten und mit anderen Worten allen Anforderungen gewachsen sein und sich dort eine gewisse Zeit lang mit Sicherheit bewegen kann.« – Dem ist entgegenzuhalten, daß diese Beobachtungen am Menschen in großer Höhe von den Engländern

bereits in den zwanziger Jahren mehrfach gemacht wurden. Sie stiegen, zum Teil ohne Sauerstoffhilfe, an der Nordflanke des Everest weit größere Höhen empor, so daß Paul Bauer diese Erfahrungen der Engländer bereits vor seinen Kantsch-Expeditionen bekannt sein durften. Ohne diese Erkenntnisse, die die Engländer am Everest gesammelt hatten, hätte er es wohl auch kaum gewagt, den fast 8600 Meter hohen Kanchenjunga ohne Sauerstoffgeräte anzugehen!
G.O. Dyhrenfurth beurteilte die Bauer-Expeditionen so: »Das Hauptproblem aber, die Bezwingung des ungeheuren Berges, blieb bei der Bauer-Expedition ungelöst. Man war sogar viel weiter vom Ziel entfernt, als man im Herbst 1929 geglaubt hatte. Die Zeit vor dem Monsun ist zu kurz (?); der Wegbau über den Ostsporn während des Monsuns ist sehr schwierig, sehr gefährlich und wahrhaft erschöpfend, eine übermenschliche Aufgabe, die man den Trägern nicht zumuten sollte; die Zeit nach dem Monsun und vor dem Beginn der Winterstürme ist für Ostsporn und Gipfelangriff auch wieder zu kurz. Also – wie an der Nordwestfront (wo G.O. Dyhrenfurth 1930 scheiterte!), so auch am Ostsporn – ein unerbittliches NEIN!«
Wenn man im Rückblick auf die Geschichte dieses Berges solche Zeilen liest, erkennt man, welche Fehler bei solchen prophetischen Beurteilungen gemacht wurden. Denn der Kanchenjunga wurde über den schwierigen Ostsporn erstmals in der Vormonsunzeit bezwungen; und die Nordwestfront, die G.O. Dyhrenfurth 1930 angegriffen hatte und dabei nur kleine Nebenerfolge erzielte, wurde schließlich in der Zwischenzeit bereits mehrmals erfolgreich, das heißt bis zum Gipfel, durchstiegen.
Nun aber noch einmal zu Paul Bauer. Er hat wahrscheinlich auf den Erfahrungen der britischen Everest-Expeditionen aus den zwanziger Jahren aufgebaut. In Deutschland aber hat er sich seit seinen Kantsch-Unternehmungen als der deutsche Himalaya-Pionier in Szene gesetzt. Ich erinnere mich an eine Arbeitssitzung vor meiner ersten Nanga-Parbat-Expedition im Münchner Rathaus, als Paul Bauer aufstand und sagte: »Ich kenne gegenwärtig keinen Mann in Deutschland, der eine Himalaya-Expedition führen könnte.« Wobei er sich selbst natürlich nicht gemeint hatte. Dies erschien mir seinerzeit recht überheblich und dürfte wohl inzwischen durch die vielen Expeditionen an Achttausendern längst ad absurdum geführt worden sein. – Wie ich von meinem Bruder Willy Merkl weiß, hat ihm seinerzeit Bauer bei der Vorbereitung und Finanzierung seiner zweiten Nanga-Parbat-Expedition ziemlich zugesetzt (ich weiß nicht, ob er zu diesem Zeit-

punkt bereits schon »NS-Fachamtsleiter für Bergsteigen und Wandern« im Reichssportministerium unter von Tschammer und Osten war). Nach meinen Expeditionen von 1953 und 1970 holten sich die »Rebellen«, also jene, die den Teilnehmervertrag des Deutschen Instituts für Auslandsforschung zu ihren Gunsten umfunktionieren wollten, stets Rat bei der Führung der Deutschen Himalaya-Stiftung, Paul Bauer beziehungsweise Gerhard Klammert. Aber all diese frommen Ratschläge fruchteten nichts. Trotz größter prozentualer Anstrengungen blieben die Rebellen auf der Verliererseite.

Ich wundere mich, wo Paul Bauer eigentlich das Recht hernahm, gegen mich und meine Unternehmungen Stimmung zu machen. War es deswegen etwa, weil Bauer meines Wissens ein einziges Mal knappe 300 Meter höher an einem Himalaya-Berg stand als ich? Bauer war dem deutschen Expeditionswesen, soweit es sich nicht um von ihm selbst initiierte Unternehmungen handelte, nie förderlich. Um nur einige Beispiele zu nennen: Er versuchte die Aktionen meines Bruders Willy Merkl zu hemmen; er vereitelte eine Nanga-Parbat-Expedition, die Erwin Schneider 1935 plante, und sprach ihm dabei sogar die Qualifikation als Bergsteiger ab; er vereitelte eine Makalu-Expedition von Rudl Peters; er versuchte 1952/53 alles Erdenkliche, um meine Expeditionspläne hinsichtlich des Nanga Parbat zum Scheitern zu bringen. Aber ich war seinerzeit bereits auf jegliche hinterhältige Machenschaften vorbereitet, hatte die volle Unterstützung meines Schirmherrn, des Oberbürgermeisters von München, Thomas Wimmer, und so konnte ich entsprechend kontern. Ich kam nicht in die Lage, in die zum Beispiel mein Bruder geriet, der vor der Ausreise 1934 im Hotel Schottenhaml sinngemäß zu seinen Expeditionskameraden beschwörend sagte: Daß nur nie einer mit Paul Bauer geht! Die Schwierigkeiten, die er mir gemacht hatte, waren abscheulich.

Dabei hatte Paul Bauer allen Grund, sich ruhig zu verhalten. Er landete 1929 in Indien und wußte zu diesem Zeitpunkt immer noch nicht, ob er ein Permit für den Nanga Parbat, für den Kanchenjunga oder den Kamet bekommen würde. Am Berg machte er den Fehler, daß er sein Hauptlager bereits in Lachen errichtete und somit eine Unzahl von Lagern das ganze Zemu-Tal entlang errichten mußte, bis er endlich am Fuße des Ostsporn Lager 6, das eigentliche Basislager, aufbauen konnte. Als Bergsteiger und Expeditionsleiter hätte er sich an die Spitze der Expedition setzen müssen und nicht Schaller zusammen mit einem Sherpa für technisch schwierige Versicherungsarbeiten einsetzen dürfen, zumal die Sherpas seinerzeit bergsteigerisch

noch nicht so ausgebildet waren wie heute. Somit war Bauer zweifellos als Expeditionsleiter auch mitverantwortlich für den Absturz Schallers und des Sherpas. – Schließlich hatte Paul Bauer aus seiner ersten Expedition am Kanchenjunga nur wenig dazugelernt. Er hatte nicht erkannt, daß die von ihm gewählte Jahreszeit nicht die günstigste für einen Angriff über den Ostsporn war. Dies hatten die indischen Bergsteiger 1977, die als erste den Kanchenjunga über den Ostsporn erreichten, beachtet und daher ihr Unternehmen in die Vormonsunzeit verlegt. Paul Bauer ging aber zweimal in der Nachmonsunzeit.
Im nachhinein andere zu korrigieren und zu verurteilen ist leicht, aber es mußte dies alles einmal gesagt werden, denn gerade dieser Mann saß in Deutschland lange Zeit auf seinem hohen Roß und bestimmte, wem in Deutschland und in Österreich für eine Auslandsbergfahrt der Segen erteilt wurde. Dabei hatte er mit seinen paar Expeditionen eigentlich wenig zum deutschen Expeditionswesen beigetragen – vor allem aber hat er, solange er durch seine Himalaya-Stiftung Macht hatte, deutsche Expeditionsbergsteiger nicht seinen Möglichkeiten entsprechend gefördert. Es fehlte ihm einfach jegliche Toleranz anderen gegenüber.

1930: Internationale Himalaya-Expedition (I. H. E.)

Die I. H. E. 1930 setzte sich aus vier Schweizern, drei Deutschen, einem Österreicher und drei Engländern zusammen. Expeditionsleiter war Prof. Dr. Günther Oskar Dyhrenfurth, ein Deutscher, der in der Schweiz lebte. Seine Ehefrau Hettie begleitete ihn als ›Etappenkommandant‹ in das Standlager. Weitere Mitglieder waren: Marcel Kurz aus Neuchâtel; Charles Duvanel aus Genf, verantwortlich als Kameramann für den Expeditionsfilm; Dr. Helmuth Richter aus Breslau als Expeditionsarzt; die Diplom-Ingenieure Uli Wieland aus Ulm, Hermann Hoerlin aus Schwäbisch Hall und Erwin Schneider aus Hall in Tirol; Berichterstatter für die englischsprachige Presse war der Brite Frank S. Smythe; in Indien schlossen sich noch zwei Mitglieder des Himalayan Club an: George Wood Johnson und John S. Hannah. Es waren also insgesamt elf Mitglieder, die an der Expedition teilnahmen. Nepal verweigerte zunächst die Einreise, und so mußte also der Anmarsch über indisches Gebiet geplant werden. Später traf dann, während man die Expeditionslasten in Darjeeling bereits zurechtmachte,

die Bewilligung für Nepal ein. Man mußte nun umdenken und plante, in drei Staffeln den Weg zum Hauptlager hinter sich zu bringen.
Am 6. April marschierte die erste Trägergruppe unter dem Transportleiter Wood Johnson von Darjeeling ab. Es ging über Singla Bazar nach Chakung. Die weiteren Etappenziele waren Rinchinpong, Pemayangtse, wo sich ein buddhistisches Kloster befand. Dann ging es weiter nach Tadong, wo man das erste Zeltlager aufstellte – schließlich nach Yoksam (1 780 m), dem letzten Dorf vor dem Hauptlager, wo sich die Kulis noch einmal ausgiebig dem Chang widmen konnten. Der weitere Anmarsch verlief über die Dschungellager Dzanbuk und Bakhim. Dann erfolgte der Aufstieg nach Dzongri, das bereits 4 000 Meter hoch liegt. Inzwischen schrieb man den 14. April. In Dzongri gab es den ersten Trägerstreik, vermutlich weil sie den 5 015 Meter hohen Paß Kang La vor sich hatten – und dies bei winterlichen Verhältnissen. Man folgte nun dem Churung Chu bis Tejabla (4 050 m) und ging weiter flußaufwärts zum Kang La. Hoerlin und Schneider erstiegen nebenbei den 5 572 Meter hohen Kang Peak. Dann erfolgte der Abstieg durch das Kangla-Mangma-Tal flußabwärts nach Namgatsal (3 810 m). So erreichte man am 17. April das Yalung-Tal; jetzt war man bereits auf nepalesischem Boden. Es ging nun den Fluß aufwärts bis Tseram (3 730 m).
Da nicht genügend Schuhe und Schneebrillen vorhanden waren, mußte man etappenweise den schneebedeckten Kang La überschreiten und das Schuhwerk und die Gletscherbrillen in mehreren Trägerlasten für die zweite und später die dritte Staffel ins Churung-Chu-Tal zurückschicken.
Auf dem Weiterweg nach Ghunza mußten drei über 4 000 Meter hohe Pässe überschritten werden. Zunächst der Pungbo La (4 510 m), dann der Mirgin La (4 540 m) und schließlich noch der Sinon La (4 150 m). Von dort aus führte der Steig hinab zum 3 380 Meter hoch gelegenen Dorf Ghunza. Die Überschreitung dieser Pässe war bei den winterlichen Verhältnissen sicher kein ›Osterspaziergang‹, wenngleich dieser Übergang um die Osterfeiertage erfolgte. In Ghunza hielt man sich einen Tag auf, tauschte die Träger aus und kaufte frischen Proviant ein. Die Strecke von Ghunza bis zum Standlager Pangpema am Kanchenjunga-Gletscher war durch die Forschungsreise von Freshfield bereits weitgehend bekannt. Aber auch die Einheimischen kannten diese Strecke, wo sie ihre Yaks und Ziegenherden in den Sommermonaten zur Weide hochtrieben. Am 24. April kreuzte man den Yannu-Gletscher und gelangte nach Kangbachen (4 010 m). Anderntags erfolgte

bei starkem Schneetreiben der weitere Anmarsch über Ramtang und Lhonak in Richtung Hauptlager. Am 26. April führte die letzte Anmarschetappe über Tang Kongma (4880 m) zum Hauptlagerplatz westlich von Pangpema (5140 m). Die nächsten Tage wurden dazu benutzt, um das Hauptlager auf- und auszubauen.
Dann wurden alle Anmarschträger mit Col. Tobin in ihre Dörfer zurückgeschickt. Am 29. April erkundeten Schneider und Hoerlin den Weg über den Kanchenjunga-Gletscher; man wollte über die Nordnordwestflanke des Berges den Nordgrat erreichen. Zunächst wurde versucht, über den nicht sehr hohen Eisfall die erste Terrasse zu gewinnen und dann schräg gegen den Nordgrat anzusteigen, um etwas oberhalb des Nordsattels auf dem Nordgrat des Kanchenjunga herauszukommen. Ein direkter Angriff auf den Nordsattel, den Freshfield vorgeschlagen hatte, erschien Dyhrenfurth zu schwierig.
Am 1. Mai erfolgte der große Aufbruch. Sechs Expeditionsmitglieder und 40 Träger schafften Lasten zum vorläufigen Lager 1 in 5300 Meter Höhe. Anderntags ging die Hauptkolonne weiter zum vorläufigen Lager 2 in 5780 Meter Höhe; dabei fiel ein Träger in eine Spalte, konnte aber gerettet werden. Im Laufe der nächsten Tage wurde das vorläufige Lager 1 endgültig in 5430 Meter Höhe eingerichtet und das vorläufige Lager 2 bis 5930 Meter vorgeschoben. Die ersten Stützpunkte lagen somit direkt in dem Firnbecken unter dem Nordsattel. Die Sonne brannte am Nachmittag in die Wand wie in einen Hohlspiegel, dabei entwickelte sich auf dem Gletscher eine Strahlungshitze von über 70 Grad Celsius. Dann traten die ersten Erkrankungen auf. Marcel Kurz und G. O. Dyhrenfurth litten unter starkem Höhenhusten, eine Folge der Mundatmung in der kalten trockenen Luft in großer Höhe. Sie mußten zum Hauptlager nach Pangpema absteigen. In dieser Zeit mußten noch einmal Träger nach Tseram zurückgeschickt werden, um den zurückgebliebenen Trägerstaffeln beim Übergang über die 4000 Meter hohen Pässe behilflich sein zu können.
Schon im Anfangsteil der Aufstiegsroute gegen den Nordsattel wurden Seilgeländer erforderlich. Für Dyhrenfurth war seine erste Berührung mit Himalaya-Bergen voller Überraschungen: »Was man vorher, von Pangpema aus und mit dem Fernglas, als nicht besonders steil angesprochen hatte, erforderte bereits sorgfältige Stufenarbeit für die Träger. Was steil ausgesehen hatte, war beinahe senkrecht, und was man als beinahe senkrecht eingeschätzt hatte, hing über. Wir alle hatten die Steilheit der Flanken bei weitem unterschätzt, weil unsere bergsteigerischen Erfahrungen aus den Alpen stammten.«

Der 9. Mai wurde für die Expedition ein »schwarzer Freitag«. Col. Tobin berichtete, daß sein zweiter Sirdar, Phuri, am Kang La gestorben war. – Am gleichen Tage, als Erwin Schneider und Hermann Hoerlin, die gerade vom Hauptlager heraufgekommen waren, die Stufenreihe der Eisleiter bis zum oberen Bruchrand fortzusetzen versuchten, um auf der ›Ersten Terrasse‹ das Hochlager 3 einzurichten, stürzte eine gewaltige Lawine zu Tal. Einen Augenblick hofften alle, die sich gerade in der Wand befanden, daß die Lawine neben der Aufstiegstrasse herunterstürzen würde. Aber da fielen schon die ersten großen Eisbrocken den Firnhang herab, gefolgt von einer gewaltigen Eisstaubwolke. Rette sich, wer kann! So rannte jeder, so gut er konnte, zur linken Seite, um der todbringenden Lawine zu entfliehen. Schneider war gerade an einem günstigen Wegstück, wo er an sich schon weit links

im Gelände war, so daß er von der Lawine nichts abbekam. Aber sein Träger Tsetan hatte die Flucht nicht mehr geschafft. Man versuchte ihn aus dem Eis zu befreien, und es gelang nach langen zwölf Minuten endlich, sein Gesicht freizulegen. Aber selbst die künstliche Beatmung hatte keinen Erfolg mehr. Tsetan hatte eine Kopfverletzung erlitten und war sicher sofort tot gewesen. Das war zwar nicht der erste Todesfall, aber ein empfindlicher Schlag während der beginnenden Aktionen beim Aufbau der unteren Hochlager.

Die Lawine hatte die Aufstiegstrasse durch den Gletscherbruch vollkommen zerstört. Lediglich noch einige Seilstücke hingen über die Eiswände herab. Das Unglück hatte die Expeditionsleitung so geschockt, daß sie sich bereits jetzt dazu entschloß, die Nordroute aufzugeben und einen anderen Aufstiegsweg zu versuchen. Es wurde daher noch am 10. Mai Lager 2 abgebrochen und alles ins Lager 1 zurückgebracht. Jetzt wurde im zweiten Anlauf ein Aufstieg zur ›Maus‹ in Richtung Kangbachen versucht. Dyhrenfurth glaubte, über diesen Nordwestgrat eine Aufstiegsmöglichkeit zu finden. Hoerlin, Smythe und Wieland stiegen am 12. Mai mit allen verfügbaren Trägern ins westliche Firnbecken hoch. Das ganze Material aus dem Hochlager 1 Nord wurde in das Hochlager 1 West in 5 420 Meter Höhe gebracht. Erwin Schneider spurte am 13. Mai vom Hauptlager nach Lager 1 West und eröffnete somit eine neue Aufstiegsroute. Am 14. Mai bestieg Wieland auf Skiern die 6 260 Meter hohe ›Maus‹, und anderntags erreichten alle, die sich in Lager 2 West in 5 975 Meter Höhe befanden, ebenfalls diesen kleinen Gipfel.

Am 16. Mai machten Schneider und Wieland einen Erkundungsvorstoß auf den Nordwestsporn und erreichten dabei eine Höhe von 6 380 Metern. Die Erkundung des Nordwestsporns brachte zwar ganz günstige Einblicke, aber aufgrund der Erfahrungen der letzten Tage kam man zu dem Ergebnis, daß es sich vielleicht doch nicht lohnte, die ganze Kraft der Expedition dort weiter einzusetzen.

Drei Wochen später, nachdem man Lager 3 (6 150 m) unterhalb der ›Maus‹ bereits bezogen hatte, kam man zu der Erkenntnis, daß der scharfe Grat, der über verwächtete Firnschneiden weiter nach oben führte, für den Lastentransport durch die Sherpas nicht gangbar gemacht werden könnte. Man glaubte, daß der Aufstieg in Richtung auf die große Firnterrasse unter dem Kangbachen (7 858 m) viel zuviel Zeit in Anspruch nehmen würde, um noch vor Eintreffen des Monsuns einen Gipfelerfolg am Kanchenjunga schaffen zu können. Vielleicht hätte man noch den Kangbachen erreicht, aber den mehrere

Kilometer langen Grat über den Yalung Kang (Westgipfel) zum Hauptgipfel hin und zurück zu gehen, war für diese Expedition einfach unmöglich. Dyhrenfurth schrieb dazu: »Nein, hier am Nordwestsporn weiter anzugreifen, das bedeutete, sehenden Auges in die Niederlage hineinzulaufen, wahrscheinlich sogar in noch Schlimmeres. Denn die Schwierigkeiten in diesem ganz faulen Fels waren für die Sherpas nahezu unüberwindlich. Da nützen auch fixe Seile nicht viel, die Gefahr von Steinschlag-Katastrophen wäre kaum zu vermeiden.« Noch gestand man sich das Scheitern der Expedition nicht ein – aber nach einem eingehenden Gespräch entschloß man sich schließlich doch zum Rückzug. Somit war die Dyhrenfurth-Expedition bereits nach wenigen Wochen am Kanchenjunga gescheitert. »Noch wägen wir alle Möglichkeiten ab und wissen doch schon, daß es aussichtslos ist. Noch haben wir bis zum Monsunbeginn drei Wochen Zeit, und verlockende Aufgaben gibt es genug. Inzwischen war der Rückzug vom Kanchenjunga bereits in vollem Gange. Am Abend des 20. Mai war alles wieder im Standlager Pangpema versammelt, mit Ausnahme des erkrankten H. W. Tobin, der auf dem Rückweg nach Darjeeling war. Auch Hannah und Wood Johnson waren wieder bei uns; sie hatten in den letzten vierzehn Tagen den Nachschub von Tseram und Ghunza organisieren müssen, eine wenig erfreuliche, aber bitter notwendige Arbeit, die sie mit vorbildlicher Disziplin und Energie geleistet haben. Die letzten Lasten, die seinerzeit am Kang La liegengeblieben waren, kamen nun endlich an.« – Soweit G. O. Dyhrenfurth zur damaligen Situation.

Im Hauptlager am Kanchenjunga-Gletscher war bereits der Rückzug über eine nördlich, später östlich verlaufende Route nach Lachen und weiter nach Darjeeling eingeleitet – zu einem Zeitpunkt, wo die letzten Lasten aus südlicher Richtung gerade erst im Hauptlager angekommen waren! – Nun gingen die ersten 150 Expeditionslasten nordwärts in Richtung Jongsong La. Dieser Paß ist 6 120 Meter hoch, aber bereits auf 5 450 Metern wurde auf dem Ginsang-Gletscher das erste Lager errichtet. Während dieser Zeit bestieg Erwin Schneider allein den 7 153 Meter hohen Nepal-Peak.

Es wurde nun ein Pendelverkehr zwischen dem ehemaligen Hauptlagerplatz und dem Jongsong-Paß eingerichtet, denn für die 200 Traglasten standen nur 75 Träger zur Verfügung. Den Jongsong-Paß hatte Freshfield bereits 1899 erstmals überschritten. Dyhrenfurth schrieb, er sei ein gefürchteter Übergang. Seinen Entschluß, den Rückmarsch über ihn zu wählen, soll Uli Wieland als »wahrhaft heroisch« bezeichnet haben, und Frank Smythe erklärte sogar, daß dieser Versuch zur Katastrophe führen müsse. »Ich (Dyhrenfurth) übernahm als Expeditionsleiter eine schwere Verantwortung, als ich mich trotz aller Bedenken dafür entschied. Während wir aber am Kanchenjunga ›Pech‹ hatten, war uns von nun ab das Glück gewogen, und letzten Endes war dieser Entschluß für den Erfolg der ganzen Internationalen Himalaya-Expedition 1930 entscheidend« (?!).

War es denn »Pech«, daß Dyhrenfurth an der Nordroute, die 1979 von den Engländern erstmals bezwungen worden war, nicht einmal eine Höhe von 6 000 Metern erreichte und sofort nach dem Lawinensturz, also bereits nach acht Tagen, diese Route schon wieder aufgab? War es »Pech«, daß er dann einen Angriff über den Nordwestsporn plante und bei drei Zwischenlagern nur bis zur 6 290 Meter hohen ›Maus‹ vordrang? Dies war doch von vornherein kein Weg, der zum Kanchenjunga-Gipfel führt! Wollte man dies, so müßte zunächst der 7 858 Meter hohe Kangbachen bestiegen werden – von dort aus wäre eine schwierige Gratkletterei bis zum Yalung Kang (8 434 m), dem Westgipfel des Kanchenjunga, notwendig gewesen, um schließlich über den Westgrat des Kanchenjunga den Hauptgipfel erreichen zu können! Der Lageranzahl entsprechend, die Dyhrenfurth bis zur ›Maus‹ brauchte, hätte die Expedition zum Gipfel keinesfalls weniger als zehn Hochlager errichten müssen.

Ich bin zwar in Dyhrenfurths Augen kein Bergsteiger gewesen und hatte keine Qualifikation als Expeditionsleiter – aber ich habe bei meinen zwanzig Auslandsbergfahrten an keiner Aufstiegsroute, die ich eingeschlagen hatte, kapitulieren müssen. Jede hat sich als begehbar erwiesen. Dyhrenfurth startete 1930 am Kanchenjunga von Pangpema aus zwei Besteigungsversuche, die sich beide innerhalb weniger Tage für ihn als aussichtslos erwiesen. Und dieser Mann hatte jahrzehntelang andere Expeditionen kritisiert und begutachtet, ohne vorher seine eigene Qualifikation als Expeditionsleiter unter Beweis gestellt zu haben!

Am 28. Mai wurde von der Hauptkolonne endlich der Jongsong La überschritten und in 5 420 Meter Höhe das ›Lager am See‹ errichtet. Ein Rasttag wurde eingeschaltet, nach Lachen wurde ein Kurier gesandt, um von dort frischen Proviant und neue Träger anzufordern.

Am 3. Juni gelang dem Tiroler Erwin Schneider sein zweiter Siebentausender. Zusammen mit Hermann Hoerlin schaffte er die Besteigung des 7 470 Meter hohen Jongsong-Peak. Dies bedeutete damals,

daß die beiden Bergsteiger den höchsten bisher noch unbetretenen Gipfel bestiegen hatten.
Am 7. Juni hatte die gesamte Expedition den Jongsong La bereits passiert und war zum Jongsong-Gletscher abgestiegen. Es gab noch einen schwierigen Abstieg über den Steilhang zum Lashar-Firn. Von den talauswärts gelegenen Yak-Weiden versuchte man vergeblich Träger zu bekommen. Inzwischen aber hatte die Spitze der Expedition bereits Goma erreicht. – Am 10. Juni versuchten Schneider und Hoerlin den mit 7150 Metern angegebenen Chorten Nyima Peak zu besteigen. Die Erstbesteigung gelang, später erwies sich aber, daß der Gipfel nur 6927 Meter hoch ist.
In dieser Zeit wurden die Yaks bereits bepackt; vierzig Tiere und fast ebenso viele Träger brachten die ersten Lasten hinaus in Richtung Langpo Chu. Am 13. Juni wurde ein Lager in 5400 Meter Höhe im Lhonak-Tal errichtet, und wenige Tage später kam das Gros der Expedition in Lachen an.
Hermann Hoerlin und Erwin Schneider unternahmen währenddessen noch eine weitere Exkursion: Sie marschierten mit fünfzehn Trägern zum Hidden-Sattel (5800 Meter) hoch, um über den Hidden-Gletscher ins Zemu-Tal zu gelangen. Am 18. Juni wanderten die beiden mit ihrer kleinen Trägergruppe vom ›Bayern-Lager‹ der Bauer-Expedition aus dem Vorjahre zum Grünen See hinauf. Von dort aus gingen beide talauswärts, folgten dem Zemu Chu und stießen in Lachen wieder zur Gesamtexpedition.
Inzwischen stiegen Marcel Kurz und Uli Wieland mit zwölf Trägern über den westlich vom Hidden Col gelegenen Putung La (5820 m). Sie stellten ihr Zelt auf den unteren Green-Lake-Gletscher und erlebten am Morgen des nächsten Tages einen einzigartigen Ausblick. Uli Wieland berichtete darüber Folgendes: »Über einem gleichmäßig ruhigen Wolkenmeer zu unseren Füßen erhob sich in makelloser Reinheit der Kanchenjunga mit seinen Trabanten zu unwahrscheinlicher Höhe. Im Augenblick des Sonnenaufgangs begannen die frisch verschneiten Flanken des gewaltigen Berges in strahlendem Glanze zu leuchten. Um dieses Bild von reinstem Weiß schufen drohende Monsunwolken einen unheimlich schwarzen Rahmen. Die Träger waren offenbar von dem Anblick ebenso überwältigt wie wir, denn sie riefen – es klang wie ein feierliches Gebet – immer wieder: Kanchenjunga! Kanchenjunga! Das Bild verschwand, wie es gekommen war ...«
Der Erfolg der Expedition, von dem G. O. Dyhrenfurth sprach, lag sicher nicht an den Ergebnissen, die am Kanchenjunga erreicht wur-

den, denn dort wurde praktisch nichts erreicht. Lediglich der Eigeninitiative und dem bergsteigerischen Können von Erwin Schneider war es zu verdanken, daß die Expedition mit Erstbesteigungen an einigen Siebentausendern nach Hause zurückkehrte.

Expeditionstätigkeit von 1932–1950

Im Jahre **1932** griff *G. H. Osmaston* mit einer kleinen Gruppe den südlich von Goma sich auftürmenden *Fluted-Peak* (6 084 m) an. Der Vorstoß kam aber zu keinem Gipfelerfolg.
1933 kamen *E. E. Shipton* und der Geologe *L. R. Wager*, die vorher auf der vierten Everest-Expedition an der tibetischen Seite des Berges teilgenommen hatten, in das Kanchenjunga-Gebiet. Sie überschritten den Lhonak La (6 120 m) und bestiegen den gleichnamigen Peak (6 710 m).
Im Herbst **1935** starteten der Engländer *C. R. Cooke* und der Schweizer *G. Schoberth* mit vier Hochträgern und zwanzig Anmarschkulis von Darjeeling in Richtung Kanchenjunga und errichteten am 20. Oktober im Ratong-Tal in fast 5 000 Meter Höhe ihr Hauptlager. Fast einen Monat später erst konnte das letzte Lager in 6 860 Meter Höhe am Fuße das Kabru-Gipfels errichtet werden. Dann gingen die beiden Bergsteiger zum Angriff über, und Cooke erreichte im Alleingang schließlich den 7 317 m hohen Nordgipfel des Kabru. Somit wurde der von den Norwegern 1907 bereits angegriffene Gipfel 28 Jahre später erstmals bestiegen.
Der Besteigungsversuch von G. Schoberth mißlang 150 Meter unter dem Gipfel. Am 20. November wollte Cooke dann noch mit Ang Tsering, dem überlebenden Sherpa aus der Nanga-Parbat-Katastrophe 1934, zwischen Kabru und Dome die Besteigung des letzteren vornehmen. Der Weg auf dem Dome ist aber doch so lang, daß er ohne Zwischenlager nicht ausgekommen wäre, und so kehrte dann alles wieder am 23. November ins Basislager zurück.
Folgen wir der Chronik von Dyhrenfurth aus seinem ›Buch vom Kantsch‹ und jener von F. S. Smythe ›The Kanchenjunga Adventura‹, so ergeben sich noch folgende Besteigungsversuche:
1936: Unter der Leitung von *Marco Pallis* kam eine schottische Expedition ins Zemu-Gletscher-Gebiet und versuchte sich am Simvu-Nordostgipfel (5 550 m). Dort scheiterte früher bereits Dr. Kellas. Einige Teilnehmer dieses Unternehmens – *E. K. Cooke, F. Spencer Chap-*

man und *J. B. Harrison*, gingen dann ins Lhonak-Gebiet, um »The Pyramid«, einen Siebentausender, zu besteigen. Sie erreichten aber nur eine Höhe von rund 6800 Metern. Dagegen gelang ihnen der Aufstieg zum südlich von Goma gelegenen Fluted Peak (6048 m). – Wichtigste Expedition im Jahre 1936 war wohl die deutsche Sikkim-Expedition unter der Leitung von *Paul Bauer*. Teilnehmer waren *Adolf Göttner*, *Günther Hepp* als Expeditionsarzt und *Karl Wien*. Sie wollten vom Zemu-Gletscher einige Trabanten des Kanchenjunga angehen. Am 16. August wurde das ›Bayernlager‹ auf dem Zemu-Gletscher bezogen. Man wollte also zunächst den Siniolchu angreifen, aber die Schneeverhältnisse waren außerordentlich ungünstig, und so mußte dieses Vorhaben verschoben werden. Deshalb erkundete man einstweilen die Südostseite des Siniolchu und dabei besonders die Granitnadel Singyel Lhu (5712 m). Göttner und Hepp versuchten daraufhin den 5643 Meter hohen Yakjuknamteng, erreichten aber nur dessen nördlichen Vorgipfel. Im September 1936 erfolgten weitere Vorstöße in das Gebiet der Twins und des Tent Peak. Göttner, Hepp und Wien stießen zur 6910 Meter hohen tiefsten Einsattelung zwischen den Zwillingen (Twins) und dem Zuckerhut, dem Sugarloaf (6455 m), vor, mußten aber dann auf dem scharfen Firngrat wegen Schwimmschnee in 6400 Meter aufgeben.

Am 10. September gelangten Göttner und Wien nach einem Biwak in einer Eisspalte auf den 7153 Meter hohen Nepal Peak, der 1930 bereits von Erwin Schneider im Alleingang erstbestiegen wurde. Nach einer mehrtägigen Schlechtwetterperiode konnte am 19. September dann endlich der Angriff auf den Siniolchu erfolgen. Vier Mann und die Träger Nima und Mingma stolperten über den Zemu-Gletscher und strebten der Moräne des Siniolchu-Gletschers zu. Dort wurde biwakiert. Anderntags stieg die Gruppe über den Siniolchu-Gletscher hoch und errichtete im oberen Teil das zweite Lager. Für den nächsten Tag war vorgesehen, den ersten Gletscherbruch zu überwinden. Am 21. September brachen alle um 5 Uhr früh bereits auf und versuchten an diesem Tag den zweiten Gletscherbruch zu schaffen. Sie waren enttäuscht, daß die Gegenstände, die vom ersten Vorstoß zum Siniolchu auf dem Plateau am Fuße des Berges zurückgelassen wurden, nicht mehr zu finden waren.

Wien und Göttner suchten nun eine Aufstiegsmöglichkeit durch den Eisbruch, während Hepp und Bauer mit den beiden schwer bepackten Trägern nachkamen. Nach einem langen Tag erreichten die Träger erschöpft und die Mannschaft reichlich müde ein kleines Gletscherplateau, das sich unmittelbar unter der senkrechten Ostwand des Kleinen Siniolchu befindet. Hier öffnete sich der Weiterweg, es zeigte sich eine etwa 300 Meter hohe Eisgasse – die Schlüsselstellung zum Gipfel.

Am 22. September 1936 stieg Göttner voraus, und bald war die Eiswand geschafft, die zum 6 185 Meter hohen Sattel südöstlich des Kleinen Siniolchu (6 538 m) hinaufzieht. Nach Überwindung einer sehr steilen Rillenfirnwand gelang es schließlich, die Wächte auf dem Grat zu durchbrechen. Das weitere Hochsteigen auf dem scharfen Wächtengrat kostete viel Zeit, und als es Nacht wurde, mußte man sich unter der Wächte des Vorgipfels (6 470 m) zu einem Biwak entschließen. Zum Gipfel des Siniolchu fehlten noch 450 Höhenmeter, bei einer horizontalen Entfernung von fast einem Kilometer. Während Hepp und Bauer zurückblieben, packten nun Göttner und Wien den großen Aufschwung an, überschritten vorsichtig den Vorgipfel mit seinen riesigen Wächten und erreichten um 8 Uhr die tiefste Einsattelung vor dem Hauptgipfel. Von den letzten Stunden vor der Gipfelbezwingung schrieb *Dr. Karl Wien* in seinem Tagebuch etwa folgendes: »Es war 12 Uhr, als wir in den steilen, verfirnten Hang einstiegen. Die dritte Seillänge führte uns bis unter den großen Felsen, die vierte in peinlicher Querung in dünner Firnauflage über Eis unter dem Felsen durch – und die fünfte bald wieder in sehr steilen Firn zu einer Art Firnkegel über den Felsen. Nun gewannen wir ein Firngrätchen, das bis unter die Gipfelwächte leitete. Ich folgte und betrat den unheimlich steilen Südhang, der zum Gipfel hinaufführt und in die Gipfelwächte übergeht. In einer achten Seillänge stiegen wir über den steilen, aber harten Firn hinauf. Die erste Erhebung, die vom Aufstieg aus immer als scharfe Gipfelschneide erschien, blieb links liegen, über eine zweite Erhebung ging es hinweg, der höchste Punkt, eine weit überhängende Wächte, war nicht zu betreten. – Was uns hier umgab, war das wildeste vom wilden Teil des Himalaya, der rillendurchfurchte Südgrat, die unglaublichen Nordabstürze, steilstes Eis auf unheimlich glattem Fels, dazu der ausgesetzte Platz, auf dem wir standen. Die Eindrücke dieser Wildheit waren ungeheuer. Wir tauschten einen Jodler mit unseren Freunden unten in der Scharte, die deutsche Fahne und der englische Wimpel wurden am Pickel befestigt und durch die Luft geschwenkt. Ein Händedruck, und dann ging es schleunigst wieder hinunter.« –

Nun wandte sich die Kleinexpedition dem Simvu-Massiv zu, dessen höchster Gipfel nach neuer Vermessung 6 811 Meter hoch ist. Am

2. Oktober bestiegen Göttner und Hepp aber lediglich den 6 545 Meter hohen Nordgipfel. Während des Rückmarsches wurden dann noch beim Hidden Col und Putung La drei unbenannte niedere Sechstausender bezwungen. Am 19. Oktober traf die Expedition wieder in Gangtok, der Hauptstadt von Sikkim ein. –
1937 war eine kleine ›Münchner Expedition‹ unter der Leitung des Schweizers *Ernst Grob,* der allerdings in München lebte, abermals im Zemu-Gebiet. Seine Begleiter waren *Ludwig Schmaderer* und *Herbert Paidar.* Grob wollte dort fortfahren, wo die Mannschaft von 1936 steckengeblieben war. Man versuchte zunächst die Twins (7 120 m) über den Nordostgrat zu erreichen. Aber bereits in 6 350 Meter Höhe blieben sie in den Neuschneemassen stecken. Die Expedition war Ende August losgezogen und dauerte bis Mitte Oktober, hatte sich also gerade die Monsunzeit für ihre Operationen ausgewählt.
Auch am Nepal Peak, der ja von Erwin Schneider bereits im Alleingang bestiegen war, mußten sie nach einem kalten Biwak in 6 800 Meter Höhe aufgeben. Doch später gelang ihnen bei prächtigem Wetter die Zweitbesteigung des Siniolchu. Auf- und Abstieg verliefen ohne besondere Schwierigkeiten. – Als man Ende Oktober nach Lachen zurückkam, traf man auf eine britische Kleinexpedition unter der Leitung von *C. R. Cooke,* dem Erstbesteiger des Kabru. In seiner Begleitung befand sich John Hunt, der später 1953 als Organisator und Leiter der ersten erfolgreichen britischen Mount-Everest-Expedition Weltruhm erlangte. Als Standquartier wählte die britische Gruppe nicht das ›Bayernlager‹, sondern einen Platz westlich des Green Lake (4 934 m) am Zemu-Gletscher. Die fünfzig Anmarschträger wurden entlassen, und lediglich sechs Sherpas blieben bei den Briten. Als erstes versuchte das Ehepaar Hunt, den 6 455 Meter hohen Sugarloaf zu erreichen – auf der Route, die Allwein und Brenner 1931 eingeschlagen hatten. Aber es blieb bei einem Versuch.
Mrs. Hunt bekam dann die undankbare Aufgabe zugeteilt, zwei der fieberhaft erkrankten Sherpas nach Lachen zurückzubegleiten. In der Zwischenzeit versuchten die beiden Briten mit Hilfe ihrer vier verbliebenen Sherpas über den Green-Lake-Gletscher zum Nepal-Gap-Gletscher und weiter zum Nepal Gap selbst (6 300 m) vorzustoßen, um den Nepal Peak zu besteigen. Am 6. November errichteten sie in 6 800 Meter Höhe ihr Lager. C. R. Cooke fühlte sich körperlich in keiner guten Verfassung, und so stieg schließlich John Hunt alleine bis zum Nepal Peak (7 153 m) hoch. Es gelang ihm damit die dritte Besteigung.

Am 9. November schafften die beiden den 6076 Meter hohen Sattel zwischen Sugarloaf und Twins und stiegen auf den nördlichen Arm des Twins-Gletschers zum Zemu-Gletscher ab. Ein kühnes Unternehmen schaffte abschließend dann noch C. R. Cooke zusammen mit seinen beiden Sherpas Dawa Tondup und Pasang Kikuli, indem sie über den Twins-Gletscher gegen den Nordsattel vorstießen. Der Twins-Gletscher geht in 6200 Meter Höhe in den Zemu-Gletscher über, von dort aus schafften sie 400 Höhenmeter in Richtung Nord Col des Kanchenjunga. Am 18. November erreichten sie eine Höhe von 6600 Metern und standen somit also 300 Meter unter dem Nordsattel. Während dieser Zeit gelang es John Hunt mit dem Sherpa Pasang, abermals den Zemu Gap (5905 m) zu erreichen, um von dort aus den Südostgrat, der zum Südgipfel des Kanchenjunga hinaufführt, studieren zu können.

1938 kam *H. W. Tilman* vom Everest ins Kanchenjunga-Gebiet und gelangte mit Unterstützung von zwei Sherpas den Naku La (5270 m), wo er den Chumangkang (6212 m) südlich des Chomo Yummo erstmals bestieg. In Lachen traf er mit dem Biologen *Dr. Ernst Schäfer* zusammen und wanderte gemeinsam mit ihm zum Grünen See am Zemu-Gletscher hoch. Dann schafften sie die erste Überschreitung des Zemu Gap (5905 m) in nordsüdlicher Richtung. Sie gelangten zum Tongshiong-Gletscher und querten daraufhin den Talung-Gletscher, um schließlich über den Guichak-Paß (5008 m) nach Dzongri abzusteigen.

1939 kam der Schweizer *Ernst Grob* abermals mit *Ludwig Schmaderer* und *Herbert Paidar* am 8. Mai zusammen mit acht Sherpas und siebzig Kulis nach Lachen. Am Grünen See, neben dem oberen Zemu-Gletscher, stand ihr Hauptlager. Bereits nach wenigen Tagen wurden Lager 1 und Lager 2 auf dem Nepal-Gap-Gletscher errichtet, aber das Wetter schlug um, und man mußte sich bis zum 19. Mai im Hauptlager herumtreiben. Dann ereignete sich ein kleiner Unfall. Einer der Träger stürzte in eine Spalte, hatte bei seinem Fünfzehn-Meter-Sturz erhebliche Prellungen und einen Schienbeinbruch erlitten und mußte abtransportiert werden. –

Man wollte den Tent Peak von Süden her, vom Nepal-Gap-Gletscher aus besteigen. Am 24. Mai standen die ersten Zelte auf etwa 6500 Meter Höhe. Die nächsten Tage brachten mühevolle Arbeit bei der Überwindung einer hohen Eisstufe. Am 26. Mai erreichten sie eine Höhe von etwa 7000 Metern und stellten dort ihr Lager 5 auf. Nun trennten sie nur wenige Meter vom Nepal Peak (7153 m). Seine Besteigung gelang ihnen am 27. Mai 1939. Bekanntlich hatte Erwin Schneider 1930 diesen Berg bereits als erster und im Alleingang bestiegen. – Sie folgten nun dem Nordostgrat, der den Nepal Peak mit dem Tent Peak verbindet. Ein Schlechtwettereinbruch zwang sie abermals, ins Lager 5 südlich des Nepal Peak abzusteigen. Dort sollten auch die Sherpas auf sie warten, wenn sie am nächsten Tag dann gegen den Tent Peak vorstoßen wollten. Auf dem Weg dorthin war eine tiefe Gratsenke zu überwinden; es war bereits spätabends, als sie diese Scharte erreichten. Etwas höher davon wurde in einer Querspalte der sechste Stützpunkt, ein Zeltbiwak, in etwa 7100 Meter Höhe errichtet. Für den nächsten Tag, den 29. Mai, stand der kleinen Expedition eine schwere Aufgabe bevor. Steiles Eis und vereiste Granitfelsen bildeten das letzte Bollwerk, bevor sie schließlich glücklich zu dritt um 3 Uhr nachmittags den Gipfel des 7342 Meter hohen Tent Peak erreichten.

Am 2. Juni rückte die kleine Expedition in ihr Hauptlager am Green Lake ein. Nach etwa einer Woche Rast versuchte sie noch einmal einen Aufstieg zum 7120 Meter hohen Twins. Man stieg über den nördlichen Arm des Twins-Gletschers zum Sattel zwischen Twins und Sugarloaf empor (6075 m); aber zu diesem Zeitpunkt brachte der Monsun außerordentlich schlechte Witterungsverhältnisse, so daß sie auch diesen Angriff aufgeben mußten.

Am 18. Juni verließ die Kleinexpedition ihr Hauptlager am Grünen See, kehrte nach Lachen zurück, um von dort aus eine Sightseeing-Tour durch Nordsikkim und ins tibetanische Grenzgebiet zu unternehmen. Erst am 23. Juli 1939 kehrten Ernst Grob, Herbert Paidar und Ludwig Schmaderer abermals von Lachen zum Hauptlager am Zemu-Gletscher zurück. Begleitet wurden sie von sechs Sherpas und ebenso vielen Anmarschträgern. In den ersten Augusttagen kamen sie zum Hidden Col (etwa 5850 m) und bestiegen von dort aus vier unbenannte niedrige Sechstausender, darunter einen mit 6035 Metern. Als sie auf dem Chanson-Gletscher lagerten, um die 7132 Meter hohe ›Pyramide‹ anzugreifen, kam es zu einem Schlechtwettereinbruch, und sie kehrten über den Tent-Peak-Paß zum Green-Lake-Gletscher in ihr Hauptlager zurück.

Es verging nun einige Zeit, bis sie dann am 16. August nach einem Aufstieg über den Hidden Col abermals zum Chanson-Gletscher vorstießen. In drei Seilschaften – jeder Sahib ging mit zwei bergerfahrenen Sherpas – stiegen sie zum 6400 Meter hohen Langpo La hoch, einem Paß, der sich zwischen der ›Pyramide‹ und dem Langpo Peak befindet. Dort lagerten sie. An einen Aufstieg zur ›Pyramide‹ war

nicht zu denken, und so versuchten sie einen Aufstieg zum Langpo Peak (6 950 m). Die Verhältnisse waren nicht günstig, und so mußten sie noch einmal biwakieren.
Doch am 19. August standen sie wenigstens auf dem 100 Meter niedrigeren Südgipfel (6 852 m) des Langpo Peak.
Da der Monsun weiterhin schlechtes Wetter brachte, stiegen sie über den westlichen Langpo-Gletscher zum Ginsang-Gletscher ab. Von dort aus passierten sie den schon einige Male begangenen Jongsong La (6 120 m) und gelangten auf diese Weise nach Lhonak. Während nun Schmaderer und Paidar mit den Trägern noch einmal über den Hidden-Sattel zum Hauptlager am Grünen See zurückkehrten, um das Standlager aufzuheben, ging Ernst Grob mit zwei Sherpas direkt talauswärts nach Lachen.
Inzwischen war der Zweite Weltkrieg ausgebrochen. Als die Dreiergruppe am 12. September von Bombay heimreisen wollte, durfte nur Ernst Grob, der die Schweizer Staatsangehörigkeit besaß, an Bord gehen. Die beiden Deutschen wurden zurückgehalten und interniert. In der Gefangenschaft trafen sich die beiden mit Peter Aufschnaiter und Heinrich Harrer und wollten am Ende des Krieges über den Himalaya nach Tibet fliehen. Auf dem Wege dorthin wurde Ludwig Schmaderer beim Einkauf von Brotwaren feige ermordet. Herbert Paidar, der 1946 wieder in die Heimat zurückgekehrt war, verunglückte 1951 am Großglockner durch Steinschlag in der Pallavicini-Rinne tödlich.
1940: Während des Krieges konnten *C. R. Cooke* und *John Hunt* in den Himalaya reisen und versuchen, den 6 708 Meter hohen *Pandim* zu erklettern. Sie stiegen den Parek Chu hoch bis zum Aglutang-Gletscher und errichteten an der Stirnmoräne ihr Hauptlager. Da erreichte Hunt die Einberufung zum Militär, und die Exkursion mußte vorzeitig beendet werden.
1945 gelang *T. H. Tilly* zusammen mit Ang Tharke die zweite Besteigung des *Chomo Yummo* (6 829 m) und gleichzeitig die erste Begehung über seinen Nordostgrat. 1911 war Dr. Kellas die Erstbesteigung über den Nordwestgrat geglückt. – Im gleichen Jahr konnte *W. Noyce* die zweite Besteigung des *Pauhunri* (7 125 m) schaffen. Dieser Berg, auch Lompo Kyangzöng genannt, wurde dreißig Jahre vorher ebenfalls von Dr. Kellas erstmals bestiegen.
Im Oktober 1945 bezog *Langton-Smith* zusammen mit drei Sherpas das Hauptlager östlich des Green-Lake-Gletschers am Fuße des Sugarloaf (6 455 m). Langton-Smith wollte diesen Berg erstmals über seinen Ostgrat besteigen. Die ganze Gruppe blieb verschollen, man fand

erst ein Jahr später den Leichnam eines Trägers, der vergeblich auf die Rückkehr seines Herrn gewartet hatte und an Hunger und Erschöpfung gestorben war.

1947: *R.H.Marsh, W.H.Crace* und *J.W.Thornley* – diese drei Engländer versuchten im Mai die zweite Besteigung des Kabru. Sie erreichten aber nur eine Höhe von etwas mehr als 5 000 Metern. – 1971 erfuhr ich in England in einem Gespräch mit R.H.Marsh Näheres über das Unglück der Engländer im Winter 1970, wo sie zu dritt in der gleichen Zusammensetzung einen Besteigungsversuch über den Rakhiot-Gletscher am Nanga Parbat unternahmen. Am 1. Dezember schlugen damals Crace und Thornley in etwa 5 500 Meter Höhe, am sogenannten ›Lagersporn‹, ihr Zelt auf. Nach wenigen Tagen war von den beiden Männern nichts mehr zu sehen – ein Sturm hatte das Zelt vollkommen zugeschneit. Am 30. Juni 1971 wurde von der zweiten tschechischen Nanga-Parbat-Expedition am Lagersporn ein abgebrochener Zeltstab und Kodakfilmbüchsen sowie ein Blatt aus einem Tagebuch gefunden. –

1949: Nach dem Kriege waren die Schweizer Bergsteiger in Nepal besonders rührig. So kam es im Frühjahr 1949 zu einer kleinen Schweizer Expedition unter der Leitung von *Alfred Sutter,* begleitet von seiner Ehefrau *Annelies*, von *René Dittert*, *Dr. Edouard Wyss-Dunant* und dem Bergführer *Jakob Pargätzi.* Anfänglich war auch noch *Adolf Rubi* dabei, der aber mit der Einsamkeit im Himalaya nicht fertig wurde und daher vorzeitig in die Heimat zurückkehrte. Die Kleinexpedition folgte der nun schon bekannten Route über den Pemayangtse nach Yoksam und von dort nach dem 4 000 Meter hoch gelegenen Dzongri, passierten den 5 015 Meter hohen Kang La und erreichte bei Tseram das Yalung-Tal. Von dort aus gingen sie über die drei Viertausenderpässe nach Ghunza. Am 19. Mai wurde auf der Yak-Weide Lhonak (4 660 m) das Hauptlager errichtet. Die erste Erkundung galt dem Ramtang-Gletscher, wo man einen Aufstieg zur 7 535 Meter hohen White Wave und ebenso einen zum Südwestgrat des Kangbachen (7 858 m) in Erwägung zog. Es ergaben sich aber im oberen Ramtang-Gletscher große technische Schwierigkeiten, so daß man einen Aufstieg auf dieser Route fallenließ.

Alfred Sutter wandte sich nun der Pyramide (7 132 m) zu. Ende Mai stieg man den Ginsang-Gletscher hoch und gelangte über den westlichen Langpo-Gletscher an die Nordseite der Pyramide. Am 6. Juni stiegen Sutter, Dittert und Pargätzi gegen die »Sphinx« (6 824 m) auf. Von dort aus folgte nach einer Gratsenke der Aufstieg zum Nordostgipfel der Pyramide, der eine Höhe von etwa 7100 Metern hat. Der etwa noch 100 Meter entfernte Hauptgipfel konnte im Handstreich nicht genommen werden; der Grat, der zu ihm hinüberführt, ist mit vielen Eistürmen besetzt und daher außerordentlich zeitraubend und schwierig. So begnügte man sich mit der Erstbesteigung seines Vorgipfels.

Versuche, die Twins (7120 m) und den 7103 Meter hohen Mount Longridge (Drohmo) zu besteigen, verliefen ergebnislos. Der südlich davon gelegene Tang Kongma Peak mit seinen 6210 Metern im Südwestgrat des Longridge war ein »Trostpflaster«. Auf diesem Sechstausender stand schließlich die ganze Expeditionsmannschaft.

Dann erfolgte anschließend die Erforschung des Gebietes nördlich von Lhonak. Sie folgten dem Tsisima, stiegen den Lhonak-Gletscher hoch, überschritten den 6150 Meter hohen Chabuk La und errichteten auf tibetanischer Seite auf dem Chabuk-Gletscher ihr Lager. Sutter, Dittert und Pargätzi griffen nun den 7028 Meter hohen Nupchu an, mußten aber in etwa 6800 Meter Höhe aufgeben. Dagegen glückte abermals sämtlichen Expeditionsmitgliedern am 30. Juni 1949 die Besteigung des nordöstlich des Chabuk La gelegenen Dzanye Peak (6710 m).

Die Jahre 1951–1955

Die örtliche Erkundung für eine Kanchenjunga-Besteigung durch die Briten begann bereits im Jahre **1951.** Damals unternahm der Schweizer *Georg Frey* zusammen mit *Gilmour Lewis* und einer kleinen Sherpa-Mannschaft einen Erkundungsvorstoß auf den Yalung-Gletscher unterhalb der Südwestflanke. Zur selben Zeit waren auch vier Engländer und Edmund Hillary unter der Führung von Eric Shipton an der Südwestflanke des Mount Everest, um auch dort eine Aufstiegsmöglichkeit zu rekognoszieren. Die Engländer planten ja, falls die Schweizer 1952 am Everest erfolgreich gewesen wären, zunächst nicht den Everest, sondern den zweithöchsten Berg in Nepal, den Kanchenjunga, anzugreifen. –

Am 27. September verließen der Schweizer und der Brite Darjeeling, folgten zunächst dem Singalila-Kamm, überschritten dann westlich davon den Semo La, also einen 4660 Meter hohen Paß, und erreichten am 5. Oktober die Hochweide Tseram im Yalung-Tal. In Up Ramser, in etwa 4800 Meter Höhe, errichteten sie ihr Standlager. Die An-

marschträger wurden entlassen. Zur Expedition gehörten aber noch die Sherpas Tensing, als Sirdar, sowie Ang Dawa, Ang Tsering und Gyalzen. Georg Frey, der Fotograf, hielt das gewaltige Panorama des Kanchenjunga-Massivs im Bilde fest. Während des Unternehmens stieg die ganze Gruppe den Yalung-Gletscher hoch und wahrscheinlich auch den Pache-Hügel hinauf. Nach der Rückkehr auf die Gletscherzunge erkundeten Frey und Gilmour auch den Tso-Gletscher bis hinauf auf 6 250 Meter.
Beim Rückmarsch überschritt die kleine Expedition den Ratong La (5 850 m), und Frey unternahm zusammen mit dem Sherpa Tensing einen Vorstoß gegen den 7 316 Meter hohen Kabru, der allerdings bereits in 6 100 Meter Höhe endete. Von Dzongri (4 000 m) aus bestieg Georg Frey dann noch allein den Kabur (4 820 m), um von dort aus das Panorama aufnehmen zu können. Am 26. Oktober waren alle wieder in Dzongri eingetroffen.
An einem der nächsten Tage wollte Frey mit seinen drei Sherpas vom östlichen Ratong-Gletscher aus noch einen namenlosen hohen Fünftausender südöstlich des Koktang (6 398 m) besteigen. In einer Höhe von etwa 5 640 Metern glitt Georg Frey plötzlich aus und stürzte – zunächst auf Tensing. Der Sherpa versuchte ihn zu halten, wurde aber dann selbst mitgerissen – und beide stürzten schließlich auf den Sherpa Ang Dawa, rissen ihn aus dem Stand, und so glitten schließlich alle drei zusammen die Rinne hinunter. Die beiden Sherpas konnten ihren Absturz bremsen, aber Georg Frey flog die ganze, etwa fünfhundert Meter lange Rinne bis auf den Gletscherboden hinunter. Dort konnte er nur noch als Leiche geborgen werden.
Damit waren bereits zwei Schweizer Bergsteiger – 1905 Alexis A. Pache und 1951 Georg Frey – während ihrer Pionierarbeit am Kanchenjunga ums Leben gekommen. –
Eineinhalb Jahre später, im Mai **1953**, kam *Gilmour Lewis* zusammen mit *Jon W. R. Kempe*, einem Schullehrer aus Heiderabad, abermals in das Yalung-Tal zurück. Ihr Basislager hatten sie wieder in Up Ramser. Sie versuchten nun den 5 932 Meter hohen Boktoh vergeblich zu besteigen. Auch ein Vorstoß zum Koktang (6 398 m) verlief ebenso ergebnislos wie ihr Angriff auf den 7 316 Meter hohen Kabru.
Am 22. Mai 1953 wanderte die Gruppe die linke Moräne des Yalung-Gletschers hoch, lagerten in 5 400 Meter Höhe und schafften anderntags etwa 200 Höhenmeter an einem Felspfeiler, der die östliche Seite des unteren Eisfalles begrenzte. Später nannte man diesen Pfeiler auch ›Kempe's Buttress‹. Dann stiegen sie noch bis auf 6 000 Meter

hinauf und erreichten im Laufe der nächsten zwei Tage Lager 3 und schließlich noch den vierten Hochlagerplatz auf etwa 6 900 Meter Höhe. Am 25. Mai wollten sie den Talung-Peak besteigen, von dem sie aber noch durch einen tiefen Einschnitt getrennt waren. Um auf diesen Gipfel zu kommen, hätten sie bereits weit früher abbiegen müssen. Unter den gegebenen Umständen kam also nur noch ein Besteigungsversuch des nördlichen Kabru (7 315 m) in Frage. Nach einigen Stunden Aufstieg erreichten sie eine Höhe von 7 300 Metern. Dort wurde ihr Vorstoß gestoppt, denn der weitere Aufstieg über den Nordgrat zur 7 395 Meter hohen Graterhebung und weiter zum Gipfel des Kabru scheiterte an technischen Schwierigkeiten.
So brachten sie zwar keinen Gipfel, aber dennoch wichtige Einblicke vom oberen Teil der Südwestflanke des Kanchenjunga mit nach Hause. Sie folgerten daraus, daß die Probleme im Aufstieg über die Südwestflanke zum Gipfel im unteren Teil – im Bereich des Unteren und Oberen Eisfalles – lagen, während darüber, ab der Oberen Firnterrasse, keine allzu großen Schwierigkeiten mehr zu erwarten waren. – Inzwischen hatten die Engländer den Everest bestiegen, so daß ihr größtes Interesse nun dem zweithöchsten Berg in Nepal galt. Deshalb rüstete bereits **1954** *Jon W. R. Kempe* zusammen mit *Gilmour Lewis, T. H. Braham, S. R. Jackson, D. S. Mathews* und *I. W. Tucker* eine Erkundungsexpedition zum Kanchenjunga aus. Die sechs Mann starke Rekognoszierungsgruppe unter der Führung von Jon Kempe war vom Himalaya-Komitee – das vom Alpine Club und der Royal Geographical Society gebildet wurde und dem John Hunt vorstand – bereits abgesegnet worden. Diese Unternehmung sollte wichtige Pionierarbeit für eine Kanchenjunga-Expedition im Jahre 1955 leisten.
Die englische Erkundungsexpedition erreichte eine Höhe von nahezu 6 000 Metern. Dann kehrte sie zurück und machte in der Heimat einige Vorschläge für verschiedene Aufstiegsmöglichkeiten an der Südwestflanke: Eine Route sollte über den Pache-Hügel, das Untere Firnfeld des Yalung-Gletschers zum ›Hump‹ und weiter über den Oberen Yalung-Eisfall zum Oberen Firnfeld (= Große Terrasse, Großes Band oder Großes Schelf) emporführen. –
Als weitere Möglichkeit brachte man einen Aufstieg über den Unteren Eisfall zum Gletscherbecken hinauf ins Gespräch, um von dort aus ebenfalls wieder über den Oberen Eisfall in Richtung Oberes Firnfeld aufzusteigen. Aber diese Route durch den Unteren Eisfall erwies sich als außerordentlich schwierig, und so wurde also die erste Route für die Expedition im darauffolgenden Jahr gewählt. Wieso

dann die Expedition unter Charles Evans später dennoch zunächst ihr Hauptlager an den Fuß des Unteren Eisfalles legte und nicht auf den Pache-Hügel, ist nicht ganz verständlich.

1955 – erster Gipfelerfolg

Das Himalaya-Komitee entschied sich ebenfalls für die erste Route und übergab die Leitung Dr. Charles Evans, einem ausgezeichneten Bergsteiger und erfahrenen Himalaya-Mann, der sich aus britischen Bergsteigern eine unwahrscheinlich starke Mannschaft zusammenstellte. Die Expedition umfaßte neun Mann – acht Bergsteiger und einen Expeditionsarzt –, wobei sechs Teilnehmer bereits über reiche Himalaya-Erfahrung verfügten. Im einzelnen hießen die Teilnehmer: George Band (26), 1953 ebenfalls wie Dr. Evans Mitglied der britischen Everest-Expedition und außerdem Erstbesteiger des 7788 Meter hohen Rakaposhi; hinzu kam Norman Hardie (30), ein erfahrener neuseeländischer Bergsteiger, von Beruf Bauingenieur, der sich bereits als Mitglied der von Hillary geführten Baruntal-Expedition einen Namen gemacht hatte. Charles Evans ernannte ihn zu seinem Stellvertreter; Joe Brown (24), ein Bauarbeiter aus Manchester, war einer der allerbesten Kletterer der jüngeren Generation, und mit Don Whillans ist ihm ein Jahr vorher die dritte Begehung der Drus-Westwand in einer unglaublich kurzen Zeit gelungen. Er war gedrungen und muskulös, der Jüngste der Expedition und zum ersten Mal im Himalaya; John Clegg (29), Anatom an der Universität Liverpool, der Expeditionsarzt; John Jackson (34), der Bruder jenes Jackson, der bei Kempes Kundfahrt 1954 mit dabei war, konnte auf eine langjährige Himalaya-Erfahrung im Garhwal und Khumbu-Gebiet zurückblicken; Neil Mather (28), Techniker aus Manchester, brachte gute Eiskenntnisse mit, hatte aber noch keine Himalaya-Erfahrung; Tom McKinnon (42), Pharmazeut aus Glasgow, einziger Schotte in der britischen Mannschaft und gleichzeitig Ältester der Gruppe. Er war ein erfahrener Himalaya-Bergsteiger, der sich während der Expedition um eine gute fotografische Ausbeute bemühte; Tony Streather (29), Hauptmann in der Armee, bestieg zusammen mit einer norwegischen Expedition bereits 1950 den 7708 Meter hohen Tirich Mir, hatte gute Kenntnisse im Hindustani und war während des Anmarsches für den Trägertroß verantwortlich.

Dawa Tenzing (45), der oftmalige Begleiter des Expeditionsleiters Charles Evans, hatte sich schon 1953 am Mount Everest gut bewährt,

Legenden für folgenden Bildteil

1 Kanchenjunga-Hauptgipfel (8 598 m)
2 Hochlager 1 in der Nähe des Hump
3 Hochlager 2 im oberen Yalung-Eisfall
4 Auf dem Pache-Hügel
5 Schorsch Ritter (rechts) mit einem Sherpa auf dem Gipfel des Kanchenjunga
6 von rechts nach links: Schorsch Ritter, Lhakbar Gyalbu, Nima Dorje

△ 2 ▽ 3 4 ▷

△ 5

▽ 6

indem er zweimal ohne Atemhilfe Lasten zum Südsattel hinauftrug. Er sollte nun als Sirdar einer dreißigköpfigen Sherpa-Mannschaft vorstehen. Sechzehn der Sherpas sollten für die Lager unterhalb von 6700 Metern eingesetzt werden, während die anderen vierzehn auch Lasten bis in die obersten Hochlager tragen sollten. Der Sherpa Annulla, der sich ebenfalls am Everest 1953 bereits bewährt hatte, wurde stellvertretender Sirdar.

Man wollte Mitte März in Darjeeling aufbrechen, wo man in Rungneet, dem Wohnsitz des Ehepaares Henderson (er war der Sekretär des Himalaya-Clubs), das Hauptquartier errichtete. Man benötigte 300 Kulis für ebenso viele 27-Kilo-Lasten. Streather und Dawa Tenzing wurden beauftragt, die erforderliche Anzahl an Trägern anzuheuern. Dabei wurden sie von Ang Tharke und seiner Frau tatkräftig unterstützt.

In der Zwischenzeit fuhr Charles Evans nach Gangtok, der Hauptstadt von Sikkim. Der Kanchenjunga ist ein »heiliger Berg«, wie aus der Übersetzung seines Namens leicht zu erkennen ist: »Die fünf heiligen Schreine des Schnees«. Um dennoch eine Besteigung dieses Götterthrons, die einer Gotteslästerung gleichkam, zu ermöglichen, mußte Charles Evans nach Gangtok zum Dewan, dem Premierminister, reisen, da dieser den Sikkim-Durbar vertrat. Nach einem längeren Gespräch kam man überein, daß die Bergsteiger, falls sie den Gipfel erreichen sollten, nicht weiter hochsteigen durften als bis zu jenem Punkt, wo sie die sichere Route auf den Gipfel feststellen konnten. Sie mußten jedenfalls versprechen, ihren Fuß nicht auf die höchste Spitze selbst zu setzen, um den Berg nicht zu entweihen!

Am 14. März 1955 verließ die Expedition Darjeeling. Zunächst wurde das Gepäck noch auf alten Lastwagen 25 Kilometer weit nordwärts bis Mane Bhanjyang gefahren. Am Nachmittag des gleichen Tages stieg man noch bis Tonglu (3050 m) hinauf, dem ersten der drei staatlichen Rasthäuser auf dem Singalila-Kamm. Der insgesamt jetzt auf 319 Kulis angewachsenen Trägerkolonne folgte im Tagesabstand die Nachhut mit hundert Trägern. Diese wurde von Streather, McKinnon und dem Sherpa Annulla geführt. Da die Expedition keine Erlaubnis hatte, das Land Sikkim zu betreten, mußte sie während ihres Anmarsches einen Umweg machen. Man versuchte die 160 Kilometer lange Strecke bis zum Yalung-Gletscher in zehn Tagen zu schaffen, folgte also dem Singalila-Kamm bis zum Rasthaus Sandakphu (3680 m), kam schließlich nach Phalut (3596 m) und stieg von dort aus tief in die steilen Dschungel-Täler von Nepal hinab.

In Phalut geriet die Nachhut in ein für das Kanchenjunga-Gebiet typisches Nachmittagsgewitter, das den Himmel reinigte und am nächsten Morgen wieder die Sonne heiß herabscheinen ließ. Dann stieg die Expeditionskolonne 2100 Meter ab nach Chyangthapu. Dort gab es mit den Darjeeling-Leuten bereits die ersten Schwierigkeiten. Die meisten wollten in ihr Heimatdorf zurückkehren. Man sah sich also veranlaßt, einen Trägerwechsel vorzunehmen. Die liegengebliebenen Lasten mußten gestapelt werden, und Streather, der die Nachhut leitete, hatte nun die Aufgabe, für das zurückgelassene Expeditionsgut neue Träger anzuwerben.
In Khebang wurde die Mannschaft von der nepalesischen Bevölkerung mit Girlanden freundlich begrüßt. Schulkinder sangen einheimische Lieder, und die Mannschaft mußte sich in das Gästebuch des Dorfes eintragen.
Am 22. März, dem neunten Anmarschtag, folgte ein langer mühsamer Anstieg zu jenem Paß, der ins Yalung-Tal hinüberführt. Dort kamen sie durch ein Gebiet, das kürzlich durch einen Waldbrand verwüstet worden war. Nur hin und wieder tauchte noch ein Rhododendronbaum auf, der den Brand überstanden hatte.
Auf der anderen Seite des Passes gelangten die Briten in einen herrlich romantischen, dichten Dschungelwald mit dicken Moospolstern und einer üppigen Blütenvegetation. Man kreuzte den Yalung Phu und stieg auf der Westseite des Tales weiter aufwärts bis Tseram. Diese wunderschön gelegene Hochweide zwingt einen geradezu zu einem längeren Verbleib. Nach der Rast stieg der Haupttrupp der Expedition am gleichen Tag noch bis Yalung auf – zu einem Platz, wo vor fünfzig Jahren noch buddhistische Mönche in 4000 Meter Höhe gelebt hatten. Jetzt sind lediglich noch die Ruinen der Häuser zu erkennen.
Band, Jackson und Mather zogen mit ihren drei Orderlies und Annullu als Dolmetscher über den 4150 Meter hohen Sinon La (= Paß) nach Ghunza. Man wollte dort Atta und Tsampa zur Aufstockung der Sherpa-Kost einkaufen. Nachdem man bei Chang das Oberhaupt des Dorfes geneigt machte, die Expedition mit diesen gewünschten Lebensmitteln zu versorgen, kehrte man schließlich wieder über den etwa 5000 Meter hohen Lapsong La zur Expeditionsgemeinschaft zurück. Das Wetter hatte sich verschlechtert, durch Schneefall wurde der Lastentransport die letzten vier Tage vor dem Hauptlager erheblich erschwert. Man plante ein Moränenlager in Up Ramser, ein Spaltenlager (Crack Camp) in der Mitte des Gletschers und ein Ecklager

(Corner Camp) am Ende der Gletscherzunge, wo schließlich das Basislager am Fuße des Unteren Eisfalles errichtet wurde. Sie hatten also ein Lager auf der westlichen Moräne in Up Ramser, außerdem das Crack Camp, das auf der Schneider-Karte als Tso Camp (4700 m) bezeichnet wird und etwa in der Mitte der Gletscherzunge liegt – und das Corner Camp, das auf der Schneider-Karte dem Nao Camp (5030 m) entspricht.

Ihr Base Camp 1 hatten die Engländer zunächst in der Nähe der rechten Moräne des Unteren Eisfalles, ihr endgültiges Hauptlager, Base Camp 2, auf dem Pache-Hügel in 5500 Meter Höhe angelegt.

In dieser Zeit des Vorstoßes zum Basislager erreichte die Expedition eine Reihe von eindrucksvollen Luftaufnahmen, die die indische Luftwaffe eigens für die Briten angefertigt hatte. Darauf sah der Gipfelgrat noch schlimmer aus, als die Mannschaft befürchtet hatte: eine schartige Messerschneide mit vielen Türmen und gewaltigen Felsrippen zu beiden Flanken!

Zur gleichen Zeit versuchten Hardie, Brown und Jackson den 6398 Meter hohen Koktang zu besteigen – vergeblich! Am Ostersonntag trafen sich Evans und Band im Corner Camp, und zwar an jener Stelle, wo das Yalung-Tal in östlicher Richtung abbiegt. Von dort aus erkundeten Evans und McKinnon, unterstützt von Ang Dawa und Ang Themba, die Route zum Basislager 1 am Fuße des Unteren Eisfalles.

Über seine Eindrücke von der Südwestflanke des Kanchenjunga berichtete George Band in etwa folgendes: Eine Reihe von gestauchten Eisbrüchen und von jäh abfallenden Schneehängen, durch steile gelbbraune Felswände untermauert – so stand die Südwestflanke vor uns. Der untere Teil der Wand, das sogenannte Untere Yalung-Firnfeld, wird durch den ›Hump‹, einem Felsrücken, der sich auf etwa 6200 Meter Höhe befindet, vom Yalung-Kessel getrennt. Dann folgt nach oben hin das Obere Yalung-Firnfeld*). Letzteres zieht in einer Höhe von 7200 Metern quer über die Flanke. Oberhalb davon führt eine steile, anfänglich recht breite und sich nach oben verjüngende, fast 1000 Meter lange Firnrinne zum Westsattel empor. Unterhalb dieses Bandes fällt ein riesiger Eisbruch, der Obere Eisfall, westwärts zum Yalung-Kessel ab. Von dort aus stürzen die Eismassen aus der oberen Südwestflanke in östlicher Richtung als Unterer Eisfall ins Ya-

*) Auch Großes Band, Große Eis-Terrasse oder Großes Schelf genannt.

lung-Tal hinab. Der Obere Eisfall hat eine Länge von etwa 1 000 Höhenmetern, der Untere reicht von 5 600 bis 6 200 Meter empor und endet am Yalung-Kessel. –
Die nächsten Tage verschwendeten die Briten viel Energie an eine sehr ungünstige Aufstiegsroute, nämlich einen Aufstieg über den Unteren Eisfall. Man bemühte sich, die schwierige Randkluft zu überwinden, um ein horizontales Band zu erreichen, das gegen die Mitte des Eisfalles hinaufführt, dort aber an einer senkrechten Eiswand endet. Ein 120 Meter langes Seil mußte eingehängt werden, um schließlich jene Stelle zu finden, wo das Zeltlager der vorjährigen Expedition auf dem oberen Kempe-Pfeiler gestanden hatte.
Hardie und Band bemühten sich zwei Tage lang um einen Durchstieg, bis Evans und Jackson zu ihnen stießen. Band und Evans stellten fest, daß die Schwierigkeiten hier am Kanchenjunga jene des Khumbu-Eisbruchs am Everest weit übertrafen. Man setzte Leitern, Strickleitern und Fixseile ein, um überhaupt weiter hochzukommen. Jetzt erkannte man endlich, daß sich das ganze Gelände keinesfalls für den schweren Lastentransport, den die Sherpas vornehmen mußten, eignete. Ich frage mich, warum diese Erkundungsexpedition unter Kempe überhaupt gestartet wurde, wenn man dann doch alle Irrwege dieser Expedition von 1954 nachvollzog?
Inzwischen suchte Hardie nach einer möglichen Alternative und »entdeckte« jenen Aufstieg »neu«, den die Schweizer 1905 bereits gegangen waren, nämlich den Weg über das Untere Yalung-Firnfeld zum Hump hinauf. Der neue Weg erschien plausibel und erfolgversprechend. Nun mußte aber nachträglich das Basislager vom Unteren Eisfall nach Westen auf den Pache-Hügel verlegt werden. Hier stand das Hauptlager etwas höher, nämlich bereits auf 5 500 Meter, was sich für den Aufstieg zum Lager 1 vorteilhaft auswirkte. Beim Planieren für die Zelte fand man hier Überbleibsel aus der Unglücksexpedition von 1905, zum Beispiel einen Champagnerkorken, rostige Petroleumkanister und leere Blechdosen. Nun beauftragte der Expeditionsleiter Hardie und Band, auf diesem Gelände den ersten Hochlagerplatz in rund 6 000 Meter Höhe ausfindig zu machen und dort umgehend das Lager 1 zu errichten. Es war der 26. April. Die objektiven Gefahren waren hier an diesem Schneehang wesentlich geringer als im Unteren Eisfall.
Beim Aufstieg zum Lagerplatz 1 mußte eine etwa 10 Meter hohe Eiswand überwunden werden. Hardie schlug ein fußbreites, 5 Meter langes Sims aus dem Eis, um die darüberliegenden Schneehänge errei-

chen zu können. Dort wurde ein 60 Meter langes Seil angebracht und Aluminium-Leitern zur Erleichterung des Aufstiegs für die Träger befestigt. Somit konnte Lager 1 ohne große Schwierigkeit erreicht werden. Man befand sich an jener Stelle, wo 1905 der Schweizer Pache mit den drei Sherpas in einer selbst losgetretenen Lawine in den Tod stürzte. Es war den Engländern klar, daß bei schwerem Schneefall diese heimtückischen Hänge gegebenenfalls eine Gruppe, die sich oberhalb von Lager 1 befand, für einen oder zwei Tage vom Hauptlager abschneiden konnte. Später passierte dies auch tatsächlich. Um Lebensmittel zu sparen, wollten Evans und Brown bis ins Hauptlager absteigen. Joe Brown berichtete später: »Als wir den Abstieg begannen, reichte uns der Schnee bis zum Gürtel. Oben betrug die Steilheit etwa 40 Grad. Ich führte. Plötzlich krachte es im Schnee – wie gewöhnlich vor Niedergang einer Lawine. Ich hielt an. Ich glaube, daß Charles nichts gehört hatte, er meinte, ich sei ermüdet, und er solle deshalb nun die Führung übernehmen. Als er mich überholte, rief unser beider Gewicht ein erneutes Krachen im Schnee hervor, und eine Spalte öffnete sich handbreit und einige Meter weit in beiden Richtungen verlaufend. Sekundenlang schauten wir uns an. Dann machten wir kehrt und eilten, so schnell es ging, den selben Weg zurück, ohne des Sauerstoffmangels zu achten!«
Im Laufe der nächsten Tage präparierten Hardie und Band den Hump und stiegen auf der Gegenseite zum Yalung-Kessel ab. Sie stellten fest, daß diese Gegensteigung etwa 120 Meter hoch und etwa 40 Grad steil ist. Vor dem Abstieg ins Firnbecken studierten sie noch den vor ihnen liegenden Oberen Eisfall, um nach einer günstigen Trassenführung durch das Spaltengewirr zu suchen. Unten im Yalung-Kessel selbst angekommen, machten sie mit der sengenden Sonne, die hier wie in einem Hohlspiegel konzentriert auf die Bergsteiger einstrahlt, unangenehme Bekanntschaft. »Eine der sieben Höllen des Kanchenjunga«, nannte Schorsch Ritter diesen Teil des Aufstiegs.
Die Engländer errichteten ihr Lager 2 in 6 200 Meter Höhe, unmittelbar nach dem Hump auf dem Gletscherboden des Yalung-Kessels.
Man schrieb den 30. April. Zu dieser Zeit war ein Großteil der Mannschaft damit beschäftigt, das alte Basislager abzubrechen und Basislager 2 auf dem Pache-Hügel zu errichten. – Eine andere Gruppe arbeitete bereits im Oberen Eisfall und versicherte die Trasse hinauf zum Lagerplatz 3. – Gleichzeitig waren Sherpas und Mannschaft damit beschäftigt, Lager 2 mit Lebensmitteln und Ausrüstung zu versorgen, um später den Weitertransport forcieren zu können.

Mehrere Trägergruppen – jeweils sechs bis neun Sherpas, begleitet von einem oder zwei Sahibs – stiegen nun in die Hochlager, um diese laufend mit Verpflegung zu versorgen und zum besseren Ausbau der Route Aluminiumleitern und Reepschnüre hochzuschleppen. Evans und Brown waren zu dieser Zeit damit beschäftigt, eine Aufstiegsmöglichkeit zum dritten Hochlagerplatz zu finden. Die Zelte von Lager 3 standen später auf einer 12 Meter langen und 5 Meter breiten, durch eine große überhängende Eiswand geschützte Stufe. Man hatte den ganzen Aufstieg durch den Oberen Eisfall mit Strickleitern und fixen Seilen für die Träger gut gangbar gemacht und außerdem mit Markierungsstangen versehen.
1. Mai: Brown und McKinnon arbeiteten im Wechsel mit Mather und Streather im Oberen Eisfall. Diese Arbeit war mühsam und eintönig, wenngleich die Witterungsverhältnisse während des Tages meist wechselten, Nebel aufkam oder Neuschnee fiel und somit die Spurarbeit immer wieder neu aufgenommen werden mußte. Da die Strahlungshitze im Yalung-Kessel als kräfteraubend bekannt war, bemühte man sich, möglichst früh am Tage in die Hochlager aufzusteigen, um auch für den Abstieg noch relativ günstige Schneeverhältnisse vorzufinden. Das Wetter war zu diesem Zeitpunkt recht gut, so daß die Briten fast befürchteten, es könne sich bereits um jene Schönwetterperiode handeln, die oftmals kurz vor dem Monsun zu beobachten ist. Am 13. Mai wollte man das nächste Hochlager am Eingang zur Großen Firnterrasse in 7 200 Meter Höhe errichten. Evans beschloß, mit Hardie zusammen eine Schnellerkundung durchzuführen. Aus diesem Grunde benutzten beide für den Aufstieg Sauerstoff.
Tags zuvor hatten bereits die Sherpas Annullu und Urkien Lasten bis auf 7 160 Meter hochgeschleppt und dort ein Zelt aufgestellt. Von dort aus war man allerdings immer noch durch eine Reihe von Gletscherspalten und eine Eisbarriere vom Oberen Firnfeld getrennt. Man suchte nach einem Aufstieg durch das Spaltengewirr, folgte einem Eiswulst, dem sogenannten »Walfischrücken«, und konnte erkennen, daß man auf diese Weise an den schlimmsten Spalten gut vorbei kam. Mit Erreichen des Oberen Firnfeldes war das erste Expeditionsziel geschafft.
Man ging nun daran, Pläne für den Gipfelaufstieg zu schmieden. Der Aufstieg über die langgezogene, realtiv flache Obere Firnterrasse war kräfteraubend und mühsam. Man erreichte eine Höhe von 7 710 Metern und fand im Schutze einer senkrechten Eisstufe einen geeigneten Platz für die Zelte von Lager 5. Was für den Everest der Südsattel, war

für den Kanchenjunga das Lager an der Rampe der »Sichel« (beziehungsweise des »Hufeisens«).
Streather und Mather gingen nun daran, mit Hilfe der Sherpas ein Vorratsdepot in Lager 4 anzulegen. Alle anderen Expeditionsmitglieder versammelten sich im Basislager. Man wollte sich vor dem großen Aufstieg in die Hochlager und eventuell zum Gipfel noch einmal richtig erholen, und zwar bei guter Verpflegung!
Im Hauptlager herrschte eine erwartungsvolle Stimmung, als der Expeditionsleiter eintraf. Alle waren gespannt, wer nun für den Gipfelvorstoß vorgesehen war. Tom McKinnon und John Jackson sollten die Sherpas ins Lager 5 begleiten, um dort ausreichende Lebensmittelvorräte anzulegen. Joe Brown und George Band, von Charles Evans, Neil Mather, den Sherpas Dawa Tenzing, Ang Themba, Ang Norbu und Tashi unterstützt, sollten im Tagesabstand von einem Lager zum nächsten folgen. Lager 6 wollte man möglichst hoch in die Schneerinne legen – so etwa auf 8 200 Meter Höhe. Um den Erfolg abzusichern, sollten Norman Hardie und Tony Streather ein zweites, von Urkien und Illa Tenzing unterstütztes Team bilden und der ersten Seilschaft Brown/Band nach einem Tag folgen. Um ganz sicher zu gehen, veranlaßte der Expeditionsleiter, daß die Sahibs ab Lager 2 (!) – das ist ab 6 200 Meter Höhe, also bereits ab dem Yalung-Kessel – dauernd Sauerstoff zu sich nehmen sollten. Für die Sherpas aber sollte Sauerstoff erst ab Lager 5 zur Verfügung stehen.
Da der Bericht von *George Band* (in: »Berge der Welt«, 1956/57) bereits historische Bedeutung erlangt hat, möchte ich denselben anschließend möglichst authentisch wiedergeben.

Am Morgen des 15. Mai sollten Jackson und McKinnon aufbrechen. An diesem Abend war noch einmal die ganze Mannschaft beisammen. Es gab ein herrliches Essen, dann mußte unsere letzte Flasche Rum dran glauben, denn wir machten »Mummery-Blut«, so nannten wir jedenfalls eine Mixtur aus heißem Rum und dunklem Sirup.
Die erste Etappe galt der Verproviantierung von Hochlager 5. Bei Verwendung unserer Sauerstoffgeräte stellte sich heraus, daß die Brillen bei nicht ganz dichten Masken stark anlaufen. Um sehen zu können, kam man dabei leicht in Versuchung, die Gläser hinaufzuschieben, anstatt sie zu putzen. Auf diese Weise wurde Jackson schließlich schneeblind und verbrachte unter Qualen eine schlaflose Nacht. Er sagte: »Ich hatte das Gefühl, als ob mir pulverisiertes Glas unter die Augenlider geraten wäre.«

Am nächsten Morgen konnte er kaum mehr sehen, bestand aber trotz stechender Schmerzen darauf, weiter mit hochzusteigen. Er ging angeseilt zwischen zwei Sherpas – und so konnte er diese wenigstens anspornen, obschon er fast nicht sehen konnte, wohin sie ihn führten. Der Schnee war tief und weich. Wir benötigten den ganzen Tag, um auf das »Große Band« beziehungsweise die »Große Terrasse« zu gelangen. McKinnon und fünf Sherpas erreichten schließlich Lager 5 und schlugen ein Zelt auf. Weitere vier Sherpas kamen erst später nach. Sie waren der Erschöpfung nahe. Ihre 20-Kilo-Lasten mußten sie daher auf dem steilen Schneehang unterhalb des Lagers abwerfen, um nicht im Freien übernachten zu müssen.

In Lager 4 trafen alle wieder zusammen, wo wir die Nacht verbrachten. Wir riefen den Sherpas zu ihrem Abstieg nach Lager 3 Mut zu. Jackson war noch schneeblind und konnte zunächst nicht absteigen. McKinnon, der dem erschöpften Pemi Dorje beistand, traf zu spät ein, um noch am gleichen Tag weiter absteigen zu können. So machten wir ihnen gerne Platz. Wir waren froh über die geleistete Arbeit und über den Gedanken, daß die Sherpas am nächsten Tag nach Lager 3 hinab gehen würden, während wir ins Lager 5 übersiedeln konnten.

Während der Nacht kam es zu einer unheilverkündenden Wetteränderung. Jedesmal, wenn wir nachts erwachten, hörten wir den Wind über die öde Stätte unseres Lagers heulen. Der Schnee wurde gegen das Zelt gepeitscht. Hätten wir hinausgeschaut, so hätten wir gesehen, daß es sich nicht nur um ein Schneetreiben, sondern um einen rasenden Schneesturm handelte. Er dauerte sechzig Stunden lang! Die Sicht betrug kaum noch einen Meter, und der Neuschnee türmte sich an der Windseite des Zeltes hoch auf. Ein Hähersteigen war unter diesen Umständen unmöglich. Wir mußten ausharren und warten, bis der Sturm sich wieder gelegt hatte. Schon sahen wir unsere Erfolgsaussichten dahinschwinden.

Am zweiten Tag ließ der Sturm nachmittags so weit nach, daß McKinnon, Jackson und Pemi Dorje den Abstieg nach Lager 3 wagen konnten. Joe Brown und ich begleiteten sie den ersten Steilhang hinab. Sämtliche Vertiefungen waren mit Schnee aufgefüllt, und wir traten häufig kleine Lawinen ab. Bei beißender Kälte und starkem Wind gelangten unsere Kameraden nur sehr langsam abwärts. Später erfuhren wir über Funk, daß sie das tiefer gelegene Lager gut erreicht hatten.

Am frühen Morgen des 22. Mai schaute Tashi, mein persönlicher Orderly, vor das Zelt und rief aufgeregt: »Es ist herrliches Wetter, Sahib. Ich kann ringsherum von Darjeeling bis zum Everest sehen.« – Der

Wind blies zwar immer noch mit 40 Knoten gleich stark, dennoch machten wir uns zum Aufbruch bereit. Um 10 Uhr hatten wir unsere Bergschuhe angezogen, zwei Becher Tee getrunken und die Schlafsäkke zusammengerollt. Wir waren fast startbereit; zunächst aber stocherten wir noch vergeblich im tiefen Schnee vor den Zelten herum und verwünschten unsere Dummheit, daß wir die Seile im Freien haben liegen lassen. Endlich entdeckten wir sie und machten uns nun auf den Weg nach Lager 5.

Charles Evans und Joe Brown gingen voran, gefolgt von Neil Mather und mir, jeder mit seinem Orderly. Wir dachten, daß wir für den Aufstieg vier Stunden benötigen würden. Wir hatten aber die Behinderungen durch die Neuschneemassen nicht einkalkuliert und außerdem nicht die heftigen Windböen, die uns ins Gesicht schlugen. Um mich für später zu schonen, ging Neil meistenteils voraus. Er sank oft bis fast zu den Knien ein. Die Spuren der wenige Minuten vor uns aufsteigenden Gruppe waren bereits wieder zugeweht. Der halbe Nachmittag war schon verronnen, ehe sie den steilen Hang unterhalb des Depots erreichten. Plötzlich merkten sie, daß sie über eine neue Lawine hindurchstolperten. Vor ihnen ragte etwas aus dem Schnee, das wie ein Primuskocher aussah. Sie waren zu sehr übermüdet, um die unglückliche Situation voll und ganz erfassen zu können. Zwischen ihnen und dem Lager 4 war das Eis, wo die Vorratslager angelegt worden waren, blankgefegt. Nur hier und dort ragten eine Lebensmittelkiste, ein Zelt oder ein Sauerstoffzylinder aus dem Schnee. Wir mußten soviel wie möglich aus den Lawinentrümmern herausbuddeln und zu unseren ohnehin schon schweren Lasten noch dazupacken. Nach Atem ringend, schafften wir schließlich auch noch die letzten Meter bis zum Lager 5. Inzwischen war die Sonne bereits verschwunden, und es war bitter kalt geworden. Meinen Freunden stand der Frost blau im Gesicht, und die Eiszapfen hingen ihnen vom Bart herunter. Bei unserer Ankunft wollte Charles Evans wissen, ob er auch so leichenhaft aussähe. Jede kleinste Bewegung, wie das Graben nach Gegenständen oder das Herausziehen derselben, ließ uns sofort verzeifelt nach Luft schnappen. Während wir die Zelte aufzurichten versuchten, peitschte uns der Wind den Schnee ins Gesicht. In diesen Augenblicken schwand in jedem von uns zusehends Zuversicht und Hoffnung. Endlich krochen wir dankbar in unsere Zelte. An diesem Abend gab es nichts Warmes mehr zu essen. Aber ein Sherpa kochte noch Tee, und nach einigen herrlichen Schlucken des heißen Getränks schlüpften wir in unsere Daunensäcke, drehten den Sauerstoff auf und schliefen ein.

Am nächsten Morgen waren wir zu müde, um in aller Frühe aufzubrechen. Wir hatten vor, das Lager 6 möglichst hoch hinauf zu legen. Da wir den Aufstieg aber durch das Große Couloir an diesem Tag nicht mehr geschafft hätten, verschoben wir unseren Aufstieg um einen weiteren Tag. Wir waren sehr glücklich darüber, daß sich das Wetter aufmachte, nachmittags sich die Elemente beruhigten und wir uns in der Sonne aufwärmen konnten.
Am nächsten Morgen begannen die Sherpas bereits um 4 Uhr 30 Schnee zu schmelzen. Es wurde aber schließlich doch 9 Uhr, bis wir aufbrechen konnten. Noch war es bitterkalt, denn die Sonne hatte unsere Zelte noch nicht erreicht. Langsam und voller innerer Spannung arbeiteten wir uns zum Fuße der Rinne vor, die zum Westsattel hinaufzieht. Wir hatten uns früher immer Gedanken darüber gemacht, wie wohl die Beschaffenheit des Schnees in der Rinne sein möge. Wir hatten Glück: Die Verhältnisse waren gut und der Schnee tragfähig. Mit drei Pickelschlägen war eine Stufe ausgehoben. Wir kamen gleichmäßig vorwärts. Charles Evans, Neil Mather und Dawa Tenzing führten abwechselnd am ersten Seil, damit Joe Brown und ich (George Band) unsere Kräfte schonen konnten. Alle Sahibs und Sherpas benutzten Sauerstoff, und jeder trug eine Last von etwa 15 Kilo.
Etwa jede volle Stunde wurde eine Ruhepause eingeschaltet. Nach vier Stunden begann ich, mich nervös nach einer Lagerstätte umzuschauen. Allmählich ging jedem von uns der Sauerstoff aus. Jetzt rangen wir um jeden Schritt in unserem Bemühen, das Lager möglichst hoch hinauf zu legen. Um 2 Uhr nachmittags erreichten wir schließlich eine Insel freiliegender geborstener Felsen und warfen wie auf ein Kommando unsere Lasten hin. Wir standen auf 8 200 Meter Höhe. Für ein Zelt war nicht genügend Platz; so blieb uns nichts anderes übrig, als mit dem Eispickel eine Plattform aus dem etwa 45 Grad steilen Schneehang herauszuhauen.
Wir waren nach den Anstrengungen ziemlich erschöpft, da merkte ich, daß der Sauerstoffapparat von Tashi plötzlich weiterpumpte. Der noch vorhandenen Menge nach zu schließen, muß er etwa eine Stunde lang mit ausgeschaltetem Sauerstoffgerät gestiegen sein, ohne es zu bemerken. Ich schnallte mir nun diesen Apparat um, öffnete weit den Zufuhrregler und gewann dadurch die erforderliche Energie für die letzten Planierungsarbeiten. Beim weiteren Auspickeln traf ich nun auf Felsen, und wir mußten das Zelt über die äußere Felskante hinunterhängen lassen. Dann schüttelten uns Charles Evans, Neil Mather und die Sherpas zum Abschied noch einmal fest die Hände und wünschten uns gu-

tes Gelingen. Joe Brown und ich blieben allein zurück und knobelten mit Zündhölzern um den Platz an der Felswand. Ich verlor. –
Während ich mich mit der Sauerstoffversorgung für die Nacht befaßte, zündete Joe Brown den Primuskocher an und schmolz Schnee. Wir achteten sehr darauf, daß wir keinen Flüssigkeitsschwund erlitten. Das Abendbrot bestand aus einer Spargelsuppe, Lammzunge mit Kartoffelbrei und Trinkschokolade. Das war wohl eine bessere Mahlzeit, als sie die meisten Gipfelteams je gehabt haben. Dann krochen wir vollständig bekleidet in die Schlafsäcke. Auch unsere Bergschuhe behielten wir an, denn wir wollten vermeiden, daß sie am Morgen steifgefroren waren – so wie bei Hillary seinerzeit am Everest. So ergab es sich, daß ich während des Gipfelvorstoßes drei volle Tage und Nächte meine Bergschuhe nicht mehr auszog.
Während der Nacht saugten wir beide an einem 1600 Liter fassenden rundlichen Sauerstoffzylinder. Da er nicht bis oben voll war, genügte der Inhalt für neun Stunden – bei einer Zufuhr von einem Liter pro Mann und Minute. Ich schlief hier in Lager 6 nicht so gut wie gewöhnlich. Vielleicht lag dies an der Aufregung. Wie wir Seite an Seite dalagen, hüpften ununterbrochen Schnee- und Eisstücke den Hang herab und schlugen an unser Zelt. Manches Mal dachte ich, was wohl passieren würde, wenn ein wirklich großer Klumpen oder Stein aufschlüge? Für alle Fälle waren wir angeseilt geblieben und hatten die Seilmitte an einer Felszacke in der Nähe des Zeltes eingehängt.
Ich betete um schönes Wetter für den kommenden Tag, da wir sonst keine Aussicht auf Erfolg haben würden. Die anderen hatten ihr Äußerstes getan, um uns das Ausgangslager möglichst hoch zu legen – und wir durften sie nun nicht enttäuschen.
Der Gott des Kanchenjunga meinte es gut mit uns, denn der 25. Mai 1955 brachte wolkenloses Wetter. Wir erwachten automatisch um 5 Uhr, als der Sauerstoff zu Ende ging. Zum Frühstück nahmen wir etwa einen Liter Tee und ein paar Biskuits zu uns. Dann machten wir uns um 8 Uhr 15 an den Aufstieg. Wir stiegen die Schneerinne hoch, hielten uns links, um der Sonne entgegenzugehen. Da wir durch den Feldstecher bereits festgestellt hatten, daß ein Aufstieg zum Hauptgipfel über den Westgrat felsig und daher sehr schwierig wäre, wollten wir bereits vor Erreichen des Westsattels ein Schneefeld nach rechts hochsteigen. Unglücklicherweise wußten wir nicht genau, wie hoch wir bereits die Rinne hochgestiegen waren, und so kam es, daß wir zu früh abbogen. Als wir unsere Situation erkannten, mußten wir umkehren. Wir hatten durch diesen Fehler wertvolle Stunden eingebüßt. Nun be-

eilten wir uns, um die verlorene Zeit wieder aufzuholen. Wir wußten, daß wir eine lange Strecke über Fels gehen müssen, und hatten deshalb die Segeltuchüberschuhe zurückgelassen. Als wir nun an die Felsen kamen, nahmen wir auch die Steigeisen ab.
Unser Ziel war ein kleiner Schneegrat, der uns jenseits der schlimmsten Hindernisse auf den westlichen Hauptgrat hinaufführen würde. Der Weg dort hinauf war steil, und wir mußten etwa 100 Meter hoch von Stufe zu Stufe steigen. An einer kniffligen Stelle, die den 3. Schwierigkeitsgrad darstellte, mußten wir uns um eine Ecke herumschwingen. Joe Brown schlug einen Felshaken, denn ich war schlecht gesichert. Über uns befand sich ein beachtlicher Eishang, stellenweise von 60 Grad Neigung; wir schafften ihn erst im zweiten Anlauf.
Da wir sehr langsam vorankamen, wurde jeder Liter Sauerstoff kostbar; wir setzten daher die Sauerstoffzufuhr auf zwei Liter pro Minute herab, und nur bei besonderen Anstrengungen wurde für kurze Zeit weiter aufgedreht. Joe fühlte sich etwas kräftiger als ich, und er bot mir an, die Führung zu übernehmen. Ich stimmte gerne zu.
Auf dem Schneegrat angelangt, hatten wir endlich den Gipfel in Sicht, dessen Spitze aber immer noch etwa 100 Meter über uns lag. Wir waren inzwischen fünf Stunden aufgestiegen. Nachdem wir den Westgrat erreicht hatten, setzten wir uns in eine seichte Vertiefung. Meine Kehle war ausgetrocknet. Wir legten die Sauerstoffmasken ab und stärkten uns rasch an Limonade, Karamelbonbons und Pfefferminzkuchen.
Über die Nordwestflanke herauf kam nun eine kräftige Brise. Der Flugschnee fegte über unsere Köpfe hinweg. Ich schaute zum Nordgrat hinüber und fotografierte dann unsere weitere Aufstiegsroute. Auf unserem Grat ging es nun etwas leichter aufwärts. Wir konnten uns vor dem Wind schützen, indem wir etwas unterhalb des Grates auf der Südwestseite hochstiegen. Da – plötzlich erhob sich eine Felsnase vor uns, jäh und glatt. Wir konnten nicht ahnen, was dies für uns bedeutete. Es war 2 Uhr nachmittags. Unser Sauerstoff reichte nur noch für wenige Stunden. »Wir sollten um 3 Uhr umkehren, Joe«, sagte ich, »sonst müssen wir vielleicht im Freien übernachten.«
»Wir müssen einfach noch vorher den Gipfel erreichen«, erwiderte er. Wir stiegen weiter hoch. West- und Südgipfel des Kanchenjunga waren bereits unter uns. Wir gingen rechts am Fuße der Felsen vorbei, dann um eine Kante herum und schließlich eine kleine Rinne hoch. Über uns war die Wand von mehreren hohen Rissen gespalten, und darüber war ein schmaler Überhang. Joe brannte darauf, sich an einer Spalte zu versuchen. Später sagte er: »Ich wußte, daß ich sie auf Meereshöhe leicht

durchsteigen könnte. In solchen Höhen weiß man aber nie, wie lange die Kräfte reichen, wenn man längere Zeit an den Armen hängt. Man könnte sich vor Erschöpfung einfach fallen lassen –«.

Joe steigerte nun seine Sauerstoffzufuhr auf das Maximum von 6 Litern pro Minute. Er schlug zwei Ringhaken, nahm Anlauf und zwängte sich schließlich die Spalte hoch. Dies war die größte Schwierigkeit während der ganzen Besteigung, es handelte sich vielleicht um den 4. Schwierigkeitsgrad. Ich entsinne mich noch, wie er von oben herabrief: »George, wir sind da!«

Ich stieg nach, erfreulicherweise lediglich am straffen Seil gesichert – und dort vor uns, kaum sechs Schritte entfernt und nur mannshoch über der Stelle, wo wir standen, war ein sanft abfallender Schneekegel. Es war 14 Uhr 45. Wir hätten nun leicht noch ein paar Schritte zum höchsten Punkt hochsteigen können, aber wir hatten ja den Sikkim-Bewohnern versprochen, den Thron der Götter selbst nicht zu betreten. Wir blieben stehen, wo wir waren, und machten voneinander Aufnahmen und auch vom umliegenden Panorama. In 6 000 Meter Höhe wogte ein unübersehbares Wolkenmeer, aus dem nur die allerhöchsten Gipfel, wie wogenumbrandete Inseln, herausragten. Im Westen, jenseits des scharfen Kammes des 7 858 Meter hohen Kangbachen, hoben sich in etwa 100 Kilometer Entfernung die tiefblauen Silhouetten der Achttausender Makalu, Lhotse und Everest vom blassen Horizont ab. – Sikkim konnte nicht gesehen werden. Die Sicht dorthin wurde durch den Südgrat und eine dichte Wolkenbank verdeckt. Gegen Norden zu jedoch lagen die schneegestreiften, länglich-ovalen Gebirgszüge von Tibet. In nächster Nähe konnten wir gerade noch die Höhe des von den Bayern bestiegenen Ostgrates erkennen. Zu unseren Füßen sahen wir da und dort Teile des Kanchenjunga-Gletschers, wo sich 1930 die Internationale Himalaya-Expedition unter der Leitung von G. O. Dyhrenfurth vergeblich abgemüht hatte.

Dann stiegen wir ab. Eine Stunde später ging der Sauerstoff zu Ende. Wir legten die Apparate ab und setzten den Abstieg mit einem Gefühl großer Müdigkeit fort. Einmal brach ich beim Überqueren eines unstabilen Schneeschildes plötzlich durch. Ich rutschte aus, rollte mich auf die Brust und grub die Pickelhaue in den Schnee, um den Fall abzubremsen. Im Bruchteil einer Sekunde war alles vorbei – dennoch mußte ich noch einen Augenblick keuchend liegen bleiben. Joe sagte: »Es verschlägt mir schon den Atem, wenn ich dir dabei nur zuschaue.« –

Durch Zurufe geleitet, erreichten wir bei Anbruch der Dunkelheit unsere Zelte. Wie vorgesehen, waren Hardie und Streather dort in Lager 6

bereits angekommen und für einen zweiten Versuch bereit, falls der unsere fehlgeschlagen wäre. Sie hatten sich schon um uns geängstigt. Eigentlich hätten wir zum Schlafen ins Lager 5 absteigen sollen. Nun war es aber dazu bereits zu dunkel und dadurch zu gefährlich geworden. So zwängten wir uns zu viert in das kleine Zweimannzelt, das zudem noch über die schmale Felskante hinabhing. Unsere beiden Kameraden kochten unentwegt Tee und Suppe und wieder Tee und noch mal Suppe. Nie zuvor in meinem Leben habe ich einen solchen Durst verspürt. Diesmal wurde nicht mehr um die Seite an der Felskante geknobelt. Da ich mich dort auskannte, setzte man voraus, daß ich mich dort hinlegte. Jedesmal, wenn der Zeltboden unter meinem Körpergewicht knarrte, mußte ich denken: Und was passiert, wenn die Naht reißt?
Irgendwie verging die Nacht. Wir bestanden darauf, daß Norman Hardie und Tony Streather die Schlafsäcke benutzen und auch Sauerstoff atmen sollten, ihnen stand ja am nächsten Tag der Aufstieg zum Gipfel bevor. Joe hatte starke Schmerzen an den Augen – auch diesmal wieder verursacht durch das Absetzen seiner beschlagenen Schneebrille. Zum Glück konnten wir in der Frühe beim Abstieg genügend sehen.
Hardie und Streather wiederholten unseren Aufstieg. Es war der 26. Mai 1955. Als sie um 8 Uhr 30 vom Lager 6 aus aufbrachen, hatten sie je einen gelben und einen blauen Zylinder mit 1600 beziehungsweise 800 Liter Inhalt auf dem Rücken. Sie folgten nun unseren Spuren und kamen schnell voran. Die ganze Zeit trugen sie ihre Steigeisen. Wie Streather sagte, ging aber nicht alles nach ihrem Willen: »Hardie führte. Ich (Streather) rief ihm zu, er solle halten, weil ich bemerkt hatte, daß der winddichte Überzug seines Traggestells lose war. Er hielt an und schwang sich das Gestell vom Rücken. Dabei löste sich ein großer Sauerstoffzylinder aus den Riemen und schlitterte den Berg hinunter. Das Ventil wurde durch den Aufprall geöffnet – und ich weiß noch, wie der Zylinder zischend die Wand hinabsauste und verschwand.« – So mußten sie sich also den ihnen noch verbliebenen Sauerstoff teilen. Den von mir und Joe auf halber Höhe angebrachten Seilring hatten sie – wie sie mir später erzählten – nicht bemerkt. Sie stiegen einige Meter höher um die Felskanzel herum und fanden dort einen idealen kleinen Schneegrat, auf dem entlang sie den Gipfel leicht erreichen konnten. Sie waren um 12 Uhr 15 oben und hielten sich dort eine Stunde lang auf. Streather wechselte seine Behälter aus und ließ die leere Sauerstoffflasche auf dem Gipfel liegen. Unglücklicherweise war der zweite Zylinder durch einen fehlerhaften Anschluß unbrauchbar geworden, weshalb er den ganzen Abstieg dann ohne Sauerstoffatemhilfe bewälti-

gen mußte. Unter diesen Umständen mußten natürlich auch sie in Lager 6 übernachten. – Anderntags wurden sie von Charles Evans und Dawa Tenzing in Lager 5 erwartet.
Nach dem 28. Mai war keiner mehr von uns am Berg. Unsere große Freude über unseren Erfolg wurde leider bei der Rückkehr ins Basislager durch eine sehr traurige Nachricht getrübt. Unser Sherpa Pemi Dorje war von der schweren Transportarbeit, die er in der Höhe geleistet hatte, vollkommen erschöpft nach unten gekommen. Nach drei Tagen schien er wieder hergestellt zu sein, entwickelte aber Symptome einer Gehirnthrombose und starb am 26. Mai. John Clegg, unser Expeditionsarzt, konnte ihm nicht mehr helfen. Pemi Dorje starb zur selben Stunde, als Hardie und Streather den Gipfel erreicht hatten. Den Sherpas mußte es also erscheinen, als ob die Götter des Kanchenjunga wirklich als Opfer das Leben eines ihrer Kühnsten und Liebenswertesten gefordert hätten.
Wir begruben den tapferen Sherpa in der Nähe von Paches Grab unter einem Felsen. Die Sherpas meißelten darauf seinen Namen und das ewige Gebet der Buddhisten: »Om mani padme hum«. –

Soweit der authentische Bericht von George Band über die Erstbesteigung des Kanchenjunga-Hauptgipfels im Jahre 1955.
Die zweite Besteigung und die erste einer deutschen Expedition auf dieser Route gelang meiner erfolgreichen Kanchenjunga-Expedition im Jahre 1980, und zwar durch den Gipfelsieg von Schorsch Ritter und seiner beiden Sherpa-Freunde Nima Dorje und Lhakbar Gyalbu. Aber unser Vorstoß war geradezu ein spartanisches Unternehmen gegenüber jenem der Engländer. Die Briten hatten dank der tatkräftigen Unterstützung ihrer Freunde und der hilfsbereiten Sherpas die Möglichkeit, den Lageraufbau fundiert durchzuführen. Sie errichteten am Berg nicht weniger als sechs Hochlager, das letzte auf 8 200 Meter Höhe, also nur 400 Meter unter dem Gipfel. Sie hatten genügend Sauerstoff und Verpflegung in Lager 6, und so war der Aufstieg bei gutem Wetter mit Atemhilfe kein allzu großes Problem mehr. Ähnlich wie Hillary und Tensing sich am Everest durch eine Lagerkette zum Gipfel »hinaufbiwakiert« hatten, so hielten es auch die Briten am Kanchenjunga. Dies soll ihre Leistung nicht schmälern, sie lediglich in das richtige Licht rücken.
Wenn man unseren Expeditionsverlauf mit jenem der Engländer vergleicht, so ergeben sich folgende Unterschiede: Wir hatten vier Hochlager, das letzte an jener Felsrampe an der »Sichel«, wo die Briten ihr

fünftes Hochlager in 7710 Meter Höhe aufgestellt hatten. – Lager 4 war bei uns nur ein besseres Zelt-Biwak, ohne Komfort und nur mit dem Allernötigsten ausgerüstet. Bei den Briten war das Lager 6, das von mehreren Sherpas und sechs britischen Mitgliedern der Expedition versorgt wurde, voll ausgerüstet. So betrachtet, ist die Leistung eines Schorsch Ritter und seiner Sherpa-Freunde doch weit über jene der Engländer zu stellen. Und man bedenke, daß unsere Gipfelgruppe in siebeneinhalb Stunden von Lager 4 in 7700 Meter Höhe in einem Zug aufgestiegen war – und ab 12 Uhr mittags in der ›Todeszone‹ sogar bei Schneetreiben hochklettern mußte!

1977: Die Inder am Ostsporn

»Es gibt keinen Zweifel darüber, daß derjenige, der zum ersten Mal den Kanchenjunga-Gipfel besteigt, eine bergsteigerische Großtat vollbringt. Dieser Berg vereinigt in seiner Abwehr gegen die Angreifer nicht nur die ernsthaften Behinderungen durch Schlechtwettereinbrüche, Sturm und sehr große Kälte, sondern man hat auch klettertechnische Probleme zu überwinden – und seine Lawinen bedeuten ohnehin eine objektive Gefahr für den Angreifer.«
Nachdem Narinder Kumar, Oberst in der indischen Armee und Expeditionsleiter der indischen Himalaya-Expedition 1977 diese Worte von John Hunt gelesen hatte, war es für ihn klar, daß es für ihn keine größere bergsteigerische Herausforderung geben kann als den Kanchenjunga. Er wählte als Aufstiegsroute den Ostsporn, an dem sich 1929 und 1931 bereits die Expeditionen von Paul Bauer ohne Erfolg bemüht hatten.
Expeditionsteilnehmer waren: die Majore S. S. Singh, SM Prem Chand und Pushkar Chand; Captain Kiran I. Kumar; J. L. Cruz und Jai Bahuguna; CMHs Kura Ram, SM, und Cheering Norbu, SM; Havildars Nirmal Singh und Gurcharan Singh, L/Havildars Jawahar Singh und Kushal Singh; Naik N. D. Sherpa; U/l/Naiks Punchak Angchuk und Tashi Dorji; Major S. Sen; Captain S. A. Cruz.
Durch die wertvolle Unterstützung von General T. N. Raina, dem Chef des Armeestabes der indischen Armee, gelang es dem Expeditionsleiter Narinder Kumar, ein rein indisches Unternehmen auf die Beine zu stellen. Die Expedition bestand ausschließlich aus Militärleuten, worunter sich sechzehn qualifizierte Bergsteiger und zwei Ärzte befanden. Die Expedition startete im März 1977 und versuchte, ihr Basis-

lager weit oben auf dem Zemu-Gletscher einzurichten, also zu einer Zeit, als noch tief Schnee lag. Er wollte unbedingt eine Vormonsun-Expedition durchführen, da die Literatur von den Nachmonsun-Expeditionen am Kanchenjunga keine große Zuversicht auf einen Erfolg aufkommen ließ.

Die Vorausgruppe verließ das Dorf Lachen am 7. März und erreichte das Hauptlager im Oberen Zemu-Gletscher-Gebiet siebzehn Tage später. Der Aufstieg war der gleiche wie bei Paul Bauer 1929 und 1931. Bevor man das Hauptlager am 24. März erreichte, machte man während des Anmarsches in Tamen, Poke und Ras ein Anmarschlager auf. Das Hauptlager selbst lag dann in der Nähe des Green Lake in 4 940 Meter Höhe. Dann errichtete man am Zusammenfluß von Zemu- und Twins-Gletscher in 5 100 Meter Höhe ein Zwischenlager, bevor man auf dem Hochplateau neben einer Felsinsel etwa 200 Meter oberhalb des Eisfalls das Lager 1 errichtete. Dort war die Lawinentätigkeit während des Eintreffens der Expedition noch recht rege.

Narinder Kumar folgte nun weiterhin der deutschen Route und errichtete Lager 2 am 8. April in 5 950 Meter Höhe auf dem sogenannten Coxcombgrat, der als Ostsporn bekannt ist. Der Aufstieg zum Lager 1 war nicht ungefährlich, und so mußten auf der ganzen Strecke Fixseile angebracht werden.

Während des Vorstoßes kam auf dem Rückweg zum Lager 1 Havildars Sukhvinder Singh ums Leben. Er stürzte an einem Eisturm unterhalb von Lager 2 ab und erlag bald darauf seinen schweren Kopfverletzungen. Den Leichnam beförderte man ins Basislager, um ihn mit allen militärischen Ehren zu bestatten.

Am 18. April kam wieder große Aktivität in die Expedition. Man versuchte nun, auf einer neuen Route zum Kamm des Ostsporns hochzuklettern. Diese neue Route verlief diagonal vom Fuße des ›Adlerhorstes‹ über die Südseite des Ostpfeilers bis dorthin, wo der Felskamm steil nach oben verläuft. Die letzten 150 Meter mußte ein steiles Eiscouloir überwunden werden. Es wurde zur gefährlichsten Strecke des ganzen Aufstiegs, da die Eisrinne zu einem Sattel emporführt. Kurz davor wurde ein provisorisches Lager 2 eingerichtet und so lange benutzt, bis Lager 3 in 6 300 Meter Höhe am 30. April auf einer kleinen flachen Kanzel errichtet werden konnte. Um in dieser vertikalen Schneewildnis dorthin zu gelangen, mußte oft über messerscharfe und steilgerillte Aufschwünge geklettert werden.

Die Expedition befand sich während ihres Aufstiegs vorwiegend auf der Zemu-Seite des Sporns, also auf seiner Südflanke, und versuchte

den Gratrücken, der auf seiner Nordseite steil zum Twins-Gletscher abbricht, möglichst zu meiden.
Man benötigte zwei Wochen, um den 300 Meter hohen, steilen Aufstieg von Lager 3 zu Lager 4 schaffen zu können. Auf dieser Strecke mußten viele Stufen ins Eis gehauen werden, um die Route für die Träger begehbar zu machen. Einmal mußte sogar ein Tunnel durch einen Eispilz gehackt werden.
Am 12. Mai wurde in 6 630 Meter Höhe Lager 4 aufgeschlagen. Es handelte sich um jene Stelle im Grat, wo das Gelände nun etwas leichter wird. Die größten Schwierigkeiten bestanden dort in den Unmengen von Schnee – die während der Hochgewitter, die für den Kanchenjunga ja typisch sind, an den Berg geworfen wurden und innerhalb weniger Stunden fast täglich die Aufstiegsspuren zerstörten.
Am 18. Mai wurde Lager 5 auf dem dritten Aufschwung des Ostsporns in 7 240 Meter Höhe errichtet. Damit waren die schwierigsten Kletterstellen überwunden, man stieg jetzt auf dem breiter werdenden Grat aufwärts und konnte bereits am 24. Mai in 7 640 Meter Höhe das Lager 6 errichten. Hier stand man nur noch einen Kilometer von jenem Punkt entfernt, der den Ostsporn vom Nordgrat des Kanchenjunga trennt.
Nun galt es, die 100 Meter hohe Steilwand zu überwinden, an der die Deutschen 1931 gescheitert waren. Die Verhältnisse waren günstig, und für die indische Expedition war es kein Problem, auf den Hauptgrat hinaufzukommen. Nachdem die Wand durchstiegen war, folgten sie dem Nordgrat und errichteten am 30. Mai in 8 000 Meter Höhe Lager 7.
1977 war das Vormonsunwetter im ganzen Himalaya-Gebiet recht schlecht gewesen. So kam auch die indische Expedition in Zeitdruck. Es wurde ein Wettrennen gegen den Monsun, der jeden Tag hereinbrechen konnte. Jetzt mußten alle Kräfte zusammengefaßt werden. Vier Bergsteiger unterstützten das Gipfelteam und trugen Sauerstoff und Verpflegung in das oberste Zelt hinauf. Dieses wurde aber schließlich viel tiefer gesetzt, als man es ursprünglich geplant hatte.
Am 31. Mai verließen Prem Chand und Naik Nima Dorje Sherpa bereits um 6 Uhr morgens das Lager 7 in 8 200 Meter Höhe. Zunächst mußten sie ein langes Schneefeld hochsteigen, das zum Westgrat hinaufführt. Dann wandten sie sich den Felsen am Grat zu und stiegen auf dessen Südwestflanke weiter hoch. Nach zwei Stunden erreichten sie den Gipfel. Es war bereits 3 Uhr nachmittags. Man betrat nicht die höchste Erhebung, sondern blieb etwa 2 Meter unter dem kleinen

Gipfelplateau stehen, denn man wollte die religiösen Gefühle der Sikkim-Bewohner nicht verletzen.
Die Gipfelgruppe war mit Sauerstoff aufgestiegen. Sie hatte noch zwei französische Sauerstoff-Flaschen mit sich, die für den Abstieg ohne weiteres ausreichten. Bevor sie den Gipfel verließen, fixierten sie eine indische Flagge an einem Eispickel auf dem höchsten Punkt des dritthöchsten Berges der Erde. Am Abend gegen 20 Uhr wurde Lager 7 erreicht. Man war über dreizehn Stunden unterwegs gewesen. Die Gipfelmannschaft hatte großes Wetterglück. Jetzt aber hatte der Monsun den Kanchenjunga bereits erreicht. Die zweite Gipfelgruppe – Captain Kiran I. Kumar und CHM Cheering Norbu, die sich bereits in Lager 6 befand – mußten wieder zurückgerufen werden.
Den Indern war es also geglückt, auf dem Weg der Deutschen von 1929 und 1931, bei kleinen, aber wichtigen Abänderungen der Aufstiegsroute, den Gipfel des Kanchenjunga, 46 Jahre nach der letzten Ostsporn-Expedition, zu erreichen. Am 12. Juni traf die Expedition bei schlechtesten Wetterverhältnissen wieder in Lachen ein, das sie am 7. März verlassen hatte.

1978: Die Polen auf dem Südgipfel (8 480 m)

Am 15. März 1978 kamen 23 Polen und 2 Amerikaner sowie eine große Anzahl Sherpas nach Dharan Bazar. Von hier aus startete eine 300 Mann starke Trägerkarawane auf dem üblichen Weg über Dhankuta, Chaukie Doban am Tamur, Taplejung, Khesewa, Mamankhe nach Yamphodin zum Hauptlager am oberen Ende der Yalung-Gletscherzunge.
Die Mannschaft setzte sich folgendermaßen zusammen: Expeditionsleiter war Piotr Mlotecki, die beiden stellvertretenden Expeditionsleiter waren Kazimierz W. Olech und Jerzy Wesolowski. Die weiteren Teilnehmer hießen: Wojciech Branski, Eugeniusz Chrobak, Stanislaw Czerwinski, Zygmunt und Heinrich Marek Janas, Wieslaw Klaput, Marek Malatynski, Przemyslaw Nowacki, Jozef Olszewski, Zbigniew Pawlowski, Andrzej Pietraszek, Marek Rogalski, Jan Serafin, Grzegorz Siekierski, Andrzej Skalski, Andrzej Sobolewski, Zbigniew Staszyszyn, Bernard Uchmanski, Szymon Wdowiak und Wojciech Wroz. Hinzu kamen noch die beiden Amerikaner James Brady und Carl Tobin.
Als man Yamphodin, den letzten Ort im Anmarsch zum Hauptlager,

erreichte, streikten die Träger. Sie hatten bereits einen langen Weg hinter sich und wollten in ihre Heimatdörfer zurück. Man entließ die bisherigen Kulis, und es dauerte einige Tage, bis aus der Umgebung von Yamphodin neue Träger angeheuert waren.

Um ins Yalung-Tal zu gelangen, mußte zunächst der Dschungel gequert werden. Dies erfolgte bei schlechtesten Wetterverhältnissen, bei Regen und Schneefall. Der Anmarsch gestaltete sich demnach ähnlich wie bei uns 1980, als wir durch dieses Gebiet ins Yalung-Tal vorstießen. Auch die Polen hatten große Schwierigkeiten mit den Anmarschträgern. Die ursprüngliche Zahl von 300 Kulis hatte sich in Yamphodin auf achtzig reduziert. In heute schon üblicher Weise mußten also die Lasten im Pendelverkehr von Etappe zu Etappe geschleppt werden. Dabei mußten auch die Expeditionsmitglieder mit zupacken, um die Lasten ins Hauptlager hinaufzuschaffen. Dieses lag am oberen Ende der Eiszunge des mit Schotter bedeckten Yalung-Gletschers. Der Pendelverkehr über Tseram, Yalung, Ramser und Tso Camp zum Basecamp verzögerte den Anmarsch derartig, daß 44 Tage erforderlich waren, bis endlich das ganze Gepäck oben angelangt war.

Da die Wochen der Vormonsunzeit bemessen sind, wurde natürlich ein Voraustrupp mit sechs Mitgliedern und den Teilnehmern Chrobak, Heinrich, Olech, Olszewski, Sobolewski und Wroz zum Berg geschickt, damit diese dort bereits mit der Versicherungsarbeit in Richtung Lager 1 beginnen konnten. Am 8. April starteten sie von Ramser den Yalung-Gletscher hoch und erreichten zwei Tage später einen Platz unterhalb des Pache-Hügels, der zum Hauptlager ausgebaut wurde. Auf diesem Platz waren auch wir 1980 und nannten diese Gegend »Polen Camp«.

Da im Hauptlager Ausrüstung und Versicherungsmaterial noch nicht in ausreichender Menge eingetroffen waren, ging man von vorneherein kein Risiko ein und verfolgte die Aufstiegsroute der Erstbezwinger von 1955.

Das Hauptlager stand in 5 200 Meter Höhe. Am 16. April konnte bereits Lager 1 in 6 000 Meter Höhe unter einer Eiswand errichtet werden. Der Aufstieg führte zunächst über ein Firnfeld und über einige Eisbarrieren, die in Richtung Hump hinauf versichert werden muß-

Übersicht über die verschiedenen Aufstiegsrouten

Hauptgipfel
8598 (8586)
Vorgipfel
(8500)
Mittelgipfel
(8496)
Südgipfel
(8480)
Yalung Kang
(8438)
Polen (1978)
Briten 1955
Deutsche 1980
Sichel
Großer
Couloir
Japaner
1981
Italiener
1982
Polen,
Spanier
Rampe
Franzosen
1981
Oberes
Yalung Firnfeld
Oberer Yalung Eisfall
Hump
Unterer
Yalung
Eisfall
Paché-
Hügel

ten. Diese Route mußte mit etwa 600 Meter Fixseil für die Träger gangbar gemacht werden. Die Vorausgruppe stieg dann auf üblichem Weg den Hump 120 Meter zum Gletscherkessel hinab und versicherte dabei auch das Fels-Couloir an der Gegensteigung.

Jetzt trafen endlich die Lasten im Hauptlager ein. Daraufhin starteten Branski und Klaput, Rogalski und Malatynski sowie Brady und Serafin mit Rucksäcken voll Lebensmittel hinauf zum Lager 1. Von der Vorausgruppe mußten Sobolewski und der Sherpa Lhakpa Gyala ausgetauscht werden. Am 24. April stieg diese Gruppe 700 Meter den Oberen Eisfall hoch und versuchte dabei die Route einstweilen provisorisch zu versichern. In der Mitte des Eisfalles errichteten sie Lager 2 in üblicher Höhe von 6 450 Metern unter einem großen Eisturm. Drei Tage später gingen Chrobak, Wroz und Lhakpa weiter hoch und stellten die Zelte von Lager 3 (7 150 m) auf ein Schneefeld, das sich direkt unter dem Großen Firnfeld befand.

Janas, Klaput und Malatynski sowie Branski, Rogalski und Serafin übernahmen nun den Ausbau und die Versorgung der Hochlager 2 und 3. Am 30. April schloß sich Malatynski der Gruppe Heinrich Janas/Olech/Olszewski an, die vom Basislager erstmals zum Oberen Eisfall vorgestoßen war. Gemeinsam sicherten dann diese vier Polen die Strecke zwischen Lager 2 und 3 und fixierten dabei über 800 Meter Seil in die Aufstiegsroute.

Nachdem Anfang Mai das Obere Firnfeld erreicht war, ging man daran, den Gipfelangriff zum Kanchenjunga-Südgipfel vorzubereiten. Es war geplant, daß verschiedene Gruppen vom Basislager aus Material nach oben bringen, damit das vierte Hochlager in 7 600 Meter Höhe errichtet werden konnte. Für den Gipfelvorstoß waren Chrobak und Wroz vorgesehen, die 1976 bereits am K 2 den höchsten Punkt erreicht hatten.

Zwischen dem 5. und dem 6. Mai querten verschiedene Seilschaften das Obere Firnfeld und versorgten das letzte Hochlager. Dort, wo ein großes Schneefeld zum Kanchenjunga-Südgipfel hinüberführt, wurde unter den Felsen eine Plattform aus dem Eis gehauen, um das Zelt für Lager 4 aufstellen zu können. 500 Meter Fixseil sicherten den Abstieg ins Lager 3 hinab.

Es war beabsichtigt, den Gipfel direkt über eine Schneerampe zu besteigen. Chrobak und Heinrich Janas fixierten auf der Gipfel-Aufstiegsroute noch weitere Seile, und am 9. Mai brachte Lhakpa zwei Sauerstoff-Flaschen nach oben. Aber man war noch nicht genügend akklimatisiert, und so entschloß sich die Gipfelseilschaft am 10. Mai vorerst noch zu einem Abstieg ins Hauptlager. In dieser Zeit waren einige polnische Mitglieder und die Amerikaner damit beschäftigt, Olszewski, der sich nicht wohl fühlte, nach Lager 2 hinunter zu bringen. Ein neues Team mit Branski, Pietraszek und Rogalski stieg in die Hochlager auf.

Der zweite Gipfelangriff wurde am 15. Mai vorbereitet. Die Seilschaften Chrobak/Wroz und Heinrich Janas/Olech stiegen mit leichtem Gepäck vom Basislager hoch und konnten auf die Hilfe von Kameraden und Sherpas in Lager 4 rechnen.

Es wurde beschlossen, eine andere Aufstiegsroute als bisher geplant zu versuchen. Man wollte nun die Südwestwand des Südgipfels angehen, denn dort zeigten Schneebänke und Rinnen eine gute Chance für einen Aufstieg. Am 18. Mai erkletterten Chrobak und Wroz 400 Meter der schwierigen Rinne und befestigten Seile, um einen gesicherten Abstieg zu garantieren. Die Sherpas Lhakpa und Mingma brachten vier Sauerstoff-Flaschen hoch, und am nächsten Tag verließen die beiden Polen um 5 Uhr früh das Lager 4. Mit Sauerstoff stiegen sie auf, passierten schnell die von ihnen angelegten Seile, gingen die steile Rinne hoch und erreichten das Schneefeld, das zum kritischen Punkt, einer kleinen schwierigen Felswand, emporführt. Nachdem sie diese erklettert hatten, führte die Route weiter rechts über ein weites Eisfeld zu einer Gratsenke empor, die zum Kanchenjunga-Südgipfel hinaufleitete. Es war 14 Uhr 15, als die beiden Männer den Gipfel erreichten. Am gleichen Tag noch kehrte die Seilschaft bei Sturm und Schneefall nach Lager 4 zurück.

Zu dieser Zeit erreichten Heinrich Janas, Malatynski und Serafin das Lager 3. Zusammen mit Branski und Rogalski, die sich schon mehrere Tage in den oberen Hochlagern befanden, bildeten sie ein Sicherheitsteam für die Gipfelstürmer und warteten gleichzeitig auf eine Möglichkeit für eine abermalige Besteigung des Kanchenjunga-Südgipfels. Branski, Rogalski, Brady, Tobin und Pawlowski brachten an diesem Tag noch Verpflegung zum Lager 4 für die zweite Gipfelmannschaft. Heinrich und Olech beschlossen nach Rücksprache mit dem Expeditionsleiter, doch nicht zum Kanchenjunga-Südgipfel, sondern zusammen mit Branski, Zygmunt Janas und Malatynski jetzt den noch unbestiegenen Mittelgipfel erstmals zu erklettern.

Am 21. Mai stiegen sie alle von Lager 3 auf. In 7550 Meter Höhe fanden sie das Zelt von Lager 4 der spanischen Yalung-Kang-Expedition. Die Spanier waren den Polen gefolgt, und nachdem sie auf dem Oberen Firnfeld ihr Lager 4 errichtet hatten, griffen sie den Hauptgipfel an. Sie erreichten dabei eine Höhe von 8 390 Metern. Ihr Lager 4 war im unteren Teil jener Eisrinne, die sich von der tiefsten Einsattelung zwischen dem Haupt- und Mittelgipfel nach unten zieht. Heinrich und das Hilfsteam trugen am selben Tag oberhalb des spanischen Lagers vier Sauerstoff-Flaschen die Schlucht hinauf. Am 22. Mai gegen 5 Uhr brachen Branski, Heinrich und Olech vom Lager 4 auf und begannen den Aufstieg durch das 600 Meter hohe Eis-Couloir. Sie hatten Schwierigkeiten mit der Sauerstoffausrüstung, erreichten jedoch den engen und steilen oberen Teil des Einschnitts gegen 11 Uhr. Hier querten sie nach rechts, gelangten zu Schneebänken, die von Felstürmen durchsetzt waren. Sie stiegen durch die Felswand unterhalb des Kammes hoch und erreichten um 14 Uhr 15 den 8 496 Meter hohen Mittelgipfel.

Noch kurz vor dem Gipfel war die Sauerstoff-Flasche von Branski leer geworden, und er bekam Schwierigkeiten durch die veränderten atmosphärischen Verhältnisse. Er stolperte an einer gefährlichen Stelle und rutschte ab, konnte sich aber glücklicherweise noch mit dem Eispickel festkrallen.

Am 23. Mai stieg ein weiteres polnisches Team zum Lager 4 hoch. Es waren Janas, Malatynski sowie Brady und der Sherpa Mingma. Sie brachten Sauerstoff und Verpflegung ins spanische Lager 4. Am nächsten Tag trugen Janas und Malatynski Sauerstoff-Flaschen das Eis-Couloir hoch, während Rogalski und Uchmanski an diesem Tag das Lager 4 erreichten. Rogalski, der sich schon eine längere Zeit in großer Höhe aufgehalten hatte, bekam Halsschmerzen und mußte vom Gipfelsturm ausgeschlossen werden.

Am 25. Mai verließen Janas und Malatynski das Lager 4 kurz nach 5 Uhr morgens. Frisch gefallener Schnee machte die Route langsam. Janas hatte Schwierigkeiten mit seinem Sauerstoffgerät. Als sie den oberen Teil des Couloirs erreichten, informierte das Basislager sie durch Funk, daß sie ungefähr zwei Stunden länger für den Anstieg gebraucht hatten als das erste Team. Aus diesem Grunde wurde um 16 Uhr 20 vom Basislager aus der Angriff gestoppt. Die Seilschaft mußte in 8 420 Meter umkehren und war am Abend wieder im Lager 4.

Die 24 Mann starke polnische Expedition und die vierzehn Spanier gingen gemeinsam über den Yalung-Gletscher. Diese beiden großen Expeditionen waren einen Monat durch Ostnepal gezogen und hatten dadurch einige Verwirrung gestiftet, mußten Verzögerungen in Kauf nehmen und verursachten Preiserhöhungen beim Ankauf von Verpflegung für die Hochträger. Da die nepalesische Regierung den Spaniern den Yalung Kang und den Polen den Kanchenjunga-Hauptgipfel zugeteilt, beide Gruppen aber andere Gipfel bestiegen hatten, wurden die Leiter dieser beiden Expeditionen auf fünf Jahre für Nepal gesperrt.

1979: Die Briten an der Nordflanke

Die Besteigung des Kanchenjunga über seine Nordwestflanke wurde zwar bereits 1899 von Freshfield als möglich erachtet, aber es vergingen zunächst dreißig Jahre, bis erstmals eine deutsche Expedition zum Kanchenjunga-Gletscher kam – allerdings ohne einen ernsthaften Vorstoß unternommen zu haben. – So kam das Jahr 1979, bis Doug Scott, Joe Tasker und Peter Boardman als Kleinexpedition zum Kanchenjunga-Nordgrat kamen. Zur Weihnachtszeit 1978 wurde dann noch der Franzose Georges Bettembourg auf seine Teilnahme hin angesprochen, da man unbedingt wenigstens zwei Seilschaften bilden wollte. Über Sauerstoffgeräte machte man sich keine Gedanken, denn man war von vornherein darauf eingestellt, den Berg ohne Atemhilfe anzugehen.
Als die Expedition nach Nepal reiste, um von Dharan Bazar aus loszumarschieren, war ihr natürlich bewußt, daß sie eine von Europäern ziemlich unbegangene Gegend zu durchwandern hatte. Der Anmarsch war auf etwa zwei Wochen angesetzt, aber diese Zeit reichte nicht aus. Bei einem Unternehmen, wo nur ganz wenige Teilnehmer sich zusammengefunden haben, um eine Expedition im sogenannten Westalpenstil durchzuführen, war es schon sehr wichtig, daß sich Scott, Tasker und Boardman bereits gut kannten. Georges Bettembourg dagegen war ihnen unbekannt, wie andererseits sie ihm. Aber was seine bergsteigerische Qualifikation betraf, so war ihnen sein Aufstieg zum Broad Peak mit Yannick Seigneur bekannt, und dies war auch der Grund, daß sie ihn in ihre Gruppe aufnahmen. Georges Bettembourgs Enthusiasmus für Trainingstouren während des Anmarsches faszinierte die lässigen Briten, die sich nur unwillig einem Dogma für das Bergsteigen unterwerfen.
Da passierte es einmal bei einer spielerischen Rauferei zwischen Boardman und Bettembourg, daß Boardman auf einer Felsplatte abrutschte und sich dabei den Fuß brach. Er konnte tagelang nicht laufen und mußte in einem Korb zum Hauptlager hinaufgetragen wer-

den. Daß er im Anblick des Kanchenjunga des öfteren dabei mutlose Bemerkungen von sich gab, war verständlich. Lediglich der Flirt mit einer hübschen Sherpani, die sich freiwillig der Karawane angeschlossen hatte, lenkte ihn hin und wieder von seiner üblen Lage etwas ab.

Dessenungeachtet waren alle gedanklich bereits mit ihrem Expeditionsziel fest verbunden, und täglich wurde über die Probleme, die ihnen die Nordseite entgegenstellen würde, diskutiert. Aber schließlich zwang man sich zur stoischen Ruhe und war sich klar, daß man die genaue Planung erst machen konnte, wenn man sich in Pangpema, dem Hauptlager, befindet. Natürlich waren die Engländer über die Literatur früherer Pioniere voll informiert und gingen daher auch nicht mit überschwenglichem Optimismus zum Berg. Sie erinnerten sich, zum Beispiel, daß Erwin Schneider einmal geschrieben hatte: »Versuche, diesen Berg mit einer kleinen Gruppe zu besteigen, sind von Anfang an zum Scheitern verurteilt.« John Tucker dagegen hatte gesagt: »Der Mensch, der am Kanchenjunga Erfolg haben will, muß sich diesem Ziel mit jeder Faser seines Seins ganz und gar widmen«.

Wenn sie dann, in ihre Bücher vertieft, von der Umwelt fast nichts mehr wahrnahmen – außer der Rockmusik im Hintergrund aus einem Kassettenrecorder –, dann trösteten sie sich damit, daß ihre »Musikmaschine« doch etwas leichter sein würde als das Grammophon, das bei der Expedition von Dyhrenfurth zum Basislager hochgeschleppt worden war.

Am 4. April 1979 wurde das Hauptlager in Pangpema erreicht. Die Zelte stellten die Briten auf eine windgepeitschte, 300 Meter lange Grasfläche oberhalb der Moräne des Kanchenjunga-Gletschers. Das Lager stand nur 5 025 Meter hoch; man hätte es gerne höher gelegt, aber es erschien besser, das Basislager auf einer Grasfläche zu haben als weiter oben im Eis. Sie waren überrascht, die Grundmauern der Küchenunterkunft der Dyhrenfurth-Expedition von vor 49 Jahren noch vorzufinden. Sie erweiterten dieselben und verstärkten sie durch einen nützlichen Kochplatz zu einem Lagerplatz mit Feuerstelle.

Vor ihnen türmten sich die Nordwand des Kanchenjunga mit dem Hauptgipfel und rechts davon Yalung Kang und Kangbachen auf. Die

Peter Boardman im Schneesturm in der oberen Westwand (Westflanke)
Foto: Doug Scott

Flanke der Nordwand war tief verschneit und mit vielen Eisbalkonen und Hängegletschern besetzt. Zusammen mit sechs Sherpas wurde Lager 1 bereits am 10. April und vier Tage später Lager 2 direkt unter dem Twins Peak errichtet. Die Briten waren zwar nicht sehr glücklich über die Lage ihres zweiten Hochlagers, doch sie fanden im Augenblick keinen günstigeren Platz, der ebenso lawinengeschützt gewesen wäre. Da in der Nacht zum 13. April die Zelte von Lager 1 zweimal vom Sturm der Lawinen, die vom Twins Peak herabstürzten, stark mitgenommen wurden, war die Sicherheit der Lager vor Lawinen ein besonders Anliegen der Expedition.

Der Aufbau der Hochlager ging rasch vonstatten. Man hatte sich vorgenommen, die Nordwand zunächst in Richtung Nordsattel zu durchsteigen. Es mußte daher eine 900 Meter hohe Eiswand erklettert werden, die in 6 890 Meter Höhe zum Nordgrat emporführt. Das Wetter war gut, so konnten die Briten sich sofort mit der Besteigung der Nordflanke befassen.

Man versuchte ein 90 Meter langes Seil am Nordgrat anzubringen. Jene Sherpas, die den Transport des Seiles übernommen hatten, konnten dann am nächsten Tag in Lager 2 einen Rasttag einschalten, während die anderen zwei Sherpas das Hochschleppen dieses schweren Seiles fortsetzten. Sah die Wand auch aus der Ferne ziemlich unbesteigbar aus, so gliederte sie sich während des Näherkommens immer mehr in Abschnitte mit mehr oder weniger großen Schwierigkeiten – in solche mit Eis und jene mit gefährlichen Felspassagen; aber sie zeigte sich besteigbar. Für die letzte Etappe zum Nordgrat benötigten die Briten fünf Tage. Eine lange Felstraverse mußte erklettert werden und anschließend eine steile Eisrinne, die sich wegen überhängender Felsen als besonders schwierig erwies. Am Schluß folgte dann noch ein überhängender Kamin, bevor man auf dem Nordgrat stand.

Das Wetter war – für den Kanchenjunga typisch – jeden Vormittag gut, während es am Nachmittag eintrübte und zu Hochgewittern kam. Am letzten Tag, an dem sie das obere Ende der Wand erreicht hatten, wurden sie von einem schlimmen Schneesturm überrascht. Man hatte vor, an diesem Tag Lager 3 auf dem Nordgrat aufzubauen und gleich dort zu nächtigen. Dementsprechend waren die Rucksäk-

Aufstiegsroute der Herrligkoffer-Expedition 1980

Inder 1977
L5 (7900)
Warth-Variante
1983
L4 (7300)
Messner
Variante 1982
Engländer 1979
L3 (6650)
L2 (5800)
Japaner 1980
L1 (5200)

ke schwer, und der Aufstieg zum Grat erschien den Briten unendlich lang.

Am späten Nachmittag erkannte Doug Scott, daß unter diesen Umständen, das heißt bei diesem Schneesturm, das Tagesziel nicht erreicht werden konnte. Sie kehrten hastig zurück, zunächst ins Lager 2, und nach einer kurzen Verschnaufpause stiegen sie ganz bis ins Hauptlager ab, um wieder einmal im Grünen zu sein und, fern dem Lawinengetöse, bei guter Verpflegung und bequemer Schlafmöglichkeit ein paar schöne Tage zu verleben.

Da die Briten noch Bedenken hatten, ob ihre Seile ausreichen würden, schickten sie Ang Phurba eilig nach Ghunza zurück zum Basislager der tschechischen Expedition, die den Jannu-Westgrat belagerte. Dort sollte er sich einige hundert Meter Seil ausleihen.

Den Briten war bewußt, daß das Erreichen eines Achttausenders immer ein Wettlauf mit dem Monsun, ein Wettlauf mit dem Wetter ist. So wollten sie keine Zeit verlieren, um möglichst rasch die Schlüsselstellung ihrer Route, den Nordgrat, zu erreichen. Die Ungewißheit und Unsicherheit der vergangenen Tage war inzwischen einer inneren Spannung gewichen, man war neugierig, was wohl die nächsten 300 Meter an neuen Schwierigkeiten bringen würden.

Nach wechselhaftem Wetter kehrten sie am 26. April ins Lager 2 zurück und stiegen am nächsten Tag zum Nordgrat auf. Bettembourg und Scott führten die letzte Seillänge über den überhängenden Kamin zum Nordgrat hinauf. Während dieses Aufstiegs kamen einige Steine ins Rutschen. Tasker und Ang Phurba, der gerade eine große Last nach oben trug, konnten sich gerade noch wegducken, während Boardman ein Stein auf das Handgelenk schlug. Nach wenigen Minuten war seine Hand bereits stark angeschwollen. Wütend über den neuen Unfall, stieg er sofort mit Ang Phurba ins Lager 2 ab.

Bei einbrechender Dunkelheit erreichten die anderen drei den Grat und schlugen unter einem Felsen ihr Zelt auf. Sofort verkrochen sie sich hinter die schützende Nylonwand, denn der Wind war eisig, und hier auf dem Grat war er besonders heftig. Es war nur ein kleines Zelt, und so saßen sie zusammengepfercht beisammen. Ihre erste Nacht am Nordgrat hatten sie später daher nicht gerade in bester Erinnerung.

Erst am nächsten Tag fand man Zeit, einen besseren Platz für das Zelt ausfindig zu machen. Man fand ihn einige Meter tiefer auf der Ostseite des Grates, wo das Lager windgeschützt war. Das Wetter verschlechterte sich, und so wollte man lediglich noch eine Nacht abwarten, ob sich vielleicht Sturm und Schneetreiben wieder beruhigen würden. Inzwischen kletterten Bettembourg und Scott wieder an den Seilen durch den Kamin hinunter, um die Last von Ang Phurba, der sie unterhalb des Kamins hatte hängen lassen, heraufzuholen. Tasker fühlte sich an diesem Tag nicht sehr wohl und war um so mehr erstaunt, als er am Nachmittag Peter Boardman schwitzend vor seinem Zelt stehen sah – immer noch mit geschwollenem Handgelenk, aber voller Auftrieb, denn er wollte mit zum Gipfel. Auch Ang Phurba war abermals zum Lager 3 aufgestiegen und hatte Verpflegung heraufgebracht. Er stieg aber nach einer Tasse Tee wieder ab ins Lager 2.

Tasker konnte sich in Lager 3, das fast 7 000 Meter hoch lag, nicht mehr erholen und mußte anderntags absteigen. Zunächst wollte er sich lediglich im Lager 2 einen Tag Ruhe gönnen. In Lager 2 jedoch fand er Nima Tensing, der sich durch Steinschlag am Rücken verletzt hatte. Tasker entschloß sich nun, zusammen mit Ang Phurba den Träger ins Basislager hinabzubringen. Dort genoß er den kurzen Aufenthalt im Hauptlager, war aber ständig mit dem Fernglas am Berg, am Nordgrat, wo er sah, wie sich seine Freunde den Grat hinaufkämpften.

Tasker hielt es nicht im Hauptlager, und so kehrte er mit Ang Phurba bald wieder ins Lager 2 zurück. Zusammen mit ihm stieg er dann anderntags bis zum Lager 3 hoch. Die Wetterverhältnisse waren gut. Um 4 Uhr nachmittags aber nahm der Wind wieder an Stärke zu, und das Tosen des Höhensturms um den Gipfelaufbau hörte sich an wie ein fernes Dröhnen.

Während der Nacht mußte das Zelt immer wieder neu verankert werden. Tasker und Ang Phurba kamen zu keinem Schlaf. Sie hatten geplant, um 5 Uhr den Grat hochzusteigen, hatten aber keinen Auftrieb, das Zelt zu verlassen. Inzwischen hatte sich der Sturm gelegt, und so konnten sie wenigstens für einige Stunden Ruhe finden. Da plötzlich sah Ang Phurba drei Gestalten vom Nordgrat absteigen. – Einige Stunden später erreichten Scott, Boardman und Bettembourg das Lager 3 und erzählten ihre Erlebnisse.

Am 4. Mai waren sie die Kammlinie bis zu jener Stelle hochgestiegen, wo sie in eine steile Felsstufe übergeht. Sie versicherten sie mit 150 Meter Reepschnur. Später stiegen sie auf die große Geröllterrasse an der Westseite des Nordgrates hinaus. Sie befanden sich bereits in einer Höhe von 8 000 Metern. Dort waren sie aber den Windböen so stark ausgesetzt, daß sie sich dazu entschlossen, auf der Ostseite des Nordgrates ihren Unterschlupf zu bauen. Der Höhensturm machte

den Wechsel auf die Sikkim-Seite zum Problem. Dort stiegen sie dann etwa 15 Meter ab, und zwar so weit, bis sie in den Windschatten kamen. Nachdem sie drei Stunden gehackt und gegraben hatten, stellten sie auf einer kleinen Plattform ihr Zelt auf.
Doch in der Nacht zum 5. Mai um 1 Uhr 30 änderte der Wind seine Richtung und wurde zum Sturm. Das Mittelstück des Tunnelzeltes zerbrach. Die drei Bergsteiger versuchten in aller Eile, ihre Stiefel und Gamaschen wieder anzuziehen, und während sie bemüht waren, ihre Ausrüstung zu verpacken, zerriß der Sturm auch noch die Zeltinnenhaut; die Außenwand war bereits in Stücke zerrissen und zum Gletscher hinabgeflogen. Ihr folgte der Rucksack von Bettembourg.
Die drei kletterten nun zum Grat hoch, um auf die Leeseite des Sturmes zu kommen. Scott hatte sich inzwischen die Finger angefroren, Bettembourg war leicht schneeblind, und Boardmans Gesicht war durch die Kälte gefühllos geworden. So entschloß man sich, zunächst ins Lager 3 und noch am gleichen Tag 3 000 Meter tiefer bis ins Basislager abzusteigen. –
Am 9. Mai, nach vier ruhigen Nächten im Hauptlager, gingen die beiden Seilschaften abermals in die Hochlager und erreichten am 11. Mai ihre Schneehöhle von Lager 4 in rund 7 475 Meter Höhe. Diesmal war die Mannschaft komplett, nachdem Tasker sich von seinen Kopfschmerzen wieder gut erholt hatte. Ang Phurba hatte das Nord-Couloir zweimal erreicht. Er unterstützte die Gipfelgruppe und trug jedesmal 15 Kilo Lebensmittel und eine Sauerstoff-Flasche für Notfälle ins Lager 4 hinauf.
Am 12. Mai war Rasttag bei herrlichstem Wetter. Am nächsten Tag entschied man sich für den zweiten Gipfelangriff. Diesmal beabsichtigten die vier aufgrund eines Vorschlags von Bettembourg, einen Gipfelangriff direkt von der Schneehöhle aus zu unternehmen. Man wollte ohne den geringsten Ballast, also ohne Zelte und ohne Schlafsäcke, hochsteigen. Doch nachdem das Wetter nicht mehr so sicher aussah, wurde doch eine Schaufel mitgenommen, um notfalls eine weitere Schneehöhle graben zu können.
Am Abend dieses Tages zogen sie los. Sie nutzten den Vollmond und erreichten bald die große Geröllterrasse. Bei zunehmender Windstärke stiegen sie weiter hoch und gelangten gegen Mitternacht an einen Platz, der sich zum Bau einer Schneehöhle eignete. Joe Tasker und Doug Scott begannen zu graben, während Peter Boardman und Georges Bettembourg indessen weiter oben nach einem geeigneten Platz suchten.

Blick vom Nordgrat auf den Nordsattel. Foto: Doug Scott

Scott und Tasker verließen etwa 3 Uhr 30 morgens ihre Eishöhle und suchten Anschluß zu Boardman und Bettembourg zu bekommen. Sie fanden die beiden weiter oben in einer Naturhöhle, in die sie zurückgekehrt waren, nachdem sie vorher noch 150 Meter weiter hoch geklettert waren. Sie glaubten, daß sich das Wetter bessern würde. Das Wetter wurde aber schlechter, und so stieg die ganze Mannschaft wieder ins Lager 4 zurück. –
Am 15. Mai starteten Boardman, Scott und Tasker ihren dritten Versuch. Bettembourg fühlte sich für einen Gipfelaufstieg nicht kräftig genug und ging daher ins Basislager hinab. Die Dreierseilschaft hatte sich zunächst auf einen Rasttag eingestellt und wollte Lebensmittel aus Lager 3 heraufholen. Aber das Wetter war zu schön und sollte genutzt werden.
Am 16. Mai frühmorgens 8 Uhr zogen sie los. Zunächst gingen sie diagonal über das Schneeband hoch und standen dann 600 Meter unter dem gewaltigen, weithin sichtbaren Felsturm am Westgrat. Dort kreuzte sich ihre Aufstiegsroute mit jener von George Band und Joe Brown von 1955, die seinerzeit über die Südwestflanke aufgestiegen

Peter Boardman und Joe Tasker (stehend) am Felsturm auf dem Kanchenjunga-Westgrat. Foto: Doug Scott

waren. Es fehlten jetzt nur noch rund 100 Höhenmeter bis zum Gipfel. Dann traversierten sie jene Stelle, wo Joe Brown 1955 sich zwei Stunden lang einen Überhang hinaufgekämpft hatte. Schließlich trennten sie nur noch 20 Meter vom Gipfel. Sie stiegen auf eine Felsschulter hinauf und erreichten so die höchste Erhebung. Dort erlebten sie in hockender Stellung einen einzigartigen Sonnenuntergang und eine herrliche Aussicht auf die umliegenden Berge. Nach einer halben Stunde Gipfelglück verließen sie das kleine Firnplateau des dritthöchsten Berges der Welt. Bei eintretender Nacht stiegen sie ab zu ihrem fünften Biwakplatz in der Bergschrundhöhle, die sie um 21 Uhr erreichten.

Da sie in ihrem Unterschlupf nur wenig zu essen bei sich hatten, gingen sie am nächsten Morgen bereits in aller Frühe zum Lager 4 hinab. Von dort aus erfolgte nach einer ausgiebigen Rast der weitere Abstieg über den windverwehten Schräghang nach Lager 3 auf dem Nordgrat. Im Lager war noch so viel Gepäck, daß an ein Hinuntertragen nicht gedacht werden konnte. Die Engländer packten alles in Säcke und warfen dieselben die Wand hinab. Auf dem Gletscher angekommen,

sammelten sie ihre Habe wieder ein, banden sie aneinander und querten dann den Gletscher in Richtung Lager 2. Da keine Spur vorhanden war, sanken sie bei jedem Schritt in den nassen Schnee hüfttief ein. Es wurde Nacht, da kamen Ang Phurba und Nima Tensing den Briten entgegen. Sie nahmen ihnen das Gepäck ab, Schneesturm setzte ein, jetzt waren sie glücklich, als sie endlich die Zelte von Lager 2 erreichten.
Um nicht wieder in aufgeweichtem nassen Firnschnee absteigen zu müssen, stieg die Gruppe noch in der Nacht weiter ab bis ins Hauptlager. Dort wurden sie von Begleitoffizier Mohan und den beiden Köchen Kami und Nima, vor allen Dingen aber von Georges Bettembourg herzlichst begrüßt und beglückwünscht.
Am 20. Mai wurde das Basislager geräumt, und man trat den Rückmarsch an. Neun Tage später erreichte die kleine britische Expedition Kathmandu. Sie hatte in zehn Wochen harter Arbeit am Berg eine neue Aufstiegsroute am Kanchenjunga entdeckt und diesen Berg erstmals über seine Nordflanke bestiegen.

1980: Japaner an der Kanchenjunga-Nordflanke

Die Japaner wollten als erste einen Aufstieg zum Gipfel des Kanchenjunga durch seine Nordwand erreichen – und dies ohne Sauerstoff. Noch während ihrer Vorbereitungen erfuhren sie, daß bereits 1979 Doug Scott, Joe Tasker und Peter Boardman den Aufstieg über die Nordroute des Kanchenjunga ohne Atemhilfe geschafft haben. Das war für die Japaner natürlich ein großer Schock – wie sie damals schrieben. Es blieb ihnen also als Novum auf der Nordflanke nur die Möglichkeit, eine andere, neue Aufstiegsvariante zu versuchen.
Da zum gleichen Zeitpunkt auch wir eine Expedition zum Kanchenjunga vor hatten und der Anmarsch für alle Expeditionen, die sich von Nepal her diesem Berg nähern, im letzten Teil auf der gleichen Route verläuft, ist dort das Trägerproblem besonders groß. Yamphodin liegt nämlich mindestens eine Woche vom Hauptlager entfernt. Anmarschträger für den obersten Teil des Anmarsches müssen daher bereits in den letzten Dörfern angeworben werden.
Damit unsere Expedition mit jener der Japaner nicht zusammentrifft, machte das Ministerium in Nepal zur Bedingung, daß ich, da ich die Einreisebewilligung bereits früher in Händen hatte, mit den Japanern den Anmarschtermin abspreche. Aus diesem Grunde erhielt ich im August 1978 folgenden Brief aus Japan.

Attention: Dr. Karl M. Herrligkoffer

Dear Sir,
We, Sangaku Doshikai Japanese Expedition team, have applied to the Ministry of Tourism, His Majesty's Government of Nepal to climb Kangchenjunga in spring, 1980, when you will also climb it from south side of Kangchenjunga (Yalung Glacier). We will attempt it (in completely different route) in the same time, spring 1980 through the north face of Kangchenjunga from Kangchenjunga Glacier, which was attempted by International Expedition in 1930, led by you.
According to the request of the Ministry of Tourism, we wish to know when you will start for caravan march, as there will not be enough porters to proceed your and our caravan march together in Kangchenjunga area. According to there many experiences, Ministry of Tourism is very much afraid that it may be possible to have some trouble or confusion between our and your caravan, if our and your caravan schedule will approximately coincide, for example it may increase the porter's wage or lack of food and camping place. It will be better for us to avoid such unnecessary inconveniences as more as possible.
Hence, please kindly inform us when you will start for caravan march and what route you will go, so that we can schedule our route and the starting time.
I guess that you may not yet fixed the schedule in advance for 2 years, for the time being, it will be enough for us the roug schedule or outline or anything you have in mind, which will be helpful for us. After receiving your letter, we will be thinking to shift our caravan schedule about 20 days earlier or later against yours, as it will be necessary.
For your reference, I am enclosing our rough schedule and route map. It can be changed depending on your schedule and route.
Your early reply will be appreciated.
Thank you very much for your attention.

Yours faithfully,
Naoe Sakashita

In meiner Antwort ließ ich Naoe Sakashita wissen, daß wir erst Mitte März Kathmandu verlassen werden und sie daher ihren Anmarsch entweder vierzehn Tage früher oder vierzehn Tage später durchführen sollen. Aber die Japaner zogen bereits am 11. Februar nach Dharan Bazar und brachen von dort aus am 14. Februar mit 190 Trägern auf. Am 27. Februar erreichten sie das Dorf Ghunza. Sie hatten jetzt noch

gute drei Wochen Zeit, bevor sie ihr Hauptlager am Kanchenjunga-Gletscher aufschlugen. So benutzten sie ihren Aufenthalt, um sich gut zu akklimatisieren. Am 1. März zogen sie für drei Tage zum 4 800 Meter hohen Nango La, einem in der Nähe von Kangbachen gelegenen Paß, und brachen später für eine zehntätige Trainingstour zum Ramtang- und Yannu-Gletscher auf. Von dort aus unternahmen sie mehrere Touren auf unbenannte Fünftausender und bestiegen auch einen Sechstausender, um sich zu testen.
Am 19. März wurde in Pangpema (5 140 m) das Basislager errichtet. Nach zehn Tagen sollte mit der Besteigung der Nordwand begonnen werden. Man wählte im Gegensatz zu den Engländern nicht den direkten Aufstieg zum Nordsattel, um dann dem Nordgrat zum Gipfel zu folgen, sondern wollte über die einzelnen Eisterrassen die Nordflanke durchsteigen. Die Japaner planten drei Tage Arbeit und drei Tage Rast. Als Schlüsselstellung erschienen ihnen zunächst die ab 6 000 Meter Höhe beginnenden Eisaufbauten sowie das darüberliegende Felsband. Es war klar, daß man den ganzen Aufstieg mit fixen Seilen versicherte. Man plante, mit vier Hochlagern und einem Biwak unter dem Gipfel auszukommen. Auf diese Weise sollte die 3 000 Meter hohe Nordwand durchstiegen werden. Im obersten Abschnitt traf ihre Aufstiegsroute mit jener der Engländer zusammen. Die letzten Meter zum Gipfel sollten über die Südwestflanke führen.
Die japanische Mannschaft des Sangaku Doshikai Clubs wurde von Masatsugu Konishi (41) geführt und bestand aus sieben Teilnehmern. Zu ihnen gehörten Ryoichi Fukada (37), Haruichi Kawamura (32), Naoe Sakashita (33), Motomu Omiya, Syomi Suzuki und Toshitake Sakano.
Konishi erkundete zusammen mit bergerfahrenen Sherpas den Aufstieg zum Lager 1, und sie fanden dabei eine günstige Route, auf der dann Fukuda und Sakano aufstiegen, um in 6 200 Meter Höhe das Lager zu errichten. Ihnen folgten die beiden Seilschaften Kawamura/Omiya und Sakashita/Suzuki, um den weiteren Aufstieg in Richtung Lager 2 vorzubereiten. Am 1. April versuchte man, die über Lager 1 gelegene Eisterrasse, die westlich der Aufstiegsroute gigantische Eisabbrüche aufwies, hochzusteigen.
Am 1. April zogen Fukada und Sakano mit drei Sherpas los, um einen lawinensicheren Aufstieg durch das Eis zu finden. In den nächsten Tagen mußte ein 300 Meter hoher Gletscherabbruch gemeistert werden. Sie überwanden den Bergschrund, kletterten eine 10 Meter hohe Eiswand hoch und folgten schließlich 150 Meter weit einem schräg nach

links emporziehenden Schnee-Couloir, um am Ende desselben auf eine große Terrasse zu gelangen.
In den nächsten Tagen präparierte die Fukado-Gruppe zusammen mit der Seilschaft Kawamura den weiteren Aufstieg. Auch die Sakashita-Gruppe sollte während dieser Zeit zur besseren Akklimatisation ins Lager 1 übersiedeln. Fukada wurde schneeblind, und so übernahm nun Sakano zusammen mit Kawamura die weitere Versicherungsarbeit im Aufstieg zum Lager 2. Jeder Meter mußte verseilt werden, und man benutzte Jümar-Bügel, um rasch wieder ins Lager 1 absteigen zu können. Am Ende des bis dahin erreichten höchsten Punktes mußte anderntags eine Schneebrücke überwunden und dann ein 50 Meter langer Anstieg nach links hinauf zum ersten Schneefeld geschafft werden. Dann trennte sie nur noch eine große Gletscherspalte vom zweiten Hochlagerplatz.
Am 4. April kam Fukada mit seiner Gruppe und dem Sirdar zum Lager 2 hoch. Inzwischen kletterte Sakashita mit der Kawamura-Gruppe die gewaltigen Hängegletscher hoch. Es mußten trotz fixer Seile viele Stufen geschlagen werden. Es war eine anstrengende Arbeit, da die Eiswand stellenweise sehr steil war.
Um sich zu akklimatisieren, stiegen nun zwei andere Gruppen zum Lager 2 auf, das in 6 800 Meter Höhe ausgebaut wurde. Während eines Abstiegs nahmen Sakashita und Suzuki noch einige Korrekturen an der Aufstiegsroute vor. Man hatte in fünf Tagen eine Höhe von fast 7 000 Meter erreicht und dabei bereits das zweite Hochlager errichtet. Alle Teilnehmer waren gesund, und so konnte am 8. April mit der Präparierung des Aufstiegs in Richtung Hochlagerplatz 3 begonnen werden. Es verging fast eine Woche, bis der Durchstieg zum nächsten Eisfeld über ein etwa 200 Meter hohes Felsband versichert war. Es war dies wohl der schwierigste Abschnitt auf der japanischen Nordwand-Route. Man ging hier ebenfalls wieder etappenweise vor. Konishi stieg mit einigen Sherpas zum Beginn des Felsbandes hoch und legte dort ein Ausrüstungsdepot an. Anderntags kam die Gruppe Kawamura und versuchte, das Felsband zu versichern. Die Arbeit war so schwierig, daß man oft für zwei bis drei Seillängen einen ganzen Tag benötigte. Dann gelangte man über eine kleine Eiswand in kombiniertes Gelände, kam auf eine Eisterrasse, die in den nächsten beiden

Peter Valovič durchklettert in 7 000 m Höhe die Felsbarriere zwischen Lager 3 und Lager 4

Tagen von den Seilschaften Fukada und Sakashita präpariert wurde. Nachdem die Seilsicherung vervollständigt war, konnte am 16. April der Hochlagerplatz 3 in 7400 Meter Höhe erreicht werden.
Dann stiegen alle ins Hauptlager ab. Man versuchte sich zu regenerieren und einen Angriffsplan durchzusprechen. Am 23. April stieg die Seilschaft Sakashita in die Hochlager auf und versuchte am 26. April einen Aufstieg zum vorgesehenen Lagerplatz 4 zu erkunden. Das Wetter war einwandfrei, aber die Höhe machte sich doch schon sehr bemerkbar. Dann wollte die Seilschaft Kawamura in 7900 Meter Höhe das Lager 4 errichten, mußte aber wegen des Höhensturms in 7700 Meter vorzeitig umkehren. Anderntags erkämpften sich Konishi mit der Sakashita-Gruppe den Weg bis zum Hochlagerplatz 4 empor. Man wollte zunächst, wie die Engländer im Vorjahr, eine Schneehöhle graben, konnte sich aber in diesem Gelände nicht dazu entschließen. Am Fuße eines Felsens wurde deshalb aus dem Eis heraus planiert und anschließend ein Zelt aufgestellt.
Eine Wetterverschlechterung trieb abermals alle Teilnehmer ins Hauptlager zurück. Lediglich Ang Phurba blieb mit drei Sherpas in Lager 3 und stieg am nächsten Tag zum Lager 4 hoch, um dort weitere Ausrüstung zu deponieren und zwei Zelte aufzustellen. Nun wurden die Seilschaften neu zusammengestellt. Man bildete eine Gruppe Fukada/Kawamura/Sakashita/Suzuki zusammen mit Sirdar Ang Phurba und eine zweite mit Konishi, Omiya, Sakano sowie Pemba Tsering Sherpa. Die erste Gruppe erreichte am 6. Mai das Hochlager 4, die zweite am 8. Mai. Daraufhin gingen beide Gruppen wieder ins Hauptlager zurück, um sich noch einmal drei Tage zu erholen. Man achtete darauf, daß die Akklimatisation gut war, um eben die Höhe von 8600 Metern ohne Atemhilfe schaffen zu können.
Die erste Gruppe sollte nun so aufsteigen, daß sie am 14. Mai den Gipfel erreichen konnte. Die zweite Gruppe folgte erst am 13. Mai nach, um am 17. am Gipfel zu sein. Zu dieser Staffelung war die Expedition durch die wenigen Zelte im Hochlager 4 gezwungen und wollte so vermeiden, daß man beim Abstieg vom Gipfel aus Raummangel direkt ins Lager 3 hätte absteigen müssen.
Am 13. Mai stieg also die erste Gruppe zum Lager 4 auf und nächtigte erstmals in 7900 Meter Höhe. Schon um 1 Uhr nachts stand man auf

Andrej Belica steigt die Eisbarriere zwischen Lager 2 und Lager 3 hoch

und begann Schnee zu schmelzen. Um 4 Uhr 30 brachen Sakashita, Suzuki und Ang Phurba als erste auf. Eine halbe Stunde später folgten Fukada und Kawamura. Man hatte vor, das Lager 4 am Abend wieder zu erreichen, und nahm daher kein Biwak-Zelt mit. Als man das 40 Meter hohe Eis-Couloir hochkletterte, war es noch sehr kalt. Dann kam man auf einen Felsabsatz, der für den Rückweg mit fast 300 Metern Reepschnur versichert werden mußte. Man versuchte nun, den Westgrat zu erreichen. Um 14 Uhr stand Fukada als erster oben auf dem Grat. Dann querte er in die Südwestseite des Kanchenjunga hinein. Ein Gratzacken mußte umgangen und ein kleiner Kamin hochgestiegen werden, bis man schließlich auf ein breites Schneefeld trat: Die Japaner standen auf dem Gipfel, die Uhr zeigte 16 Uhr 15. Kurze Zeit später tauchten Suzuki, Sakashita und Fukada auf. Man schüttelte sich die Hände, aber zu langem Verbleib war die Situation nicht gegeben, denn das für den Kanchenjunga typische Nachmittagsgewitter hatte bereits wieder den Berg in Wolken gehüllt. Während des Abstiegs kamen die Japaner zwar in die Dunkelheit, erreichten aber nach drei Stunden bereits wieder ihr Lager 4.
Die zweite Besteigung am 17. Mai erfolgte durch Konishi, Omiya, Sakano und Pemba Tsering Sherpa. Anfänglich wurden sie noch von Dawa Norbu begleitet. Der während des Vortages gefallene Neuschnee machte den Aufstieg recht beschwerlich. So hatte die zweite Gruppe seitens ihrer Kameraden, die vor drei Tagen hochgespurt waren, keine Erleichterung zu erwarten. Dawa Norbu, ein kräftiger Bursche, spurte der Gruppe voraus. In 8 400 Meter Höhe, kurz unter dem Westsattel, mußte er sich übergeben, wurde höhenkrank. Allein stieg er nun zum Lager 4 ab, während die anderen vier um 17 Uhr 30 den Gipfel erreichten. Unterwegs hatten sie eine Sauerstoff-Flasche gefunden, die von der Herrligkoffer-Expedition stammte, die zwei Tage vorher auf dem Gipfel gestanden war. Außerdem fand man am Gipfel noch Heringe von der indischen Expedition aus dem Jahre 1977; sie hatte dort eine indische Flagge befestigt.
In den nächsten drei Tagen wurde der Berg geräumt, der von einer starken kleinen japanischen Mannschaft über eine neue Nordwandroute bezwungen wurde. Ohne Verluste konnte sie ihre Rückreise nach der Heimat antreten.

1981: Doppelerfolg der Japaner

Die japanische Kanchenjunga-Expeditionsmannschaft der Himalayan Association of Japan (H. A. J.) wurde geleitet von Kinichi Yamaori (37). Hinzu kamen die Teilnehmer Kaoru Kikuchi (35), Kuniaki Yagihara (34), Akinori Hosaka (33), Yoshio Ogata (32), Kazuo Tobita (35), Noboru Yamada (31), Kazumi Hujikura (31), Makihiro Wakao (31), Yu Watanabe (31), Hiroshi Yashima (31), Takashi Sakuma (30), Shin Komatsu (30), Fuji Tsunoda (28), Shigeru Suzuki (26), Jisaburo Suzuki (25), Yasuji Kato (32) als Korrespondent und Ryoko Kato (46) als Expeditionsarzt.

Eine sieben Mann starke Voraustruppe startete bereits am 26. Februar mit 200 Trägern von Ilam aus und errichtete am 16. März ihr Basislager auf dem Pache-Hügel. Am 22. März wurde von dieser Gruppe Lager 1 (6 150 m) und am 29. März Lager 2 (6 450 m) errichtet. Am 31. März war bereits der Aufstieg zur Großen Firnterrasse oberhalb des Oberen Yalung-Eisfalles geschafft.

Die Japaner machten es recht spannend. Die eine Gruppe startete nämlich von Ilam und die zweite – die fünfzehn Mann starke Hauptgruppe – am 26. Februar mit 450 Trägern von Dharan Bazar aus. Sie erreichte das Basislager vierzehn Tage später, und zwar am 31. März. Auf dem Pache-Hügel schlossen sich beide Gruppen wieder zusammen und bauten Lager 3 in 7 300 Meter Höhe gemeinsam aus, um es am 14. April beziehen zu können.

Von dort wurden dann abermals zwei Gruppen gebildet, und zwar eine für den Hauptgipfel und eine für den Yalung Kang. Man nannte sie M (Main Peak-party) und W (West-Peak-party). Nun waren die Japaner bestrebt, möglichst bald ihre vierten Hochlager aufzubauen. Lager 4 West wurde am 22. April in 7 850 Meter Höhe am Eingang zum Großen Couloir eingerichtet. Lager 4 Main dagegen wurde angeblich in 7 850 Meter Höhe, wahrscheinlich aber in 7 700 Meter Höhe an der Rampe der ›Sichel‹ aufgestellt.

Die nächsten Tage vergingen damit, die beiden vierten Hochlager auszubauen und für zwei weitere Hochlager – 5 Main und 5 West – entsprechende Plätze ausfindig zu machen und zu planieren.

Kurz vor dem Ziel gingen dann alle Teilnehmer noch einmal bis zur Hochweide Ramser (4 250 m) zurück, um sich dort zu erholen. –

Lager 5 Main wurde am 8. Mai am Eingang zum Großen Couloir, das zum Westsattel emporzieht, errichtet und von fünf Teilnehmern und zwei Sherpas gleichzeitig besetzt. Am gleichen Tag wurde auch das

Hochlager 5 West in 8 250 Meter Höhe im unteren Teil des Großen Gipfel-Couloirs am Yalung Kang aufgestellt, und ebenfalls nächtigte die fünf Mann starke Spitzengruppe gleich im neu errichteten Stützpunkt.
Der nächste Tag brachte ausnahmsweise herrlichstes Wetter. Die Mannschaft für den Hauptgipfel verließ ihr Lager 5 bereits morgens um 4 Uhr. Sie benötigte für den Aufstieg zum Gipfel ganze acht Stunden – das ist eine sehr lange Zeit. Angeblich waren sie durch die Schneeverhältnisse in der Rinne und im Gipfelkamin stark behindert. Die Yalung-Kang-Mannschaft verließ ebenfalls am 9. Mai, und zwar früh um 5 Uhr 15, ihr fünftes Hochlager und benötigte für den Aufstieg auch nahezu acht Stunden. Auch dies ist eine sehr lange Zeit, zumal man ab Lager 5 Sauerstoff benutzte.
Auf beiden Gipfeln wurden Vermessungsstangen aufgestellt, um von unten aus dann die Gipfel neu vermessen zu können. Die Höhe des Hauptgipfels wurde mit 8 598 Meter bestätigt. Paches Grab wurde mit einer Höhe von 5 482 Metern angegeben, und lediglich der Yalung Kang sollte höher als 8 500 Meter sein. –
Während wir am Kanchenjunga waren, befand sich dort ebenfalls eine kleine japanische Expedition. Sie hatte die Aufgabe, den Übergang für die 1981 gedachte große japanische Expedition zwischen Yalung Kang und Hauptgipfel zu erkunden. Diese Expedition kam allerdings im Oberen Eisfall nur knapp über 7 000 Meter Höhe und konnte natürlich von dort aus weder den Grat einsehen noch ihn irgendwie hinsichtlich seiner Begehbarkeit beurteilen. Was diese Vor-Expedition der Japaner überhaupt für die große japanische Expedition im Jahr 1981 bewirkt haben soll, ist mir damals schon schleierhaft gewesen und bleibt mir nach wie vor ein Rätsel. – Jedenfalls wurde der Plan der Japaner nicht durchgeführt. Beide Gruppen waren viel zu spät auf dem Gipfel, obwohl sie ein fünftes Hochlager eingerichtet hatten. (Wir hatten lediglich vier Hochlager, und zwar das oberste an der gleichen Stelle wie die Japaner; Schorsch Ritter benötigte für den Aufstieg mit seinen beiden Sherpas ebenfalls nur acht Stunden, die gleiche Zeit also wie die Japaner von ihrem Lager 5 in 8 000 Meter Höhe aus!) Jedenfalls waren die Japaner viel zu spät zu ihren Gipfeln aufgestiegen, um überhaupt eine Überschreitung des Westgrates von einem zum anderen Gipfel in Erwägung ziehen zu können. Nachdem sie, die einen um 4 Uhr, die anderen um 5 Uhr, gestartet waren, ist wohl anzunehmen, daß sie von vornherein gar nicht die Absicht gehabt hatten, als bis zum jeweiligen Gipfel weiterzugehen. Somit war das Ziel der

Ludovit Zahoransky am 20. Mai 1981 um 16^{30} Uhr auf dem Gipfel des Kanchenjunga. Rechts neben ihm die Fahne der Japaner

japanischen Expedition eigentlich nicht erreicht worden. Novum war lediglich der große Aufwand einer Doppelexpedition, die während eines großen Unternehmens eben gleichzeitig zwei Achttausender bestieg.

Die Franzosen erstmals am Kanchenjunga

Unter der Leitung von Jean Jacques Ricouard (29) und den Teilnehmern Michel Parmentier (31), als stellvertretendem Expeditionsleiter, sowie den weiteren Bergsteigern Gilles Gaby (33), Michel Pellé (34) und Michel Berruex (37) startete die Expedition am 21. August 1981 von Kathmandu aus zum Kanchenjunga. Mit Ausnahme von Parmentier waren alle Teilnehmer Bergführer. Die Trekking-Agentur ›Great Himalayan Adventures‹ hatte die ganze Expedition organisiert. Während die Mitglieder in einem Bus ihre Reise antraten, wurden das Gepäck und die Hochträger per Lastwagen nach Ilam transportiert. Nachdem sie in Itahari im Terai genächtigt hatten, setzten sie anderntags ihre Fahrt nach Ilam fort. Dort blieben sie zwei Tage, um ihre Anmarschträger anzuheuern.

Am 9. September wurde über die Route Ilam-Sukhe Pokhari-Phidim-Gopetar-Mamankhe-Yamphodin der Anmarsch vollzogen. Man erreichte über Yalung und Ramser am 9. September das Hauptlager. Da es eine kleine Expedition war, gelang es ihr, die Strecke von Ilam zum Hauptlager in siebzehn Tagen hinter sich zu bringen.

Am 11. September stieg Gilles Gaby, begleitet von Daniel Benesse, in Richtung Hochlager 1 auf. Zwei Tage später erreichte Parmentier zusammen mit Jean Jacques Ricouard, dem Sherpa Nima und dem Expeditionsarzt Dr. Brigitte Lataud den japanischen Hochlagerplatz 1 aus der Frühjahrsexpedition. Dort schlugen sie ihr reichhaltiges Vorratslager auf.

Am 16. September wurde von der gleichen Gruppe das Fels-Couloir, das zum Yalung-Gletscher-Kessel hinabführt, versichert. Außerdem wurde das Lager 1 in 6150 Meter Höhe errichtet. Am nächsten Tag schleppten Michel Pellé und Michel Berruex weitere Zelte nach Lager 1 hinauf und bauten es weiter aus.

Von den Japanern waren an der Eisbarriere auf dem Weg zum Lager 1 noch Seilbefestigungen vorhanden, die von den Franzosen ausgebessert und vervollständigt wurden, um den Aufstieg für die Sherpas durch den unteren Yalung-Firn sicher zu machen.

Es vergingen acht Tage, bis am 25. September der Platz für Lager 2 erreicht war. Ricouard, Pellé und Parmentier errichteten schließlich den Lagerplatz 2 an jener Stelle, wo die Japaner ihr drittes Lager in 7100 Meter Höhe aufgeschlagen hatten. Die Franzosen verlängerten demnach die Strecke zwischen Lager 1 und ihrem Lager 2 so wesentlich, daß sie im Gegensatz zu früheren Expeditionen bis zum Oberen Firnfeld lediglich zwei Hochlager benötigten. Ihr zweites Hochlager befand sich unter einem großen Gletscherabbruch, der die Zelte vor Lawinen und Höhensturm schützte.

Am 4. Oktober wurde von Ricouard, Pellé und dem Sherpa Nima Hochlager 3 in 7700 Meter Höhe an der oberen Rampe der Sichel errichtet. Es war jene Stelle, wo die Japaner ihr viertes Hochlager aufgeschlagen hatten. Zunächst wurde lediglich ein Lebensmitteldepot errichtet, und erst am 9. Oktober stellten Nima und Ang Dorje an dieser Stelle ein Zelt auf.

Nun war der ganze Aufstieg versichert, und man konnte an einen Gipfelvorstoß denken. Am 10. Oktober fanden sich vorher noch einmal alle Mitglieder der Expedition im Basislager zusammen. Der Ex-

peditionsleiter entschied, daß die am besten akklimatisierten Bergsteiger den Gipfelangriff durchführen sollten. Dies waren Jean Jacques Ricouard und Michel Parmentier. Man plante einen Gipfelvorstoß ohne Atemhilfe. Am 12. Oktober wurde das Hauptlager in 5 340 Meter Höhe auf dem Pache-Hügel von Ricouard, Gaby, Parmentier und Ang Dorje verlassen. Michel Pellé und Michel Berruex blieben zusammen mit dem Sherpa Nima im Basislager zurück. Am 13. Oktober stiegen Ricouard und Parmentier, unterstützt von Gaby und Ang Dorje, zum Lager 2 auf.
Am gleichen Tag folgten Pellé und Berruex mit dem Sherpa Nima ins Lager 1 nach.
Am 14. Oktober erreichten Ricouard, Parmentier und Gaby das Hochlager 3. Während Gilles Gaby zum Lager 2 zurückkehrte, wo sich inzwischen auch Nima und Ang Dorje befanden, waren zu diesem Zeitpunkt Pellé und Berruex noch in Lager 1.
Am nächsten Tag, dem 15. Oktober, starteten Ricouard und Parmentier um Mitternacht zum Gipfel. Zunächst hielten sie sich zu weit nach rechts und kamen in ein falsches Couloir, erkannten den Irrtum aber noch rechtzeitig und stiegen dann relativ schnell in Richtung Westsattel hoch.
Während ihres Gipfelvorstoßes wurde Lager 3 von Gilles Gaby mit den beiden Sherpas Nima und Ang Dorje weiter mit Sauerstoff und Verpflegung versorgt. Diese Gruppe stieg aber, nachdem sie ihre Lasten dort abgeworfen hatte, wieder in ein tieferes Lager zurück. Gaby kehrte zum Lager 1 zurück, während die Sherpas noch im Lager 2 blieben, gewissermaßen als Rückendeckung. Noch am gleichen Tage wurde die Besatzung in diesem Stützpunkt durch Pellé und Berruex verstärkt. – Der Aufstieg zum Gipfel auf der – seit den Engländern 1955 und Schorsch Ritter 1980 – wohlbekannten Route dauerte bis zum Gipfel vierzehn Stunden. Das Wetter war ausgezeichnet, es war kein Wind, die beiden Franzosen waren anfangs noch in guter Verfassung.
Es war 1 Uhr mittags, als sie etwa 200 Meter unter dem Gipfel standen. Ricouard fühlte sich plötzlich schwach und glaubte, die letzten 200 Meter nicht mehr schaffen zu können. Er sagte: »Es ist unmöglich.« Zu dieser Zeit war Parmentier noch in besserer Verfassung. Er ermutigte den Expeditionsleiter, und so setzten sie gemeinsam mit letzten Kräften ihren Aufstieg fort. Ricouard erreichte um 3 Uhr nachmittags als erster das kleine flache Gipfeldreieck. Die beiden Franzosen blieben nur kurze Zeit – etwa zehn Minuten – am Gipfel, denn es

war bereits sehr kalt. Nachdem sie sich gegenseitig fotografiert hatten, stiegen sie ab.
Im Abstieg folgten sie zunächst ihrer Aufstiegsspur. Da sie sich aber im Aufstieg vergangen hatten, suchten sie nun den Weg in das Große Firn-Couloir, um von dort aus auf leichtester Route zum Lager 3 hinabzugelangen. Noch bevor sie die große Schneerinne erreichten, sagte Ricouard zu Parmentier: »Sei vorsichtig, nach allem was wir heute geleistet haben, wäre es schade!« Dies waren die letzten Worte an seinen Freund. Daraufhin beschleunigte Ricouard sein Abstiegstempo und entschwand alsbald Parmentier aus den Augen.
Parmentier stieg langsam ab. Einmal rutschte er aus, stürzte aber nicht. Dann sah er plötzlich vor sich einen Eispickel im Schnee stekken. Er dachte, daß Ricouard vielleicht seinen Ausrutscher beobachtet und nun zum Scherz seinen Eispickel dort stecken gelassen hatte. An einen Unfall dachte er nicht.
Parmentier erinnerte sich noch an die Fußspuren von Ricouard, die bis zum Eispickel zu sehen waren, dann hatte er sie aus den Augen verloren. Um 18 Uhr kam er ins Lager 3 an der Rampe zurück. Dieses Hochlager aber war nicht besetzt, und da Ricouard die Gewohnheit hatte, am Berg schnell abzusteigen, dachte Parmentier, daß er wohl zum Lager 2 weitergegangen wäre. –
Dir Franzosen hatten lediglich drei Walkie-talkies mit sich, von denen sich aber keines in Lager 3 befand. Daher gab es auch keine Verbindung zwischen dem obersten Hochlager und den anderen Stützpunkten – und somit keine Möglichkeit, sich über den Verbleib von Ricouard zu informieren.
Am anderen Tag stiegen Nima und Ang Dorje zum Lager 3 auf, um Ausrüstung und Zelte herabzuholen. Dabei entdeckten sie den Körper von Ricouard in einiger Entfernung von Lager 3. Sie vermuteten einen Unfall und waren davon überzeugt, daß der Expeditionsleiter tot war. Es war morgens 9 Uhr, als sie die Kunde nach Lager 3 brachten. Eine Stunde später stand Parmentier beim Leichnam seines Gipfelkameraden, der wohl zwischen 16 und 17 Uhr des vorigen Tages beim Abstieg vom Gipfel abgestürzt sein mußte. Der Körper zeigte mehrere Knochenfrakturen und war durch die Kälte total steifgefroren. Mit Hilfe der beiden Sherpas schaufelte Parmentier ein Loch, wo sie den Leichnam zur letzten Ruhe betteten.
Die Franzosen waren ohne Atemhilfe aufgestiegen. Sie waren sicher gut akklimatisiert und bei bester Kondition. Aber man weiß, daß in diesen Höhen jeder Bergsteiger, der ohne Sauerstoffhilfe klettert, am

Rande der physischen Leistungsfähigkeit wandelt. Der Sauerstoffmangel beeinflußt vor allen Dingen das Zentralnervensystem. Es kommt zum Höhenrausch und zur Euphorie, und der Bergsteiger vermag dann oft nicht mehr seine physischen Kräfte richtig einzuschätzen.

In 8500 Meter Höhe können vom Alpinisten infolge des verminderten athmosphärischen Drucks nur noch ein Drittel Sauerstoff aus der Atemluft aufgenommen werden. Die für die Höhe wichtigsten Organe sind das Herz und das Großhirn. Durch den Sauerstoffmangel werden Gedanken-Assoziationen derart beeinflußt, daß absolut klare Überlegungen oft nicht mehr zustande kommen. Alle Handlungen laufen dann meist aufgrund einer großen alpinen Erfahrung fast instinktmäßig richtig ab. Dennoch kommt es immer wieder zu unkoordinierten Bewegungen – und ist das Gelände schwierig, so reicht oftmals schon eine kurze Unachtsamkeit zu einem Fehltritt, der zum Absturz führen kann. Aus diesen Überlegungen heraus ist anzunehmen, daß wir in der im Jahre 1975 durch die Chinesen eingeleiteten neuen Ära der Achttausender-Besteigungen, wo selbst die allerhöchsten Himalaya-Berge immer wieder ohne Atemhilfe angegriffen werden, noch des öfteren mit solchen Abstürzen zu rechnen haben.

Schon wenige Tage nach Erfolg und Tragik am Kanchenjunga waren sämtliche Mitglieder der französischen Expedition wieder im Hauptlager versammelt. Alle brauchbaren Zelte und wertvolle Ausrüstungsgegenstände wurden von den Hochlagern 1 und 2 herabgeholt. Am 20. Oktober trafen bereits die Träger aus Yamphodin im Hauptlager ein, Sirdar Lhakpa hatte sie an Ort und Stelle angeheuert. Einen Tag später wurde das Hauptlager auf dem Pache-Hügel abgebaut, und man trat den Rückmarsch an.

Es ging über Ramser und Yamphodin nach Taplejung. Von dort aus konnten die Sherpas Nima und Lhakpa, die bereits früher am dortigen Flughafen eingetroffen waren, gerade noch die beiden letzten Sitze nach Birat Nagar bekommen. Nach diesem Flug stürzte die Pilatus Porter auf dem Rückflug nach Taplejung ab. Es war also für Parmentier nicht möglich, nach Kathmandu zu fliegen. Er nahm sich ein Pferd und ritt nach Dharan-Bazar, das er am 5. November erreichte. Von dort aus fuhr die ganze Expedition in einem Kleinbus, in den sie auch noch ihre restliche Ausrüstung verstaute, nach Kathmandu zurück.

Frühe Forschungsarbeit im nördlichen Sikkim

1932 machten *G.A.R.Spence* und *J.Hale* einen Vorstoß am Chomo Yummo (6829 m), den *Dr. Kellas* schon 1910 bestiegen hatte. Die beiden erreichten auf der Nordseite eine Höhe von etwa 6500 Metern.

1933 versuchten *G.B.Gourlay* und *W.Eversden* abermals eine Besteigung des Chomo Yummo – aber erfolglos.

1934 kamen *G.B.Gourlay* und *J.B.Anden* an die tibetanische Grenze von Sikkim, bestiegen einen Sechstausender in der Nähe des Pauhunri (7128 m); den Siebentausender, der von *Dr. Kellas* erstmals bestiegen wurde, konnten sie allerdings nicht schaffen.

1935: *H.W.Tilman* und *E.H.L.Wigram* kamen von der fünften erfolglosen Mount-Everest-Expedition zurück und versuchten nun im Kanchenjunga-Gebiet ihr Glück. Sie machten die zweite Besteigung des Sentinel-Peak (6490 m) und bestiegen auch noch zwei weitere hohe Fünftausender.

1936 bestiegen *E.E.Shipton* und *E.G.H.Kempson* auf ihrem Rückweg von der sechsten britischen Mount-Everest-Expedition den 6715 Meter hohen Gurudongmar, der sich südöstlich an den Kanchengyao anschließt.

1945 gelang *T.H.Tilly* zusammen mit *Ang Tharke* die zweite Besteigung des Chomo Yummo (6829 m) und gleichzeitig die erste Begehung über seinen Nordostgrat. 1911 war *Dr. Kellas* die Erstbesteigung über den Nordwestgrat geglückt. – Ebenfalls 1945 konnte *W.Noyce* die zweite Besteigung des Pauhunri (7128 m) schaffen. Dieser Berg, auch Lompo Kyangzöng genannt, wurde vor über dreißig Jahren ebenfalls von *Dr. Kellas* erstmals bezwungen.

1949 gelang dem Franzosen *Robert Walter* die dritte Besteigung des Pauhunri (7128 m). Im gleichen Jahr gelang es *T.H.Braham* die West- und Nordseite des Kanchengyao (6889 m) zu erkunden. – Alle diese Forschungsarbeiten bezogen sich aber eigentlich nur auf das Gebiet an der Sikkim-Nordgrenze gegen Tibet und haben mit dem Kanchenjunga-Gebiet natürlich nichts zu tun; ebenso die dritte Besteigung des Chomo Yummo (6829 m) im Jahre 1950 durch *I.P.Lucas.*

Expeditionen zum Kanchenjunga (8 598 m)

Expeditionen in chronologischer Reihenfolge	Expeditionsleiter	Expeditionsteilnehmer	Anmarschweg Aufstiegsroute
Internationale Kanchenjunga-Expedition 1905	Eduard Alexander (Aleister) Crowley (England)	R. de Righi (Italien) Alexis A. Paché, Charles A. Reymond Jacot Guillarmod (Schweiz)	Darjeeling – Singalila-Kamm – Semo La – Yalung-Tal. Südwest-Flanke
Erste Bayerische Kanchenjunga-Expedition 1929	Paul Bauer	Dr. Eugen Allwein, Karl von Kraus, Dr. Ernst Beigel, Wilhelm Fendt, Julius Brenner, Joachim Leupold, Alexander Thoenes, Peter Aufschnaiter und die Begleitoffiziere H. W. Tobin u. E. O. Shebbeare	Darjeeling – Lachen – Zemu-Gletscher – Ost-Sporn
Internationale Himalaya-Expedition (I. H. E.) 1930	Günter Oskar Dyhrenfurth	Marcel Kurz, Charles Duvanel, Uli Wieland, Hermann Hoerlin, Erwin Schneider, Dr. Helmuth Richter (Expeditionsarzt), Frank S. Smythe (Korrespondent f. englische Presse), Hettie Dyhrenfurth	Darjeeling – Pemayangtse – Yoksam – Dzongri – Kang La – Yalung-Tal – Pungbo La – Mirgin La – Sinon La – Ghunza – Pangpema.

Ergebnisse und Bemerkungen

Paché und Reymond stießen im oberen Eisfall bis 6 500 Meter hoch vor. Während des Abstiegs von Lager 6, den die Träger ohne Steigeisen machten, wurde eine Naßschnee-Lawine ausgelöst, die in 50 Meter Breite den ganzen Hang abrutschte. Dabei kamen 3 Sherpa und der Schweizer Alexis Paché ums Leben. –
So hatte die erste Expedition zum Kanchenjunga bereits insgesamt 5 Todesopfer gefordert, denn schon vor dem Lawinenunglück stürzte einer der Sherpa über eine Eismauer unterhalb von Lager 6 (6 000 Meter) tödlich ab.

Am Fuße des Ost-Sporn wurde Lager 6 in 5 140 Meter Höhe zum Standlager ausgebaut. Der Aufstieg über den Ost-Sporn gestaltete sich sehr schwierig. Am 3. Oktober konnte eine Eishöhle als Lager 10 in 7 200 Meter Höhe aus dem Firn gehauen werden. Der Nordgrat erschien greifbar nahe. Da schlug das Wetter um, und die Expedition mußte abgebrochen werden. Am 20. Oktober traf das Unternehmen wieder im Hauptlager in Lachen ein. Der erste Versuch am Ost-Sporn war gescheitert.

Dyhrenfurth, als Himalaya-Neuling, hatte die Ausmaße des Himalaya-Gebirges unterschätzt. Dementsprechend sah er jetzt die Nord-Flanke andererseits als viel schwieriger, als sie in Wirklichkeit war. –
Der 9. Mai war ein »schwarzer Freitag« für die Expedition. Eine Lawine brachte den Vorstoß auf der Nord-Flanke zum Stehen. Während Schneider sich gerade noch retten konnte, wurde der Sherpa Tsetan von einer Lawine überrollt.

Nun wandte sich Dyhrenfurth dem Nordwest-Grat in Richtung Kangbachen zu. Schneider und Wieland erreichten am 16. Mai auf diesem Grat eine Höhe von 6 380 Metern. Nachdem Lager 3 unterhalb der »Maus« errichtet war, erkannte Dyhrenfurth, daß dieser Aufstieg für den Lastentransport durch die Sherpas nicht gangbar sei. Die Expedition wurde daraufhin abgebrochen. Der Rückmarsch erfolgte den Ginsang-Gletscher aufwärts über den Jongsong-Paß nach Lachen und weiter nach Darjeeling. – Zum Zeitpunkt des Aufbruchs kamen die letzten Lasten aus Ghunza gerade erst im Hauptlager an! – Wenn

Expeditionen in chronologischer Reihenfolge	Expeditions-leiter	Expeditions-teilnehmer	Anmarschweg Aufstiegsroute
Aufstiegsversuche an der Nord-Flanke des Kanchenjunga		(Hauptlager). In Indien schlossen sich der Expedition George Wood Johnson als Transportleiter und John S. Hannah an.	
Deutsche Kanchenjunga-Expedition 1931	Paul Bauer	Dr. Eugen Allwein, Peter Aufschnaiter, Julius Brenner, Wilhelm Fendt, Joachim Leupold, Dr. Hans Hartmann, Dr. Karl Wien, Hermann Schaller und Hans Porcher	Darjeeling – Lachen – Zemu-Gletscher – Ost-Sporn
Britische Kanchenjunga-Expedition 1955	Charles Evans	George Band, Norman Hardie, Joe Brown, John Clegg, John Jackson, Neil Mather, Tom McKinnon, Tony Streather. Sirdar der 30köpfigen Sherpa-Mannschaft war Dawa Tensing	Darjeeling – Tonglu – Sandakphu – Phalut – Chyangthapu – Khebang – Yalung-Tal – Yalung-Gletscher

man von dem persönlichen Einsatz, vor allen Dingen Erwin Schneiders, während dieser Expedition absieht, war dieses Unternehmen von G. O. Dyhrenfurth doppelt gescheitert, an der Nordwest-Wand wie auch am Nordwest-Sporn, dessen Bezwingung sich von vornherein für die damalige Zeit als hoffnungsloses Beginnen erwies.

Am 25. Mai verließ man München. E. O. Shebbear und K. W. Tobin organisierten den Lastentransport zum Zemu-Gletscher. Am 10. Juli erreichte man das Hauptlager, und wenige Tage später konnte das Standlager 6 in 5 300 Meter Höhe errichtet werden. Der Träger Lopsang erkrankte an einer Darminfektion und mußte nach Lachen zurückgebracht werden und später in das Hospital von Gangtok, wo er seinem Leiden erlag. – Babulall Sherpa klagte über Kopfschmerzen, stieg ins Lager 3 ab, erreichte es nicht mehr, sondern starb auf dem Weg. Wahrscheinlich hatte er einen »kleinen Schlaganfall« in der Höhe erlitten. – Am 9. August ereignete sich eine Katastrophe: Schaller mit Pasang und Tsering Norbu am Seil stieg zum geplanten 8. Hochlagerplatz empor. Dabei stürzten Hermann Schaller und Pasang 600 Meter tief ab. Das Unglück vom 9. August war ein schwerer Schlag für die Expedition. Paul Bauer ließ alle Verbindungen nach dem Hauptlager in Lachen unterbrechen, um ein vorzeitiges Bekanntwerden der Hiobsbotschaft zu verhindern! Das Unglück kam nicht von ungefähr. Die Sherpas waren seinerzeit noch nicht bergsteigerisch ausgebildet. Bauer hätte eine Seilschaft wie die Schallers mit den beiden Sherpas keinesfalls zulassen dürfen. – Am 16. August wurde der Angriff fortgesetzt. Am 18. September konnte Lager 12 errichtet werden. An dem zu dieser Jahreszeit lawinengefährlichen Schneehang scheiterte die Expedition. – Für die Inder war in der Vormonsunzeit 1977 diese 100 Meter hohe Flanke kein Problem.

Der britischen Expedition gelang es als erstem Himalaya-Unternehmen, den Kanchenjunga-Hauptgipfel zu erreichen. Man benötigte 6 Hochlager, das letzte im Großen Couloir. Am 25. Mai 1955 erreichten George Band und Joe Brown als erste den Gipfel des dritthöchsten Berges unserer Erde. Einen Tag später gelang Norman Hardie und Tony Streather die Wiederholung dieses Aufstieges.

Sherpa Pemi Dorje war, von schweren Transportarbeiten, die er in der Höhe geleistet hatte, total erschöpft, ins Hauptlager abgestiegen. Am 26. Mai erlag er wahrscheinlich einer Gehirnthrombose, wie der Expeditionsarzt John Clegg

Expeditionen in chronologischer Reihenfolge	Expeditionsleiter	Expeditionsteilnehmer	Anmarschweg Aufstiegsroute
			Aufstieg über die Südwest-Flanke erfolgte über Hump – Oberen Yalung-Eisfall – Oberes – Yalung-Firnfeld – Rampe der Sichel – Großes Couloir – Hauptgipfel
Indische Kanchenjunga-Expedition 1977	Narinder Kumar	S. S. Singh, Prem Chand, Pushkar Chand, Kiran I. Kumar, J. L. Cruz, Jai Bahuguna, Kura Ram, Cheering Norbu, Havidars Nirmal Singh, Gurcharan Singh, Havildars Jawahar Singh, Kushal Singh, Punchak Angchuk, Tashi Dorji, Naik N. D. Sherpa, Naiks Punchak Angchuk, S. Sen, S. A. Cruz	Darjeeling – Lachen – Zemu-Gletscher – Green Lake. Als Aufstiegsroute wurde der Ost-Sporn gewählt, nahezu die gleiche Route wie Bauer 1929 und 1931.
Polnische Kanchenjunga-Expedition 1978	Piotr Mlotecki	Kazimierz W. Olech, Jerzy Wesolowski, Wojciech Branski, Eugeniusz Chrobak, Stanislaw Czerwinski, Zygmunt und Heinrich Marek Janas, Wieslaw Klaput, Marek Malatynski, Przemyslaw Nowacki, Jozef Olszewski, Zbigniew Pawlowski, Andrzej Pietraszek, Marek Rogalski, Jan Serafin, Grzegorz Siekierski,	Dharan Bazar – Dhankuta – Taplejung – Yamphodin – Yalung-Gletscher (Polen Camp 5 200 m) Man wählte die Aufstiegsroute der Briten über die Südwest-Flanke bis hinauf zum Oberen Yalung-Firnfeld.

---

diagnostizierte. Der Leichnam wurde in der Nähe von Pachés Grab unter einem Felsen zur letzten Ruhe gebettet.

Am 18. Mai 1977 wurde Lager 5 auf dem dritten Aufschwung des Ost-Sporns in 7 240 Meter Höhe errichtet. Damit waren die schwierigsten Kletterstellen überwunden. 6 Tage später entstand in 7 640 Meter Höhe das Lager 6. Nun war man nur noch 1 Kilometer vom Nord-Grat entfernt. Die von den Deutschen 1931 nicht geschaffte 100 Meter hohe Steilwand dorthin wurde unter günstigen Verhältnissen ohne Schwierigkeit genommen. Nachdem die Wand durchstiegen war, folgten die Inder dem Nord-Grat und errichteten am 30. Mai Lager 7. Jetzt begann ein Wettlauf gegen den Monsun, der jeden Tag hereinbrechen konnte. Am 31. Mai verließen Prem Chand und Naik Nima Dorje Sherpa bereits frühmorgens Lager 7 (8 200 m). Um 3 Uhr nachmittags erreichten beide den Gipfel. Bevor sie abstiegen, befestigten sie eine indische Flagge an einem Eispickel, die später von anderen Gipfelbezwingern – auch von Schorsch Ritter 1980 – noch vorgefunden wurde. – Der Gipfelvorstoß der Inder dauerte 13 Stunden; spätabends 20 Uhr wurde erst wieder Lager 7 erreicht.

Die große polnische Mannschaft hatte die Genehmigung für den Kanchenjunga-Hauptgipfel. Ihr schloß sich eine 14 Mann starke spanische Yalung-Kang-Expedition an. Aber beide Expeditionen wandten sich anderen Gipfeln zu. So bestiegen die Polen den noch jungfräulichen Kanchenjunga-Süd- und Mittelgipfel und die Spanier versuchten sich in ähnlicher Richtung. Aufgrund dieser eigenwilligen Zieländerungen wurden die Leiter beider Expeditionen für 5 Jahre für Nepal gesperrt. –
Nach entsprechender Vorbereitung der Aufstiegsroute zum Südgipfel durch Anbringung fixer Seile gelang es am 18. Mai Eugeniusz Chrobak und Wojciech Wroz um 14 Uhr 15 als erste Menschen die Spitze des Südgipfels (8 480 m) zu besteigen. – Am 22. Mai erreichten die polnischen Bergsteiger Wojciech Branski, Heinrich Marek Janas und Kazimierz W. Olech ebenfalls um 14 Uhr 15 den 8 496 Meter hohen Mittelgipfel des Kanchenjunga.

Expeditionen in chronologischer Reihenfolge	Expeditions-leiter	Expeditions-teilnehmer	Anmarschweg Aufstiegsroute
		Andrzej Skalski, Andrzej Sobolewski, Zbigniew Staszyszyn, Bernard Uchmanski, Szymon Wdowiak, Wojciech Wroz, die beiden Amerikaner James Brady und Carl Tobin sowie eine große Anzahl Sherpas	
Spanische Kanchenjunga-Expedition 1978	Josep Piera	Josep Aced, Robert Casamayor y Bartomeu Vergé (Expeditionsarzt), Lluis Ambrós, César Comas, Santiago Digon, Alfredo Martinez, Francesco Martinez Troya, Joaquim Prunés, Narcis Serrat, Joan Marti y Pep Camarena	Dharan Bazar – Dhankuta – Taplejung – Yamphodin – Yalung-Tal – Paché-Hügel Die Aufstiegsroute verlief über Hump – Oberen Yalung-Eisfall zum Oberen Yalung-Firnfeld, und zwar gemeinsam mit der polnischen Expedition, die zum gleichen Zeitpunkt ebenfalls an der Südwest-Front des Kanchenjunga war.
Britische Kanchenjunga-Expedition 1979	Doug Scott	Joe Tasker, Peter Boardman und der Franzose Georges Bettembourg	Dharan Bazar – Dhankuta – Taplejung – Yamphodin – Yalung-Tal – Ghunza – Pangpema

---

Eigentlich hatte die spanische Expedition die Genehmigung für den Yalung Kang und die polnische Expedition die Genehmigung für den Kanchenjunga-Hauptgipfel. Beide Expeditionsleiter kümmerten sich darum wenig, und die Polen versuchten den noch unbestiegenen Südgipfel anzugreifen und die Spanier den ebenso jungfräulichen Mittelgipfel des Kanchenjunga-Massivs. Am 15. Mai war ein Spanier und ein Sherpa in Lager 4 am Fuße des Couloirs, das zum Süd-Grat hinaufführt. Dieses Lager wurde im Laufe der nächsten zwei Tage von drei Expeditionsmitgliedern und einem Sherpa weitgehendst versorgt. Martinez Troya, Serrat und der Sherpa Puri campierten bereits in Lager 4. Am nächsten Tag machten sie einen Versuch, den Mittel-Gipfel zu erreichen. Ohne Probleme gelangten sie bis 8 200 Meter Höhe, dann ging ihnen der Sauerstoff aus. Daraufhin kamen die Spanier überein, daß Martinez Troya 300 Meter unter dem Gipfel ins Lager 4 zurückkehren solle. Am gleichen Tag, dem 18. Mai, erreichten also Serrat und der Sherpa Puri um 16 Uhr 15 einen Schneegipfel, der von der Gratsenke aus als höchste Erhebung erschien. Aber sie hatten den Mittel-Gipfel selbst nicht erreicht, sondern einen Gratgipfel in 8 440 Meter Höhe. Dieser Schönheitsfehler in ihrem Aufstieg zum Süd-Grat des Kanchenjunga führte im Verlauf der Expedition und auch später noch zu Differenzen mit den Polen. Nach dem mißglückten Versuch der Spanier erreichten die Polen das spanische Ausgangslager, und Heinrich, Olech und Branski stießen am 22. Mai zum wirklichen Mittel-Gipfel des Kanchenjunga vor, den sie dann auch erreichten.

Seit 1930 (Dyhrenfurth) war keine Expedition mehr hier am Kanchenjunga-Gletscher unter der Nord-Flanke des dritthöchsten Berges der Welt. – Während des Anmarsches brach sich Boardman den Fuß. Das hinderte ihn aber nicht an der weiteren Teilnahme an der Expedition. Am Berg selbst hatte Boardman abermals Pech: Steinschlag verletzte sein rechtes Handgelenk. Dies alles konnte Boardman jedoch nicht davon abhalten, am 15. Mai zusammen mit Scott und Tasker den dritten Versuch zu unternehmen. Bettembourg fühlte sich in Lager 4 nicht kräftig genug, um am Gipfelaufstieg

Expeditionen in chronologischer Reihenfolge	Expeditionsleiter	Expeditionsteilnehmer	Anmarschweg Aufstiegsroute
			Scott wählte den Aufstieg über Nordsattel – Nordgrat zum Hauptgipfel des Kanchenjunga.
Japanische Kanchenjunga-Expedition 1980	Masatsugu Konishi	Ryoichi Fukada, Haruichi Kawamura, Naoe Sakashita, Motomu Omiya, Syomi Suzuki, Toshitake Sakano	Dharan Bazar – Dhankuta – Taplejung – Yamphodin – Yalung-Tal – Ghunza – Pangpema Die Japaner wählten den Aufstieg nicht wie Scott über den Nordsattel, sondern direkt über die gestufte Nordwest-Flanke.
Herrligkoffer-Kanchenjunga-Expedition 1980	Karl M. Herrligkoffer	Michl Anderl, Raimund Bitterling, Giri Göbl, Verena Grüneis, Doris Kustermann, Renate Lau, Schorsch Ritter, Ernst R. Sandvoss, Sepp Stiller, Marianne und Sepp Walter, Heinz Zembsch, der Tiroler Franz Oppurg,	Ilam – Sukepokhari – Phidim – Gopetar – Mamankhe – Yamphodin – Yalung – Ramser – Yalung-Gletscher – Polen Camp (5 200 m) Die Aufstiegsroute entsprach in etwa jener der Erstbesteiger von

---

teilzunehmen, und stieg ins Basislager ab. Die Dreierseilschaft erreichte schließlich am 16. Mai 1979 den Hauptgipfel des Kanchenjunga. – Diese Expedition an der Nord-Flanke im Westalpenstil war wohl bis dahin Doug Scotts größter bergsteigerischer Erfolg.

Am 14. Mai um 14 Uhr erreichte Fukada als erster den West-Grat, um zusammen mit Sakashita, Suzuki, Kawamura und Ang Phurba auf der Südwest-Seite des Kanchenjunga den Gipfel zu erreichen. Um 16 Uhr 15 standen Kawamura und Ang Phurba auf dem Gipfel, und kurze Zeit später folgten Suzuki, Sakashita und Fukada.
Die zweite Besteigung gelang den Japanern am 17. Mai durch Konishi, Omiya, Sakano und Pemba Tsering Sherpa. Dawa Norbu spurte bei Neuschnee der Gruppe voraus, übernahm sich aber und wurde in 8 400 Metern höhenkrank. Er stieg dann allein zum Lager 4 ab. Die Gipfelgruppe erreichte um 17 Uhr 30 den Kanchenjunga-Hauptgipfel. Beim letzten Aufstieg im Bereich der Südwest-Flanke fanden sie eine Sauerstoff-Flasche der Herrligkoffer-Expedition, die 2 Tage vorher auf dem Gipfel gestanden war.

Einer der Teilnehmer hatte eine Influenza in die Expedition eingeschleppt, und aufgrund der üblen hygienischen Verhältnisse, die der Sherpa-Koch zu verantworten hatte, war praktisch die ganze Mannschaft abwechselnd an fieberhafter grippaler Bronchitis erkrankt. Dies führte zu einer Verzögerung des Aufstiegstempos und zum Ausfall einiger wichtiger, qualifizierter Bergsteiger, wie Marti und Göbl, die auch für die Gipfelbesteigung in Betracht gekommen wären. Nachdem die Hoffnungen auf einen Gipfelerfolg dahinschwanden, gelang es dem Expeditionsleiter in letzter Minute, noch einmal alle brauchbaren Sherpas für einen einmaligen Vorstoß zum Lager 3 und 4 zu mobilisieren und das Gipfelausgangslager an der Rampe der Sichel notdürftig zu versorgen. – Daß der Gipfelsieg am 15. Mai – also 2 Tage vor dem Rückmarsch der Expedition aus dem Hauptlager – noch geschafft wurde, war dem enormen Einsatz von Schorsch Ritter und der Hilfe der Sherpas Ang Dzongbu, Lhakbar Gyalbu und Nima Dorje zu verdanken. Am 15. Mai um 13 Uhr 50 hatten sie das kleine Firndreieck des Kanchenjunga-Gipfels erreicht. Lediglich Ang Dzongbu, der ohne

Expeditionen in chronologischer Reihenfolge	Expeditionsleiter	Expeditionsteilnehmer	Anmarschweg Aufstiegsroute
		die Schweizer Roland Descloux und Hansueli Marti, die Polinnen Dr. Anna Czerwinska, Krystyna Palmowska und Yolanda Maciuch	1955: Paché-Hügel – Hump – Oberer Yalung-Eisfall – Oberes Yalung-Firnfeld – Großes Couloir – Hauptgipfel
Japanische Doppelexpedition zum Kanchenjunga und Yalung Kang 1981	Kinichi Yamamori	Kaoru Kikuchi, Kuniaki Yagihara, Akinori Hosaka, Yoshio Ogata, Kazuo Tobita, Noboru Yamada, Kazumi Fuijkura, Makihiro Wakao, Yu Watanabe, Hiroshi Yashima, Takashi Sakuma, Shin Komatsu, Fuji Tsunoda, Shigeru Fukuyama, Kunio Kataoka, Toshimasa Tanioka, Yoshiharu Nikai, Shigeru Suzuki, Jisaburo Suzuki, Yasuji Kato (Korrespondent) und Ryoko Kato (Expeditionsarzt)	Eine Gruppe startete von Ilam, die andere von Dharan Bazar; beide gelangten auf den üblichen Routen zum Yalung-Tal. Die Kanchenjunga main peak party wählte den Weg der Briten und Deutschen auf der Südwest-Flanke – und die West peak party stieg das Couloir der Deutschen (1975) zum Yalung Kang hoch.

Sauerstoffhilfe ging, stand zu diesem Zeitpunkt noch 70 Meter unter dem höchsten Punkt dieses Berges. –
Mit Schorsch Ritter war der erste deutsche Bergsteiger auf dem Hauptgipfel des Kanchenjunga, mit den beiden Sherpas die ersten Nepalesen.

Das Lager 5 der Kanchenjunga-Gruppe stand am 8. Mai am Eingang zum Großen Couloir, das zum Westsattel emporzieht. – Lager 5 West stand in 8 250 Meter Höhe im unteren Teil des Großen Gipfel-Couloirs am Yalung Kang.
Fast zur gleichen Zeit am 9. Mai starteten beide Gruppen und erreichten in jeweils 8stündigem Aufstieg den Yalung Kang bzw. den Kanchenjunga-Hauptgipfel. Dort wurden Vermessungsstangen aufgestellt. –
1980 war während der Herrligkoffer-Kanchenjunga-Expedition auch eine japanische Erkundungs-Expedition an der Südwest-Flanke des Kanchenjunga. Sie erreichte eine Höhe von 7 000 Metern und sollte Aufstiegsmöglichkeiten für das Großunternehmen 1981 erkunden.
Nachdem die Japaner 1981 auf altbekannten Wegen lediglich den Yalung Kang und den Hauptgipfel des Kanchenjunga bestiegen hatten, war von dem ursprünglichen Plan, vom Yalung Kang auf dem Westgrat zum Hauptgipfel vorzudringen, nichts mehr zu hören. Dieser Plan wurde anscheinend von den Japanern am Berg dann fallengelassen. Novum war lediglich der große Aufwand einer Doppelexpedition.

Expeditionen in chronologischer Reihenfolge	Expeditions-leiter	Expeditions-teilnehmer	Anmarschweg Aufstiegsroute
Tschecho-slowakische Himalaya-Expedition 1981	Ivan Gálfy	*Kanchenjunga-Gruppe:* Andrej Belica, Jozef Just, Ján Obuch, Jozef Psotka, Ján Provaznik, František Piaček, Jaromir Stejskal, Vladimir Tatarka, Peter Valovič, Ľudovit Záhoranský, Marian Zat'ko, Dr. Igor Miko (Expeditions-arzt), Ján Piroh (Kameramann), Frantisek Dostál (Assistent)	Dhankuta – Taplejung – Yamphodin – Talung-Tal – Ghunza – Pangpema Die Aufstiegsroute an der Nord-Flanke des Kanchenjunga entsprach in etwa jener der Japaner von 1980.
	Adam Blazej	*Jannu-Gruppe:* Daniel Bakos, Robert Gálfy, Oto Chudy,	

Am 4. April 1981 brach die Expedition mit 211 Trägern von Dhankuta auf und erreichte innerhalb von 12 Tagen das letzte Dorf am Fuße des Jannu. Dort in Ghunza teilte sich die Expedition in zwei Gruppen. Die größere Gruppe ging weiter nordwärts, um ihr Hauptlager am 19. April 1981 in Pangpema unter der Nord-Flanke des Kanchenjunga zu errichten. – Die Jannu-Gruppe erreichte innerhalb eines Tages den Yamatari-Gletscher und errichtete am 17. April bereits in 4 400 Meter Höhe ihr Basislager. – Die Kanchenjunga-Gruppe hatte ihr Hauptlager in 5 050 Meter Höhe. Man befand sich in Zeitnot, darum wurde bereits am nächsten Tag mit der Errichtung des ersten Hochlagers begonnen. Dieses Lager 1 sollte in 5 200 Meter Höhe stehen. Man hatte vorgesehen, dort etwa eine Tonne Material und Lebensmittel zu deponieren. – Nach Errichtung des zweiten Hochlagers in 5 800 Meter Höhe am 25. April begann die schwierige Aufstiegsphase über die Nord-Flanke des Kanchenjunga. Zunächst mußte oberhalb von Lager 2 eine Eisbarriere versichert werden. Dort errichtete man ein Depot, das später durch eine Lawine zerstört wurde. Es mußte abermals Material in Richtung Lager 3 hinaufgeschleppt und deponiert werden. So kam es, daß erst am 5. Mai in 6 650 Meter Höhe das Lager 3 errichtet werden konnte. – Oberhalb davon folgte nun der schwerste Abschnitt des ganzen Aufstieges: Eine 700 Meter hohe vereiste Felswand mußte bei starkem Wind und Neuschnee versichert werden. Dies kostete die Expedition 12 wertvolle Tage. Aber dennoch gelang es am 17. Mai, das vierte Hochlager in 7 300 Meter Höhe aufzubauen. Am nächsten Tag erreichten die Seilschaften Jozef Psotka/Ľudovit Záhoranský und Jozef Just/Marian Zat'ko das Lager 4. In 7 900 Meter Höhe in der Gipfelwand wurde am nächsten Tag Lager 5 aufgebaut. Am 20. Mai um 5 Uhr 30 startete die Gipfelseilschaft. Jozef Psotka und Ľudovit Záhoranský hatten bis 8 450 Meter Höhe ein gemischtes Gelände aus Eis und Schnee zu überwinden. Um 16 Uhr stand die Seilschaft auf dem Gipfel. Nachdem sie etwa eine halbe Stunde auf dem kleinen Gipfelplateau verbracht hatte, kehrte sie am späten Abend in das Lager 5 zurück.
Am nächsten Tag waren vier weitere Bergsteiger im Aufstieg nach Lager 5. Aber am Abend des 21. Mai brachte der nepalische Rundfunk die Nachricht, daß der Monsun bereits den östlichen Himalaya erreicht hatte. Aufgrund dieser Nachricht wurde der zweite Gipfelvorstoß über Teleport vom Expeditionsleiter sofort gestoppt.

Im gleichen Zeitraum waren die Tschechoslowaken auch am Jannu. Sie wählten den Südwest-Pfeiler und fanden dabei eine neue Aufstiegsroute am diesem charakteristischen Berg. Am Jannu war das Lager 1 in 4 850 Meter Höhe. Am 24. April wurde Lager 2 (5 300 m), am 1. Mai Lager 3 (5 900 m) und

Expeditionen in chronologischer Reihenfolge	Expeditions-leiter	Expeditions-teilnehmer	Anmarschweg Aufstiegsroute
		Ludovit Chrenka, Jindrich Martiš, Jan Špánik, Ivan Vozárik, Dr. Laurenc Divald (Expeditions-arzt)	
Französische Kanchenjunga-Expedition 1981	Jean Jacques Ricouard	Michel Parmentier, Gilles Gaby, Michel Pellé, Michel Berreux	Ilam – Sukepokhari – Phidim – Gopetar – Mamankhe – Yamphodin – Yalung-Tal – Paché-Hügel. Aufstieg auf der bekannten britischen Route von 1955.
Italienische Kanchenjunga-Expedition 1982	Renato Moro Bergsteigeri-scher Leiter: Lelio Granier Organisator der Expedition: Franco Garda	Oscar Tayola, Riccardo Borney, Abele Blanc, Giuliano Sciandra, Oreste und Arturo Squinobal, Pietro Ferraris, Vittorio Mangili, Sergio Mezzanzanica, Giuliano Trucco, Luigi Pession, Innocenzo	Dharan Bazar – Dhankuta – Taplejung – Yamphodin – Yalung-Gletscher – Hauptlager (Polen Camp 5 200 m) Man wählte den Aufstieg der Engländer von 1955, setzte aber die Lagerkette

---

am 8. Mai Lager 4 (6 400 m) errichtet. 8 Tage später, am 16. Mai, wurde in 6 600 Meter Höhe Lager 5 aufgestellt. Lager 6, das Zwischenglied zwischen Gipfelausgangslager und dem höchsten Punkt des Berges, konnte am 22. Mai erreicht werden. Von dort aus starteten Divald/Gálfy/Vozárik und schafften am 23. Mai den Gipfel des 7 710 Meter hohen Jannu über seinen Ost-Grat. – Die Seilschaft Martiš/Chrenka/Špánik versuchte den West-Grat, mußte aber 100 Meter unter dem Gipfel ihren Aufstiegsversuch aufgeben. – Am 27. Mai 1981 erreichten die Kanchenjunga- und die Jannu-Gruppe programmgemäß wieder ihr Ausgangsdorf Ghunza und bereiteten sich auf die Heimfahrt vor.

Die Franzosen hatten ihr Hochlager 2 im Oberen Yalung-Eisfall bereits in 7 100 Meter Höhe. Lager 3 stand in 7 700 Meter an der Rampe der Sichel, wo die Japaner und auch wir 1980 unser viertes Hochlager aufgeschlagen hatten. – Am 15. Oktober starteten Jean Jacques Ricouard und Michel Parmentier um Mitternacht zum Gipfel. Für den Aufstieg benötigten die beiden Franzosen 14 (!) Stunden, aber sie gingen ohne Atemhilfe. Um 15 Uhr erreichten sie ihr Ziel. – Beim Abstieg folgten die beiden Franzosen ihrer Aufstiegsspur. Ricouard steigerte sein Abstiegstempo und entschwand bald den Blicken seines Kameraden Parmentier. Dieser erreichte um 18 Uhr das Gipfelausgangslager. Es war aber nicht besetzt. Parmentier glaubte nun, daß Ricouard bereits ins Lager 2 abgestiegen sei. – Anderntags stiegen Nima und Ang Dorje zum Lager 3 auf, um es abzuräumen. Dabei entdeckten sie den Körper von Ricouard in einiger Entfernung vom Lager. Der Expeditionsleiter war also nach seinem Gipfelsieg im Großen Couloir abgestürzt. An Ort und Stelle wurde der Leichnam im Eis zur letzten Ruhe gebettet.

Am 10. März wurde Dharan Bazar mit 300 Anmarschträgern verlassen. Schwere Schneefälle hielten die Expedition einige Tage in Ramser fest. Dann stieß man über den Yalung-Gletscher zum Berg vor, war aber gezwungen, auf dem Gletscher drei Depots zu errichten, und zwar in Höhe des Tso Camp, des Kuna Camp und des Polen Camp. Letzteres wurde das vorläufige Hauptlager. Das endgültige Standlager wurde schließlich auf dem Paché-Hügel errichtet. – Am 8. April konnte Lager 1 in 6 200 Meter Höhe am Hump aufgestellt werden. Dann mußten auch die Italiener 150 Meter auf der Gegenseite absteigen, um auf das Plateau unterhalb des Oberen Yalung-Eisfalles zu gelangen. Die Zelte für Lager 2 konnten am 20. April in 6 900 Meter Höhe inmitten der Séracs des Oberen Eisfalles aufgestellt werden. Das dritte Hochlager in 7 300 Meter Höhe war bereits auf der Oberen Yalung-Firnterrasse. Dieser Hochlagerplatz wurde am 26. April 1982 erstmals von den Italienern erreicht. Am 28. April stiegen Cheney, Menabreaz, O. Squinobal

Expeditionen in chronologischer Reihenfolge	Expeditions-leiter	Expeditions-teilnehmer	Anmarschweg Aufstiegsroute
		Menabreaz, Esiseo Cheney und mehrere Sherpas	entsprechend der deutschen Expedition von 1980.
Messner-Kanchenjunga-Expedition 1982	Reinhold Messner	Friedl Mutschlechner, Ang Dorje Sherpa Im Hauptlager seine Freundin Nena mit Tochter Leyla	*Wahrscheinlich* Dharan Bazar – Dhankuta – Taplejung – Tellok – Ghunza – Kanbachen – Lhonak – Pangpema Messner wählte die Aufstiegsroute von Doug Scott, dem Briten, variierte aber zwischen Lager 2 und dem Nord-Grat, indem er über eine 400 Meter hohe Eiswand hochstieg.
Bayerische Kanchenjunga-Expedition 1983 (Richtiger wäre: Deutsch-nepalische Kanchenjunga-Expedition)	Hermann Warth	Franz Leutgäb, Walter Schmid, Alois Färber, Georg Heß, Dietlinde Warth, Dr. Klaus Wiener (Expeditions-arzt) und die	Dharan Bazar – mit LKW bis Dhankuta. Weiter nach Taplejung – den Tamur River aufwärts bis Tellok – Ghunza Khola – Ghunza – Kangbachen –

---

und die Sherpas Ang Chopal und Nga Pemba zum vierten Hochlagerplatz in 7600 Meter Höhe auf und verankerten dort 3 Biwakzelte. Am 2. Mai erfolgte der Gipfelangriff. Cheney und Ang Chopel Sherpa mußten in 8200 Meter Höhe aufgeben. Innocenzo Menabreaz ging mit Sauerstoff. Nga Pemba Sherpa und Oreste Squinobal schafften den Gipfel ohne Zuhilfenahme einer Atemmaske. Sie erreichten ihn um 4 Uhr nachmittags. 5 Stunden später waren sie wieder in Lager 4 (zum Vergleich: Schorsch Bachler benötigte dazu 1983 nur eine Stunde!).

Auf dem Weg zum Kanchenjunga wurde das erste Hochlager in 5850 Meter Höhe errichtet. Das zweite Hochlager befand sich bereits am oberen Ende des ersten Kanchenjunga-Eisabbruches an der Westwand des Berges. Von dort aus stieg die Expedition über eine 400 Meter hohe Eiswand (in Abänderung der Route von Scott) auf den Nord-Grat hoch. Dort wurde dann Lager 3 in 7400 Meter Höhe aufgebaut. Der weitere Aufstieg folgte nun in etwa der britischen Route von 1979. In 8000 Meter Höhe, auf dem oberen der drei Kanchenjunga-Gletscherterrassen, wurden zwei Biwakzelte aufgestellt. Von dort aus erfolgte am 6. Mai der Gipfelangriff. Reinhold Messner, Friedl Mutschlechner und Ang Dorje Sherpa benötigten 8 Stunden für die Überwindung der 450 Meter langen Felspassage und erreichten schließlich um 15 Uhr 30 nach großen Anstrengungen den Gipfel. Sie verweilten nur ganz kurz auf dem höchsten Punkt des Kanchenjunga und versuchten noch vor Einbruch der Dunkelheit ihr Biwak in 8000 Meter Höhe zu erreichen. Am nächsten Morgen war wieder heftiger Sturm. Nur mit letzten Kräften erreichten sie das nächst tiefer gelegene Lager 2. Dort warteten die Sherpas, um sie angeseilt ins Tal zum Hauptlager hinabzuführen. Friedl Mutschlechner hatte sich bei dem Vorstoß zum Gipfel schwere Erfrierungen an der rechten Hand und am linken Fuß zugezogen.
(Genauere Daten zum Expeditionsverlauf wurden über den Langen-Müller Verlag erbeten. Mein Ersuchen hat R. Messner aber leider abgelehnt.)

Die Expedition brach im März 1983 mit 140 Anmarschträgern von Dhankuta aus auf. Am 26. März wurde das Hauptlager in Pangpema errichtet. Einen Monat später hatte man alle Hochlager aufgestellt und versorgt – so Lager 1 in 5700 Meter Höhe auf dem Kanchenjunga-Gletscher – Lager 2 in 6600 Meter Höhe auf dem ersten Eisfeld der Nord-Flanke – Lager 3 in 7200 Meter Höhe unterhalb eines 250 Meter hohen Felskamins, der zum dritten Eisfeld des Kanchenjunga-Gletschers emporführt. – Am 30. April durchstieg Hermann Warth zusammen mit Ang Chappal den ca. 250 Meter hohen Felsriegel oberhalb von Lager 3. An Ort und Stelle zeigte sich diese

Expeditionen in chronologischer Reihenfolge	Expeditions-leiter	Expeditions-teilnehmer	Anmarschweg Aufstiegsroute
		Sherpas Ang Chappal, Nawang Tensing, Nima Tensing und Lakpa Gyaltsen Die Aufstiegsroute verlief parallel der japanischen Route und ließ dabei das mittlere Eisfeld der Japaner aus, in dem man eine felsige Steilstufe für den Aufstieg benützte, um direkt auf das dritte, das Obere Eisfeld zu gelangen. Somit war die Aufstiegsroute von H. Warth eine neue Variante in der Nordwest-Flanke des Kanchenjunga.	Lhonak – Pangpema
Österreichische Kanchenjunga-Expedition 1983	Hanns Schell	Georg Bachler, Dr. Hermann Krüttner (Expeditions-arzt), Franz Haigermoser und Lilo Schell. Die Expedition wurde von 4 Sherpas unterstützt.	Dharan Bazar – Dhankuta – Taplejung – Yamphodin – Yalung – Ramser – Yalung-Gletscher – Paché-Hügel. Die Aufstiegsroute entsprach jener der Erstbesteiger von 1955, also Hump – Oberer Yalung-Eisfall – Obere Yalung-Firnterrasse – Großes Couloir – Hauptgipfel.

abweisende Granitwand durch viele Schluchten und Rinnen besser gegliedert, als man von vornherein erwartete. Am 1. Mai überquerten dann Hermann Warth zusammen mit Lakpa, Nima und Ang Chappal das Obere Eisfeld in Richtung Gipfelaufbau. Während Warth und Chappal ihren Aufstieg durch Steinmänner und rote Bänder markierten – um eventuell bei Nebel den richtigen Einstieg in den Felsriegel, der zum Lager 3 hinabführte, zu finden, – spurten die beiden Sherpas Lakpa und Nima voraus, um Lasten nach dem vierten Hochlagerplatz zu bringen. Um 14 Uhr 30 erreichte die Gruppe den Platz, an dem auch die Japaner 1980 und die Tschechoslowaken 1981 bereits ihr viertes Hochlagerzelt aufgestellt hatten. Zeltfetzen und Zeltstangen, sowie ein Funksprechgerät waren hier in 7 900 Meter Höhe Zeuge davon. Damit hatte die Bayerische Kanchenjunga-Expedition 1983 ihren höchsten Punkt erreicht.

Am 16. März 1983 flog die Österreichische Kanchenjunga-Expedition 1983 nach Katmandu. Ziel war, den Kanchenjunga über seine Südwest-Flanke zu besteigen. Das Wetter war von Anfang an schlecht. Die ersten neun Tage im Basislager herrschte ein orkanartiger Schneesturm. Erst am 21. April konnte Lager 1 direkt am Hump in 6 200 Meter Höhe errichtet werden. – Am 29. April stand Lager 2 im Oberen Yalung-Eisfall auf 6 400 Meter – am 4. Mai Lager 3 am oberen Ende dieses Eisfalles in 7 200 Meter Höhe.

Am 15. und am 18. Mai erfolgten Gipfelversuche, die aber wegen des beinahe ständig schlechten Wetters und der damit verbundenen großen Lawinengefahr völlig chancenlos blieben.
Am 24. Mai entschloß sich Hanns Schell, seine Expedition zu verlassen. Den Gipfel noch zu erreichen schien ihm nicht mehr möglich zu sein. Seine geschäftlichen Belange in der Heimat drängten ihn zur Rückreise. Georg Bachler blieb noch zurück, um zumindest die Hochlager zu räumen. In dieser Zeit besserte sich jedoch das Wetter, und er nützte die Chance. Am 28. Mai erreichte er um 11 Uhr bei idealem Wetter den Gipfel. Bereits eine Stunde später war er schon wieder im 800 m tiefer gelegenen Lager 4. Angeregt durch diesen erfolgreichen Alleingang versuchte er sich anschließend am Nanga Parbat (Kinshoferweg). Dort verließ ihn das Glück und er mußte unverrichteter Dinge wieder abziehen.

Expeditionen zum Yalung Kang (8 438 m)

Expeditionen in chronologischer Reihenfolge	Expeditionsleiter	Expeditionsteilnehmer	Anmarschweg Aufstiegsroute
Japanische Yalung-Kang-Expedition 1973	Eizaburo Nishibori (69) Bergsteigerischer Leiter: Haruo Higuchi (43)	Shigeo Tatsuke, Kojiro Tomita, Hiromichi Yoshino; Takao Matsuda, Yoshiaki Kamiyama, Yutaka Ageta, Kiyoshi Asano, Jiro Inoue, Kunio Kai, Rikuyo Morimoto, Shin'ichi Takagi, Tetsuro Matsuzawa und Atsuo Saito (Expeditionsarzt)	Katmandu – Dharan Bazar – Taplejung – Tseram – Yalung – Ramser – Yalung-Gletscher – Tso Camp – Gunar Camp Der Aufstieg erfolgte über den Gletscher, dann jenen Hang hoch, der vom West-Grat (genauer: Westnordwestgrat) des Yalung Kang herunterzieht.

Ergebnisse und Bemerkungen

Dem Angriff ging eine Erkundung im Jahre 1967 voraus. Dabei stellten die Japaner fest, daß einmal eine Möglichkeit über Hump – Oberen Yalung-Eisfall und Gipfel-Couloir besteht, – andererseits eine Querung auf der schließlich beschrittenen Route über die Südwand, die vom West-Grat herabzieht. – Am 28. März begannen die Erkundungsvorstöße. Zwei Tage später wurde Lagerplatz 1 festgelegt. Am 2. April wurden Lasten zu diesem Lagerplatz hochtransportiert und am 3. April Lager 1 in 5 950 Meter Höhe errichtet. Kamiyama und Asano versicherten den Aufstieg zum späteren Lager 2 (6 470 m), das am 9. April errichtet wurde.

Nach drei Vorstößen konnte schließlich Lager 3 (6 990 m) von Tomita und Kai und am 26. April Lager 4 (7 440 m) von Yoshino und Asano aufgebaut werden. Zwei Tage später stiegen Ageta und Kai weiter, erreichten eine Höhe von 7 700 Metern und setzten schließlich 200 Meter oberhalb davon die Zelte von Lager 5 (7 930 m) auf das Eis. – Dann stiegen alle Bergsteiger zum Hauptlager ab, um sich für den Gipfelangriff vorzubereiten. Am 6. Mai begann man die Hochlager wieder zu besetzen. Am 12. Mai erreichte Takagi mit vier Sherpa, die mit Sauerstoff-Flaschen beladen waren, das Lager 5. Am 13. Mai starteten Matsuda, Ageta, Yoshino, Asano und der Sherpa Karma von Lager 4 aus ebenfalls zum Lager 5 hoch. Der nächste Tag sollte den Gipfelvorstoß bringen. Für den Angriff war Takao Matsuda und Yutaka Ageta ausgewählt. Das Wetter war schön, es herrschte nur leichter Wind. Um 6 Uhr 20 brachen Matsuda und Ageta auf. – Ihr folgte die Seilschaft Yoshino und Karma, die lediglich für das Gipfelteam Sauerstoff-Flaschen bis in eine Höhe von 8 410 Meter nachtrug, um dann wieder ins Lager 5 abzusteigen. Bei klarem Wetter konnte man den Aufstieg der Spitzengruppe vom Basislager aus gut verfolgen. Später kamen Wolken auf. Um 18 Uhr wurde von Takao Matsuda und Yutaka Ageta der Gipfel des Yalung Kang (8 438 m) erreicht. – Beim Abstieg kamen die beiden in die Nacht und mußten biwakieren. Dies zehrte an ihren Kräften, und ziemlich erschöpft setzten sie ihren Abstieg erst am nächsten Tag fort. Dabei blieb Takao Matsuda auf der Strecke, und Yutaka Ageta mußte Hilfe holen. Um 19 Uhr 30 traf er auf die aufsteigende Seilschaft Kunio Kai/Rikuyo Morimoto. Sie schleppten Getränke und Sauerstoff-Flaschen hoch. Die beiden Japaner setzten ihren Aufstieg dann fort, um Matsuda zu helfen. Bei einbrechender Dunkelheit fanden sie in 8 160 Meter Höhe den abgebrochenen Eispickel von Matsuda. Vermutlich ist Takao Matsuda infolge körperlicher Erschöpfung beim Abstieg tödlich abgestürzt. So war der schöne Erfolg der Erstbesteiger jetzt bereits durch

Expeditionen in chronologischer Reihenfolge	Expeditions-leiter	Expeditions-teilnehmer	Anmarschweg Aufstiegsroute
Japanische Yalung Kang-Expedition 1974	Shojiro Toriumi	Es waren 12 Bergsteiger aus der japanischen Nihon-Universität, die dieser Expedition angehörten.	
Deutsch-österreichische Yalung-Kang-Expedition 1975	Sigi Aeberli (Österreich) Günter Sturm (Deutschland), stellv. Expeditionsleiter	Aus Deutschland: Dr. Roman Zink (Expeditionsarzt), Gerd Baur (Kameramann) und die Bergsteiger Michel Dacher, Peter Vogler, Fritz Zintl Aus Österreich: Erich Lackner, Sepp Mayerl, Helmut Wagner und Rolf Walter Die 13köpfige Sherpa-Mannschaft arbeitete unter dem Sirdar Urkien.	Katmandu – Dharan Bazar – Dhankuta – Taplejung – Mamankhe – Yamphodin – Tseram – Yalung – Tso Camp. Das Hauptlager wurde auf dem Paché-Hügel errichtet.

---

diesen tragischen Unfall überschattet. – Die Japaner errichteten auf dem Yalung-Gletscher eine Steinpyramide im tibetischen Stil, um das Gedenken an den Gipfelsieger Takao Matsuda zu wahren. – Eizaburo Nishibori flog von Tseram aus am 18. Mai mit dem Helikopter nach Katmandu. Am nächsten Tag holte der Hubschrauber noch Haruo Higuchi und Shigeo Tatsuke, die beide Frostschäden an den Füßen hatten, dabei nahmen sie auch den Gipfelsieger Yutaka Ageta mit nach Katmandu.

Die Japaner hatten 110 französische Sauerstoff-Flaschen, die in Deutschland produziert werden, mit sich. Die Bergsteiger benützten ab Lager 4 und die Sherpas ab Lager 5 Sauerstoff.

Sie versuchten auf der Südost-Rippe den Yalung Kang anzugreifen. Ihr höchstes Lager, das Lager 5, stand schließlich in 7 850 Meter Höhe.

Es gelang ihnen wegen schlechtem Wetter nicht, auf ihrer neuen Route, die letzten Meter zum Gipfel zu erklimmen. Am 14. Mai mußten Ryuji Hiro und Pasang Sherpa ihren Gipfelvorstoß abbrechen.

Am 6. März startete die Expedition von München aus. Am 16. März begann der Anmarsch von Dharan Bazar zum Hauptlager, das am 6. April erreicht wurde. Lager 1 (6 200 m) in der Nähe des Hump konnte am 13. April errichtet werden. Lager 2 (6 650 m) wurde am 17. April inmitten des Oberen Yalung-Eisfalles – Lager 3 (7 200 m) bereits auf dem Oberen Yalung-Firnfeld am 2. Mai errichtet. Nun stieg man in Richtung Gipfel-Couloir hoch und errichtete am 3. Mai in 7 800 Meter Höhe das vierte Hochlager. Sechs Tage später, am 9. Mai, erreichten Michel Dacher, Erich Lackner und Rolf Walter als erste den Gipfel des 8 438 Meter hohen Yalung Kang. – Eine Wiederholung dieses Aufstiegs erfolgte am 12. Mai durch Gerd Baur, Peter Vogler und Helmut Wagner – und am 13. Mai durch Sepp Mayerl, Günter Sturm und Fritz Zintl. Beim Aufstieg zum Gipfel wurden durchwegs Atemgeräte verwendet. – Die Expedition kam am 2. Juni nach Dharan Bazar zurück und erreichte am 7. Juni bereits München. Sie war drei Monate unterwegs gewesen.

Expeditionen in chronologischer Reihenfolge	Expeditions-leiter	Expeditions-teilnehmer	Anmarschweg Aufstiegsroute
Mexikanische Yalung-Kang-Expedition 1980	José Manuel Casanova	Dr. Felipe Corona Bautista (Expeditionsarzt), Antonio Cortes Avila (Co-Leader) Alfonso Medina Rubio, Hugo Saldana Meneses, Lucio Cárdenas González, Hugo Delgado Granados	Dharan Bazar – Dhankuta – Taplejung – Yamphodin – Yalung-Tal – Paché-Hügel Die Aufstiegsroute fällt mit jener der Expedition von 1975 (Aeberli-Sturm) zusammen.

Das Hauptlager wurde am 1. April auf dem Paché-Hügel errichtet. Am 12. April konnte Lager 1 unterhalb des Hump in 6 100 Meter Höhe aufgestellt werden. Lager 2 lag etwas höher als üblich im Oberen Yalung-Eisfall, und zwar auf 6 800 Meter Höhe. Dieses Lager wurde am 22. April aufgebaut. Am 30. April stand bereits im Oberen Yalung-Hochfirn in 7 300 Meter Höhe das dritte Hochlager.

Auf dieser Route durch den Oberen Yalung-Eisfall benutzten die Mexikaner unsere Leitern und Versicherungen, d. h. die der Herrligkoffer-Kanchenjunga-Expedition 1980. Dies war so abgesprochen. Dagegen hatten sie auf dem Weg zum Lager bereits einige Leitern angebracht, die wir für unseren Aufstieg benutzen durften. Ansonsten war das Verhältnis zwischen unseren beiden Expeditionen seitens der Mannschaft sehr gut – nicht aber das mit dem Expeditionsleiter Casanova, der sich uns gegenüber absolut unkameradschaftlich verhielt.

Am 2. Mai konnte in 7 800 Meter Höhe der vierte Stützpunkt in Form eines Biwakzeltes von den Mexikanern aufgebaut werden. Sherpa Chawang Rinze stieg dann am 4. Mai zusammen mit den Studenten aus Mexiko City Alfonso Medina Rubio (26) und Hugo Saldana Meneses (25) zum Gipfel auf. Sie stiegen ohne Atemhilfe. Einige Teilnehmer aus meiner Mannschaft, die sich in Lager 3 befanden, konnten beobachten, daß der Aufstieg sehr langsam vor sich ging. Aber das herrliche Wetter hielt nur bis Mittag, dann entschwanden sie unseren Blicken. Wie wir später erfuhren, hat sich der Sherpa um 5 Uhr abends etwa 40 Meter unter dem Gipfelaufbau von den Mexikanern getrennt, um in Lager 4 bereits Tee vorzubereiten. Er berichtete, daß er die beiden noch am Gipfel hatte stehen sehen. Aber die beiden Mexikaner kamen weder in der Nacht noch am nächsten Tag zurück. Es ist anzunehmen, daß sie beim Abstieg während eines Notbiwaks in der Nacht erfroren – oder aber infolge Erschöpfung im steilen Gelände abgestürzt sind. Bis heute haben wir noch keine genaue Kunde davon, was dort oben eigentlich passiert ist.
Am 14. April wurde für beide Gruppen das gemeinsame Ausgangslager auf dem Oberen Yalung-Firnfeld in 7 300 Meter Höhe (Lager 3) errichtet. – Am 20. April erreichte die Yalung Kang-Gruppe das Lager 4 in 7 850 Meter Höhe am Fuße des Gipfel- oder ›Sturm‹-Couloirs (nach Günter Sturm, dessen Expedition dieses Couloir erstmals hochstieg). Am 23. April erreichte auch die Kanchenjunga-Hauptgipfelgruppe ihr Lager 4 in 7 850 Meter Höhe an der Rampe der Sichel. Als der Lastentransport schließlich auf beiden Seiten beendet war, gingen alle Teilnehmer noch einmal nach Ramser zurück, um sich dort zu erholen.

Expeditionen in chronologischer Reihenfolge	Expeditionsleiter	Expeditionsteilnehmer	Anmarschweg Aufstiegsroute
Japanische Doppelexpedition zum Kanchenjunga und Yalung Kang 1981	Expeditionsleiter der Gesamtunternehmung: Kin'ichi Yamamori Leiter der Yalung Kang-Gruppe: Kuniaki Yagihara	Noburo Yamada, Kazumi Fujikura, Shigeru Suzuki, Akinori Hosaka, Kunio Kataoka, Yoshio Ogata, Hiroshi Yashima, Fuji Tsunoda, Kuniaki Yagihara, Kazuo Tobita, Kaoru Kikuchi, Makihiro Wakao, Takashi Sakuma, Yu Watanabe, Shin Komatsu, Jisaburo Suzuki, Toshimasa Tanioka, Shigeru Fukuyama, Yoshiharu Nikai, Yasuju Kato, Dr. Ryoko Kato	Am 16. Februar startete die Vorausabteilung mit 200 Trägern in Ilam und errichtete am 16. März auf dem Paché-Hügel ihr Basislager. Die Hauptgruppe mit 15 Teilnehmern startete aber in Dharan Bazar mit 450 Trägern und erreichte Ramser am 15. März. Am 31. März kam auch diese Gruppe auf dem Paché-Hügel an.
	Der Aufstieg erfolgte auf der bekannten Route Hump – Oberer Yalung-Gletscher – Oberes Yalung-Firnfeld und von dort über das ›Günter Sturm‹-Couloir zum Gipfel des Yalung Kang (8 438 m).		
Amerikanisch-australische Yalung-Kang-Expedition 1981	Chris Chandler	Der Australier Cherie Bremerkamp bildete mit dem Amerikaner eine Seilschaft, die sich zum Ziel gesetzt hatte, den 8 438 m hohen Yalung Kang über seinen Nord-Grat zu besteigen.	Dharan Bazar – Dhankuta – Taplejung – Tellok – Ghunza – Pangpema, wo sie ihr Hauptlager neben jenem der tschechoslowakischen Kanchenjunga-Nordwand-Expedition aufgeschlagen hatten.

Am 8. Mai starteten die Japaner von Lager 5 (8 300 m) am Fuße des Großen Couloirs zum Kanchenjunga-Hauptgipfel. Es waren dies die Bergsteiger Akinori Hosaka, Noburo Yamada, Kazumi Fujikura, Kunio Kataoka, Shigeru Suzuki und der Sherpa Nima Temba.

Am gleichen Tag errichtete auch die Yalung-Kang-Gruppe in 8 250 Meter Höhe ihr Lager 5 an der Innenseite des Sturm-Couloirs. Ebenfalls 5 Teilnehmer der Expedition, und zwar Kuniaki Yagihara, Yoshio Ogata, Kazuo Tobita, Hiroshi Yashima und Fuji Tsunoda.

Das Wetter war gut. Die Hauptgipfelgruppe startete um 4 Uhr morgens vom Lager 5 aus. Unter Benutzung von Sauerstoff erreichten sie den Gipfel um 11 Uhr 51. Durch Tiefschnee wurde der Aufstieg erschwert.
Die Yalung-Kang-Mannschaft startete ebenfalls aus ihrem Lager 5 um 15 Uhr 15. Auch sie benutzten Sauerstoff und standen um 12 Uhr 30 auf dem Gipfel. Auch hier war Tiefschnee Grund für die Verzögerung des raschen Aufstiegs.
Ursprünglich war geplant, daß je eine Seilschaft nach erfolgter Gipfelbesteigung auf dem West-Grat zum anderen Gipfel traversiert. Dieser Plan wurde aber schließlich aufgegeben.
Die Mannschaften kehrten noch am gleichen Tag in ihr Ausgangslager 3 zurück.

Im Hauptlager auf der Jochweide Pangpema trafen sie mit den Tschechen zusammen. Es war der 29. März, als sie mit ihren 21 Lasten den Hauptlagerplatz erreichten. In der ersten Woche errichteten sie im Anblick einer fast 3 000 Meter hohen, von Hängegletschern durchsetzten Wand ihr Lager 1. Lager 2 stand in rund 6 000 Meter Höhe auf einem relativ sicheren Platz. Dann folgten drei schwere und gefährliche vereiste Felspartien, wo an den steilsten und fast vertikalen Stellen insgesamt 100 Meter Seil fixiert werden mußten. Das letzte und dritte Hochlager schlug die Seilschaft Chandler/Bremerkamp in 6 500 Meter Höhe auf. Es befand sich kurz oberhalb der ersten vereisten Felsen. Nach einem Monat harter Arbeit – während dieser Zeit wurden die drei Hochlager verproviantiert und ausgebaut – waren die beiden Bergsteiger akklimatisiert. – Bei abermaligem Aufstieg vom Hauptlager gab es in Lager 1 eine große Überraschung: Eine Lawine hat mit einer sechs Meter dicken Eisschicht das Lager 1 zugedeckt. Niedergeschlagen kehrten sie ins Hauptlager zurück, um sich neu auszurüsten und Material nach oben zu schaffen. Sie hatten nun keine Seile mehr und auch kein Gerät,

Expeditionen zum Kangbachen (7 858 m)

Jugoslawische Kangbachen-Expedition 1965	Joze Govekar	12 jugoslawische Teilnehmer und 8 Sherpas unter der Führung von Girmi Dorje als Sirdar	Die Expedition verließ Mitte August Dharan Bazar mit 200 Lastenträgern. Der Anmarsch führte über Dhankuta – Taplejung – Tellok – Ghunza, das man Anfang September erreichte. Das Hauptlager sollte auf halber Höhe des Ramtang-Gletschers

sich etwa eine Eishöhle bauen zu können. Von Anfang an hatten sie keine Funkverbindung mit den Tschechen in dem gemeinsamen Hauptlager. Trotzdem stießen sie am 6. Mai noch einmal zum Lager 3 vor und versuchten sich auf einen Gipfelvorstoß vorzubereiten. Dabei erreichten sie am nächsten Tag eine Höhe von 6 900 Metern. Nach einem Biwak in einer Eisspalte stiegen sie am 8. Mai abermals weiter hoch und standen somit knapp vor dem Nord-Grat des Yalung Kang. Abermals biwakierten sie, diesmal zwischen einigen großen Geröllblöcken. Doch in dieser Höhe von 7 300 Metern waren sie dem Höhensturm so stark ausgesetzt, daß sie sich eine neue Schneehöhle schaufelten. Am 10. Mai waren sie nur noch wenige Meter von dem »Sugarloaf« (Zuckerhut) entfernt. Aber der Sturm ließ nicht nach. Mit einer einzigen Schneeschaufel und einem Trinkbecher schufen sie sich schließlich in 7 600 Meter Höhe einen Unterstand, der sie 48 Stunden lang gegen den Höhensturm schützte. Während einer kurzen Sturmpause stiegen sie rasch ins Lager 3 ab, um dort bessere Verhältnisse abzuwarten. Erst acht Tage später erreichten sie wieder ihre Schneehöhle in der Nähe des Zuckerhuts. Aber nun hatten sich weitere Schwierigkeiten eingestellt. Brennstoff und Verpflegung gingen zu Ende. Erneuter Höhensturm und ein Temperaturabfall auf 35 Grad unter Null machte es ihnen schließlich nicht schwer, nach einem Biwak sich zur Aufgabe ihres Vorhabens zu entschließen.

Das Basislager wurde in 4 900 Metern auf den Gletscher gesetzt – Lager 1 auf 5 400 Meter im Oberen Ramtang-Gletscher – Lager 2 bereits in 5 800 Metern – Lager 3 in 6 300 Meter Höhe im Oberen Becken des Ramtang-Gletschers. Erst ab Lager 4 (6 800 m) wurde das Gelände schwieriger. Das vierte Hochlager wurde südöstlich vor der White Wave (6 960 m) aufgestellt. – Den ersten Vorstoß zum Gipfel machte Ljubo Juvan und Metod Humar zusammen mit Girmi Dorje und Holung Dorje in der ersten Oktober-Woche. Am 7. Oktober erreichten sie den Punkt 7 532 m, wie er in der Schneider-Karte angegeben ist – einen Gratgipfel zwischen Ramtang- und Yalung-Gletscher. Die Jugoslawen standen zu diesem Zeitpunkt rund 2½ km südwestlich des Kangbachen-Gipfels.

Den zweiten Angriff hatten Tone Sazonow und Pavle Dimitrow zusammen mit Girmi Dorje und den zwei jungen Nachwuchs-Sherpas Dakia und Karm[a] gestartet. Man errichtete auf 7 050 Meter Höhe Lager 5 in der Nord-Flanke de[s] Kammes, also nordöstlich von Lager 4. Am 13. Oktober brach die

Expeditionen in chronologischer Reihenfolge	Expeditions-leiter	Expeditions-teilnehmer	Anmarschweg Aufstiegsroute
			liegen und der weitere Aufstieg über die Nordwest-Flanke des Berges erfolgen.
Japanische Kangbachen-Expedition 1973	Yoshikuno Sakai und Dakeo Yamanoi		
Polnische Kangbachen-Expedition 1974	Piotr Mlotecki	Kazimierz W. Olech (stellv. Expeditions-leiter), Wojeciech Branski, Andrezej Zbigniew Staszyszyn, Andrezej Stumitko, Szymon Wdowiak und Dr. Andrezej Pietraszek (Expeditionsarzt) Begleitoffizier: Capt. Birbadur Jondzun	Dharan-Bazar – Dhankuta – Hille – Sinduwa – Thute – Cauki – Guppa Pokhari – Doban – Tamur-Fluß – Sakathum – Char Chu – Ghunza – Ramtang-Gletscher Der Aufstieg erfolgte über die West-Flanke des Kangbachen.
Gardas, Wieslaw Klaput, Marek Malatynski, Jósef Olszewski, Maciej Piatkowski, Marek Rogalski, Zbigniew Rubinowski, Andrezej Sobolewski,			

jugoslawisch-nepalische Mannschaft um 8 Uhr morgens von Lager 5 auf und erreichte den Hauptgrat in etwa zwischen Punkt 7 532 m und dem Kangbachen-Gipfel nachmittags 4 Uhr. Sie standen nun auf 7 460 Metern. Die beiden Jugoslawen wollten die Nacht biwakieren, während die Träger Girmi Dorje und Dakia zum Lager 5 abstiegen, wo sie den erkrankten Sherpa Karma zurückgelassen hatten. Als sie am nächsten Morgen abermals zur Umkehrstelle aufstiegen, kamen ihnen Sazonow und Dimitrow bereits entgegen. Beide hatten sich während der Nacht schwere Erfrierungen zugezogen. Unter diesen Umständen war an einen Gipfelvorstoß nicht zu denken.

Diese Expedition versuchte den 7 858 Meter hohen Kangbachen über seine Nordwest-Flanke vom Ramtang-Gletscher aus zu besteigen. Nach 60stündigem Schneefall starteten sie in den darauffolgenden Wochen vier Angriffe. – Man setzte in den Ramtang-Kessel die Lager 1, 2, 3 und in die Nordwest-Wand des Berges Lager 4 in 6 560 Meter Höhe. Dann wurde das Wetter schlecht und es schneite 3 Tage lang. Die Wand war dadurch zu lawinengefährlich geworden. Trotzdem wurden noch vier Versuche unternommen, die aber alle in den Neuschneemassen stecken blieben. Somit war auch der zweite ernsthafte Versuch – diesmal von den Japanern der Rikko-Universität ausgesandt – erfolglos verlaufen.

Am 16. April wurde das Hauptlager inmitten des Ramtang-Gletschers in 4 950 Meter Höhe errichtet. Lager 1 stand am 28. April in 5 400 Meter Höhe, – Lager 2 in 5 850 Meter Höhe wurde am 1. Mai auf dem Grat zwischen Ramtang und Yannu-Gletscher errichtet. Die Zelte von Lager 3 wurden am 6. Mai in 6 400 Meter Höhe aufgestellt. Zwischen Lager 3 und dem nächsten Hochlager war ein 150 Meter hoher Eisfall zu überwinden. Man benötigte sechs Tage, bis diese Aufstiegsroute mit fixen Seilen versehen war. So gelangte die Expedition erst am 21. Mai auf 6 800 Meter Höhe, um dort das vierte Hochlager aufzustellen. Fünf Tage später erreichten Branski, Klaput, Malatynski, Rubinowski und Olech den 7 858 Meter hohen Gipfel des Kangbachen.

Dieser Erstbesteigung gingen ernsthafte Versuche 1965 durch die Jugoslawen und 1973 durch die Japaner voraus.

Expeditionen in chronologischer Reihenfolge	Expeditionsleiter	Expeditionsteilnehmer	Anmarschweg Aufstiegsroute
Jugoslawische Kangbachen-Expedition 1974 (Nachmonsun)	Anton Skarja	Joze Andlovic, Peter Soklic, Zoran Jerin, Rado Riedl, Zvone Andrejcic, Stane Belak, Danilo Cedilnik, Janez Dovzan, Janez Gradisar, Franc Jeromen, Marjan Manfreda, Bojan Pollak, Roman Robas, Miha Smolej, Peter Scetinin, Tone Trobevsek	Der Anmarsch verlief genauso wie jener der Polen.

Die Expedition war mit 266 Kulis von Dharan Bazar zum Hauptlager am Ramtang-Gletscher hochmarschiert. Am 8. September wurde auf der rechten Seite des Ramtang-Gletschers in 5 250 Meter Höhe das Hauptlager aufgestellt. Einen Tag später konnte bereits Lager 1 in 5 760 Meter Höhe errichtet werden. Das Wetter war gut, und so stand bereits am 11. September das Lager 2 in 6 250 Meter Höhe. Der weitere Aufstieg erfolgte zwischen dem Punkt 7 535 m in der Schneider-Karte und dem White-Wave-Gipfel. Am 14. September konnte das erste Zelt auf dem Sattel in 6 600 Meter aufgestellt werden. Die folgenden Tage brachten Schneefall und viele Lawinen. Am 19. September wurden alle Bergsteiger ins Basislager herabgerufen, denn in Lager 2 waren sämtliche Zelte durch Lawinen zerstört worden, ebenso einige in Lager 3. Erst am 22. September wurde der Angriff fortgesetzt.
Ein Teil der Route mußte mit fixen Seilen versichert werden, und Lager 4 wurde schließlich auf dem Nordwest-Hang unterhalb von Vermessungspunkt 7 535 in 7 200 Meter Höhe aufgebaut. Am 27. September stiegen Belak, Robas und Scetinin, begleitet von drei Sherpas zum Lager 4 hoch, um am nächsten Tag den steilen Hang zum Oberen Sattel unter dem Gipfel des Kangbachen zu erklettern. Schließlich wurde noch ein Zelt als fünftes Hochlager in 7 470 Meter Höhe in den Schnee gestellt. – Am 29. September war der Himmel teilweise bedeckt, aber es kam nur schwacher Wind auf. Belak, Robas und Scetinin verließen das Lager 5 um 7 Uhr und kletterten langsam bei tiefem Schnee an den oberen Rand der Rampe, um den Sattel zu erreichen. Es war 2 Uhr nachmittags, als sie den Grat in 7 650 Meter Höhe erreichten. Es war jene Stelle, wo die Jugoslawen 1965 umkehren mußten. Von hier gelangten sie schließlich um 5 Uhr 30 zum Gipfel des Kangbachen. Es war ihnen also – nach den Polen – jetzt die zweite Begehung dieses Berges gelungen. – Am 5. Oktober erfolgte ein zweiter Angriff. Dovzan, Jeromen und Manfreda verließen Lager 5 um 7 Uhr morgens und erreichten den Gipfel am Abend. Das Trio kam zum Lager 4 zurück in dem Augenblick, als Andrejcic, Riedl und Trobevsek das Lager 5 erreichten. – Der Sherpa Nima stieg nun mit der dritten Gruppe ebenfalls zum Gipfel auf, den sie am Nachmittag des 6. Oktober erreichten. Am nächsten Morgen war das Wetter schlecht. Wind kam auf, es schneite, und Lawinen kreuzten die Aufstiegsrouten. Am 10. Oktober war alles wieder im Hauptlager vereint.

Jannu oder Khumbhakarna (7 710 m)

Der Kanchenjunga ist das gewaltigste Gebirgsmassiv unserer Erde. Der scharfe Felskamm beginnt am 8 480 Meter hohen Südgipfel und weist auf seinem Nordnordwestgrat, der zum Hauptgipfel führt, noch zwei Erhebungen auf, nämlich den Mittelgipfel oder Zentralgipfel (8 496 m) und den Vorgipfel (8 500 m); dieser Grat endet schließlich am Hauptgipfel des Kanchenjunga (8 598 m – neue Vermessung 8 586 m). Dann folgt, immer über 8 000 Meter hoch, der Westgrat, der den Hauptgipfel mit seinem Westgipfel oder Yalung Kang (8 438 m) verbindet. Von dort aus wendet sich das Gebirgsmassiv zum nördlichsten Punkt, dem Gipfel des Kangbachen (7 858 m). Von dort aus wendet sich der Hauptkamm südwestlich zu einer Graterhebung in 7 535 Meter Höhe und zieht dann westlich gegen den Jannu (7 710 m). Der Jannu bildet also das Ende dieser gewaltigen Gebirgskette, die am Südgipfel des Kanchenjunga beginnt.

Obwohl nur 7 710 Meter hoch, ist der Jannu aufgrund seiner exponierten Lage und seinem doppelgipfeligen Aufbau besonders markant und auffällig. Kein Wunder, daß dieser Berg schon 1957 Bergsteiger in seinen Bann gezogen hatte. Er steht rund 10 Kilometer vom Kanchenjunga-Hauptgipfel entfernt; er schließt den Bogen aus Fels und Eis, der am Südgipfel des Kanchenjunga beginnt, den Yalung-Gletscher abschließt, und im Süden eben am Jannu endet. Der leichteste Weg zu ihm führt über den Yamatari-Gletscher, zu dem seine Südwestflanke abfällt. Daß man den ersten Versuch über diese Flanke beginnen sollte, erkannten schon die *Franzosen* auf ihrer Kundfahrt **1957**. *Guido Magnone*, begleitet von Jean Bouvier und Pierre Leroux hatten den Berg von allen Seiten auf eine Anstiegsroute geprüft. Man dachte zunächst an eine Route über den ›Glacier du Trône‹, der vom Westsporn und dem ›Eperon des Jeunes‹ flankiert wird und zum Yamatari-Gletscher hinabfließt. Die Birne, eine Felsbastion, sollte auf dieser Route zum obersten Firnbecken, dem ›Trône‹, emporführen und von dort aus über die Ost-Schulter des Hauptkammes zum Gipfel hinaufleiten.

1959 griffen die *Franzosen* auf dieser Route den Jannu an. *Jean Franco* war der Expeditionsleiter. Zur Mannschaft gehörten u. a. René Desmaison, Robert Paragot, Maurice Lenoir und Lionel Terray. Da die Aufstiegsroute über den ›Trône-Gletscher‹ zu lawinengefährlich und riskant erschien, suchten die Franzosen eine andere Route, die auf einem Seitengletscher des Yamatari-Gletschers zum ›Eperon des Jeunes‹ (Jugendsporn) und weiter über den Hauptgrat zum ›Trône‹ hinaufführt. – Das Hauptlager war in 4 500 Meter, Lager 1 in 4 800 Meter Höhe, Lager 2 (5 400 m) und Lager 3 (5 900 m) standen über dem ›Glacier de la Providence‹ (Gletscher der Vorsehung). Lager 4 wurde schließlich auf dem Spornsattel in 6 400 Meter Höhe errichtet. Am ›Tête du Butoir‹ (6 600 m), dem Pufferkopf, wurde die Vereinigungsstelle vom ›Eperon des Jeunes‹ mit dem Hauptkamm errichtet. Lager 5 stand dann in 6 900 Meter Höhe auf dem Thron. – Am 12. Mai 1959 arbeiteten sich Magnone und Paragot von Lager 6 aus mühsam über den mit einem großen Gendarm und vielen Felszakken bestückten Schultergrat aufwärts. Auch Jean Bouvier leistete sehr gute Arbeit auf der neuen Route. Als die Männer am Abend ausgepumpt ins Lager 5 zurückkehrten, sagte Magnone zum Expeditionsleiter: »Der Jannu gehört dir«. Die letzten

300 Meter bis zum Gipfel waren nicht mehr zu machen. Noch drängten sich die drei in der Nacht in einem kleinen Zelt in Lager 6. Franco wurde schneeblind und war somit außer Aktion gesetzt. Er wartete ungeduldig auf den Abend, bis er durch Stimmen, die sich dem Zelt näherten, geweckt wurde. Einer rief ihm zu: »Hallo, Jean – dein Jannu ist eine Viecherei!« Das war das Ende des Versuchs. Es wurde richtig entschieden, denn das Risiko war bei den gegebenen Verhältnissen viel zu groß. Die Mannschaft stieg also ab und ließ 2 000 Meter Seil und 150 Eishaken zurück.
Aus den Erfahrungen der Expedition von 1959 konnte **1962** *Lionel Terray* eine neue Mannschaft für einen Angriff auf den Jannu zusammenstellen. Es ging bei dieser Expedition darum, daß man auch die letzten 300 Meter zum Gipfel schafft. Die Route lag im wesentlichen so wie 1959 und auch die Lager wurden in etwa an den gleichen Stellen aufgebaut. Am 24. April stießen Bouvier, Leroux, Bertrand und Pollet-Villard auf der Schulter vor. Am 25. April verließen sie abermals Lager 6, um zum Fuß des Gipfelaufbaues zu gelangen. Hundert Meter der Schulter erforderten mühsamste Sicherungsarbeiten. – Einen Tag später wurde diese Gruppe von Terray, Ravier und Wangdhi abgelöst. Terray verzichtete auf einen riskanten Gipfelvorstoß und sah seine Hauptaufgabe in der Sicherung der Route, in der Anlage eines Depots von Seilen, Haken und Sauerstoff-Flaschen. – So gelang es René Desmaison, Paul Keller, Robert Paragot und dem Sherpa Gyaltsen Mitchung am 27. April nach mühsamer Kletterei den schmalen Firngrat zu erreichen, der sie zum Gipfel emporführte. Am nächsten Tag, erreichten auch Lionel Terray, André Bertrand, Jean Bouvier, Pierre Leroux, Yves Pollet-Villard, Jean Ravier und Wangdhi den 7 710 Meter hohen Gipfel des Jannu. Dies war ein großartiger Erfolg der Franzosen.
1974 versuchten auch die Japaner den Jannu über den Südgrat zu besteigen. Expeditionsleiter war *Mikio Kawase.* Er wurde begleitet von den Bergsteigern Yukihiro Ichikawa, Eigi Yamada, Takeshi Naganuma, Jun Miyazaki, Sumio Azuma, Soji Obara, Kiochiro Ohara und Kazutoyo Hashimura. Die Expedition wurde von der Seijo-Universität in Japan ausgesandt. Das Hauptlager wurde am 19. März in 4 500 Meter Höhe auf dem Yamatari-Gletscher aufgebaut. Das Hochlager 1 (4 800 m) konnte am 28. März, Lager 2 (5 300 m) am 1. April, Lager 3 (5 900 m) am 6. April, Lager 4 (6 500 m) am 21. April, Lager 5 (7 000 m) am 7. Mai und Lager 6 (7 360 m) am 15. Mai auf der Ostschulter des Jannu errichtet werden. Ichikawa und Obara verließen am 18. Mai Lager 6 um 5 Uhr morgens bei herrlichem Wetter. Jeder trug einen Sauerstoffzylinder und beide fixierten während des Aufstiegs 250 m Seil in einer felsigen Aufstiegsrinne, die zum Schneegrat des Gipfels emporführte, um ihren Abstieg zu sichern. Nachmittags 5 Uhr erreichten sie den 7 710 Meter hohen Gipfel. Inzwischen war ihr Sauerstoff ausgegangen, der Abstieg dadurch sehr erschwert und sie erreichten erst eine Stunde vor Mitternacht total ausgepumpt das rettende Lager 6. – Der zweite Angriff durch Yamada und Kazutoyo Hashimura erfolgte am 19. Mai; aber sie waren nicht mehr in der Lage den Gipfel zu erreichen, denn Miyazaki und Azuma waren an der Rettungsaktion für Tensing beteiligt und konnten daher Lager 6 nicht mit der erforderlichen Ausrüstung und Verpflegung für die zweite Gipfelgruppe versorgen.
Während der Expedition kam es zu folgenden Unfällen: Sirdar Karma fiel am 23. April in eine verdeckte Gletscherspalte in der Nähe von Lager 3 und renkte sich die Schulter aus. Er mußte mit dem Hubschrauber nach Katmandu gebracht werden. – Am 8. Mai riß um Mitternacht eine Neuschneelawine die Zelte von Lager 5 in die Tiefe und mit ihnen die Expeditionsmitglieder Miyazaki, Azuma und die Sherpas Tensing und Ang Phurba. Aber nur Tensing wurde verletzt, die anderen drei kamen mit dem Schrecken davon.

1975 versuchte eine *neuseeländische* Expedition unter der Leitung von *Peter Farrell* den Jannu über seine Nordflanke anzugreifen. Das Hauptlager wurde am 7. September 1975 in 4500 Meter Höhe auf dem Jannu-Gletscher errichtet. Man versuchte eine Route durch den 900 Meter hohen Eisfall entlang einem Felspfeiler zu finden. Lager 2 wurde in 5500 Meter Höhe am 1. Oktober auf einem Schneefeld oberhalb des Eisfalles aufgestellt. Eine 180 Meter hohe, nahezu vertikale Schlucht, führte zu einem felsdurchsetzten Gelände in 6100 Meter Höhe hinüber. Jim Strang und Geoff Wayatt machten dann einen Angriff zwischen 9. und 12. Oktober im Westalpenstil. Nach zwei Biwaks erreichte Strang einen Sattel unterhalb des Gipfels in 7100 Meter Höhe. In dieser Zeit wartete Wayatt in Lager 4. Nach ihrer Rückkehr ins Hauptlager mußten beide in Folge schwerer Frostschäden mit dem Hubschrauber nach Katmandu transportiert werden. In der Zwischenzeit hatten die anderen Teilnehmer eine günstigere Route etwas weiter links ausfindig gemacht. Am 16. Oktober starteten Bryan Pooley, Don Jowett, Graeme Dingle, Peter Farrell und Lynn Crawford zum letzten Aufstieg. Pooley und Crawford verließen Lager 5 am 19. Oktober, aber ein heulender Sturm warf sie auf dem Gipfelgrat in 7300 Meter Höhe zurück. Somit war die neuseeländische Jannu-Expedition knapp vor ihrem Ziel gescheitert.
1976: Im März kam die 16 Mann starke *japanische* Sangaku-Doshikai-Expedition zur Nordflanke des Jannu. Sie wurde geleitet von *Masatsugu Konishi.* Sie folgten fast genau der Route der neuseeländischen Expedition vom Herbst 1975. Ihr Hauptlager errichteten sie am 15. März in 4500 Meter Höhe auf dem Jannu-Gletscher. Nachdem sie auf der rechten Seite den Eisbruch hochgestiegen waren, wurde Lager 1 (5050 m) am 21. März oberhalb des Eisfalles und Lager 2 (5500 m) auf einem Schneefeld errichtet. Die wirklichen technischen Schwierigkeiten begannen oberhalb davon am 25. März. Die Seilversicherungen und Eishaken der Neuseeländer waren nicht mehr verwendbar. Lager 3 wurde am 10. April in 6200 Meter Höhe errichtet. Dann führte die Route unter einem Hängegletscher vorbei und sie errichteten Lager 4 nach Überwindung einer kleinen Eiswand am 14. April in 6500 Meter Höhe. Auf der Schulter des Ostgrates wurde am 24. April am Fuße eines roten Felsturmes Lager 5 in 7150 Meter Höhe aufgestellt. Nachdem ein vertikaler Kamin durchklettert war, konnte man Lager 6 am 9. Mai in 7400 Meter Höhe errichten. Nachdem die Route einen Tag lang präpariert wurde, konnten am 11. Mai Nobuyuki Ogawa, Naoe Sakashita und Shomi Suzuki in sechseinhalb Stunden den Gipfel erklettern. Am 12. Mai bestiegen Masatsugu Konishi, Masaru Samba, Kazuyoshi Konno und zwei Sherpas ebenfalls den Gipfel und einen Tag später erreichten auch noch Seiichi Kawamura, Kiyomi Kawakami und Toshio Akiyma das Expeditionsziel. Am 14. Mai schafften auch noch Ryoichi Kukada, Kazushi Katahira, Toshiro Jofu, Dr. Toshitaka Sakano und ein Sherpa den Gipfel. Am 15. Mai bereiteten sich die beiden noch verbleibenden Bergsteiger und ein Sherpa auf einen Gipfelvorstoß vor. Aber das Wetter wurde schlecht und verhinderte somit den letzten Angriff. Somit haben 13 Teilnehmer und 3 Sherpas im Mai 1976 den Gipfel des Jannu erreicht. – Ein großartiger Erfolg einer 16 Mann starken japanischen Expedition.
1978: Besteigung des Jannu auf der Franzosen-Route. Eine *britische* Expedition, bestehend aus vier Mitgliedern, dem Expeditionsleiter *Rab Carrington* und den Bergsteigern Brian Hall, Roger Baxter Jones und Alan Rouse, errichteten während des Monsunregens ihr Hauptlager auf dem oberen Jannu-Gletscher. Als der Monsun Ende September nachließ, versuchten sie zu Anfang Oktober einen Angriff auf den Ostgrat des Jannu zu starten. Sie erreichten den Sattel (6550 m) zwischen Jannu und Kangbachen nach viertägiger Kletterei in schwierigstem Gelände. Nachdem sie er-

kannt hatten, daß ihr Angriff im Westalpenstil auf dieser Route auf große Schwierigkeiten stößt, änderten sie ihren Plan und gingen zur französischen Route, welche einen 3-Tages-Marsch von ihrem Hauptlager entfernt lag. Nachdem sie den Yamatari-Gletscher erreicht hatten, errichteten sie ihr Hauptlager an dem gleichen Platz, wo es 1962 die Franzosen hatten. Am nächsten Tag stiegen sie zu dem französischen Camp 3 auf. Der nächste Tag brachte einen sehr schwierigen und unsicheren Aufstieg in Richtung Lager 4 der Franzosen. Am dritten Tag querten sie das ›Tête de Dentelle‹. Am vierten Tag erreichten sie bereits in etwa den 5. Hochlagerplatz der Franzosen und standen somit unterhalb des Gipfelaufbaues. Am 21. Oktober verließen sie ihr Biwak um 3 Uhr 30 in der Nacht, in der sie wegen des Höhensturmes schlecht geschlafen hatten. Sie erreichten den Gipfel um 11 Uhr 30 bei starkem Höhenwind. Die letzten 600 Meter mußten sie noch über technisch schwieriges Gelände hochklettern. Während des gleichen Tages stiegen sie noch zu ihrem Biwak ab und erreichten zwei Tage später wieder ihr Ausgangslager auf dem Yamatari-Gletscher.
1981: Angriff auf den Jannu einer drei Mann starken *japanischen* Expedition unter der Leitung von *Masayuki Shinohara* auf der französischen Route.
Alle drei Mitglieder erreichten am 20. Oktober während eines Gipfelangriffs eine Höhe von 7 400 Metern. Sie hatten aber keine Biwakausrüstung mit sich, als sie um 1 Uhr nachmittags ihren Aufstieg zum Gipfel bei starkem Höhensturm unternahmen, und konnten ihn wegen Erfrierungsgefahr nicht fortsetzen. Sie kehrten noch am gleichen Tag ins Ausgangslager zurück.
1981: *Spanische* Jannu-Expedition unter der Leitung von *Angel Maria Abrego.* Die Expedition kam im Frühjahr mit den baskischen Bergsteigern Inaki Aldaia, Xabier Muru, Patxi Senosiain und Josema Casimiro zum Südpfeiler, den die Franzosen 1962 als erste bestiegen hatten. Ihnen angeschlossen waren die beiden Sherpas Ang Kami und Ang Nima. Die Spanier setzten ihr Hauptlager an den üblichen Platz in 4 450 Meter auf dem Yamatari-Gletscher. Die Expedition wurde von 11 Sherpas begleitet, dem Sirdar Sonam Guirmi und den Sherpas Ang Kami, Ang Nima, Ang Dawa, Dendi, Dha Nuro, Ang Lhakpa, Chung Tshering, Dhanaram Tshering, Ang Tshering, Nawang Yenden sowie dem Begleitoffizier Rudra Bahadur. Man folgte der Franzosen-Route von 1962. Lager 1 stand in 4 800 Meter Höhe – Lager 2 in 5 400 Meter Höhe – Lager 3, das am 9. April 1981 errichtet wurde, in 5 900 Meter Höhe – Lager 4 (6 400 m) konnte am 22. April – Lager 5 (6 900 m) am 27. April und Lager 6 (7 300 m) am 4. Mai errichtet werden. Eine kleine Änderung ergab sich dadurch, daß die Spanier zwischen Lager 1 und 2 nicht den ganzen Felsgrat westlich des Gletschers hochstiegen, sondern dem Gletscher bis hinauf ins Lager 2 folgten. Oberhalb Lager 2 bestiegen sie ein Couloir, das zum Felsgrat emporführt und kamen dann oberhalb des Eisfalles am Gletscher heraus. Eine Leiter, die noch von den Japanern angelegt war, war infolge der stark verbreiterten Gletscherspalten nicht mehr zu gebrauchen. Am 19. April zerstörte eine Eislawine das Lager 3. Die beiden Bergsteiger, die sich in dem Lager befanden, blieben aber unversehrt. Alle Basken und zwei Sherpas erreichten am 7. Mai den Gipfel. Das Wetter war während dieser Expedition nicht gut und es gab oft Schneefall. Insgesamt wurden 2 000 Meter Reepschnur am ›Tête du Butoir‹ und am ›Arête de la Dentelle‹ fixiert, um den Abstieg an diesen Stellen sicherer zu machen. Sauerstoff wurde nicht verwendet, lediglich im Hauptlager und in Lager 3 lagen Sauerstoff-Flaschen für den Fall, daß sie medizinisch erforderlich werden sollten.
1981: Jannu Südwestgrat-Expedition der *Tschechoslowaken.* Expeditionsleiter war *Adam Blazej.* Zur Expedition gehörten Dr. Laurenc Divald, Daniel Bakos, Robert

Galfy (Sohn des Expeditionsleiters der Kanchenjunga-Expedition), Oto Chudy, Ludovit Chrenka, Judro Martis, Jan Spanik, Ivan Vozarik. Die Tschechoslowaken planten eine neue Route. Zwei Jahre vorher versuchten sie bereits erfolglos den Südwestgrat und verfehlten den Gipfel lediglich um 150 Meter. Am 19. April verließen sie das Hauptlager am Dudh Pohari und errichteten in 4400 Meter Höhe ihr Lager 1, indem sie 22 Kilo Lasten dorthin schleppten. Der Weg führte über den Yamatari-Gletscher zum Fuße des 2000 Meter hohen Pfeilers, wo der Einstieg lag. Am 21. April begann die harte Arbeit im Eisfall. Es mußten große Schwierigkeiten überwunden werden. Nach zwei Tagen gelang es ihnen in 5400 Meter Höhe einen Platz für das 2. Hochlager zu finden. Am 24. April begann man einen 100 Meter hohen Kamin zu versichern. Dort fanden sich auch noch Seile aus der Expedition von 1979. Nachdem Lager 3 (5900 m) errichtet war, mußte eine felsdurchsetzte Eiswand bis auf 6400 Meter hinauf versichert werden, bevor man dort Lager 4 am 8. Mai errichten konnte. Oberhalb dieses Lagers mußte zunächst ein 30 Meter hoher Überhang überwunden werden, um schließlich in 6750 Meter Höhe das Ende des West-Pfeilers zu erreichen. Lager 5 wurde schließlich in 7100 Meter Höhe auf dem Trône-Gletscher am 16. Mai errichtet. Nun kam die Expedition darin überein, die Mannschaft in zwei Gruppen zu teilen. Martis, Chrenka und Spanik wollten die linke Seite der Flanke, wie 1979, besteigen – Bakos und Galfy dagegen den Trône-Gletscher queren, um zur französischen Aufstiegsroute zu gelangen. Sie errichteten sich daher ein eigenes vorläufiges Lager 5 am Südkamm. Der erste Versuch mißlang. Bakos wurde höhenkrank und mußte ins Hauptlager absteigen. Nach Errichtung eines weiteren Lagers in 7300 Meter Höhe erreichten Divald, Galfy und Vozarik am 23. Mai den Gipfel des Jannu. – Die andere Seilschaft am Südwest-Pfeiler stand am 22. Mai noch 100 Meter unter dem Gipfel. Die Mannschaft war erschöpft und mußte sich, ohne ihr Ziel erreicht zu haben, ins Lager 6 zurückziehen.
1982: Angriff auf die Nordflanke des Jannu (Khumbhakarna). Unter der Leitung von *Pierre Beghin* war eine *französische* Bergsteigergruppe in der Nachmonsunzeit im September/Oktober am Jannu. Teilnehmer waren Cloth Beghin, Bernard Müller, Xavier Fargess, Gerard Bretin und zwei Sherpas. Ein 1000-Meter hoher Pfeiler führte zum ersten Hochlagerplatz hinauf. Lager 2 stand in 6100 m und Lager 3 in 6800 m Höhe. Nachdem sich der erste Aufstieg zu schwierig erwies, versuchte man auf die Nordost-Flanke auszuweichen. In diesem ausgesetzten Gelände konnte die Expedition aber ab 6500 m Höhe auf die Hilfe der Sherpas nicht mehr rechnen. Somit mußten die Bergsteiger selbst alles Gepäck nach oben schleppen. Das Wetter war im Oktober 1982 äußerst ungünstig. Am 20. Oktober fiel in Lager 1 ein Meter Schnee und alle Lager wurden durch Schneebrett-Lawinen vernichtet. Am 26. Oktober versuchte Pierre Beghin allein zum Gipfel aufzusteigen. Aber inzwischen waren sämtliche Lager am Berg zerstört, so daß ihn der Begleitoffizier einen Alleingang verboten hatte. 250 Meter unter dem Gipfel war die Expedition zur Umkehr gezwungen geworden.
1983: Eine weitere *französische* Expedition unter der Leitung von *Henri Sigayret* versuchte den Jannu über seinen Südwestgrat zu erklettern. Drei Teilnehmer, Roger Fillon, Luc Jourjon und Jean-Noel Roche erreichten am 29. April 1983 den Gipfel. – Der Versuch von Roger Fillon, vom Gipfel und dann abermals noch einmal von Lager 6 (7400 m) aus einen Fallschirmabsprung zu wagen, wurde durch starken Höhensturm vereitelt. Fillon hatte zwar bereits im September 1982 einen Fallschirmabsprung vom Mont Blanc geschafft, wollte nun aber auch den ersten Absprung im Himalaya machen.

Register